शंकर-शास्त्रार्थ (पूर्वार्द्ध)

(जगदगुरु शंकराचार्य)

द्वितीय संस्करण

पं. जनार्दन राय नागर

INDIA · SINGAPORE · MALAYSIA

ISBN
Hardcase 979-8-88733-666-4
Paperback 979-8-88733-353-3

विजिया मां की पावन स्मृति को सप्रणाम अर्पित

तुम, विजिया मां! विशिष्ठा नहीं थीं और मैं इस भव का तुम्हारा पुत्र बाल शङ्कर नहीं हूं।

किन्तु तुम विशिष्ठा, सती, के समान ही प्रकाश की महान प्रेरणा थीं और मैं श्रीमद् शङ्कराचार्य के दिव्य श्रीचरणों का विनीत दूराऽरूढ़ गृहस्थ सेवक हूं। तुम तो श्रीमद् शंकर की शिष्या सन्यासिनी ही थीं।

85-86 वर्षों का इस भव का पार्थिव देह त्यागते समय तुमने ही समाधि-भाषा में मुझे, जब मैंने तुम्हारे महा-प्रयाण की काल-घड़ी में तुम्हें प्रणाम किया था, तब कहा थाः "देख, मैं सच्चिदानंद स्वरूपा हूं और यह देह जड़ है। समझ ले-देख ले।" तुम तो अपना पार्थिव देह त्याग कर सदैव के लिये अपने दिव्य धाम की दिव्य यात्रा को चल दीं, किन्तु मेरे भव की बुद्धि का कलिमल ही जैसे दूर कर गईं। अब मेरी बुद्धि को विश्वास हो चला है कि जगद्गुरू शंकराचार्य ने सत्य का ही शान्त और ज्योतिर्मय निदर्शन किया है- वेदान्त द्वारा।

सच, विजिया मां! तब जन्मजन्मान्तरों की बुद्धि की यह संक्रामक शंका दूर हो गई और मुझे जैसे अन्तरात्मा कह उठाः "ब्रह्म सत्यम् जगन्मिथ्या।"

और तुम्हारी पावन दिव्य स्मृति को क्या अर्पित करूँ; यह "बाल शंकर-सन्यास उपन्यास" समर्पित कर मैं इस भव से ही नहीं, भव-भव के अपने अपराधों के लिये तुमसे क्षमा मांगता हूं और यदि मैंने पुण्य किये हैं तो उनको प्राणी मात्र के कल्याण के लिये तुम्हारी दिव्य स्मृति की साक्षी से परमेश्वरी सच्चिदानन्द-विग्रहा शिवा के जगद् वंद्यचरणारविन्दों में समर्पित करता हूं।

इस भव का तुम्हारा पुत्र
जनार्दनराय नागर

आभार

मनीषी पण्डित श्री जनार्दन राय नागर द्वारा
रचित साहित्य के पुनर्प्रकाशन के लिए
श्री प्रशान्त देवव्रत नागर परिवार द्वारा
प्रोत्साहन एवं सहयोग हेतु
जनार्दन राय नागर
एज्युकेशनल डवलमेन्ट चेरिटेबल ट्रस्ट,
उदयपुर (राजस्थान)
की ओर
से हार्दिक आभार!

सम्पादक मण्डल
दिव्या नागर, पुरूषोत्तम शर्मा, प्रफुल्ल नागर,
30 मई, 2022

भूमिका

यह उपन्यास शंकरचार्य एवं मण्डन मिश्र के मध्य हुए संवादों एवं आध्यात्मिक चर्चा पर आधारित है। "शंकर-संदेश" के शंखनाद से आलोड़ित भारतीय पांडित्य जगत् भयभीत हो उठता है। एक तरफ शंकर कुमारिल्ल को दिये गये वचन के पालनार्थ "स्वसंकल्प" को पुष्ट करने में लगे हैं तो दूसरी तरफ भारतीय पांडित्य और तांत्रिक जगत् मंडन के नेतृत्व में अद्वैत के द्वैत पर, असीम के सीम पर होने वाले आक्रमण का समर्थ सामना करने की तैयारी में लग गये हैं।

उपन्यास का प्रारंभ, शास्त्रार्थ पूर्व की प्रारम्भिक सन्नद्धता एवम् पूर्वाभ्यास के रूप में पंडितों की सभा, चर्चा एवम् वातावरण निर्माण से होता है। शास्त्रार्थ रूपी महाभारत के लिये मंडन मंडली तत्पर हो रही है। पंडितों का पाण्डित्य अहंकार को पोषित कर रहा है।

मंडन के इस अहंकार के नीचे अपूर्णता की गुप्त सुषुप्त वेदना दबी हुई है। विद्वत् सभा से निवृत्त होते ही एकान्त में यह वेदना भय उत्पन्न करती है।

पूर्वाभास से भयभीत मंडन का एक मात्र सहारा भारती है।

एक सशक्त पांडित्यपूर्ण चरित्र की मानसिक दुर्बलता का चित्रण पूर्वाभास के रूप में लेखक सफलता पूर्वक चित्रित करता है। पांडित्य की दुर्बलता सदैव नारी मोह रहा है। मंडन के लिये नारी ही संसार है।

मन की बढ़ती हुई दुर्बलता को मनुष्य पुनः-पुनः अपने संकल्प को और सिद्धान्त को दुहरा कर दूर करने की चेष्टा करता है। बार-बार अपने मन को थामता है, शक्ति बटोरता है, हिलते-डुलते विश्वास को पुनः दृढ़ करने का यत्न करता है। मंडन ऐसा ही करता है-

"नहीं, नहीं, मैं उस मुण्डी से नहीं डरता। मैं इन सन्यासियों से नहीं घबराता"

इस प्रकार मंडन का चेतन-अवचेतन मानसिक उथल-पुथल मचाता रहता है। चेतन जब जाग्रत होता है तब मंडन, मंडन मिश्र है, धुरन्धर मीमांसक। लेकिन जब अवचेतन का आक्रमण, आरोहण होता है तब मीमांसा विस्मृत हो जाती है, नारी का सम्मोहन जैसे बिलग जाता है और अहंकार का, पांडित्य का, मनीषी मीमांसक का मुखौटा हट जाता है। मन पुकारता है-

"मैं शिव हूं। शिव... मैं तेरा नर नहीं हूं"

विभाजित व्यक्तित्व का तादृष्य चित्रण लेखक मंडन के चरित्र में चित्रित करता है। बाह्य जगत् का धुरंधर पंडित अंतर्जगत् में शिव बन रहा है। मंडन के चरित्र का सूक्ष्म मनोवैज्ञानिक विश्लेषण, निरूपण, कथानक मंडन के क्षण-क्षण के जीवन का इतिहास है। उसके जीवन की प्रत्येक क्षण की अनुभूति को लेखक जीवित कर देता है।

मण्डन जिसका मुँह नहीं देखना चाहता था, वह सामने था। समस्त संप्रदायों के समस्त अवरोध समाप्त हो चुके थे। निर्बलता रोष में परिवर्तित होती है। मण्डन आग बबूला हो जाता है। शक्तिपूर्ण को क्रोध की आवश्यकता ही नहीं रहती। क्रोध हारते हुए हृदय की नैराश्य पूर्ण अभिव्यक्ति है। नियति का यह वाक्य सिद्ध होता है "शास्त्र टल सकता है, शास्त्रार्थ नहीं।"

शंकर-मण्डन का आरंभिक संवाद तीव्र है जिसमें मण्डन का आक्रोश उबलता है "स्त्री से घृणा करने वाले नपुंसक मुण्डी! क्या तेने स्त्री के गर्भ में निवास नहीं किया? स्त्री न हो तो जन्म न हो। जगत् का जीवन स्त्रीमय है। उस शाश्वत् नारी की निंदा करते हुए तुझे लज्जा नहीं आती?" शंकर का प्रत्युत्तर मण्डन को आघात पहुंचाता है, "जिस स्त्री का आपने दूध पिया, जिसकी योनि से आप उत्पन्न हुए उसी पुण्यभृता मंगलमय नारी को पत्नी बनाकर आप पशु के समान उससे रमण करते हो। क्या यह जीवन के प्रति निर्लज्जता नहीं है?"

शंकर के वाक्बाण ने मण्डन को बिंध दिया। अतिक्रोध में शंकर पर प्रहार के लिये हाथ उठता है। भारती तत्काल हाथ थाम लेती है। दोनों को निर्दिष्ट कर कहती है "आचार्य शंकर! सनातन वैदिक वर्णाश्रम धर्म का पालन करने वाले गृहस्थ का सन्यासी आदर करता है और गृहस्थ के लिये ब्रह्मचारी स्वागतेय है, वानप्रस्थी आदरणीय है और सन्यासी पूजनीय है।"

सम्पूर्ण शास्त्रार्थ चर्चा को शास्त्रार्थ की शर्त ही सजीव बनाये रखती है। पांडित्य पूर्ण वाद-विवाद को नीरस बन जाने से रोकती है। शर्त है-

"यदि तुम शास्त्रार्थ में पराजित होते हो तो सन्यास लेकर मेरे शिष्य होंगे। यदि मैं पराजित हुआ तो जगत् का जीव स्वरूप धारण करूंगा। सन्यास त्याग

दूंगा।" सारे शास्त्रार्थ के बीच जय-पराजय की आशंकाएं श्रोताजनों के मनो का मंथन करती रहती है। मण्डन जैसे रसिक शिरोमणी मनीषी को क्या वैराग्य हो सकता है? युवा सन्यासी क्या गृहस्थ बनेगा? क्या कहना चाहता है वह युवा यती? क्या सिद्ध करना चाहता है? क्या वह विद्याओं का वारिधि है?

शास्त्रार्थ का अध्यक्ष कौन बने? पंडित तारकेश्वर उपाध्याय, पंडित परमानन्द, तर्क वागीष, सभी अध्यक्ष पद ग्रहण करने से इन्कार करते हैं। सभी मण्डन को विजयश्री प्राप्त कराना चाहते हैं। मण्डन के मुख से ही भारती का नाम इंगित हो जाता है- "भारती क्यों नहीं?" तत्काल शंकर स्वीकार करता है "तथास्तु"। भारती स्तब्ध सी हो जाती है।

कैसी विषम परिस्थिति उभय भारती के सामने उपस्थित होती है। सदैव अपने पति के विजय की आकांक्षी भारती न्याय दृष्टा बनेगी? कितना विश्वास? कितनी श्रद्धा एक नारी की न्याय दृष्टि में? नारी अन्याय नहीं कर सकती।

उभय भारती ने कहा "स्वीकार करती हूँ।"

भारती ने दो पुष्पहार दोनों के गले में डाल दिये और कहा "मैं श्रीविद्या की उपासना के रमणीय उद्यान के दिव्य पुष्पों की ये मालाएं डाल रही हूं। जिस कंठ में यह दिव्य पुष्पमाला मुरझाने लगेगी वह मनीषी हारेगा।

शास्त्रार्थ आरम्भ हुआ। शंकर ने अपना प्रमाण श्रुति रखा और मण्डन ने वेद शास्त्र। पंडित परमानंद ने आपत्ति उठाई "क्या यती शंकर, वेद और शास्त्र को नहीं मानते प्रमाण स्वरूप? श्रुति शास्त्र प्रमाण से सिद्ध नहीं है?" अध्यक्षा उभय भारती ने आपत्ति स्वीकार की और शंकर को स्पष्ट करने को कहा। शंकर का स्पष्टीकरण था कि "अभी तो ब्रह्म जिज्ञासा" के लिये श्रुति हमारा प्रमाण है। वेद और शास्त्र प्रत्यक्ष को ही अंतिम प्रमाण मानते हैं। आत्मा की श्रुति ही परमात्मा का प्रमाण हो सकती है। पंडित तारकेश्वर उपाध्याय और पंडित माध्वाचार्य की आपत्तियों का स्पष्टीकरण देते हुए शंकर ने कहा "जगत् और जीवन का ज्ञान अहम् प्रणीत है, आत्मा के अज्ञान से उत्पन्न संज्ञान मात्र! सृष्टि के अपूर्व से ब्रह्म कहा गया है। हम सगुण को सिद्ध कर सकते हैं लेकिन आत्म का परमात्म दर्शन?"

"स्पष्टीकरण स्वीकृत है। शास्त्रार्थ का मंगलमय आरम्भ कीजिये। महर्षि जैमिनी और महर्षि बादरायण को साक्षी रखकर मैं दृष्टाध्यक्ष उभय भारती इस प्रस्तुत शास्त्रार्थ के मंगलारंभ के लिये आज्ञा प्रदान करती हूँ।"

मनीषी मंडन शास्त्रार्थ प्रारम्भ करते हैं-

"हम वेदों का आव्वाहन करते हैं, शास्त्रों की सम्यक् प्रतिष्ठा करते हैं। हम शास्त्रों के समस्त प्रमाणों की साक्षी से कहते हैं ब्रहम अतः ईश्वर विवाद मात्र है। जगत् स्वयम् अनादि है। यह यथार्थ मूल प्रकृति की अभिव्यञ्जना है। कर्म ही जगत् है। जीवन है" शंकर को सम्बोधित करते हैं, "आप जगत् को जानते हैं? तो बताइये जगत् क्या है?" शंकर मंडन का प्रश्न मंडन को ही प्रतिपृच्छ करते हैं "श्रीमान् आप ही सूचित करें जगत् क्या है? भव संसार क्या है? ब्रहम को जानने वाले के लिये जगत को जानने की आवश्यकता है भी?"

महामना मनीषी मंडन, शंकर के प्रश्न 'जगत् क्या है?' का उत्तर देते हुए कहते हैं जगत् अनादि सनातन यथार्थ है। चार्वाक का उद्धरण देते हुए कहते हैं कि चार्वाक ने जगत् को जगत, उसके ऐश्वर्य तथा पंचभूत प्रपंच स्वरूप देह को स्वीकार किया है। जो इन्द्रियों के अनुभव में आये, यही ब्रहम।

यती शंकर का कहना है कि जगत् कर्म से ग्रहण किया जा सकता है। जगत् भूत भव्य होता रहता है। अतः क्षणिक है। क्षणिक, अनन्त कैसे होगा? मीमांसा की स्वर्ग कामना चार्वाक के मत का रूपांतरण है। क्या स्वर्ग प्राप्ति से जीव तृप्त होता है? मृत्यु से ही जगत् और जीव के दर्शन का आरम्भ होता है। यह शास्त्रार्थ ही उपन्यास में जीवन्त दृश्य उपस्थित करते हैं-

- डॉ. शंकर लाल त्रिवेदी

01

मण्डन मिश्र ने त्वरा से चक्कर काटना थाम कर कुछ उत्ताल स्वर में उपस्थित विद्वद्-मण्डली को कहा- "वृद्धाऽवस्था, हठ और आहत आत्म-गौरव! यही सिद्ध हुए हमारे प्रातः स्मरणीय गुरुदेव कुमारिल्ल भट्ट! भट्टपाद अर्थात् अग्नि-स्नान-जड़ गुरु-शिष्य परम्परा की रक्षार्थ अभूतपूर्व प्रायश्चित्त! सहयोगियों! भट्टपाद ने अग्नि में जल और देह त्याग कर भारत भूमि के कर्म-काण्डियों और शास्त्रकारों को अमिट उपालम्भ ही दिया है। किसी की नहीं सुनी भट्टपाद ने- उस युवा सन्यासी की भी नहीं सुनी। कहते हैं, वह युवा-सन्यासी प्रगट हुआ था। उंह! सभी आचार्यों ने योग-शक्ति के चमत्कार का कवच धारण किया है- यह युवा सन्यासी भी अपवाद नहीं है तब? मैं पूछता हूं सन्यासी की बात क्यों नहीं मानी? हम तो ठहरे सांसारिक कर्म काण्डी-मीमांसा शास्त्र के विद्वान भर। परन्तु आपका वह रहस्यमय युवा-सन्यासी? वह तो आपकी उत्तर मीमांसा की अग्रिम ज्योति था।...."

मीमांसा-मार्तण्ड मनीषी ने सिर हिला-हिलाकर अस्वीकृति व्यक्त की और कहा- "उस युवा सन्यासी ने तो कहा, मैं नई व्यवस्था देता हूं- परम्पराऽगत गुरु-शिष्य द्रोह के प्रायश्चित की विधि ही बदल देता हूं। अद्भुतम! भवान्! यह युवा-सन्यासी क्या स्वयं को लोक शिक्षक-ईश्वराऽवतार मानता है?"

"शान्तम् पापम्!" अन्य विद्वान-धुरन्धर ने उच्छवास पूर्वक कहा-"सन्यासी को कर्म-काण्ड की विधि-व्यवस्था में न नु न च करने का सत्व कहां से प्राप्त हुआ है भला? आगम अथवा निगम कहीं भी यह नूतन व्यवस्था प्रदान करने का अधिकार सन्यासी को नहीं दिया गया है- सन्यासी हो, आत्मा को खोजो; शोधो और यदि प्राप्त कर सको तो आत्म-लाभ करो; हमारी ओर से मुक्त हो

जाओ। परन्तु शास्त्र और समाज के लिये सनातन से प्रसिद्ध; प्रतिष्ठित और प्रतीत कर्म-व्यवस्था को इधर-उधर अन्यथा कृत मत करो।...."

मण्डन मिश्र ने पान की गिलोरी मुंह में दबाते हुए कहा- "सुधार, परिष्कार अतः संशोधन हम करेंगे, शास्त्रज्ञ शास्त्र के धारक! मीमांसा प्रणीत धर्म शास्त्र का दावेदार वह मुण्डी-सन्यासी नहीं है। बान्धवों, माहिष्मति को भट्टपाद के अग्नि-स्नान तथा उस तथाकथित युवा सन्यासी के बरताव को लेकर स्पष्ट असंदिग्ध मन्तव्य व्यक्त करना चाहिये। काशी तो पुराण रूढ़ियों और जीर्ण व्यर्थ हो गई हुई परम्पराओं के धारण एवं पालन को ही इतिश्री समझने लगी है। काशी में शास्त्र मणिकर्णिका घाट पर रहते हैं- लुप्त होने की मानो प्रतीक्षा करते रहते हैं। काशी नेतृत्व खो चुकी है और प्रयाग केवल कुम्भ स्नान का स्रोत रह गया है...."

"अब प्रयाग का महत्व 'अग्नि-स्नान' भी होगा क्या?" पण्डित ताड़केश्वरजी ने सहसा भंग की तरंग में तनिक स्थिर होते हुए कहा- "अग्नि-स्नान! जीवित जल मरना, शिव-शिव! यह आत्म हत्या नहीं है तो क्या है? इस प्रकार के घोर प्रायश्चित अब वर्जित होने चाहिये, मिश्र महोदय! आपश्री व्यवस्था प्रदान करें। अवश्य करें।"

मण्डन मिश्र ने सन्तुष्ट प्रसन्नता पूर्वक कहा- "माहिष्मति के आप सब विद्वान्, शास्त्रज्ञ, मनीषी और ऋषि यह चाहते हों तो आपके इस सेवक को गर्व होगा कि प्रायश्चितों के लिये माहिष्मति ने परिष्करण का अनिवार्य कार्य आरम्भ किया। प्रायश्चित? आवश्यक है; किन्तु पापों और उनके प्रायश्चितों पर अब पुनर्विचार करने की संजीवनीवत् आवश्यकता खड़ी हो गई है। घोर हिंसक कर्म और न किया जाय तो घोर क्रूर प्रायश्चित्त! गरुड़ पुराण के नर्क और उनके दण्ड, समूचा यम-नियम विधान संशोधनेय है। मैं मानता हूं मंगल कामना से उद्भूत यह जगत प्रारम्भ, मध्य और अन्त में मंगल का ही उद्भव करता है। मंगल के लिये किया गया कर्म मूर्खता अनुभव -हीनता तथा स्व अर्थ परकता द्वारा असमीचीन हो जाता है, परन्तु क्या ऐसे कार्य का प्रभाव नर्क और उसके अचूक दण्डों का विधान करता है? तब क्या यम का विधि-विधान अत्यंत घोर है? जीवात्मा को यमपुरी के नर्कों में जो यातनायें दी जाती हैं- ऐसा इन पुराण-पन्थियों ने लिखा है- वह जगत तथा जीव की प्रकृति में-स्वभाव में अकल्पनीय है। ज्ञान प्राप्त करने के लिये द्रोह, प्रतारणा, छल-छद्म नहीं हो गुरु के प्रति-माना; किन्तु क्या उसका दण्ड अग्नि में स्वयं जल मरना ही है? अग्नि-स्नान का प्रायश्चित्त! तो क्या अग्नि में देह को जला देने पर जीव की मुक्ति हो गई? कहिये, क्या उत्तर है?"

वागीश्वर भट्ट ने तमाल पत्र हथेली में मसलते हुए कहा- 'मुक्ति? मोक्ष! यही तो समस्या है; अन्तिम प्रतिज्ञा है। जब यह जगत अनादि है, अपूर्व रूप कर्म अनादि और अगाध है, तब यह मोक्ष की प्रतिज्ञा संख्या के शून्य विलय के समान एक धारणा मात्र ही प्रतीत होती है। शाश्वत जीवात्मा को सुखमय, सुकृति पूर्ण अतः मंगलमय जीवन-यापन चाहिये- सुख पूर्वक जन्मो और शान्ति पूर्वक देह त्यागो। देह त्याग, मृत्यु के पश्चात् स्वर्ग मिलता हो तो स्वर्ग प्राप्त करो और नर्क मिलता हो तो नर्क भोगो-भव-संसार अनिवार्य है; अपरिहार्य और अवश्यम्भावि है। यही सत्य है, यही, भवान्!...."

मण्डन मिश्र ने गिलौरी को दबा कर तनिक चूसा; कहा- "मानव-जीवन, प्राणी मात्र का कल्याण और सृष्टि का मांगल्य-यही वैदिक सनातन कर्मकाण्ड की समस्या है; प्रतिज्ञा है। मोक्ष-मुक्ति-सन्यासियों की बात है; गृहस्थी की नहीं। वानप्रस्थी? वानप्रस्थी प्राणी-कल्याण और सृष्टि मंगल के लिये है। ब्रह्मचारी विद्या, गृहस्थ सुख, वानप्रस्थी सेवा चाहते हैं; यही इनके धर्म हैं। जीवात्मा है; रहेगा- तब मुक्ति के अनबुझे ऊहापोह में पड़े रहने से तात्पर्य? गौतम बुद्ध यदि लोक कर्म पर विचारते तो स्वस्थ, संयत, पुरुषार्थ पूर्ण लोक धर्म की शिक्षा देते। शून्य-निर्वाण-दुःख की आत्यंतिक निवृत्ति के ऊहापोह में पड़ गये। क्या हाथ लगा? विषम ऊनमानसिक समाज-तपस्यारत संघ? शरणागति-हम पूछते हैं क्या? कर्म है; कर्म करना है, पुरुषार्थ पूर्वक करना है; विज्ञान पूर्वक कुशल कर्म ही मानव-जीवन की गति-विधि है। तब कर्म और कर्मेच्छा से छूटने की बात? जीवित शव ही कर सकता है!"

मीमांसा-महोदधि विभूति भूषण मिश्र ने अत्यंत गम्भीरता पूर्वक, जैसे कहना ही पड़ा हो, यों कहा- "कर्म, कर्म-विपाक तथा प्रायश्चित एवं कर्म-फल का तात्विक आधार तो देखते ही रहना चाहिये। सुधार, संशोधन, परिष्करण और पुनः प्रत्यक्षीकरण-यह सिद्ध विद्याओं के लिये निरन्तर आवश्यकता है। तथागत बुद्ध का आविर्भाव ही इसीलिये संभव हो सका कि हमारा कर्म ही रूढ़ीमात्र रह गया है। भट्टपाद वैदिक वर्णाश्रम धर्म के पुनरुत्थान का आग्रह करते रहे- अपना प्राण दिया उस मनस्वी मतिमान ने किन्तु क्या ब्राह्मणों ने भट्टपाद की एक भी सुनी? नहीं। अवश्य, शास्त्रार्थों का तांता लग गया है। यह शुभ चिन्ह है कि सत्य-असत्य का निर्णय हम शास्त्रार्थ द्वारा करते हैं। शास्त्र टल सकता है; शास्त्रार्थ नहीं। शास्त्रार्थ के निर्णय राज्य और समाज के लिये अटल हैं- अन्तिम माननीय हैं।...."

मण्डन मिश्र ने अधीर होकर बीच ही में कहा- "शास्त्रार्थ की उपयोगिता पर मन्त्रणा नहीं हो रही है, समादृत। हमारी प्रतिज्ञा है; हम माहिष्मति मण्डल

के मीमांसक परम्पराऽगत समूचे कर्म-काण्ड में संशोधन कर उपयुक्त, योग्य परिष्कार करना चाहते हैं। शताब्दियों तक काशी ने युगान्त और युगाऽरंभ में धर्म शास्त्र की व्यवस्था दी है- अब माहिष्मति देगी। इस बार तंत्र बल से मैं श्राद्ध में दिवंगत महर्षियों का आह्वाहन करूंगा। मीमांसा धर्म शास्त्र के ऋषि जैमिनी का भी आह्वाहन करूंगा। भारती इस आह्वाहनीय विद्या में कुशल है।"

विभूतिभूषण मिश्र ने सस्मित कहा- "श्रीमती सरस्वती स्वरूप भारती तो निस्संदेह भारत-भारती है। आह्वाहनीय विद्या? हम तो न आह्वाहन जानते हैं और न विसर्जन! कर्म-काण्ड का सुधार? क्या? परिष्कार? कैसे-कैसा? यही तो समस्त-समूचा प्रश्न है। कर्म है क्या? इच्छा की वाञ्छा और वाञ्छा की कामना, कामना की गति-विधि? कर्म सादि है अथवा अनादि? सान्त है अथवा अनन्त? कर्म सार्थक है अथवा निरर्थक? कर्म अन्ततोगत्वा व्यर्थ है क्या? कर्म जड़ गति-विधि है अथवा चैतन्य संकल्प का उद्भव? है क्या यह कर्म-अपूर्व? अवश्य, अपूर्व? किन्तु कर्म को अपूर्व अनादि स्वीकार कर लेने पर यह मानना होगा, "कर्मम् ब्रह्म!" जगत स्वरूप कर्म ही सत्य है। मैं यह प्रश्न परिषद में दुहराता रहता हूं और आप सब सुनते रहते हैं। क्या कर्म जीव की कृति है? अथवा कर्म की कृति जीव है? कुछ तो कहिये। धुरन्धर मौन हो जांय तब मेरे जैसे मूर्ख जिज्ञासू की क्या गति?...."

मण्डन मिश्र ने तीव्रता पूर्वक कहा- "अधोगति और क्या?"

"अधोगति? किसकी? मेरी? क्यों?" विभूति भूषण मिश्र ने पूछा।

"इसलिये कि मूर्ख जिज्ञासू नहीं हो सकता। बुद्धिमान प्रश्न कर उत्तर स्वरूप ज्ञान प्राप्त करता है; धीमान सत्य के लिये जिज्ञासा करता है। प्रश्न ससंशय होता है; जिज्ञासा संशयहीन होती है। आप, चाचाजी! केवल ऊटपटांग प्रश्न पूछते रहते हैं। आपका उपनाम विद्वानों ने रखा है 'निरन्तर प्रश्न वाचक!' प्रश्न पूछते-पूछते आपने इतनी लम्बी आयु काट दी। हम जानना चाहते हैं, आपको क्या फल मिला?"

विभूतिभूषण मिश्र ने देदीप्यमान मण्डन मिश्र को अपनी ओर घूर-घूर कर मुस्कराते हुए देखा; और सहज ही कहा- "भतीजाश्री! मैं तो प्रश्न पूछने वाला मूर्ख ही सिद्ध हुआ हूं- कहीं आपश्री उत्तर देने वाले मूर्ख प्रमाणित न हो जाना।...."

"आपका तात्पर्य?" मण्डन मिश्र ने दहाड़ कर पूछा।

"कुछ नहीं।" विभूतिभूषण मिश्र ने कहा- "तात्पर्य, अर्थ इत्यादि बुद्धिमान के हुआ करते हैं- हम जैसे मूर्ख तो निरर्थक होते हैं।"

मण्डन मिश्र ने घूरते हुए कहा- "अप्रसन्न होना बड़ों का स्वभाव होता है किन्तु बड़े-बूढ़ों को प्रसन्न रख कर शास्त्रार्थ भी सिद्ध नहीं होता। यह माहिष्मति विद्वद् परिषद् शास्त्रज्ञ बुद्धिमान धीमान तत्ववेत्ताओं की परिषद् है।"

विभूतिभूषण- "तो मैं तत्ववेत्ता नहीं हूं? चिन्तक ही तो तत्ववेत्ता होता है; क्या मैं भी जगत और जीव पर अहर्निशि चिन्तन नहीं करता? करता हूं, समझे, श्रीमन्!"

मण्डन मिश्र ने धीर-गम्भीर किन्तु दृढ़ स्वर में कहा- "आपश्री विद्वद्-परिषद् में सदैव व्यर्थ ऊहापोह उत्पन्न किया करते हैं। असम्बद्ध और निवीर्य विचारों को कहते रह कर आपश्री एक संक्रामक सन्देह की बौद्धिक स्थिति बनाये रखते हैं। यह पाण्डित्य नहीं है; पाण्डित्य की पूंछ- मूर्खता है, समझे....!"

विभूतिभूषण मिश्र ने उठते हुए कहा- "मूर्ख हूं; नहीं समझता। मेरी पाठशाला और यज्ञ-याग का वंश-परम्परा का कर्म मेरे पास है। मण्डन मिश्रजी, बुद्धिमान किसी को भी मूर्ख नहीं मानता क्योंकि ईश्वर के जगत में बुद्धि का वैभव छाया हुआ है।"

जाते हुए विभूतिभूषण को मानो उत्ताल स्वर से थामते हुए मण्डन मिश्र ने कहा- "वंशाऽनुगत विद्या-परम्परा भी एक प्रकार का अन्धापन उत्पन्न करती है, सुन लेना, चाचा जी!...."

विभूतिभूषण ने द्वार पर तनिक रुक कर कहा- "सुन लिया, वत्स मण्डन मिश्र! अन्धा देखता नहीं और देखता हुआ अन्धा नहीं है- यही तब सभी विद्याओं का सार है। हां, किसी उपनिषद् में क्या कहा है? कहा है अत्यन्त विद्यावान अन्ध-कूप में गिरता है और ज्यों-ज्यों विद्या का भार बढ़ता जाता है, अथाह अन्ध कूप के अतल की ओर डूबता जाता है। बुद्धि विद्या देती है; विद्या विनय देती है, समझे!"

"और विनय?" मण्डन मिश्र ने आघात खाकर पूछा।

विभूतिभूषण ने द्वार के बाहर एक चरण रखते हुए कहा- "विनय आत्म ज्ञान देती है, पण्डित प्रवर!"

सभा में सन्नाटा छा गया। सभी उपस्थित विद्वान् मानो ठिठक गये। मण्डन मिश्र ने त्वरा पूर्वक दूसरी गिलौरी रत्न जटित स्वर्ण-ताम्बुल मंजूषा से निकाली और त्वरा पूर्वक मुखमाऽसीत करते हुए कहा- "केवल कर्मान्त्री है; परन्तु अस्मित दार्शनिक की उंह।"

द्वार पर अनुपम चित्र की भांति जड़ी भारती ने सजीव होते हुए मानो कहा- "क्या यह सभा चर्चा के लिये होती है अथवा अपने विद्याऽहम् के वर्चस्व के

लिये? चाचाजी का यों क्षुब्ध होकर चले जाना क्या इस सभा के लिये शोभास्पद है? यदि उनको मूर्ख मानते हो, तो सभा में बुलाते क्यों हैं?"

मण्डन मिश्र ने सहसा प्रसन्नता पूर्वक कहा- "तत्व चर्चा गंभीर चर्चा है, प्रिये; विनोद के लिये भी विषय चाहिये। बुद्धिमान का विनोद मूर्ख ही तो है।

भारती ने चीत्कार सी की- "मण्डन मिश्र...प्रिय मेरे!"

सभासद सहसा खड़े हो गये; सहज ही उन्होंने प्रस्थान करने में ही शुभ माना। मण्डन मिश्र एक-एक को अभिवादन कर जाते हुए देखते रहे। मानो अभिवादन का प्रत्युत्तर वह यांत्रिक गति द्वारा सिर हिला कर देते थे। भारती प्रकम्पित दिव्य चित्र रेखाऽकृति सी रजत द्वार में सुनहली ज्योति-अंगना की भांति भरी हुई थी। मण्डन मिश्र ने वेपुथ से रिमझिमती हुई इस सजीव किन्तु गहन मौन से पूर्ण छवि को टक देखा और ठिठक कर जैसे देखते रहे। एक शान्त व्याप्ति प्रसरने लगी; मण्डन को लगा जैसे उनका हृदय कुछ वेग से धड़क कर उनको कुछ कहने जा रहा है- भारती के स्वरूप में मण्डन को जैसे अपनी आगम विधि ही इन दिनों प्रतीत होती थी। भट्टपाद के अग्नि स्नान को केवल भारती ने ही 'भावि' बताया था। कहते हैं, उस युवा सन्यासी ने भी मौन खड़े रह कर तथा टक, अपलक, स्वयं जलते हुए भट्टपाद को स्तब्ध आदर सहित निहारा था। भट्टपाद की भस्म का उष्ण तिलक कर उस युवा सन्यासी ने उपस्थित मेदिनी को कहा था- भट्टपाद की यह चिता पार्थिव ज्ञानाग्नि है, जो जीवात्मा के समस्त संभूत-आविर्भूत अज्ञान को शनैः शनैः जला देती है। भट्टपाद की यह चिता- उनका यह अग्नि स्नान उनकी यह भस्म जीवात्मा के अज्ञान की समूची, समस्त और रोष भीति को जलाने वाली दिव्याग्नि है- वह अग्नि है; ईश्वरीय सौन्दर्य का तेज है; और जो जगत के तत्वों को धारण करने वाली तथा पदार्थों एवं उनके गुण-धर्मों की पुरोहित है। यही आत्मा की अज्ञान जनित द्वैत-चेतना की अनुभूति है- यही शक्ति है, जो परम ब्रह्म का सगुण परात्पर स्वरूप है। भट्टपाद ने काल-भविता के अनन्त अथाह में शाश्वत मुक्ताऽवस्था ही प्राप्त की है। आचार्य शंकर ने जलद गंभीर स्वर में कहा थाः भट्टपाद का नाम रूप अद्वितीय निराकार में लीन हो गया है; किन्तु इस जगत में सुप्त ब्रह्माग्नि को प्रज्ज्वलित करती रहने वाली ज्योति-बुद्धि हो गया है। उस अद्भुत युवा-सन्यासी ने कहा थाः जगत को मनस्वी बुद्धि से देखने, परखने तथा आंकने पर काल का शून्य तथा त्रिस्त्रेणु शेष ही मिलेगा। जगत को परमात्मा के सत्य द्वारा, सहित एवं परम् ब्रह्म के लिये ही देखना होगा- जानना तथा मानना होगा। जगत और जीवन के धर्मों की अन्तिम जिज्ञासा-अथातो धर्म जिज्ञासा-

ब्रह्म चैतन्य के ज्ञान के लिये ही है। भेद-बुद्धि से जगत और उसके भव-संसार ही दिखते हैं; मिलते हैं और छूटते रहते हैं। जन्म-मरण आत्मा के अज्ञान की भीति है- यह जीवात्मा का परमात्मा के प्रति अज्ञान-जनित द्वेष है- तम, अन्धकार है। इस भीति का, इस द्वेष का अत्यन्त विजड़ित मोहान्ध भोग समस्त जगत तथा उसका विभूतिमय ऐश्वर्यशाली जीवन है। यह भव-संसार आत्मा का अज्ञान जनित अद्भुत आश्चर्यमय, अद्वितीय, विचित्र तथा विलक्षण अध्यास है- सच्चिदाऽनंद अनेक होना-होते रहना चाहता है; केवल चाहता ही नहीं, ऐसा होने के लिये परम् ब्रह्म ने शिव-संकल्प किया है। यह ब्रह्म-चैतन्य का स्वभाव है। नाना नाम-रूप् वह निर्विशेष निराकार निरुपम परम् ब्रह्म ही जगत् रूप, जीवन स्वरूप अथ और इति, आदि-मध्य-अन्त-शाश्वत अविराम, अनादि काल तथा काल की चिति स्वरूप अनादि अथाह अपूर्व है। कहते हैं; इतना कह कर पलक मारते ही वह युवा सन्यासी अन्तर्ध्यान हो गया। द्वार में सजीव सौन्दर्य-मूर्ति अपनी प्रिया-प्रियतमा को टक निहारते हुए मण्डन मिश्र के मानस पटल पर मानो आकाश में अदृश्य होते हुए उस युवा सन्यासी की अरुणाऽभामयी एक दिव्याऽकृति लहर गई। कांप कर मण्डन मिश्र जागे; बोले- "क्या हुआ है, भारती! तुम रुष्ट क्यों हो?"

भारती हिली और जैसे द्वार में नीलिमा भरते हुए उसकी सौन्दर्य-घन छबि देह धारण कर छटक आई। झनझनाती हुई वह तनिक तीव्र गति से कक्ष में आई-भर गई; बोली- "तुम, मण्डन! अब मैं क्या कहूं?"

मण्डन मिश्र स्वस्थ होते हुए बोले- "तुमको बारम्बार मुझे कहना भी क्या है, प्रिये! आजकल तुम मुझे उपदेश बहुत देती हो। गुरुदेव भट्टपाद के अग्नि-स्नान के पश्चात् तुम मुझे एक आचार्य की भांति ही लगती हो- पत्नी आचार्य हो गई क्या?"

भारती ने सहसा पास आकर अपना प्रलम्ब बाहु मण्डन की ग्रीवा में हथनी की सूंढ के समान लपेटते हुए कहा- "पत्नी नहीं, प्रियतमा आचार्य बन रही है, बस!"

मण्डन मिश्र ने उसका सहज आलिंगन करते हुए कहा- "बस, ठीक है। तुम यों ही नित प्रति पल मेरे पास बनी रहो, भारती!"

"क्यों?" भारती ने अपनी पतली किन्तु कुछ भरी कज्जल जला भवें उझकाते हुए कहा।

"यों ही, भारती!" मण्डन मिश्र ने तनिक उदासीनता पूर्वक कहा- "गुरुदेव के देहाऽवसान के बाद मुझे भय लगा रहता है- भय, भारती!"

भारती ने ठीक मण्डन के समक्ष खड़े होते हुए पूछा- "क्यों, क्यों लगता है भय तुमको, मण्डन! अब तुम निर्विघ्न हो गये हो; निष्कंटक हो गये हो; भारत वर्ष में तुम अपराजित से हो गये हो। मीमांसकों की 'अथातो धर्म जिज्ञासा', तुमने शाश्वत सत्यं-शिवं-सुन्दरम् की भूमा जिज्ञासा में बदलना आरंभ किया है। याज्ञवल्क्य के बाद तुमने सर्वत्र त्रैलोक्य की सृष्टि, स्थिति और लय की प्रत्येक गति-विधि में मंगल का दर्शन किया है- तुम अमृत के स्थान पर 'मंगल' की स्थापना करना चाहते हो- तुम सत्य को जगत और जीवन में- शाश्वत त्रैलोक्य मंगल-यज्ञ के रूप में पाते हो। तुम ज्ञान नहीं, जीवन का परम् शान्तिमय शान्तिदा मंगल ही चाहते हो। यही तुम्हारा माहिष्मति सन्देश है, भारत को, जगत को, मण्डन!"

मण्डन मिश्र ने प्रसन्न होते हुए कहा- "सत्य किसे दिखा है? अमृत किसे प्राप्त हुआ है? किन्तु मंगल तो सहज साध्य है। यह जगत् मंगल-कामना का ही विज्ञान घन अभिव्यंजन है- जीवन की सुखाऽभिलाषा मंगलमयी मंगलमयता के लिये ही है। जन्म के पूर्व जन्म है- जन्म-जन्मान्तरण है और देहाऽवसान के बाद भी जीवात्मा का जन्म है। यह जगत अनादि जीवन कामना है, अविराम सुख की आतुर राग भरी अभिलाषा है- यह जीवन सौन्दर्य, सुख तथा रस की गहन अमिट चाह है, भारती! यह जगत इति की गुह्य गुप्त कामना तथा सुख-स्वप्न की मंगलमय मधुमती है- कभी-कभी लगता है, तुम मेरे लिये यही हो- यही!......"

भारती खनखना कर हंसी और कटाक्ष पात् करते हुए बोली- "यही क्या मेरे सर्वस्व?"

"तुम, मैं...." मण्डन ने सहसा हठात् कहा।

"और जगत? शास्त्र, पद-प्रतिष्ठा?" भारती ने मण्डन के भरे हुए कपोल पर अपनी पुखराजी अंगुली से स्पर्श कर पूछा।

"जगत?" मण्डन मिश्र ने अवाक् होते हुए कहा- "हां, जगत! परन्तु जगत क्या जगत के लिये ही है? नहीं, भारती, जगत जीवात्मा की रति के लिये है; सुख के लिये है- मंगल के लिये है। जगत जीवात्मा की जीवन-रंग भूमि सा लगता है- हां, भारती! जीवात्मा, तुम, मैं-यह सब लक्ष-लक्ष कोटिशः भव-योनियों में जन्मते हुए जीवात्मा! यह अगणित विचित्र और अद्वितीय जीवात्मा इस आकाश में रहस्यमय छबियां हैं। इस पृथिवी पर जीवात्मायें सप्राण मूर्तियां हैं, जीवन-सौन्दर्य की।"

भारती ने मण्डन को कटि से अपने बाहु में भरा और पूछा- "किसकी छबियां, मूर्तियां मण्डन! जीवन-सौन्दर्य की?"

मण्डन मिश्र ने उसके बाहु पाश से छिटकते हुए कहा- "तुम भी चाचाजी की भांति व्यर्थ प्रश्न करने लगी क्या? जीवात्मा की, स्वयं की, और किसकी! प्रमाण जगत का है, जीवात्मा का है, भारती! श्रुति के वेदान्त-वाक्य का क्या कोई प्रमाण है? यह समस्त परा-अपरा प्रकृति एक स्वयं चेतना शील अविराम गत्यात्मक सत्य, यथार्थ है, जो जीवात्मा के सत्य की अभिव्यक्ति है- जीवात्मा का यह नाना नाम रूप विराट्-अनन्त कोटि स्वरूप-ही है- स्वयं और स्वमेव है। तुम मुझको वेदान्तियों के ज्ञान स्वरूप आत्मा की ब्रहम खाड़ में क्यों ढकेलना चाहती हो? भारती, मैं आज पूछता हूं, तुम मुझे पाना चाहती हो अथवा खोना? बोलो, मैं सगुण स्वरूप जीवात्मा हूं- नाना विधि रूपवान हूं। काल के अविराम प्रवाह में मैं अनेक भवों में जन्मना, जन्मते रहना चाहता हूं और अपना मंगल प्राप्त करना चाहता हूं। हां, मैं अपना शान्तिमय मंगलमय परम् स्वभाव अनुभव करना चाहता हूं- क्यों?"

भारती ने कहा- "भोजन नहीं पाना है आज? मंगल, हां मंगल! बस! किन्तु इस समय तो शास्त्रोक्त विधि-विधान पूर्वक भोजन प्राप्त करने में ही मंगल है, मिश्र जी!"

मण्डन मिश्र ने किञ्चित विषाद पूर्वक कहा- "आज हम घोषणा करना चाहते थे। भट्टपाद ने-गुरुदेव ने स्वयं ही अपनी चिता सुलगा कर जैसे समस्त कर्म-काण्ड की चिता ही जलाई है। कर्म, भारती! कर्म-काण्ड पर तो हम मीमांसकों ने लोक व्यवहार की दृष्टि से सम्पूर्ण विचार किया है; किन्तु तात्विक दृष्टि से 'कर्म' पर विचार होना जैसे अभी शेष है। जब-जब भी कर्म की ठोस समस्या सामने आई, हम मौन हुए हैं- निरुत्तर होकर हम उपनिषदों के अगम रहस्य में डूब गये हैं। कर्म की द्वैत-समस्या का हल हम खोज नहीं पाये हैं और सदैव अद्वैत के शून्य-व्यामोह में पड़ गये हैं। विज्ञान घन दिव्य और अनुपम इस सृष्टि को-काल के अनादि अविराम प्रवाह को-स्पष्ट, अचूक, असंदिग्ध पूर्ण तथा सुखद कर्म-रूप की आवश्यकता है। जीवात्मा को ब्रहम-खाड़ में धकेल कर हमने कर्म का उच्छेद करने के लिये ही कर्म को स्वीकार कर रखा है। मैं कर्म का पूर्णोऽल्लास चाहता हूं; हम कर्म की सृष्टि सत्य प्रक्रिया चाहते हैं। हम कर्म का विलय नहीं चाहते हैं; हम कर्म का पूर्ण परिपाक चाहते हैं।...."

"भोजन!" भारती ने कहा।

"भोजन करना भी तो कर्म है- अनिवार्य; अपरिहार्य!" मण्डन मिश्र ने कहा- "यह जगत स्वप्नशील कर्मों का विराट् प्रपंच है; यह सृष्टि कर्मेच्छा की दिव्य धारा है- यह विश्व कर्म की रंगभूमि है और यह कर्त्ता, भोक्ता जीवात्मा ही

इस जगत का अत्यन्त कुशल मर्मज्ञ कर्म वेत्ता है। निश्चय ही भट्टपाद अपने मत के आग्रह में आसक्त हो गये थे। मोक्ष मार्गी कर्म-उँह। मोक्ष! सुना, यह वेदान्ती तुम-हमको अरूप और अनाम कर देना चाहते हैं। तुम न रहो; मैं न रहूं- यह जगत न रहे, यही यह मुण्डी चाहते हैं।...."

"अद्वैत क्या आज की अथवा कल की धारणा है?" भारती ने मण्डन को पाकशाला की ओर तनिक धकेलते हुए कहा- "यह भारत-भूमि जितनी प्राचीन है, अद्वैत-दर्शन भी उतना ही प्राचीन है। क्या यह बौद्ध अद्वैतवादी हैं, जैन? शाक्त भी जैसे अद्वैत से अपृहत् चित हैं। जैन समन्त भद्र ने भी अद्वैत की ओर संकेत किया है- अपनी आप्त मीमांसा में!"

मण्डन मिश्र ने उसकी घन कज्जल चमकती हुई अलकों की लोल को निहारते हुए पूछा- "क्या दर्शनों का अध्ययन हो रहा है?"

"वेदों को छोड़कर, प्रिय!" भारती ने कहा- "सांख्य तक पहुंच कर मैं जैसे प्रकृति हो गई हूं...."

"और मैं?" मण्डन मिश्र ने सहज ही पूछा।

"पुरुष, असंग, लूल पुरुष!" भारती ने कहा।

तभी परिचारिका ने आकर कहा- "आचार्य भास्कर द्वार पर स्थित हैं, श्रीमद्। उनका शीघ्रगामी रथ अभी-अभी प्रकोष्ठ में रुका है- पहिये से उड़ी हुई धूलि अभी शम रही है, भवान्!"

भारती ने द्वार की ओर लपकते हुए कहा- "भास्कराचार्य! यहां? माहिष्मति में, मण्डन! अपने द्वार पर?"

मण्डन मिश्र ने अपने कक्ष की ओर मुड़ जाते हुए कहा- "आचार्य भास्कर को ससम्मान ले आओ। अतिथि सत्कार गृहिणी का स्वाभाविक कर्त्तव्य है- कार्य! हम स्वागत करना नहीं जानते, प्रिये! हम तो शास्त्रार्थी हैं-"

"कुशल है कि आप लोग शास्त्रों के तार्किक संग्रामी हैं; शस्त्रों के नहीं।" कह कर एक झबक सा कटाक्ष कर भारती द्वार की ओर भागी। द्वार पर आचार्य भास्कर का शुक अभिवादन कर रहा थाः "सुस्वागतम् भवान्!" तभी शिक्षित मैना ने आचार्य भास्कर से कहा- "स्वतः प्रमाणम् परतः प्रमाणम् कीरांगना यत्र गिर गिरन्ति। द्वारस्थ नीड़ान्तर संनिरुद्धा जानीहि मन्मण्डन पण्डितौक!"

भास्कराचार्य आश्चर्य चकित् से उस मैना को प्रसन्नतापूर्वक ग्रीवा हिला-हिला कर यह कहते हुए सुनते खड़े रहे। शुक ने अपनी भरी हरी लाल पट्टी से सुशोभित ग्रीवा गदकारी की; तनिक ऊर्ध्व की- उझकी और पुनः मगन शिथिल होकर कहा- "द्वै अक्षरे ब्रह्म परे त्वनन्ते विद्याविद्ये निहिते यत्र गूढ़े...."

अवाक् भास्कराचार्य ने स्वतः ही कहा- "क्षरं त्व विद्याह्ययमृतं तु विद्या विद्याविद्ये ईशते यस्तु सोऽन्यः।"

मधु कूजा मैना फुदकी और बोली- "ततः परं ब्रह्म परं बृहन्तम् यथानिकायं सर्व भूतेषु गूढम्।...."

भारती ने बीच ही में झेला- "विश्वस्थैकम् परिवेष्ठि द्वार मीशम्, तं ज्ञात्वामृता भवन्ति...."

भास्कराचार्य ने सहज ही दिव्यांगना सी, अप्सरि सी, गान्धर्वी सी, भारती को नमस्कार किया। मण्डन मिश्र ने द्वार के पास पीछे से कहा- "भारती! यह तुम्हारा शुक और मैना उपनिषद् के मंत्र बोल रहे थे?"

भारती ने भास्कराचार्य को अन्दर प्रविष्ट होने का इंगित करते हुए उत्तर दिया- "उपनिषदों के अपने प्रिय मंत्र मैंने इनको पढ़ा दिये हैं, आर्य।...."

मण्डन मिश्र ने भारती को घूर कर निहारा और सहज होते हुए कहा- "आचार्य भास्कर! हमारी भार्या सभी दर्शनों को मानती है; मैं नहीं। हम मीमांसा ही को स्वीकार कर चलते हैं। जगत और उसकी भव-योनियों का दिव्य रहस्यमय जीवन भव-संसार, बुद्धि की सतत् मीमांसा है। भावुक ऊहापोह से बुद्धि बधिर और अन्धी हो जाती है। मैं योग में मान सकता हूं; शरणागति में नहीं। जीवात्मा शरणागति में स्वयं का समर्पण क्यों करे? और करे भी तो किसकी शरण में जाय?"

भास्कराचार्य ने मण्डन मिश्र का अभिवादन करते हुए कहा- "ईश्वर की; परमात्मा की...."

मण्डन मिश्र ने तपाक् से पूछा- "परमात्मा?"

"ब्रह्म, परम ब्रह्म, महोदय!" आचार्य भास्कर ने कहा।

मण्डन मिश्र ने तनिक अमर्ष पूर्वक पूछा- "आप सब वेदान्ती शुद्ध-बुद्ध सत्य को कभी स्वीकार करोगे या नहीं? अभेदाऽभेद, भेदाऽभेद, भेदाऽअभेद-इन्हीं शब्दों के ऊनमानसिक सम्मोह में पड़े रहोगे? कितनी शताब्दियां आप लोगों ने बुद्धि के शयन में व्यतीत कर दी है, पता है, महोदय!"

आचार्य भास्कर हठात् ठिठकते हुए से बोले- "तत्व चिन्तन और आत्मदर्शन के लिये देश-काल बाधक नहीं है। काल सत्य को ढँकता भर है; सत्य को बाधित नहीं करता। कर्म के लिये देश-काल है; मर्यादा है; लक्ष्य है- सद्लक्ष्य क्रम है। ब्रह्म चिन्तन चिन्तनीय है; मननीय है...."

मण्डन मिश्र ने अपने अध्ययन-कक्ष की विशाल गदकारी पीठ की ओर आचार्य भास्कर को बैठने के लिये इंगित करते हुए कहा- "जगत और उसका कर्म ही केवल बाधित है; मर्यादित है; ब्रह्म नहीं! यही न?"

आचार्य भास्कर ने पीठ पर बैठते हुए कहा- "कर्म उद्भव में अविराम और अनादि है; गतिविधि में परिणामी होने से स्वतः ही मर्यादित हो जाता है। जगत परिवर्तनीय परिणामों के क्रम में, सार्थक सलक्ष्य क्रम में ही अविराम है- संचित की दृष्टि से अनादि है। आपश्री तो सब जानते हैं, परमात्मा ही नित्य तत्व है- सद्वस्तु!"

मण्डन मिश्र ने उत्ताल हास्य पूर्वक कहा- "हम इतना ही जानते हैं कि यह जगत कर्म है, गति है, कर्म-गति है; कर्म-विपाक और उसका फल है। जीवनेच्छा ही सद् वस्तु है हम मीमांसकों के लिये। आचार्य, वेदान्त की मिथ्या मोह से ऊपर उठकर हमें जगत के बहुविधि यथार्थ को स्वीकार करना ही होगा अन्यथा सम्मोह से भरे अनेक शून्यवादी, विज्ञानवादी, स्वप्नवादी क्षणिक सम्प्रदायों के कीच से यह धरित्री पट जायगी। मनुष्य को रहस्यमय व्यामोह में धकेल कर हमने जो ब्रह्म जाना है, वह शून्य का निविड़ एकाऽकार मात्र है। क्या बनेगा उससे? क्या फलेगा उससे? हम शाश्वत, समर्थ, सशक्त, स्वतंत्र जीवन का विविध ऐश्वर्य चाहते हैं। मैं यही मानता हूं मानव सुख पूर्वक कल्याण के लिये जन्मता है। धरती का यह भव जीवन के मंगलमय पुरुषार्थ के लिये ही है। परन्तु होगा; इस प्रकार माहिष्मति आने का प्रयोजन, श्रीमन्!"

काश्मीर भट्टपाद के अग्नि-दाह से मानो दझ गया है, मिश्र जी!" आचार्य भास्कर ने कहा- "सारे देश में यही हो गया है कि आचार्य कुमारिल्ल एक ऐसे...."

मण्डन मिश्र ने बीच ही में टोंकते हुए कहा- "पापी थे..."

आचार्य भास्कर उठ खड़े हुए; चिहुंके- "भट्टपाद पापी? क्या कह रहे हैं, मिश्र जी!"

"मैं कह रहा हूं क्या?" मण्डन मिश्र ने हंसते हुए कहा- "प्रत्येक कर्मकाण्डी ब्राह्मण अपने गुह्य मन में कदाचित यही कह रहा होगा, प्रायश्चित्त स्वरूप अग्नि-दाह किसी पाप के लिये ही तो किया गया है। भट्टपाद मीमांसा शास्त्र को वेदान्त की ब्रह्म खाड़ में पटक कर अमर होना चाहते थे; किन्तु मीमांसा मानव बुद्धि का पारदर्शी शास्त्र है। यह जगत अपूर्व अनादि कर्म का पूर्व-पूर्व एवं पूर्वाऽपर है, आचार्य।..."

भास्कराचार्य ने कहा- "काश्मीर को सान्त्वना चाहिये; आत्म विश्वास चाहिये। त्रिक-दर्शन की एक विचित्र जाग्रति उस रमणीय देश में हो रही है। त्रिदण्डी वैष्णव काश्मीर की चेतना को देखकर किसी अनहोने आगम की चिन्ता

करने लगा है। काश्मीर को यदि प्रत्यभिज्ञा-भूमि बनने दिया तो समरस के नाम में सारे भारत में काम-कला का आध्यात्मिक वाद प्रसर जायगा।"

मण्डन मिश्र ने काकु करते हुए पूछा- "आप ईश्वराद्वयवाद की बात कह रहे हैं- महेश्वर दर्शन! हमने तो सुना है, आपश्री भी प्रच्छन्न रूप से प्रत्यभिज्ञावादी हैं, भेदाऽभेद हैं किन्तु वेदान्त का शून्यवत् वह ब्रह्म ही आधारभूत है। शैवों और त्रिदण्डी वैष्णवों में- आपश्री तथा आचार्य अभिनव गुप्त में, क्षेमराज में केवल शैली और रीति का ही अन्तर प्रतीत होता है। सुना है, शिव सूत्र पर श्रीमान भाष्य लिख रहे हैं। तत्व एक; वाङ्गमय भिन्न-यही! इसीलिये तो मुझे आपश्री के यहां मेरे पास आने पर मुझे सुखद आश्चर्य हुआ है।" फिर तनिक स्मित पूर्वक मण्डन मिश्र ने कहा- "शैव दर्शन के प्रसार से आध्यात्मिक काम वाद प्रसरेगा- तो प्रसरने दीजिये। आप और अभिनव गुप्त एक ही वेदान्त डाली के फूल हैं-फूल जो अन्त में मुझा जाते हैं। कर्म को आत्यंतिक वास्तविक यथार्थ जो तत्व-चिन्तक नहीं मानता, वह अन्ततोगत्वा सृजनहीन, गति-विधि हीन सुख रहित घोर तमिस शून्य में ही गोते खायगा। प्रत्येक वेदान्ती आचार्य की यही स्थिति हुई, पाणिनी से लगा कर बादरि, आश्मरथ्य, आत्रेय, काश कृत्स्न, ओडुलोमि, काष्र्ण जिनि, गौड़ पाद तथा भगवत् गोविन्द पाद तक वेदान्त के ब्रह्म सूत्रों ने जगत के यथार्थ सत्य कर्म से कभी मेल नहीं खाया-कभी नहीं। महाशय, जगत और भव-संसार के कर्म ठोस सत्य हैं- क्षणिक क्रियमाण ही सही। जगत इच्छा की अभिव्यक्ति और जीवात्मा काम्यपूर्ति की संकल्पबद्ध चेतना है। हमें जगत के कर्म को शुद्ध-बुद्ध तथा मंगलमय करने दीजिये; हम आपको वास्तविक सत्य तक ले जायेंगे।..."

भास्कराचार्य ने कहा- "आश्मरथ्य आडुलोमि तो स्पष्टतः भेदाऽभेदवादी थे। वेदान्त विषयक भ्रम गौड़ पाद की माण्डूक्य-उपनिषद की कारिका से हुआ है- ऐसा मैं मानता हूं। भेदाऽभेद? स्पष्ट नहीं है; ब्रह्म परिणाम-हां, मैं ब्रह्म परिणाम वादी हूं किन्तु यह युवा सन्यासी शंकराचार्य पुनः वेदान्त का अगम्य कहने जा रहे हैं-"

मण्डन मिश्र ने हंस कर कहा- "उसके भाष्य की पोथी को गुरुदेव भट्टपाद ने अपने जलते हुए घुटने पर रख कर देखा है और बड़ा सन्तोष व्यक्त किया है। भट्टपाद ने तो उस युवा मुण्डी से कहते हैं-यह भी कहा है कि मुझे मेरी स्त्री सहित वह शास्त्रार्थ में हराये। तभी वह अपने 'शारीरिक भाष्य' की प्रतिष्ठा कर पायेगा।...."

आचार्य भास्कर ने सोत्साह कहा- "मैंने भी सुना है भट्टपाद को यह कहते हुए। ज्वालाओं के धुएं को भेद कर भट्टपाद ने उत्ताल स्वर में कहा थाः "शंकर मैं तुम्हारी ही आजन्म प्रतीक्षा करता रहा हूं- तुम्हारे चरणों की आहट, मैं मानो सदैव सुनता रहा हूं। तथास्तु। अब मैं निश्चिन्त शान्ति पूर्वक देह जला दूंगा और काल स्वरूप हो जाऊंगा। मीमांसा को भूमिवत् इस भाष्य की ही आवश्यकता थी किन्तु मण्डन! जब तक मण्डन मिश्र नहीं हारता, तब तक वेदान्त के शारीरिक भाष्य की पेंठ होगी ही नहीं।"

मण्डन मिश्र ने गर्व-गंभीर गिरा में कहा- "तब भट्टपाद को अपने पट्ट शिष्य की अकाट्य, अभेद्य स्थिति को अन्त में स्वीकारना ही पड़ा। आचार्य भास्कर, आपको मैं सुवर्ण के चरणाऽवरण पहिनाऊंगा।"

आचार्य भास्कर ने कहा- "मैं आपको सावधान करने ही आया हूं। वह युवा-सन्यासी पुनः हिमालय गया है किन्तु माहिष्मति आने के लिये व्यास गुफा को नमस्कार करने ही श्रीमान गये हैं। काशी में इस तेजस्वी सन्यासी से मैं मिला हूं- बातें भी की हैं। मुझे वह गम्भीर अगम्य सा युवा-सन्यासी जंचा ही नहीं। भेदाऽभेद और ब्रह्म परिणाम आदि की तो बात ही क्या, वह अपने पूर्ववर्ती आचार्यों को भी स्वीकार नहीं करता। यह शंकर माया मानता है; किन्तु उसकी यह माया ब्रह्म पर अज्ञान का आच्छादन मात्र है- ब्रह्म अद्वैत सत्य तत्व है; चैतन्य परमात्म तत्व। वह माया में लिप्त नहीं होता; कर्म का कर्ता और भोक्ता होने पर भी शंकराचार्य का यह ब्रह्म निर्लिप्त है। अणु-अणु का कर्त्ता तथा संगी होते हुए भी, जड़ में तथा चेतन में बसा हुआ भी यह ब्रह्म न सत् होता है और नहीं असत् होता है। शंकराचार्य की यह माया शशविषाण के समान है और अनिर्वचनीय है।..."

मण्डन मिश्र ने हंस कर अमर्ष पूर्वक कहा- "वेदान्तियों को माया दूर करनी है; किन्तु माया ने इन प्रच्छन्न शून्य वादियों को नहीं त्यागा। सांसारिकों से कहीं अधिक अगम्य रूप से यह माया इन वेदान्तियों को ढांपे हुए है। सच तो यह है, वेदान्त के एक मात्र सत्य अद्वैत तत्व के लिये यह माया ब्रह्म-खाड़ है-वेदान्तियों का यह विलक्षण ब्रह्म इस माया की शून्य खड्ड में पड़ा-पड़ा रोता रहेगा और यह जगत अपने भव-संसारों के साथ अपने पूर्ण वैभव में सदैव आविर्भूत होता रहेगा- जय जगत, जय जीवात्मा!"

भारती द्वार पर ही हंस पड़ी; अन्दर आते हुए बोली- "भोजन, प्रभो! भोजन।...."

मण्डन मिश्र ने सहज प्रसन्न होते हुए कहा- "अवश्य, भोजन।"

भारती ने आचार्य भास्कर से विनीत प्रणाम पूर्वक कहा- "हमारे यह प्रभु अहर्निशि मीमांसा शास्त्र के शापोद्धार, उद्धार, प्रगति और नव प्रत्यक्ष की धुन में बने रहते हैं। अतः अतिथि के स्वागत और भोजन विश्राम आदि की परम्परायें चाहते हुए भी पाली नहीं जाती। क्षमा चाहती हूं, आचार्य! किन्तु विद्वान और मनीषी परम्पराओं के पिञ्जर के पक्षी कब हुए? भवान्! पधारिये और भोजन पाकर हमें कृतार्थ कीजिये।"

आचार्य भास्कर ने मुस्कराते हुए कहा- "परम्परा पालन की चिन्ता से विनिर्मुक्त हो जाइये, श्रीमती! आपश्री का दर्शन कर मुझे जगत और जीवन की नई प्रतीती हो रही है।..."

भारती के दाड़िम-दांतों की सुघड़ छबिमय पंक्ति खनखनाई- "नई प्रतीती? आचार्य, नया क्या है इस जगत में, जीवन में? सभी कुछ तो प्राचीन है; पुराण है, अगम-अनादि और अपूर्व है।"

आचार्य भास्कर ने विनीत स्वर में कहा- "यह अगम और अपूर्व अनादि ही तो नित्य-नवीन उद्भवित होता है। जीवन भव कब प्राचीन हुआ श्रीमती? मोक्ष के लिये जीवात्मा को नित्य नवीन कर्म करना ही होता है। केवल ज्ञान से मोक्ष नहीं होता; ज्ञान की उत्पत्ति के लिये श्रवण मनन आदि कर्म से ही होगी। केवल 'कर्म' है क्या?"

मण्डन मिश्र ने तपाक से कहा- "कर्म स्वयं स्वयमेव पूर्ण है, ऐसा हमारा दृढ़ मत है, आचार्य! किन्तु इस समय उदर पूर्ति का पूर्ण अनिवार्य कर्म कर लिया जाय- प्रिये, यह प्रतिदिन सोना, जगना, नित्य कर्म करना, भोजन पाना, विश्राम करना, उठना-बैठना, अध्ययन-वार्ताऽलाप करना-यह जाग्रति का जीना और स्वप्नों में सोना, गाढ़ निद्रा में गहन विस्मृति से भरना तथा पुनः जगना-शरीर का यह स्वाभाविक क्रम स्वतः है; स्वयं सिद्ध तथा स्वयं गति-विधि है। मैं भोजन करना चाहूं या नहीं। क्षुधा लगती ही है...."

भारती ने मुस्कराते हुए कहा- "इसीलिये तो मैं इंगित करती रहती हूं रात दिन मीमांसा ही मत करते रहो। जीओ भी।"

आचार्य भास्कर ने अनायास जैसे पूछा- "विचार करना, करते रहना-चिन्तन, अध्ययन तथा लेखन-जीवन तब नहीं है, श्रीमती।"

भारती ने तनिक गम्भीर होते हुए कहा- "जीना केवल प्रीति करना है; प्रीति पाकर निभाना है। चिन्तन जीवन का बुद्धि वैभव है; उपलब्धि रिद्धि अथवा सिद्धि है, किन्तु परस्पर प्रेम करना और प्रेम पाना ही जीवन है। जीवन का दूसरा

नाम सुख सन्तोष है; सत्य का दूसरा नाम ज्ञान और परमात्मा का दूसरा नाम आनन्द है। काम, ज्ञान, प्रेम, अतः आनन्द, जीवन!"

आचार्य भास्कर भोजन पाकर अतिथि निवास के अपने कक्ष में चुपचाप लेट गये। भट्टपाद के अग्नि-स्नान-समारोह में वह जैसे भयभीत और शिथिल हो गये थे। वाराणसी की ओर उनके पद जैसे चले ही नहीं। वह तुरंत विश्वस्त होना चाहते थे। युवा-सन्यासी ने भट्टपाद की चिता के पास खड़े रह कर कहा था- हां, कहा था-वेदान्त केवल पारमार्थिक चिन्तन तथा प्रातिभासिक संस्कार ही नहीं है; वेदान्त पूर्ण-सम्पूर्ण व्यावहारिक ज्ञान भी है। तभी तो जलते हुए भट्टपाद निश्चिन्त हुए थे; तभी भट्टपाद ने मण्डन और भारती को- माहिष्मति को-अविलम्ब पराजित करने की अपनी अन्तिम इच्छा व्यक्त की थी। भट्टपाद मण्डन मिश्र को क्यों हराना चाहते थे? कर्मकाण्ड के उनके मंगल लक्ष्य को तब भट्टपाद अवैदिक मानते थे? भट्टपाद मण्डन मिश्र से प्रीति पूर्वक तो थे; किन्तु भयभीत भी थे। भट्टपाद को इस धुरन्धर मण्डन मिश्र से किस बात का भय था? स्वयं ही जो प्रायश्चित के लिये, अपनी चिता खड़क सकता है और जल सकता है- अग्नि ज्वालाओं के बीच जो एकाग्र चित्त से युवा सन्यासी का ब्रह्म सूत्र भाष्य आरम्भ से अन्त तक अवलोकन कर सकता है- देह जलते हुए भी जिसकी सूक्ष्म दर्शी बुद्धि शान्ति पूर्वक शारीरिक भाष्य के अटल अचूक वेदान्त मर्म को जान सकती है, जो स्वयं की नहीं किन्तु पृथिवी के ब्राह्मणों के ज्योतिर्मय भविष्य की उद्दाम आशा से भर कर देह को अग्नि के समर्पित कर ज्ञान और कर्म के दिव्य प्रत्यक्ष की शाश्वत अभिलाषा बन सकता है- वह आचार्य कुमारिल्ल भट्ट अपने पट्ट शिष्य, प्रिय शिष्य, आदरणीय शिष्य से भयभीत रहें और बलिदान की अग्नि में जल कर कहें: मण्डन और उसकी स्त्री भारती को हराओ, सन्यासी! तभी तुम सफल हो सकोगे। उस युवा सन्यासी ने पलक में जैसे भट्टपाद द्वारा इंगित भावि देख लिया और कहा था "प्रभो! विश्वस्त होइये। आपकी आज्ञा शिरोधार्य है। ब्रह्म ही सत्य है, भट्टपाद। सत्य की सदैव जय है। असत्य हारता है; असद् नष्ट होता है- अन्धकार भागता है, गुरुदेव!"

"गुरुदेव!" अग्नि-ज्वालाओं में सदैव के लिये मौन होते हुए भट्टपाद ने चिता के धूएं को भेद कर पास ही दिव्य स्वर्ण कमल की चित्राऽकृति के समान शान्त यती आचार्य शंकर को देखा था। जले हुए देह को त्यागते समय की उस चिर धन्य पल में भट्टपाद की वाणी समाप्त हो गई थी किन्तु उनके सनातन शाश्वत आत्मा के वाक् ने चिरन्तन काल के अविराम प्रवाह को क्षण भर के

लिये थामकर कहा थाः "भारत भारत!" आचार्य भास्कर को तब अपने गहन में सुनाई पड़ा थाः मानव-जीवन भारत है; भारत-भारती है- भारत सरस्वती है; वैदिक वाङ्गमय का अमोघ दिव्य बोध है- भारतीय अर्थात् प्रतिपल सत्य की शोध करने वाली अथक दृष्टि; भारतीय अर्थात् विष को पचाकर अमृत की शक्ति प्राप्त करने की तपस्या; भारतीय अर्थात् विश्व समाज- वसुधैव कुटुम्ब- और विश्व राज्य का दिव्य, शुद्ध बुद्ध पुरुषार्थ; भारतीय अर्थात् वैदिक वर्णाश्रम धर्म का विनीत किन्तु अजय अपराजित धारक, पालक, सन्त, शूर, सैनिक, सेवक! भारतीय? अर्थात्! नर जो नारायण होना चाहता है- जो अन्धकार से प्रति पल प्रकाश की ओर नागाऽधिराजों को लांघ कर जाता है; जो असद् की सुन्दर भ्रान्तियों के नदों को मोड़ कर चिर-चैतन्य, ब्रह्म चैतन्य के अपरम्पार में मिलाने की साधना करता और असद् से सद् की ओर जाता है। भारतीय अर्थात् मृत्यु का वैरी और अमरता का पुजारी; अमृत का अभिलाषी-पृथिवी पर साहस, सामर्थ्य, शक्ति, पुरुषार्थ तथा विद्याओं का धनी अमृत-पुत्र मानव!

मानव! यही क्या इस पृथिवी पर एक मात्र समस्या है जीवन मरण की? अन्य यह भव-योनियां हैं न! भास्कर, क्या यह विचित्र विलक्षण अनेक रूपा, जाति, आयु तथा भोग में सर्वथा भिन्न यह तथाकथित चौरासी लाख भव-योनियां- क्या तत्व दर्शियों के लिये सर्वथा गौण हैं? केवल मानव भव-योनि पर ही चिन्तन करते रहने से हमें पृथिवी पर प्राणियों के उद्भव का कारण मिल जायगा? भव क्यों? भवों के जन्म-मरण क्यों? निस्संदेह जीवन का यह नाना रूप नाना विधि त्रिकाल-व्यापी वैभव किसी परम तत्व का ही अमोघ अपरिहार्य संकल्प है। यह जगत जीव का स्वप्न, जीव की धारणा क्या हो सकता है? यह जगत जीव का मनोरथ तो हो सकता है किन्तु क्या जीव अपनी इच्छा से किये गये कर्म से जगत की उत्पत्ति करता चलता है? अथवा यह जड़ और चैतन्य उद्भूत हो गये हैं? क्या यह संयोग मात्र है; वियोग जन्य अकस्मात् मिलन, मात्र है? प्राणी की जीवनेच्छा स्वयं ही अगाध, अमोघ, नानामयी रूपयसि सौन्दर्य घन कामना है- यही धरती पर उद्भवित होने की भाविनी ही तब जड़ चेतन को आविर्भूत करती है? प्रकृति, मूल प्रकृति-यही क्या स्वयं, स्वयमेव एक यांत्रिक गतिविधि है? कारण-ब्रह्म। अवश्य कारण ब्रह्म-एक और अद्वितीय सत् ही कारण-ब्रह्म है और यही कारण-ब्रह्मपरिणामी होता है- कार्य-ब्रह्म के रूप में। "इसीलिये मैं विश्वासपूर्वक कहता हूं; जीव और परमात्मा में स्वभाविक अभेद है, दोनों एक, एकमेक, एकम्-एकाऽकार! केवल संसाराऽवस्था में जीव परमात्मा से भिन्न है। मोक्षाऽवस्था में यह भिन्नत्व नहीं रहता। मोक्षाऽवस्था में यह

भिन्न परिणामी भेद अभेद स्वरूप हो जाता है। परमात्मा ही जीव रूप जन्मता है; मरता है- भव योनियों में घूमता तथा अपनी कामनाओं के स्वप्नों का सेवन करता है- कर्म? स्वप्न की यथार्थ गतिविधि और स्मृति का संस्कार है। हां अवश्य और क्या?....” भास्कराचार्य की आंख लग गई। यात्रा से थके और क्लान्त आचार्य भास्कर गहरी नींद में डूब गये। उनके चित्ताऽकाश में जैसे कोई शान्त लहर लहराने लगी। सुषुप्ति के स्वप्नलोक के क्षितिज पर आचार्य भास्कर एक शान्त लहर ही हो गये।

सन्ध्या तक प्रभाकर आ पहुंचे; नीलकण्ठ आ गये-प्रयाग के धुरन्धर कर्मकाण्डी मनीषियों का एक शिष्ट-मण्डल भी आ पहुंचा। माहिष्मति पश्चिम पूर्व उत्तर भारतवर्ष के मूर्धन्य मीमांसक विद्वानों से ठठ सी गई। आचार्य भास्कर ने भारती से पूछा- “क्या कोई वृहद् शास्त्रार्थ हो रहा है, श्रीमती!"

भारती ने तनिक हंस कर कहा- “ऐसे मिलन होते ही रहते हैं। मिश्रजी सभाओं में प्रसरते हैं; परिषदों में गाजते हैं- समुदायों में गूंजते ही रहते हैं। युवा सन्यासी को घेरने के लिये ही यह विद्वान् आमंत्रित हैं- प्रभाकर, नीलकण्ठ आदि तो इनके गुरु-भाई ही हैं। युवा सन्यासी की आहट मात्र से यह कर्म-काण्डी विद्वान् उत्तेजित हो उठे हैं-”

आचार्य भास्कर ने तनिक गांभीर्य पूर्वक कहा- “वह युवा सन्यासी वेदान्त-चिन्तन की सिद्ध दृष्टियों को भी जैसे अस्वीकार करता है- इस जगत को बहु विधि और नानाऽभिराम भव-संसार का अस्तित्व वह मानता ही नहीं। स्वप्नवत् सही, मिथ्या ही सही-मायावत् ही सही, पूर्ववर्ती वेदान्ताऽचार्य क्षण-भंगुर, स्थिति को स्वीकार कर चलते आये हैं।"

भारती ने कहा- “उनकी यह अनिश्चित मान्यता अन्ततोगत्वा एक निराशामय विषादवाद में ही डूब गई। जीव को इस जगत और अपनी भव-योनि के अस्तित्व, महत्व और अर्थ का अमोघ विश्वास चाहिये। भव संसार में ही मृत्यु के परे तथा पार होना है, आचार्यश्री! मरने से मृत्यु तरी नहीं जाती; जीने से ही, सदा जीवित रहने से ही मृत्यु तरी जा सकती है। संसार में आत्मा शाश्वत अनादि जीवन भविता है, बन्धुवर्य!”

“आपश्री भी संसाराऽवस्था में जीव को परमात्मा से भिन्न मानती हैं तब?” आचार्य भास्कर ने उत्साहित होकर पूछा।

“मैं तो अपने मिश्र जी ही में मानती हूं, भाई।” भारती ने बादलों से आच्छादित होते हुए पूर्ण चन्द्रमा की भांति ढपते हुए कहा “उन्हीं के द्वारा सहित और उन्हीं के लिये मैं स्वयं का, जगत का, स्वर्ग और नर्क का- इस

समस्त एवं समग्र यावत् जीवन का मैं अनुभव करती हूं। आचार्य! मैं अनन्त अनेक भवों का अनुभव ही नहीं रखती। मैं जैसे एक रहस्यमय जीवनेच्छा से ओतः प्रोत मुग्ध और मधुर चैतन्य हूं। अपने ही सूनेपन से भीत होकर मैं जैसे अपने प्रियतम के लिये स्वयं ही जन्म में जाग गई हूं। अपने अमोघ प्रिय के लिये ही जैसे मैं जन्मी हूं और उसी की खोज में, उसी को पूर्ण-परिपूर्ण पाने के लिये ही देह बदलती रही हूं- आपके यह मिश्र जी मुझे तो स्वयं के एकान्त से चकित स्तब्ध और विषाद में लीन 'ब्रह्म' ही प्रतीत होते हैं। मैं जैसे उस ब्रह्म की प्रीति ज्वाला हूं। अनादि, अमोघ, अचूक, अटल, अपरिहार्य, एक और नेक जीवात्मा-अणु और विराट्-जीवात्मा, अहम् आचार्य! उस चिद् घन अहम् की मण्डन और मैं गहन रति हैं; प्रीति ज्वाला हैं। इस संसार में भव-योनियां प्रीति के लिये ही सीद रही हैं, आचार्य!"

नीलकण्ठ तथा प्रभाकर के साथ खड़े हुए मण्डन मिश्र ने विभोर होते हुए कहा- "तब तुम भी मान गई, प्रिये! यही प्रीति ज्वाला जीवन के गहन अथाह मंगल की जननी है, भारती! आने दो उस युवा सन्यासी को। माहिष्मति की पगडन्डियां खुली मिलेंगी उसे; किन्तु मीमांसा भवन का प्रत्येक द्वार उसको बन्द मिलेगा। हम भट्टपाद के सभी प्रमुख शिष्य डटकर उस ऐन्द्र- जालिक युवा सन्यासी का सामना करेंगे। सभी आ गये हैं- हम सब एक मत हैं, प्रिये! कि भट्टपाद का अग्नि स्नान एक अतिवादी प्रायश्चित था। हम सब मिलकर, साथ उठकर, बैठ कर संगम में, समस्त कर्म-काण्ड पर ही पुनर्विचार करने जा रहे हैं। माहिष्मति और प्रयाग मिल कर संयुक्त रूप से इस धर्म-प्राण भारत-वर्ष को नया कर्म-काण्ड ही प्रदान करेंगे। यही है उत्तर मीमांसा! पूर्व मीमांसा यदि वेदान्त के शून्य मूढ़ क्षण-भंगुर भंखाड़ में अदृश्य हो गई-तो हो गई। अनन्त को 'आदि-अन्त' के स्वरूप में देख कर नहीं, अनन्त को क्षण-क्षण के सत्य शिव सुन्दर कर्म में उद्धवित कर हम इस पृथिवी पर सम्पन्न सन्तुष्ट शुद्ध तथा बुद्ध मानवता का आविर्भाव कर पायेंगे। वेदान्त नहीं, मीमांसा से ही जातियां जन्मती हैं; समाज शुद्ध तथा परिष्कृत होता है तथा राष्ट्र अपने राज्य सहित एक दिव्य शान्त आलोक में जीता रहता है- इस धरती पर मानव की समस्या मृत्यु और मृत्यु पश्चात् गति की नहीं है, मुक्ति की नहीं है। भारती, इस पृथिवी पर मानव की समस्या अनय और इतर प्राणियों के साथ ज्ञान तथा विज्ञान पूर्वक घर, पड़ौस, जाति, समाज, राष्ट्र तथा राज्य में जीते रहने की है। क्यों प्रभाकर?"

प्रभाकर ने विनीत भाव से कहा- "निस्संदेह, मण्डन महोदय! भट्टपाद अब नहीं रहे; उनके स्थान पर हम अब आप महाशय को ही स्वीकार कर चलना चाहते हैं।"

"गुरो मत का क्या होगा?" मण्डन मिश्र ने प्रसन्न होते हुए पूछा।

"मेरा क्या मत, सम्मत? मेरा क्या सम्प्रदाय?" प्रभाकर ने सहज भाव से कहा- "मैं तो सत्य को सहस्र आंखों से देखना तथा कोटि हाथों से स्पर्श करना चाहता हूं। मैं सत्य को प्राप्त करना नहीं चाहता; सत्य के स्वरूप में अभिन्न होना चाहता हूं।"

02

भट्टपाद की चिता के बुझने पर आचार्य शंकर त्वरा से हिमालय की ओर लपके। उनको लगा, कुमारिल्ल भट्ट की चिता और उसकी वन्हि ज्वालाओं से यह संसार भरा हुआ है और अपनी मूढ़ शान्ति में मोहान्ध जल रहा है। "कुमारिल्ल! भट्टपाद!!" कभी-कभी सिर धुन कर आचार्य शंकर गंगा के किनारे पर खड़े रह जाते थे। अग्नि-ज्वालाओं के बीच गूंजी हुई भट्टपाद की यह पुकार: "शंकर! भारत भूमि को पुनः स्वस्थ करो; पुनीत करो- पुरुषार्थ और मोक्ष-मार्गी करो।" आचार्य को दिग् दिशाओं से प्रताड़ित हो सुनाई पड़ती थी। "गंगे! तेरा एक ब्राह्मण तेरे सनातन धर्म की एक रूढ़ परम्परा की रक्षार्थ स्वयं जला है। गंगे। सुनती हो?" आचार्य शंकर ने हिमालय के निकट पहुंचने पर गंगा की बल खाती हुई धारा को पुकार कर कहा। मौन। शंकराचार्य को लगा, त्रिपथगामिनी गंगा निरुत्तर है। शंकर को लगा, गंगा आज पहिली बार मौन है- उदासीन है। जगत के मानवों के पापों को धोने तथा जीवन के सभी अमिट कलंकों से परित्राण देने वाली गंगा आज जैसे स्वयं ही कुण्ठित हो गई है। अवश्य, गंगे। भारत भूमि को भट्टपाद के देह की भस्म पवित्र करती रहेगी- भट्टपाद तेरी ही भांति अन्तःकरण की चेतना की अजस्र धारा बन गई है। भट्टपाद के बलिदान से मानो भारत भूमि का ब्राह्मणत्व क्रुद्ध शिव के समान जाग जायेगा। इन अवैदिक सम्प्रदायों के कोलाहल भारत के ब्रह्मा को बहरा बना गये हैं। भारत का विष्णु जैसे अपनी घोर निद्रा में सोया हुआ है और ज्ञान का क्षीर सागर विचित्र अपरिचित कीच से भरता गया है। अंधेरा बुद्धि के ऐन्द्रजालिक प्रकाश से जगमगा रहा है जैसे। इस घोर अंधेरे में शंकराचार्य को भट्टपाद की चिता जलती हुई दिखाई देती और मानो भट्टपाद कहतेः "आचार्य! एक अक्षर का देने वाला गुरु ही है तो समग्र

शास्त्र का उपदेश देने वाला चाहे वह कोई हो, गुरु ही है। मैंने अपने बौद्ध गुरु से शास्त्र का उपदेश सुना है और फिर उसका तिरस्कार किया है। मैंने महर्षि जैमिनी के विद्या-कुल तथा अपने ब्राह्मण वंश का यों नाश ही किया है। आचार्य! मैंने महर्षि जैमिनी के शास्त्र के आधार पर परमात्मा का निराकरण भी किया है। मैंने गुरुद्रोह और प्रभुद्रोह दोनों ही किये हैं। हां, आचार्य! मेरा पाप अमोघ है।" आचार्य शंकर व्यास गुफा के पास ध्यानस्थ हो गये। भट्टपाद और उनकी चिता जैसे सूक्ष्म शरीर धारण कर उनके चित्ताऽकाश में चित्रित हो गई थी। वह जैसे एक-एक चरण चलते हुए भी भट्टपाद की चिता के पास ही खड़े थे। धरती, धरती पर भट्टपाद की चिता, स्वयं वह तथा मौन-उदासीन आकाश-कृकल वन्हि-ज्वालायें और तड़कते हुये धुंए को छिन्न कर गुर्राता हुआ भट्टपाद का स्वर-आचार्य शंकर जैसे भट्टपाद के साथ सुषुप्त लोक में चले गये थे। एक स्थिर वास्तविक स्वप्न की भांति भट्टपाद अपनी चिता के साथ चित्त का यथार्थ हो गये थे। जैसे आचार्य शंकर ने भट्टपाद को कहते हुए सुनाः "आचार्य! आप देरी से आये, आपकी अज्ञात प्रतीक्षा से मेरा रोम-रोम सिहरा है। आपकी आहट निरन्तर मैं मन के कानों से सुनता रहा हूं," आचार्य शंकर को दिखाः भट्टपाद सामने हैं; जलती हुई चिता में बैठे हुए और जैसे धुएं से भरी तड़कती हुई अग्नि ज्वालायें आकाश में लिख रही हैं: "यती शंकर! तुम वैदिक कर्म मार्ग से विमुख बौद्धों को समाप्त करने के लिये कार्तिकेय का अवतार हो। मैंने शाबर भाष्य पर टीका लिखी है; किन्तु तुम्हारे ब्रह्म सूत्र के शारीरिक भाष्य को मैंने देख लिया है- चाहता था उस पर टीका लिखूं। किन्तु मेरा यह सद्भाग्य बदा नहीं था, आचार्य!" शंकराचार्य जैसे पुनः पुनः बोले, भट्टपाद! आप पवित्र को भी पुनीत करने वाले हैं। आचार्य! कुछ ही जल-बिन्दु अमृत होकर आपकी देह को पुनः जीवित कर देंगी- अवश्य, आचार्य! शारीरिक भाष्य पर आप टीका-भाष्य लिखना चाहते हैं- तो आपको यही देह चाहिये, यही भव, भट्टपाद! भट्टपाद ने धुएं को सांसों से मथते हुए कहा था, मैं मूल भूत रूप से संशय हूं; दृष्टि हूं; शंकराचार्य! मैं देखता भर रहा हूं; तौलता, आंकता और विश्लेषण भर करता रहा हूं- मैं कर्म के यदि, किन्तु- परन्तु अथवा दृष्टि आदि से ऊपर उठ कर सम्पूर्ण सत्य को भांप नहीं सका। मैं जगद् की रूपयसि असंख्य क्षणों से परिपूर्ण सरस सौन्दर्य को सींच कर उसका अमृत रूप आस्वाद नहीं कर सका। मैं नामों के कोलाहल, कलरव तथा चीत्कार में व्यस्त हो गया। मैं अनन्त नामों की ध्वनि-प्रतिध्वनि के अन्तराल में मौन जो महाप्राण चिद् चैतन्य रम रहा है, उसको अपने चित्त में उतार नहीं सका। मैंने नाम सुना; रूप देखा; किन्तु नाम-

रूप के रचयिता की कल्पना तक मैंने नहीं की। जब बौद्धों और अन्य अहिंसा वादी सम्प्रदायों के मुख्यों ने मिल कर मुझसे कहा था- पर्वत पर चढ़ जाओ, गिरो-जीवित रहोगे तो हम श्रुति को अपौरुषेय तथा शाश्वत प्रमाण-प्रयाणों का प्रमाण-मान लेंगे। आचार्य शंकर, तब मैंने कहा था- "यदि मैं श्रुति को शाश्वत अपौरुषेय तथा आत्यंतिक प्रमाण मानता रहा हूं तो- यदि, शंकराचार्य! यह यदि! यह मेरा प्रज्ञाऽपराध था। अतः यह भट्टपाद नाम रूप अग्नि में जल कर भस्म होगा और वह भस्म शिव-स्वरूप सन्यासी के शरीर का लेप होगी। सन्यासी! इन अग्नि-ज्वालाओं की साक्षी से मैं कह रहा हूं: वह सन्यासी शिव रूप आप हैं- आप, शंकराचार्य!"

"शंकराचार्य!" एक प्रतिध्वनि हिमालय की दिग् दिशाओं से गूंजी और शंकर त्वरा से व्यास गुफा में आकर स्थित हो गये। वह जैसे इस प्रतिध्वनि को झेलना नहीं चाहते थे। भट्टपाद की चिता जैसे उनके हृदय के विजन में जलती रही है- जल रही है- यह ब्राह्मणत्व की चिता। सूक्ष्म स्वरूप में यह चिता मानो काल की दिशाओं को प्रज्वलित करने के लिये शिव के तीसरे नेत्र की भांति सुलग रही है। भट्टपाद ब्राह्मण! तेरी जय हो। तू ने वैदिक वर्णाश्रम धर्म की सिद्ध मर्यादा की रक्षा के लिये, प्रत्येक मर्यादा के अटल सत्य सिद्धान्त को जीवित रखने के लिये अन्ततोगत्वा प्राण देना ही उचित समझा। संजीवित करने की अचूक योग शक्ति के वरदान को भी तू ने नहीं स्वीकारा! कुमारिल्ल। तुम जीवन से उपरत तथा मृत्यु से उदासीन होकर जल गये। मानव-संस्कृति के अंधेरों को प्रतिपल जला देने के उद्देश्य से ही तुम स्वयं एक अविराम बोध-चिता बन गये। अवश्य, भट्टपाद! मानव जाति तुमसे उऋण नहीं हो सकती। तुम्हारी चिता की भस्म का तिलक कर भारत भूमि के ब्राह्यण का मस्तक अक्षुण्ण गौरव से सूर्य के समक्ष भी महिमा पूर्वक तना रहेगा। तुम्हारी चिता ब्राह्मण की चेतना की वह्नि-ज्वालाओं का कभी भी नहीं बुझने वाला पुञ्ज है। अवश्य, भट्टपाद! मैं 'मण्डन मिश्र' और उनकी पत्नी 'उभय भारती' से निपटूंगा। अवश्य।

"अवश्य, वत्स!" आचार्य शंकर ने रात्रि के मौन तारों की जगमग से सुन्दर प्रथम प्रहर में कहा- जाग जाते हुए कहा- "अवश्य। वत्स। सनन्दन! हिमालय से उतर कर मैं, भारत भूमि में जाऊंगा और गंगा तथा यमुना और सप्त सिन्धुओं के जल से भारत भूमि पर छाये कीच को धोऊंगा। भारत भूमि सदैव अनादि काल से वेद की भूमि रही है; उपनिषद् का आकाश रही है, सनन्दन!" सनन्दन ने दृष्टि से ही जैसे सहमति व्यक्त की और चुपचाप खड़ा रहा। आचार्य

शंकर ने कहा, जैसे समस्त आकाश को सम्बोधित कर रहे होः "भारत भूमि ज्ञान से उद्भवित हुई है; भारतीय प्रजा गंगा, यमुना, नर्मदा, कृष्णा, कावेरी-इन महानदियों द्वारा सिंचित हुई है- होती है। हिमालय अपनी सर्वोपकारी आर्द्र करुणा में पिघल कर आर्य भारत का सिंचन, पोषण, लालन और पालन करता है- उस भूमि की मानवता को जीवन के लक्ष्य से ही विचलित कर भ्रष्ट करना दण्डनीय अपराध है, वत्स। भारत को प्रकाश के प्रशस्त पथ से धकेल कर अंधेरे राज मार्ग पर हांकना घोर पाप है-"

सनन्दन ने अब कहा- "तथागत को भारत भूमि के भू-सुरों ने ही ईश्वराऽवतार माना है। क्या महर्षि गौड़पाद पर परोक्षतः शाक्य मुनि गौतम बुद्ध के करुणामय शून्यवाद का प्रभाव नहीं हुआ है? हुआ है पूज्य!"

आचार्य शंकर ने गंभीरता पूर्वक कहा- "शून्य का नहीं, निराकार धारणा का ही हमारे परवर्ती गुरुओं के चिन्तन पर प्रभाव है। निराकार शून्य-मण्डलाकार नहीं-नहीं है। भविता और उसकी धारणाओं का, धारणाओं के मृत्यमान स्वप्नों तथा उन काम्य अभिजात स्वप्नों की तृष्णाऽतुर स्मृतियों का जहां आकृति हीन अतः गुण-धर्म हीन विराम, विलय होता है- वहां, वत्स! परम ब्रह्म के निरीह निर्विशेष एकान्त को ही 'शून्य' कहा जा सकता है। यह एकान्त, यह अथाह अर्णव है, एक निस्सीम बीज व्याप्ति है- मंत्रमयी सत्ता है। जगत और जीवन के सभी बीज-मंत्र इसी सत्ता से आविर्भूत और उद्भूत होते हैं- यह सृष्टि के आरंभ के पूर्व का ब्रह्म-सम्मोह है। यह शाश्वत 'संभवामि' है वत्स!"

सनन्दन चिहुंका- "शाश्वत संभवामि?"

"अवश्य, भव, संभव और सदा संभावित होते रहना ही सृष्टि है। सृष्टि की यह दिव्य उदार सुन्दर मंगलमय धारा ही विश्व-ब्रह्माण्डों के रूप में उद्भासित होती है- हो रही है। काल का यह यथार्थ भी ब्रह्म-समान 'अस्ति' है। यह एक क्षण का अस्ति अपनी एकता अपने एकत्व-की पूर्णता में अनंत है। जो पूर्ण है वही अस्ति है। प्राणियों की समस्या पूर्ण होने की नहीं, पूर्णातिऽपूर्ण-परिपूर्ण तथा अन्ततोगत्वा परिपूर्ण होने की है। क्षण का अनंत नहीं, अनन्त का क्षण- अपराजित परिपूर्ण परम क्षण, जहां यावत् जीवन एक होकर अपने सभी नाम-रूपों को उस आनन्द-चैतन्य में लीन कर दे- जीवात्मा अपने सत् और चित्त से उपरत होकर परमात्मा के आनन्द रूप में लीन हो जाये। यह विषाद का मार्ग नहीं है; यह चिर प्रसन्नता का मार्ग है। यह निराशा की पगदण्डी नहीं है; यह संयत तथा सधी हुई आशा का राज मार्ग है। वैदिक सनातन वर्णाश्रम धर्म संयम, समन्वय, संतोष, उपलब्धि, प्राप्ति तथा भोग के उपरान्त काल से मुक्त

होने का वैराग्य मार्ग है- अमृताऽभिलाषी मानव अपने हृदय गहन में मुमुक्ष है, वत्स! मैं शाश्वत जीवात्मा जगत के अपने प्रत्येक भव में, उस भव की प्रत्येक पल में स्वयं के विराट् को, स्वयं के अनन्त को-स्वयं के पूर्ण ऐश्वर्य को ही चाहता हूं।...."

अभिनव गुप्त ने द्वार पर खड़े हुए कहा- "स्वयं का यह ऐश्वर्य, आचार्य!"

शंकराचार्य ने गुफा के द्वार पर एक तेजस्वी, प्रौढ़ तथा शरदों से शीतल तथा वसन्तों से महके हुए व्यक्ति को तनिक चपलता पूर्वक मुस्कराते हुए देखा। कहा- "आप श्रीमन्?"

"मैं, अभिनव गुप्त, आचार्य शंकर!" अभिनव गुप्त ने अन्दर आते हुए कहा- "आपका अमर्ष से पूर्ण शिष्य भास्कर माहिष्मति गया है, महाशय मण्डन मिश्र के पास। और मैं आपश्री के पास आया हूं।...."

"स्वागत है, आचार्य!" शंकराचार्य ने सस्मित कहा।

"मैं यही कहने आया हूं, आचार्य! काश्मीर आपश्री के भाष्य को स्वीकार नहीं कर सकता। काश्मीर के दिव्य कुंकुम से सुशोभित त्रैलोक्येश्वरी शिवा हमें दर्शन दे चुकी हैं। नागाधिराज हिमालय ने अपने शाश्वत शिव-स्वरूप में हमें कृतार्थ किया है। परम शिव, आचार्य शंकर!"

आचार्य शंकर ने अपने सरोज-नयन तनिक उन्मीलित किये; स्वतः ही जैसे चिहुंके- "परम शिव।....."

"आचार्य शंकर" अभिनव गुप्त ने क्षुब्ध अमर्ष से प्रकम्पित स्वर में कहा- "आपकी माया कहां से, कैसे? आपका ब्रह्म-चैतन्य अज्ञान से घिरा क्यों-कैसे? बहुस्याम? अवश्य, आचार्य! किन्तु यह बहुस्याम शिव-शिवा का शाश्वत सामरस है। आपके वेदान्त की माया साधक पा नहीं सकता। आपका वह ब्रह्म-चैतन्य जो अज्ञान रूप हो जाय- भूला, अज्ञान से आच्छादित हो जाय, वह भी क्या कोई चैतन्य है? सूर्य अंधकार से आच्छादित होता है क्या?....."

"नहीं होता।" आचार्य शंकर ने शान्ति पूर्वक कहा।

अभिनव गुप्त सनन्दन द्वारा बिछाये गये कम्बल के आसन पर बैठ गये। सहज होते हुए बोले- "तब क्या सूर्य से तम उद्भवित होता है? चैतन्य से जड़ का आविर्भाव कैसे आचार्य? ज्ञान अज्ञान से आच्छादित हो जाय- अनन्त काल से, चिर काल से ब्रह्म अज्ञानाच्छादित। आपका ब्रह्म अनादि, उसकी माया अनादि, ईश्वर अनादि, जीव अनादि-सब अनादि, आचार्य! किन्तु अज्ञान में डूबे हुए, स्वप्न कातर, जड़त्व की मूर्च्छना से लिपटे हुए। आपके इस मायामय ब्रह्म से तो तथागत बुद्ध का करुणामय विषाद अच्छा। अज्ञान? तब फिर ज्ञान क्या

हो सकता है? ज्ञान से अज्ञान उद्भवित होता है, अथवा ज्ञान और अज्ञान की वही अनादि सम स्थिति है-"

शंकराचार्य ने जलद-गंभीर स्वर से कहा- "ज्ञान-ज्ञान-अज्ञान वेद अवेद चित्-अचित् सभी कुछ हैं। ज्ञान सूर्य का प्रकाश नहीं है; ज्ञान अन्धकार का अभाव नहीं है। माया-अज्ञान-आच्छादन, अध्यास यह सब प्रतीति भी ज्ञान की एक अवस्था है.... अज्ञान भी ज्ञान का संज्ञान है-"

"कह क्यों नहीं देते, अज्ञान ज्ञान का ही स्वरूप है?" आचार्य अभिनव गुप्त ने कहा- "आचार्य, मानव जाति को माया के अज्ञान के संभ्रम भरे वैपरीत्य से अब तो उबरने दीजिये। आप वेदान्तवादियों के अज्ञान से आच्छादित ज्ञान-ब्रह्मत्व- से यह धरती पुरुषार्थ हीन हो गई; जीवन-सौन्दर्य मंद होकर विकराल कुरूप हो गया। शील आपके इस अज्ञान नद में बह गया और मनुष्य? दीन, हीन, आर्त और दुःखी जीव होकर आपके निर्बल ब्रह्म पर बलात् छाये हुए अज्ञान के अथाह में खो गया- शून्य की विजन प्रतिध्वनि से यह समर्थ दिशायें भर गईं, आचार्य। हिमालय निर्वीर्य हो गया; गंगा-यमुना बिला गई- सरस्वती सूख कर एक छाया मात्र हो गई- यह जगत तथा उसका पुरुषार्थी प्रत्येक भव व्यर्थ की माया की निराशा मात्र में डूब कर मृत्यु के भय से बेसुध प्राणियों की भयार्त भीड़ हो गया। मैं कहता हूं- आप सुन लें, आचार्य शंकर! आप वेदान्तियों ने ही तथागत गौतम बुद्ध का आविर्भाव किया है- हम शिव शक्ति के पुजारियों ने नहीं।"

आचार्य शंकर ने कहा- "गौतम बुद्ध रूढ़, जड़, हिंसा, तम, कर्म-काण्ड के मूढ़ प्रचलन की तीव्र प्रतिक्रिया स्वरूप उद्भवित चैतन्य-ज्योति हैं- चीत्कारों से भरे हुए अन्धकार में करुणा और बन्धुत्व की एक उदार चेतना, यही तो तथागत बुद्ध हैं। अपनी इस असीम करुणा के आर्द्र विषाद से सुन्दर तथागत अपूर्व भगवत्पाद हैं, आचार्य अभिनव! तथागत नहीं आते तो, आप और मैं आज यों आमने-सामने बैठ कर बात करने का प्रसंग प्राप्त नहीं करते। वेदान्तियों ने गौतम बुद्ध को आमंत्रण दिया होगा- किन्तु बुद्धऽवतार का कारण आप लोग हैं..."

"हम लोग?" आचार्य अभिनव ने तीव्रता पूर्वक तनिक उत्ताल स्वर में कहा- "हम लोग अर्थात?"

"हम सभी, आचार्य।" शंकराचार्य ने सस्मित कहा- "विश्राम कर लीजिये; बातें बाद में भी हो जायेंगी। यात्रा के श्रम को बुझा लें- फलाऽहार पाकर प्राणों को तृप्त कर लीजिये, आचार्य अभिनव! ब्रह्म अनादि है; सर्वत्र है; सब में है- ज्ञानमय यह केवल सद् वस्तु देश में विस्तृत तथा काल में छाया है- देश के

परे तथा काल के अतीत भी वह है- निश्चिन्त हो जाइये। ब्रह्म कहीं नहीं चला जायगा। किन्तु जगत तो पिपासा में, क्षुधा में, सम्मोह तथा संभ्रम में प्रतिक्षण आ रहा है और चला जा रहा है.... शान्त हो जाइये, आदरणीय!"

"शान्ति? शान्त?" आचार्य अभिनव गुप्त जैसे स्वयं ही कह उठे- "अवश्य, शान्ति।...."

"या देवि सर्व भूतेषु शान्ति रूपेण संस्थिता।" शंकराचार्य ने कहा।

आचार्य अभिनव गुप्त मुस्करा कर बोले- "नमस्तस्यै, नमस्तस्यै, नमस्तस्यै नमो नमः।"

फलाऽहार कर विश्राम के लिये अभिनव गुप्त चटाई पर लेटे। अन्दर की गुफा में शंकराचार्य कुछ देर गुफा के द्वार से दिखते हुए आकाश को देखते बैठे रहे। रात्रि का प्रथम प्रहर समाप्त होकर दूसरा माझम प्रहर आरंभ हो गया था- निस्तब्धता मूढ़ और हत्प्रभ मन की उदासीनता की भांति छा गई थी। तारे टिमटिमा रहे थे और हिमालय का श्रृंगीय परिसर तंद्रिल आलोक में उभरते हुए अन्धकार से भरा हुआ था। सोये हुए स्वप्न देख रहे थे अथवा अर्ध-दग्ध स्मृतियों से प्रताड़ित गाढ़ निद्रा की प्रथम मूर्च्छना में डूब रहे थे- प्राणी, अधिकांश जीव अपने प्रारब्ध की जाग्रति के विस्मृति पूर्ण अतल में थे और जीवात्मा आत्मा-सुषुप्ति तथा कारण के बीच की क्षितिज पर लूम रहे थे। देह का जाग्रत पुर स्तब्ध निद्रा से भर गया था और शरीर का दूसरा स्वप्न-पुर विकल्पित बिम्ब लहरों से मानो आप्लावित हो गया था। इन्द्रियों से थके जीव अपने सूक्ष्म शरीर में अर्ध-जाग्रत सा स्वप्न के मन्थर लोकों में विचर रहे थे और स्मृति की गाढ़ विस्मृति कारण पुर की गूढ़-गाढ़ निद्रा में मिल कर एक निस्पंद मूढ़ता ही उत्पन्न कर रही थी। यही रात्रि है- तब काल जागता है; काल स्वप्न देखता है- काल गूढ़ निद्रा में सो जाता है। शंकराचार्य को जैसे जलते हुए प्रज्वलित भट्टपाद का शीर्ण किन्तु गंभीर स्वर सुनाई देने लगाः "काल-यह काल ही स्थिर-अस्थिर सत्य है, यती शंकर! चिद्घन चैतन्य-ब्रह्म चैतन्य-निरतिशय ज्ञानमयता? मैं नहीं जान सकता, हां, महात्मन्!"

शंकराचार्य ने मन ही मन पुकार कर कहा- "भट्टपाद! काल के अन्तराल में झांको। काल की अविराम अबाधित गति को छूओ। स्पर्श करो, कुमारिल्ल। समूचे काल को-बुद्धि की अग्नि में तपाकर इस काल को जांचो। काल ही अज्ञान है- तमिस्र अंधकार। हां, ब्राह्मण! जानने वाला, करने वाला, भोगने वाला ही सत्य आत्यंतिक चैतन्य है। ज्ञान ही चैतन्य होकर काल रूप धारण करता है- काल ब्रह्म का सृष्टि-भावना तथा विश्व भविता है; काल ही जगत है- जीवन की

रंग भूमि पर भव-संसार के असंख्य नाट्य काल की यवनिकाओं में ही होते रहते हैं। अवश्य, भट्टपाद! ब्रह्म को जड़ में खोजो; चैतन्य में देखो और अपने हृदय दहर के चिदाऽकाश में नाम-रूपों को बिला कर एक लवलीन आनन्द-सम्मोहन उत्पन्न करो-सविकल्प अथवा निर्विकल्प समाधिस्थ हो जाओ, कुमारिल्ल! अपने त्रिपुर के सौन्दर्य की ज्वालाओं में जलते न रहो। उठो, भट्टपाद! अपनी इस चिता में अपने अनादि त्रिपुर को भस्म कर दो। और उस भस्म को ही अपनी देह बना कर शिव स्वरूप हो जाओ-कर्म के पाश से मुक्त हो जाओ, त्रिपुर की चिताओं में जलकर भट्टपाद! प्रकृति के परे, उपरत और अनासक्त होकर परात्पर ब्रह्म-चैतन्य के असीम विराट में आविर्भूत हो जाओ।...."

"शंकर!" पुनः बिलमाई हुई प्रतिध्वनि ने मानो पुकारा। शंकराचार्य सहसा उठ खड़े हुए और निद्राऽधीन आचार्य अभिनव को देखते हुए गुफा के मुख्य द्वार पर आ खड़े हुए। हिमालय का अनाहत आकाश-स्वर्ग गंगा की नीहारिकाओं से तंद्रिल, आलोकित-अपूर्व आकाश मानो किसी अवकाश भरे उभार सा लग रहा था। आलोकमय अंधेरे में डूबे हिमालय के श्रृंग मूर्च्छित से थे- क्या यह जाग रहे थे? हिमाच्छादित यह जड़ श्रृंग अतीन्द्रिय सौन्दर्य से रंगे हुए लग रहे थे- जड़, यह विविध विचक्षण विचित्र जड़ रूप अन्धकार के प्रवाह में डूबकर निस्सीम अरूप रूपता की विजड़ित आकृतियां प्रतीत हो रहे थे। जगत अन्धकार से भरी गाढ़ निद्रा में मानो अपने अन्तराल के पारदर्शी सौन्दर्य से पूर्ण था- रूपहीन सीमाहीन निस्सीम अथाह सौन्दर्य, अपने गुणों के रंग त्याग कर, दिगम्बर रूप हीनता होकर धरती और आकाश में सिहर रहा था। शंकराचार्य को लगा, क्षितिजों के पार के भी पार-अपार पार से-मग्न सिहरन उभरी चली आ रही है एक ध्वनि, अनहद धुन मानो गूंजकर समूचे ब्रह्माण्ड को अगाध निद्रा में ही नचा रही है। जगत, निद्राऽधीन जगत और स्वप्नरत जीवों के प्राण अज्ञात किन्तु चिर परिचित सौन्दर्य की अतीन्द्रिय ज्योति से भरते जा रहे थे। जगत उस आलोकमय अन्धकार में डूब कर मानो अन्तराल में अपने ही परात्पर सौन्दर्य अपरम्पार में लीन हो गया है। रूप, रूप, अनन्त कोटि रूप अपने रंग त्याग कर, एक रूपहीन अपूर्व सौन्दर्य में अदृश्य हो गये हैं। सभी विभिन्न रूप-स्वरूप तम के निस्पंद सागर में बह गये हैं और आकाश की दिग् दिशाओं से परात्पर सौन्दर्य की वर्षा होने लगी है। डमरू बज उठा है; नूपुरों के रत्नों की कान्ति में लीढ़ चरण-सरोज थिरक रहे हैं और परमेश्वरी की कटि-किंकणी अनहद को ताल देती हुई क्वणित हो रही है। शंकर ने देखा, आकाश में दीप्तिमान हिमालय उभर आया है और उसके एक वासन्ती सुमेरु के सपाट

पर मान-सरोवर के कमलों के प्रति कटाक्ष करती हुई शिवा अपने पृथु नितम्बों की हिल्लौल से उन्मुक्त, उन्मद, मद विभोर शिव के आल्होड़ित डमरू का संग कर रही है। दिव्य मधु से रगमग भस्म-धूसरित शिव के हस्त-लाघव की नील, श्वेत अंगुलियों की मुद्राओं को शिवा अपनी भवों की उझकों द्वारा मानो तौल रही हैं और शिव अपने ही आनन्द-मोहन में लीन सभी स्वप्नों के परे तथा स्मृति मात्र से उपरत होकर डमरू की प्रत्येक डिम्डिम् से शिवा को बुला रहे हैं- शिवा इतरा रही है; इठला रही है और अपने समवृत्त स्तनों के भार से तनिक झुक कर आतुर शिव को अपने भुज-पाश में स्वयं आकर बंध जाने के लिये मनाई भरा आमंत्रण दे रही है। शिव शिवा को डमरू बजा कर मानो रिझाना चाहते हैं किन्तु शिवा के लावण्य मय श्रृंगार से उदासीन बने रहना चाहते हैं। शिवा सव्यंग हंस कर मान सरोवर का एक स्वर्ण कमल तोड़ कर शिव की ओर फैंकती है। शिव के वक्षस्थल से टकराकर वह अद्वितीय दिव्य सुवर्ण कमल अनन्त में उछल कर शिवा के गजगामी नितम्बों से टकरा शून्य में गिर पड़ता है। शिव अपने एक चरण से थिरकने लगते हैं और शिवा की सुमध्यमा कटि स्वयं ही बल खाने लगती है- शिव के उन्मीलित नील सरोरुहों में भरी आनन्द मूर्च्छा मानो शिवा के रागोत्फुल्ल विलोल नयनों में भर जाती है- अपने त्रिकोण में उल्लसित कोटि बालार्कों की अरुणाऽभा की दिव्यांगना शिवा, भवानी, काम-भुजंगिनी सी मान सरोवर के जलीय गह्वर को त्याग कर सीत्कार करती हुई शिव की ओर लपकती है- घनश्याम शिव का आजाऽनुभुज कुशल सपेरे के हाथ की भांति प्रलम्ब होकर शिवा की सौन्दर्य-भीनी रागांगित कटि से लिपट जाता है। शिवा के श्रीचरण थिरकने लगते हैं; पीन घन उरोज अपने ही काम दुग्धा भार से रिमझिमाने लगते तथा उल्लसित रति-वेग से अपने भारी भरे गदकारे पृथु नितम्बों से अपने चरणों को सम रखती हुई परमेश्वरी शिवा अपने शिव को अपने प्रगाढ़ आलिंगन में बांध देती है। आचार्य शंकर मानो अवाक् होकर सूक्ष्म हिमालय के सूक्ष्मातिसूक्ष्म कैलाश में शिव-शिवा का नृत्य देखने लगे हैं। काल का मूढ़ निद्राऽधीन प्रवाह मानो जाग गया है- दिक् हहर कर देख रहे हैं तथा सृष्टि की समस्त उमंग शिवा के उरोजों की मन्द-मन्द हिलकोर में बिछल-बिछल कर ढुल रही है।

युवा-सन्यासी मानो उस तन्मय, मन्थर, मुह्यमान गति में स्वयं ही कम्पित, विकम्पित-प्रकम्पित होने लगे। थिरकन, रोम-रोम में थिरकती हुई धड़कन होने लगी और शंकर अपने गहन के अतल से उठ आती हुई सहज किन्तु घोषमयी गूंज सुनने लगे। उस लीन, लवलीन गुञ्जन से ब्रह्माण्डों का

अर्णव आल्होड़ित विलोड़ित होने लगा। अणु-अणु, परमाणु, त्रिस्रेणु, ज्योतिर्णु बिम्ब-बिम्ब उस प्रवाहमान नीलिमा में शिवा के झबकते हुये लाक्षाद्र चरणों से लिपट गया। उस अनन्त में लास करती हुई शिव के आजाऽनुबाहुओं में जकड़ी तथा शिव के समूचे भार को मानो अपने पयोधरों पर उठा कर नितम्बों के ताल पर नाचती हुई शिवा के असंख्य चरण-चिन्ह स्वर्ग-गंगा के किनारों पर पड़ते हुए दिखने लगे। नयनोन्मीलित शिव जैसे शिवा के रूप को पीकर अब एक अनिर्वचनीय राग भरे स्पर्श का अनुभव कर रहे थे और डमरू के निनाद में उसी अकथनीय सिहरन को स्वर देने के लिये झूम रहे थे। शंकराचार्य को लगा, डमरू-स्वर बोलने लगा है और शिवा के अंग-अंग की भंगिमाओं से व्यञ्जन उद्भासित होकर उस स्वर में लीन हो रहे हैं। स्वर के प्रस्तार के साथ-साथ शिव मानो अपना प्रतिभासित रूप खो रहे हैं और अच्युत ज्योति-पुञ्ज के समान उस शान्त व्यामोह में लहरने लगे हैं। शिवा जैसे शिव के बाहुपाश में अपने रोम-रोम में थिरक कर अब वैश्वानर के मूलाधार में लीन होने के लिये झीमने लगी है। शिव-शिवा का यह नृत्य, यह लास, यह रौद्र, सौम्य, शान्त, लवलीन गति समारोह-यह गुञ्जित-प्रति गुञ्जित आल्होड़न-विलोड़न अब जैसे स्वयं ही तिरोहित होने लगा है- चित्ताऽकाश का हिमालय जैसे पिघल कर स्वयं समुद्र का स्वरूप लेने लगा है- दूर, दूर, दूरातिदूर, दूर से भी दूर-असीम के निस्सीम व्योम अपने गगनों को स्वयं में पचाकर अनन्त का भी अनन्त बन गये हैं। सीमा हीन अनन्त, अनन्त का भी अनन्त, शंकराचार्य के चित्ताऽकाश में मानो गतिवान होने लगा- शंकर जैसे ऊर्ध्व गति में विराट में ऊपर उठने लगे। अणु-परमाणुओं के व्योमों को चीर कर शंकराचार्य आकाश के भी परे जैसे जा रहे हैं। शंकर! तब क्या आकाश की अन्ततोगत्वा सीमा है? इस अनन्त सौन्दर्याऽर्णव का ओर-छोर है? ब्रह्म-एक अद्वितीय नित्य सत्य-वस्तु ब्रह्म-तब यह अनिन्द्य ब्रह्म, अनुपम ब्रह्म, विलक्षण और निरुपम ब्रह्म-यही सौन्दर्य का ओर-छोर हीन अथाह है? अपार, अपरम्पार है? तब ब्रह्म का स्वरूप है- उस सत् चित् के अथाह आनन्द-सम्मोहन का ही यह सौन्दर्य-वितान है! शंकर! सृष्टियों की ध्यानस्थ रचना करने वाली उस मनीषिनी शिवा का धाम तब सृष्टि के आकाश के परे इस अनन्त में है- है। मणि-द्वीप, शंकर! शिव, शिवा, शंकर! शिव? शंकराचार्य स्वयं ही अवाक् अरूप होकर जैसे शिवा के अवर्णनीय सौन्दर्य-अर्णव में खो गये। एक ओर-छोर हीन सिहरन, रस, कम्प-विकम्प और फिर अनन्त अथाह शान्ति। आचार्य शंकर वहीं गुफा के द्वार पर ही आकाश के दूरातिदूर को यों अपलक पैरते हुए खड़े रहे और सनन्दन पीछे कुछ दूरस्थ खड़ा अपने

गुरुदेव की इस विचित्र समाधि-स्थिति को आश्चर्य-चकित् देखता तत्पर खड़ा रहा। आचार्य अभिनव गुप्त गहरी नींद में खर्राटे भरते रहे और अपने ही कारण में जड़ी भूत होकर गहनातिगहन में शिवा को मौन ही पुकारते रहे।

"शिव-शिवा!" आचार्य अभिनव गुप्त ने ब्राह्म मुहूर्त के अरुणोऽदय की अनिंद्य सुन्दर वेला में जागते हुए शंकर से कहा- "शिव-शिवा परम शिव की एक अनन्य अभिव्यक्ति है। अनादि शाश्वत चिद्घन-परम शिव, आचार्य! चित्-अनादि इतिहास रहित आकृति हीन चैतन्य!"

"परम शिव?" आचार्य शंकर ने जागते हुए सहज ही पूछा।

"हां, परम शिव!" उत्साह पूर्वक अभिनव गुप्त ने कहा- "जिससे सभी चिन्मय आविर्भूत होता है। अखण्ड अभेद चिन्मय जगत, आचार्य! सत्य की इस अथाह अनन्त भूमिका का एक मात्र तत्व परम शिव है। उसी परम चैतन्य-चित्त से-सभी चिन्मय पदार्थ उद्भूत होते हैं और उसी में पुनः लीन हो जाते हैं। यह सृष्टि उस परम शिव का 'उन्मीलन' मात्र है, आचार्य! अन्तः स्थितवतामेव घटते बहिरात्मना। उन्मीलनम् अवस्थित तस्यैव प्रकटीकरणम्-इति प्रत्यभिज्ञा हृदये; शंकर!"

आचार्य शंकर ने अनिंद्य अरुणोऽदय की ओर देखा और स्वतः ही चिहुंके- "परम शिव? स्वतंत्र, चिन्मय, ज्ञान स्वरूप और कृत स्वरूप तब है क्या?"

"अवश्य।" अभिनव गुप्त ने सोत्साह निश्चय पूर्वक कहा।

"तब वह शिव-शिवा रूप परम शिव एक अनादि अमोघ अटल विमर्ष ही कहा जायेगा, आचार्य श्री! ब्रह्म के अधीन कुछ भी नहीं है- माया अज्ञान कुछ भी ब्रह्माऽधीन नहीं है। परम शिव! अभिनव गुप्त, आचार्य! शिव-शिवा को डमरू की ताल पर नृत्य करते हुए मैंने देखा है। अपार अथाह चिन्मय सौन्दर्य ही जैसे शिव रूप-शिवा स्वरूप होकर ओम्कारमयी सृष्टि रति और मति का अपने नृत्य द्वारा उद्भास करते हैं- स्वर-व्यंजन मातृकामयी वह सृष्टि अपनी उद्भव-अभिलाषा में सौन्दर्य के दिव्य अद्वितीय सार की भांति है, आचार्य अभिनव! किन्तु ब्रह्म सौन्दर्याऽतीत है अनुभवाऽतीत वह आनन्द स्वरूप है। ज्ञान मात्र... केवल ज्ञान! ज्ञान ही परमात्मा है, अभिनव गुप्त! क्या यह अरुणोऽदय आकाश से उद्द्वित हो रहा है? लगता ऐसा है; किन्तु आकाश इस ज्योतिर्मय व्यामोह से असंग ही है, देखो।"

अभिनव गुप्त ने अरुणोऽदय की ओर देखा, कहा- "शिव, परम शिव विमर्श ही सही; किन्तु परम शिव ज्ञान और क्रिया की समान चिन्मय चेतना है। उसकी क्रिया ही ज्ञान है; क्योंकि वह ज्ञाता का धर्म है तथा क्रिया ही ज्ञाता

का ज्ञान है; इसलिये कि वह उसका स्वभाव है। आत्मा शून्य चित्ताऽकाश नहीं है, यती शंकर! आत्मा इच्छामय है, क्रियामय है- ज्ञानमय है। परम शिव इन तीनों शक्तियों के सहित-युक्त-संयुक्त तथा मय स्वातन्त्रमय चिद्घन चैतन्य है, आचार्य!"

आचार्य शंकर ने अरुणाऽभा में सहज ही फूटती हुई सवर्ण की प्रकम्पित रेखा के समान किरण को देखा और कहा- "अरुणोऽदय की प्रथम किरण! क्या अज्ञान की अन्धेरी रात के बाद इसी भांति आत्म-ज्ञान का भी अरुणोऽदय नहीं होता है? होता है, अभिनव गुप्त!"

अभिनव गुप्त- "आत्मा, परम शिव, परमात्मा, आचार्य! कृपामयी और अनुग्रहमयी है। यह सृष्टि उसकी कृपा का फल है, यह जीवन उसका अहेतुक अनुग्रह है। सृष्टि, स्थिति, संहार, अनुग्रह और विलय करने वाला परम शिव शिव-शिवा स्वरूप अभिव्यक्त है तथा नित्य समरस में लीन है, शंकराचार्य।...."

"हूं!" शंकराचार्य ने मन्द मंद्र हुंकार किया और अरुणोऽदय की दिव्य तेजोमयी नारंगी आभा में मानो डूब गये।

अभिनव गुप्त ने मानो शिष्य को उपदेश किया- "एक मात्र तत्व शिव है- परम शिव। परम शिव, आचार्य शंकर! परम शिव से शक्ति तत्व का आविर्भाव होता है, शक्ति तत्व से सदाशिव तत्व, सदाशिव तत्व से ईश्वर! सद्विद्या से ही जीवात्मा ईश्वर तत्व में लीन होता है। यह सद्विद्या प्रकृति से मुक्तकरी है। जीवात्मा माया की कला से उत्फुल्ल है; विद्या में जिज्ञासू, राग में आसक्त, काल से बंधा और बाधित तथा नियति द्वारा प्रचोदित! आचार्य शंकर! पुरुष तथा प्रकृति परम शिव के अधीन है। प्रकृति माया, पुरुष चैतन्य जीवात्म! हां, यती शंकर! परम शिव के अधीन ही सब कुछ है- अन्तर्गत; अन्तर्निहित- उसी से उद्भूत, स्थित और विमर्शित-लय! शिव-शक्ति, आचार्य!"

आचार्य शंकर ने अरुण-किरणों की नारंगी दीप्ति को क्षितिज पर प्रसरते हुए देखा और कहा- "शिव-शक्ति।...."

अभिनव गुप्त ने कहा- "शक्ति के बिना शिव शव है, आचार्य! यह परात्पर संवित् शक्ति चित्तमयी, प्रकाश रूप है। शिव को भी यह स्वयं प्रकाश का आलोक देती है। इसी चित्त के द्वारा शिव स्वयं का बोध पाते हैं। स्वयं को स्व प्रकाश समझते हैं। चित्त के इस शक्ति सम्पन्न बोध से ही शिव आनन्दमय अनुभव करते हैं। शिवा, परात्पर चित्त शक्ति; आनन्द शक्ति, इच्छा शक्ति, ज्ञान शक्ति, क्रिया शक्ति। यही समग्र समूची संवित परात्पर चैतन्य शक्ति शिवा द्वारा और सहित शिव जगत की सृष्टि, स्थिति तथा संहार करते हैं;

इसी शक्ति से शिव स्वयं को ज्ञानमय पाते हैं। यह सभी रूप् स्वरूप् इसी महाशक्ति की क्रिया द्वारा शिव धारण करते हैं। शक्ति द्वारा ही शिव विश्व रूप अभिव्यक्त होते हैं- होते रहते हैं। यह जगत शिव की शक्ति का ही स्वरूप् है; विस्तार है; संयोजन और सृजन है, महोदय! परम शिव 'स्वमितौ' स्वयं में स्वयमेव स्वेच्छया, आचार्य! परम शिव-शिव शक्ति के बिना जड़वत् है- अपनी इस परात्पर आद्या शक्ति के द्वारा और सहित-सहारे शिव अहंमय होते हैं। अतः परम शिव परम परात्पर शक्ति होकर ही जगत रूप हैं-"

आचार्य शंकर ने क्षितिज के आसमानी आलोक से दीप्तिवान अरुण-बिम्ब को सुनहले गगन में उदित होते हुए देखा; बोल उठे- "यही, यही अभिनव गुप्त! यही शिवा के स्वरूप की कान्ति है। कोटि बालार्क भासाऽरुणांगी। हां, अभिनव गुप्त! यह परात्पर अरुणांऽगी चैतन्य शक्ति, शिवा, सुलावण्य श्रृंगारमयी है- अभिराम शोभामयी है, आचार्य!"

अभिनव गुप्त ने तनिक साश्चर्य होते हुए कहा- "आचार्य शंकर!"

आचार्य शंकर मानो उस दीप्तिवान पूर्णोल्लासित अरुणोऽदय की नारंगी, नवरंगी अरुणारी आभा में खो गये। चित्त के दूराऽतिदूर गहन में लीन आचार्य शंकर मानो पुनः लास करती हुई शिव को अपने प्रगाढ़ आलिंगन में बांधे, तन्मय-लवलीन झूमती झीमती हुई शिवा को देखने लगे। आतुर-व्याकुल मौन छा गया और अभिनव गुप्त मानो अपने हृदय की धड़कनों को सुनने लगे। आचार्य शंकर का रोम-रोम अतीन्द्रिय काम्य ज्योति से भर गया। आह्लादमय सिहरन उनकी रग-रग में भर गई और उनका चित्ताऽकाश आनन्दमय आलोक से आच्छादित हो गया। धूर्जटी शिव मानो सुमेरू की दिव्य सपाट पर शिवा के आजाऽनुमृणाल-भुजों में बंधे अपलक नयनों से अपनी पराम् परात्पर प्रेयसी के पूर्ण दुग्धाऽभिराम माणिक्य कुम्भ के से सद्वृत्त पर्ण पयोधरों को देख रहे हैं और अकथनीय विस्मृति में डूबकर किसी अगाह सरस अग्नि ज्वाला से घिरने लगे है। शान्त, शीतल, विजड़ित, संयत तथा ऊर्ध्व सम-चैतन्य, 'शिवाऽहम्' कमनीय वेपुथ से कांपने लगा है और अनेक-अनेक अनन्त कोटि होने तथा होते रहने की जीजिविषा-शाश्वत चैतन्य जीवनाऽभिलाषा ब्रह्म की सृष्टिमयी, स्थितिमयी, लय और उद्धवमयी ब्रह्म की बहुस्याम कामना अथाह रति के अपार सम्मोहन में संभारमयी हो रही है। शिव जैसे अपने परात्पर अहं को, स्वयं बोध को, शिवा के रोम-रोम में भर देने के लिये झूमने लगे हैं और शिवा जैसे शिव की जड़ता को उस निस्सीम स्पन्दनहीनता को, स्फूर्ति रहितता को, कम्पित प्रकम्पित स्पन्दित स्फूर्तिमंद्र कर रही है। शिव जैसे

शिवा स्वरूप चैतन्य लता से समग्र रूप् से लिपटे अनन्त के अथाह पर क्रमशः लेटने को झूमने लगे हैं और आधार स्वरूप ज्योतिर्मय विशेष शेष आविर्भूत होने लगा है। पर्यंक! आचार्य शंकर को लगा, उस अथाह आलोकमय अनन्त में मानो पर्यंक बिछ गया है और शिवा शिव को अपने पृथु नितम्बों से ढकेलती हुई उस ओर नृत्य-गतियों में हुमसती हुई ले जा रही है। आचार्य शंकर ने देखा शिव शान्त घनीभूत मदोन्मत्तता की जैसे उमड़ घुमड़ हो गये हैं और शिवा जीवन-रति की, अभिलाषा और आशा की, स्वप्नमयी सम्मोहित सृष्टि कामना की सिहरती हुई चेतना होकर शिव को अपनी कुक्षी में लीन करने के लिये झीमने लगी है। आचार्य स्तब्ध, अवाक् शिवा को शिवांक पर आरूढ़ाऽतुर देखने लगे। चित्ताऽकाश की दिग्-दिशाओं से एक विलक्षण कम्प धूर्जता हुआ आया और आचार्य शंकर को झकझोर कर जगा गया- देह में, वैश्वानर की जाग्रति में जगा गया। आचार्य शंकर ने सस्मित कहा- "अवश्य, अभिनव गुप्त! अवश्य।"

अभिनव गुप्त ने पुनः सोत्साह पूछा- "अवश्य, क्या, श्रीमद्!"

आचार्य शंकर ने शान्त जलद गंभीर स्वर में कहा- "शिव-शक्ति। शिवः शक्त्या युक्तो यदि भवित शक्तः प्रभवितुम्। न च देव देवो न खलु कुशलः स्पन्दितुमपि।"

"आचार्य शंकर!" हर्षोल्लास में अभिनव गुप्त चिहुंके- "श्रीमद् शंकराचार्य! यह क्या?"

"परात्पर सौन्दर्य, उसकी रति, जीवन, जगत। अभिनव गुप्त!" आचार्य शंकर ने कहा- परम ब्रह्म अपनी सुन्दर शक्ति सहित द्वारा ही बहुस्याम नहीं होता क्या? सगुण अर्थात् शक्ति। निर्गुण अर्थात परम शिव-अवश्य, आचार्य अभिनव गुप्त!"

अभिनव गुप्त ने स्थिर शान्त कुछ पास खड़े हुए सनन्दन को अनायास ही देखा और मुस्कराकर कहा- "तब यह जगत और जीव-सब कुछ शिव है- शक्ति है। शिव अर्थात् शक्ति, शक्ति अर्थात् शिव-यह जगत, सृष्टि उसकी स्थिति, उसका लय, आचार्य शंकर, तब आपको भी शक्ति का उन्मेष और निमेष अनादि अनन्त उन्मेष तथा निमेष लगता है। हम तो कहते हैं, शक्ति के उन्मेष से सदाशिव तत्व का आविर्भाव होता है। सदाशिव? शक्ति का प्रथम स्थूल उन्मेष- गुणत्व का आरंभ- हां, आचार्य। यही सादाख्य है। परम शिव ही सत्य है और वही शक्ति स्वरूप होकर अपने शाश्वत निमेष का शक्ति द्वारा उन्मेष करते हैं। सत्य का ही उन्मेष शक्ति और शिव का सामरस्य है भवान्! 'मैं हूं।' इस

इच्छा रूप् अहं उद्द्वित होकर ईश्वरत्व द्वारा 'इदम्' का आविर्भाव होता है। यह इदम् शक्ति-उन्मेष का विमर्श है।"

आचार्य शंकर ने सहज ही कहा- "शुद्ध विद्या, मैं यह हूं यही भावना, यही जाग्रति। यही न, आचार्य और यह शुद्ध विद्या, शक्ति की क्रिया अन्ततोगत्वा माया का प्रादुर्भाव करती है। अहम् पुरुष और इदम् प्रकृति-जड़ का आभास यहीं से उत्पन्न होता है। यहीं आपका परम् शिव माया से आच्छादित हो जाता हैं"-

अभिनव गुप्त यंत्रवत् बोले- "यही, यही आचार्य!"

आचार्य शंकर ने हंस कर कहा पुनः कहा जैसे- "सर्व कर्ता, सर्वज्ञ, पूर्ण नित्य, व्यापक स्वतंत्र तथा स्वाधीन, असंकुचित शक्ति सम्पन्न परम शिव स्वेच्छा से संकुचित होकर कला, विद्या, राग, काल और नियति माया के इन पञ्च कञ्चुक के रूप में अभिव्यक्त होता है। यही आपका संसारी पुरुष है। परम शिव आपके दर्शन में स्वेच्छा से कंचुकों में स्वयं को ढंक लेता है- माया से मुग्ध होकर ही वह यह करता है- अवश्य, शुद्ध विद्या की अनन्त ऐक्य-प्रतीति अनेकात्व के कञ्चुकत्व का रूप गृहण करती है- परम शिव की यह माया, शुद्ध विद्या, परात्पर शिव-शक्ति के मुक्त युग्म द्वारा ही जगत, जीव, ईश्वर तथा सत्य की प्रतिभासित और व्यावहारिक सत्ताओं का उद्भव होता है।....."

अभिनव गुप्त- "यही, आचार्य!"

शंकराचार्य ने कहा- "ब्रह्म सत्य है और माया अनिर्वचनीय है, आचार्य! अद्वैत माया और ब्रह्म का समलीनत्व नहीं है। माया ब्रह्म तत्व को उन्मेषि, अतः विमर्शित कैसे करेगी? ब्रह्म की बहुस्याम होने की स्वयं इच्छा, परात्पर शक्ति, आद्या ही माया का अपनी भव-भावना के अथाह सम्मोहन स्वरूप उद्भव करती है- ब्रह्म शक्ति स्वरूप तो व्यक्त होता है- माया स्वरूप् अथवा मायामय वह नहीं है, अभिनव गुप्त!"

अभिनव गुप्त ने कहा- "आपका अद्वैत व्यावृत्ति मूलक, सन्यास मूलक है। अनुवृत्ति किंवा ग्रहण मूलक नहीं है। माया ब्रह्म की ही शक्ति है; ब्रह्माश्रित शक्ति, यती शंकर! हम माया को सद सद्विलक्षण मानते हैं। माया ब्रह्ममयी, नित्या, सत्य स्वरूपा है और उसी की ब्रह्म के साथ एक रसता होती है। माया तुच्छ और त्याज्य नहीं है, आचार्य! वह परम शिव का परात्पर सौन्दर्य, शील, सामर्थ्य रस है, यह परम शिव की शक्तिमति माया, आचार्य! हम माया और ब्रह्म को अद्वैत कहते हैं, मानते हैं और अनुभव भी करते हैं। क्या आपका 'ब्रह्म बोध' अनिवार्यतः मायाकल्पित बोध नहीं है प्राथमिक चैतन्य भूमिका में? है, आचार्य! माया को मिथ्या मानकर आपश्री द्वैताऽभास को अनायास स्वीकार

कर लेते हैं। ब्रह्म माया द्वारा ही बहु स्याम होता है- हो सकता है, आचार्य! शक्तिहीन, रहित तथा अन्यथा शिव शव है, शंकराचार्यजी!"

आचार्य शंकर ने सस्मित कहा- "जी, समझा।"

अभिनव गुप्त ने प्रसन्न होते हुए कहा- "एक दिन समझना ही था, सन्यासी! सर्व खलु इदम् ब्रह्म, मायामय ब्रह्म प्रसार है, विस्तार है, विमर्श है। परम सत्य से सत्य स्वरूपिणी चिदाऽनंदमयी शक्ति सत्य स्वरूप जीव और जगत की रचना करती है। अतः जीव शिवमय है, जगत शिव शक्तिमय है, आचार्य! यही वैचित्र्य है; यही अनिर्वचनीय आश्चर्य है- भेदाऽभेद का यह आत्म प्रकाश है, शिव-शिवा का अभिसार, आचार्य!"

आचार्य शंकर ने नयनोन्मीलन पूर्वक कहा- "अभिसार? तब बहुस्याम ब्रह्म का शिव-शक्ति स्वरूप होकर नित्य विलास करना ही है? जीव का जगत में आविर्भाव तब क्या रति-विलास के लिये ही है, आचार्य। रति, अनन्त अथाह काम- हां, परन्तु ज्ञान? ज्ञान, अभिनव गुप्त? ज्ञान का स्वरूप? स्वभाव नित्यत्व, ज्ञानाऽवस्था? सोचो, आचार्य! अभिसार के लिये ही क्या ब्रह्म अनेक होना चाहता है? नहीं, ब्रह्म अपने शान्त गूढ़ अकथनीय असंग परम एकत्व की अनुभूति के लिये ही अनेक नाम रूप धारण करता है- ब्रह्म का सत्य अद्वैत, स्वलीन परमत्व अनेकत्व के नाम रूपों में जन्मता नहीं है, आचार्य अभिनव! जो अज है, वह जन्मता नहीं; जो अमर है, वह मरता नहीं, जो अपरिवर्तनशील है, उसमें परिवर्तन होता नहीं- आकाश में गतियां हैं; कम्पन-प्रकम्पन है- सब है; क्या नहीं है आकाश के निस्सीम अनन्त में, व्योम में किन्तु क्या आकाश का अवकाश गतिविधियों में परिणामी होता है? नहीं, आचार्य! ब्रह्म जनमने लगे तो यह सृष्टि उसकी यह स्थिति और उसका लय तथा पुनः पुनः कल्प-आविर्भाव-तिरोभाव क्या हो सकता है? ब्रह्म अपने अनेकत्व का सृजन कर्ता है; धाता है; विधाता है परन्तु वह न जीव है और नहीं जगत है- ब्रह्म जीव रूप हो नहीं सकता; ब्रह्म जगत स्वरूप ढल नहीं सकता। ब्रह्म काल में घट नहीं सकता और नहीं देश में विस्तृत हो सकता है। ब्रह्म ज्ञान है; ज्ञान अमृत है; ज्ञान आनन्द है, यह सब ब्रह्म के शिव संकल्प से उत्पन्न, आविर्भूत, उद्भूत है- जीव, जगत ईश्वर मैं, आप-सब, अहम् और इदम्! माया ब्रह्म की विभूति भूति-सत्ता है। ब्रह्म शिव और शक्ति स्वरूप होता है, यह मैं कैसे मान लूं? परम शिव-ज्ञान, परमात्मा, परम ब्रह्म शाश्वत अस्ति है- वह अस्ति-नास्ति का युग्म अविराम नहीं है, आचार्य! ब्रह्म ही सत्य है और यह क्षणोद्भवित सृष्टि-संसार ब्रह्म की धारणा मात्र है।"

अभिनव गुप्त से रहा नहीं गया; बोले- "ज्ञान से तब अज्ञान आविर्भूत नहीं होता? अज्ञान से आच्छादित ब्रहम होता है न, आचार्य?"

"नहीं, अभिनवगुप्त!" शंकराचार्य ने कहा- "ब्रहम में नहीं, ब्रहम के जीवात्म भाव में अज्ञान का उद्भास होता है- जीवात्मा में भ्रान्ति उत्पन्न होती है; ब्रहम में नहीं। ब्रहम ब्रहम ही है और नित्य अनुपम निरुपम, अव्यय, अनन्त अज है। 'बहु स्याम भाव' वस्तुतः ब्रहम का जीवात्म भाव है तथा जगत की रचना तथा सृष्टि की स्थिति और संहार के लिये ब्रहम शक्ति स्वरूप होकर धाता, विधाता, त्राता ईश्वर होता है। किन्तु ब्रहम अपनी सृष्टि में बदल नहीं जाता। ब्रहम का नाम रूप स्वरूप् कोई परिणाम नहीं होता। ब्रहम का न आदि है; न मध्य है, न अन्त है, आचार्य! ब्रहम! पूर्ण परिपूर्ण सत्य है; ज्ञान है; अमृत है; आनन्द है; अभिनव! सोचो और अनुभव करो। शिव-शक्ति के समरस से उपरत होकर कैवल्य ज्ञान का साक्षात् करो, आचार्य!"

अभिनव गुप्त ने सहसा सिर धुन कर कहा- "शिव-शिवा का साक्षात् करना चाहता हूं। उस अभेद्य युग्म के 'सामरस्य' में मग्न रहना चाहता हूं। शिव-शिवा का सामरस्य रति नहीं है, आचार्य। आनन्द का अगाध अकथनीय अनुभूति है- भूमा!"

"भूमा!" आचार्य शंकर ने मानो स्वयं से कहा- "आचार्य शिव-शिवा का नृत्य मैं देखता हूं; आद्या द्वारा सृष्टि, स्थिति और संहार के आनन्दोल्लास को मैं जानता हूं; समझता हूं अनुभव करता हूं। मैं स्वयं के अस्तित्व का नित्य असंदिग्ध अनुभव करता हूं- यही मेरा अहम् स्वरूप है; किन्तु सगुणत्व धारण कर मैं स्वयं के अथाह अतल में स्वयं को पूर्ण परिपूर्ण अनुभव नहीं करता। कुछ शेष विशेष जैसे रह जाता है। रूप मात्र से, नाम मात्र से मैं जैसे परिपूर्ण अभय हूं; शान्त अद्वैत हूं- मैं जैसे ज्योतिर्मय परमत्व हूं- जन्म, जरा और मृत्यु से रहित, संकोच-विकोच हीन, मैं आनन्दमय अविराम अपरिवर्तनशील सत्य हूं, अमृत से भरा ज्ञान-स्वरूप-परमात्मा! मौन हो जाओ, अभिनव गुप्त! जिस आनन्दोऽल्लास से जिस आनन्दमयता में शिव-शिवा युक्त हैं, आधान-विधान करते हैं- कर रहे हैं, उस विलक्षण विचित्र अद्भुत आश्चर्यमय आनन्द का प्रत्यक्ष करो परम शिव यही आनन्द है- शिव-शिवा सत् चित् आनन्दमय है। यह सृष्टि परम शिव-परम ब्रहम का सच्चिदाऽनन्दमय आविर्भाव है, उद्भास है; प्रतीति है; क्षण भर के लिये परम ब्रहम का यह आनन्दोऽल्लास है, आचार्य!"

आचार्य अभिनव गुप्त ने शान्त गंभीर किन्तु मुक्त प्रसन्नता से पूर्ण दीप्त मुख-मण्डल को, शंकराचार्य को अधीर मौन पूर्वक देखा; तनिक झुंझला कर

कहा- "कौन होता है? कौन जन्मता है? कौन स्वेच्छा से नाम-रूपमय बनता है, आचार्य?"

आचार्य शंकर का पूर्णेन्दु समान मुख-मण्डल विहंसा; बोले- "कोई नहीं। न जन्म है और न मृत्यु। न आकार है और नहीं निराकार। केवल ज्ञान स्वरूप ब्रह्म है- केवल निरामय सत्य, आचार्य!"

"तब आपने शिव-शिवा का दर्शन जो किया है?" अभिनव गुप्त कुछ अमर्षपूर्वक बोले- "क्या शिव-शिवा का दर्शन वास्तविक नहीं था? केवल ज्ञान? जड़-चेतन हीन, रहित-आकृति हीन और जीवन रहित ज्ञान? क्या? ज्ञान निर्गुण-निराकार ही है, सगुण साकार नहीं है तब?"

आचार्य शंकर सहसा उठे; गंभीर किन्तु प्रसन्न स्वर में बोले- आचार्य, बिम्बमयी छवि पूर्ण भव की प्रत्येक पल वास्तविक यथार्थ प्रतीत होती है- अनुभूति में इस पल की अस्ति है। किन्तु यह छविमयी पल अपने बिम्ब में अगाध है; अपनी कान्ति में अथाह है; अपनी रूपता में यह रहस्यमय है- अनन्त और विविध है। यह नयनाऽभिराम, नानाभिराम नाम-रूपों का छविमय अनेक कुल होकर निस्सीम विराट् की ही धारणा उत्पन्न करता है। प्रत्येक पल जैसे अनन्त की पलक है, आचार्य। जीवात्मा मानो कृति-विकृति हीन निर्विशेष शुद्ध और नित्य चिद्घन ज्ञान चेतना का स्वप्निल उभार है- राग और द्वेष की उमड़-घुमड़ है। जीवात्म-भाव ही परम ब्रह्म की बहुस्यामी भविता है- भविता आचार्य! होना ही भेद है; द्वैत है; भीति है- जन्म, जरा और मृत्यु है। यह जगत? जीवात्माओं की कर्म भूमि, धर्म भूमि, रंग भूमि है। सगुण साकार होता है; है नहीं। भविता उद्भवित होती है; है नहीं। मैं, जीवात्मा जन्मता हूं- आत्म रूप् मैं हूं नहीं; होता नहीं- हो सकता नहीं। एक के आगे शून्य लगा कर एक को अनेक-अनन्त कह दीजिये; एक को एक से गुणित कर असंख्य कह दीजिये- वस्तुतः एक ही है; एक ही होगा- एक ही रहेगा, महोदय! और यह एक शाश्वत एक अनादि शून्य से मानो तैरता हुआ प्रगट होता रहता है- जगत और भव का भुवन-बीज, अभिनव गुप्त! यदि नाम-रूपवान् होता तो कहां रहता? कहां ठहरता? कहां उत्पत्ति में उद्भासित होता? ज्ञान ज्ञान ही है- अज्ञान नहीं; अज्ञान का अध्यास नाम रूप हो सकता है; किन्तु ज्ञान अध्यासमय हो सकता नहीं। परम सत्य क्षणोद्भवी क्यों हो? परम नित्य विद्यमान सत्य अनेक अस्तित्वों की संकल्प बद्ध धारणा तो कर सकता है, स्वयं धारणा नहीं हो सकता। ब्रह्म-ज्ञान परमात्मा की अनेक होने की अभिलाषा पूर्ण जीजिविषा स्वयं में असंग और अनासक्त है। ज्ञान अनेक का एक तथा इस अनादि ऐक्य का निस्सीम आनन्द

शून्य है। शिव-शिवा है नहीं; होते हैं- परमेश्वर परम ब्रह्म ही अपने परम ऐश्वर्य के अनुभव के लिये अपने ही अगाध आनन्द सम्मोहन में सृष्टि, स्थिति और प्रलय की अद्भुत आश्चर्यमयी लीला किया करता है- ब्रह्म ही अपने शिव संकल्प से भुवन-बीज उत्पन्न करता है और शिवा रूप अमोघ जीवन-चेतना में मूर्तिमान् होकर यह सब नाट्य किया करता है।"

"मूर्तिमान्?" अभिनव गुप्त चिहुंके।

"अनेक होने के लिये, सगुणत्व धारण करने के लिये, गुणमय तथा गुणाऽश्रित होने के लिये मूर्तिमान होना ही होता है। मंत्र और यंत्र के बिना कुछ भी नहीं है- कुछ भी नहीं हो सकता। जीवात्मा मंत्र है; देह यंत्र है- आकार मात्र मानो निस्सीम का एक आविर्भूत घन बिन्दु है, जो रहस्यमय दिव्यतापूर्वक आकृति ग्रहण करता है- प्रसरित होता है। क्या इस देश के अणु-परमाणु को आप काल के असंग निर्मम उदासीन रहस्य से उद्भवित नहीं पाते? हम जहां से आविर्भूत होते हैं और पुनः जिसमें लीन होते हैं, वह काल का नित्य अवकाश-अर्णव है, आचार्य! यह जगत और उसके भव-संसार अज्ञान के तम से आविर्भूत होते और इसी तम में समा जाते हैं। किन्तु इस तम के परे और पार ज्ञान स्वरूप सच्चिदाऽनंद न जागता है और नहीं सोता है- वह सच्चिदानंद अपने अमोघ वैराग्य में इसी जाड्यान्धकार के छोर पर जैसे भ्रम से हीन होता है- अपने आनन्द सम्मोहन से आविर्भूत अज्ञान से मुक्त होकर अपने नाना के सभी भयों से, होने तथा होते रहने की सभी भीतियों से छूट कर अपने नित्य सत्याऽनंद में समा जाता है।"

"ज्ञान से अज्ञान, आचार्य?" अभिनव गुप्त ने कहा ही।

"अनेक होने की अभिलाषा कहने के लिये अज्ञान है, आचार्य! अज्ञान ज्ञान का ही सृष्टि-विज्ञान तथा जीवन का शील, शक्ति तथा सौन्दर्य है। अपने नित्य अमोघ आनन्द-सामरस्य में शिव-शिवा अन्ततोगत्वा परम शिव में लीन होने के लिये ही सृष्टि रचते हैं; स्थिति रखते हैं और प्रलय करते हैं। अनेकत्व सद् नहीं है; क्षण के लिये होकर पुनः एक ही हो जाना है। एक ही नित्य सत्य है; अनेक नहीं- अनेक एक ही यथार्थ माया है। ब्रह्म जन्मेगा तथा स्वयं होगा, तो मुक्त कौन हो सकेगा, आचार्य!"

अभिनव गुप्त ने कहा- "हुं! कौन मुक्त होगा? आपश्री ही मुक्त होंगे। अच्छा, आचार्य शंकर! क्षणिक ही सही, सगुण को स्वीकार तो आप करते ही हैं। आप नाम को मानते हैं; रूप को मानते हैं- अनेकत्व को नानाऽभिराम और नयनाऽभिराम मानते हैं- तब आप और हमारे मत में अन्तर कहां है?"

आचार्य शंकर- "अन्तर है ही नहीं, अभिनव गुप्त!"

03

अभिनव गुप्त कुछ तुष्ठ, कुछ अतुष्ठ, कुछ प्रसन्न, कुछ अप्रसन्न चल दिये। प्रस्थान करते समय गुफा के द्वार पर तनिक रुक कर आचार्य अभिनव गुप्त ने कहा थाः "आचार्य, यती शंकर! सर्व खलु इदं ब्रह्म मानो, मानते रहो; किन्तु माया से आपका तथा आपके उस अनिर्वचनीय ब्रह्म का छुटकारा नहीं है। माया अन्ततोगत्वा ब्रह्म में ही लीन हो जाती है; तो क्या वह नष्ट हो जाती है- असत्य हो जाती है? सत्य अपनी सभी अवस्थाओं और स्थितियों में सत्य ही रहता है। ब्रह्म नित्य है; तो उसकी माया-वृत्ति भी नित्य है। इस पृथिवी पर प्राणियों को अपने भव-संसार काटने हैं- जीना है; अतः जीव को ज्ञान का दूध दीजिये; अकथनीय-अकल्पनीय शून्यवत् धारणा मात्र से जीवात्मा कभी शान्त नहीं होगा आचार्य!" शंकराचार्य ने उत्तर में कहा था- जीव कभी शान्त नहीं होगा, आदरणीय अभिनव गुप्त! शान्त आत्मा ही है, प्रसन्न आत्मा ही है- आनन्द परमात्मा ही है। जीवन-रति के सामरस्य का रस है और योगियों को सविकल्प समाधि में तृप्त करता है; किन्तु यह बहुस्याम जीवनाऽभिलाषा की सरस तुष्ठि मात्र है। सत् नित्य होते हुए भी केवल है; चित्त चिति होते हुए भी नीरस है- इसीलिये आनन्द! परमात्मा की खोज इसी अगाध अमोघ अमृतमय आनन्द की खोज है- अन्ततोगत्वा जीवात्मा ऐश्वर्य नहीं, चैतन्य नहीं, सद् नहीं, आनन्द ही चाहता है। अभिनव गुप्त! शिव-शिवा के सामरस्य की रसलीनता और उससे उद्भवित यह अनादि असीम अथाह रहस्यमय अद्भुत सृजन, सृष्टि, उसकी विज्ञान घन स्थिति और लय-यह सब उस आनन्द ब्रह्म की स्वप्न शील लीला है- आत्म विनोद है।" आचार्य अभिनव गुप्त ने उत्ताल स्वर में कहा था- "आनन्द? हां, आनन्द; परन्तु...." "परन्तु कुछ नहीं, आचार्य अभिनव!

आनन्द स्वरूप ब्रह्म नित्य है; उसका जीवनाऽभिलाषि आनन्द-सम्मोहन नहीं।"
अभिनव गुप्त ने पुनः पुनः धीर-गम्भीर प्रसन्न और मुक्त आचार्य शंकर का शान्त आलोक पूर्ण मुख-मण्डल देखा तथा जैसे सभी विचारों से परे होकर उस दिव्य गूढ़ गुह्य तेजस्विता को निहारते रहे। आचार्य अभिनव गुप्त मंत्र मुग्ध हो नवयुवा यती शंकर को अनायास श्रद्धा पूर्वक सुनते ही रहे। प्रसन्न जलद गंभीर स्वर में शंकराचार्य ने कहा- "आचार्य अभिनव, मैं शिव-शिवा का अपने हृदय-दहर में अनुभव करता हूं। किन्तु वह परात्पर सौन्दर्य-स्वरूप मानो चिन्त्य अनन्त अवकाश में तैरता रहता है। सभी रूप-सौन्दर्य परात्पर सौन्दर्य में अरूप हो जाते हैं और एक अव्यय अथाह आनन्द ज्योति की स्वयं प्रभा छा जाती है- यही, यही निर्गुण निराऽकार आनन्द का उदय है, आचार्य! रूप आसक्ति है; नाम मोह है; कर्म बन्धन है- परम शिव का यही लीला विलास है। हां; इस अविराम जगत के सुन्दर सरस सम्मोह के परे ही, जीवात्मा के सभी सम्भ्रमों के पार ही वह अचिन्त्य चिन्त्य परमात्मा, ज्ञान स्वरूप, अमृतपूर्ण आनन्द है- परम ब्रह्म!"

आचार्य अभिनव ने उस मुह्यमान मौन में शंकराचार्य को प्रणाम किया और कहा- "परम शिव निर्गुण निराऽकार?"

आचार्य शंकर ने सस्मित कहा- "सच्चिदाऽनंद आनंद!"

अभिनव गुप्त को लगा, जैसे वह सब कुछ समझ गये हैं। निःसंशय होते हुए बोले- "हिमालय से उतरो, तब यतीवर! काश्मीर के परम शिव अपने शिव-शिवा स्वरूप में आपकी प्रतीक्षा कर रहे हैं...."

"मण्डन मिश्र!" आचार्य शंकर ने अनन्त आकाश में देखते हुए कहा- "वह धुरन्धर मनीषी कर्म की मंगलमयता के पार तैर नहीं पाता। जगत के रूप-समुद्र को पार करना ही पड़ेगा। जगत की गति-विधि मंगलमय मंगलकर है। यह सृष्टि, स्थिति और लय शिव-संकल्प है, ब्रह्म का। ज्ञान स्वरूप् वह सृष्टिगत, स्थितिगम्य और लय-विलोल होता है। वही अपने परम ऐश्वर्य की लीलार्थ यह सब नाट्य कर रहा है, आचार्य! मण्डन मिश्र को अनादि इच्छा के रमणीय मोह से मुक्त होना ही है। सभी दर्शन वेदान्त के ज्ञान-समुद्र की आनन्द तरंगों में डूब जाते हैं। केवल ज्ञानी परमात्मा ही देखता है अपनी कृति सृष्टि को। केवल वह चित्त ही, सत् चित्त् ही अपनी सृष्टि को संभालता है- केवल वही अनादि चैतन्य लीला-विलासी जागता है; स्वप्न देखता और शयन करता है- वही परात्पर अचिन्त्य चिन्त्य आनन्द ब्रह्म! यह नाम-रूप हिमालय त्याग कर भारत-भूमि में आयगा; निश्चय ही। रूप की आसक्ति से भरी नाम के मोह से

भारी बुद्धि की दृष्टि को बुझाकर आत्म दीपक को जलाना ही होगा, अभिनव! भारत भूमि ज्ञान से जन्मती है, ज्ञान में जीती और ज्ञान में ही परमत्व लाभ करती है।"

अभिनव गुप्त को चुपचाप चले जाते हुए शंकर देखते रहे। यतीवर शंकर उदासीन शान्ति से भर गये। उनको लगा, कुमारिल्ल भट्ट की वह चिता अब आकाश के अवकाश की अनन्त अथाह आलोकमयता में बिला गई है और भट्टपाद एक अतीन्द्रिय अग्नि ज्वाला होकर अभिनव गुप्त के रोम-रोम में प्रज्वलित हो गये हैं। कुमारिल्ल! अभिनव गुप्त! प्रभाकर, नीलकण्ठ और यह मण्डन मिश्र! शंकराचार्य जैसे भारत भूमि की सभी शताब्दियों को इन पुरुषाऽकृतियों में सजीव होते हुए देखने लगे। शंकराचार्य को लगा, अंधेरा है, किन्तु अरुणोऽदय होते ही रहते हैं। रात्रि आती है, जाती है, प्रभात होता ही है। सूर्य बुझाया नहीं जा सकता, चन्द्र का अमृत लीला नहीं जा सकता। जगत का यह क्षण-स्थायी अविराम नित्यत्व एक पल का किया नहीं जा सकता। रूपों का यह रमणीय विभ्रम बना ही रहेगा-नामों का यह केकाऽरव, बुद्धि का यह कलाप होता ही रहेगा। प्रतिपल अपना रूप परिवर्तित करती हुई, प्रतिनिमिष नामों में गुञ्जित प्रतिगुञ्जित- प्रति ध्वनित यह सृष्टि अविराम अनादि न होता, तो क्या वेदान्त-विभु का परिचय मिल सकता था? क्षण न होता, तो अनन्त की सोचता ही कौन? जीवात्म भाव के नाना नाम-रूपों का उदय-आविर्भाव- न होता तो उस अचिन्त्य चिन्त्य ज्ञान स्वरूप आनन्द ब्रह्म की ओर आत्मा तरसता ही क्यों? मृत्यु न होता, तो जन्म कौन लेता? अविराम सौन्दर्य शील और रस रूप यह सृष्टि न होती, तो परम ब्रह्म अपनी यह नयनाऽभिराम-नानाऽभिराम लीला करता ही कैसे? सत्य यही है शंकर! सत्य, ज्ञान-अमृत, आनन्द! जैसे शब्द के समस्त घनीभूत बोध की असीम व्याप्ति के परे और पार एक अनिर्वचनीय सिहरन आचार्य शंकर को थरथरा गई। देह और आस-पास ऊपर और नीचे का जगत-सृष्टि का अतीन्द्रिय एवं इन्द्रिय बिम्ब-प्रवाह मानो उस अकथनीय अचिन्त्य व्याप्ति में लीन होने लगा। लव लीनता, जाग्रति, सुषुप्ति और कारण की मूढ़ विस्मृति सभी कुछ स्थिर तथा अस्थिर-नाम रूप समग्र एवं समस्त वेपथु तन्द्रिल मन्द्र होकर शंकराचार्य की अबाध दृष्टि में समा गया। शंकराचार्य को लगा केवल दिव्याऽतिदिव्य कान्ति वर्ष रही है; छा रही है; व्याप्त हो रही है। अचिन्त्य चिन्मयता उजागर हो रही है और भीति मात्र से हीन भृन्श रहित कालजयी अभय उनकी रग-रग में, रोम-रोम में परिपूर्ण हो गया है। पूर्ण जाग्रत आचार्य शंकर स्वयं में शान्त होकर उत्क्रान्त हो गये।

तभी सनन्दन ने विनीत निवेदन किया- "प्रस्थान के लिये हम सब तैयार हैं, गुरुदेव!"

आचार्य शंकर सहसा देह में जाग्रत होते हुए बोले- "मण्डन मिश्र को सनातन शाश्वत अनादि वैदिक वर्णाऽऽश्रम धर्म में मनमाना संशोधन करने का सत्व किसने दिया? विद्वान् मनीषी ही नहीं किसी भी चिन्तक को सिद्ध सत्य के साथ खिलवाड़ करने का सत्व नहीं है, वत्स! वैदिक उपनिषद् श्रुति के समानान्तर, विरुद्ध, विपरीत योगी भी जा नहीं सकता।"

सनन्दन ने कहा ही- "शास्त्रीय निर्णय शास्त्रार्थ की सिद्ध अकाट्य मर्यादा द्वारा ही होते हैं- शास्त्र की परिणति शास्त्रार्थ द्वारा ही हो सकती है। वह शास्त्र ही क्या जो सत्य के लिये शुद्ध-बुद्ध व्यावहारिक निर्णय नहीं प्रदान करे। बुद्धि में जगत भरा है; जीवन की उपयोगिता और उसके लक्ष्य निहित हैं- बुद्धि केवल और कोरा तर्क-वितर्क ही करती नहीं, निश्चय करती है। मण्डन मिश्र श्रुति के विपरीत स्मृति का विधान कर ही कैसे सकते हैं!"

आचार्य शंकर ने मानो मन ही मन निश्चय करते हुए कहा- "बुद्धि जगत और जीवन, नाम-रूप के लिये विचार कर सकती है; आत्मा के लिये नहीं। आत्मा के लिये तो ब्रह्म जिज्ञासा ही निष्कर्ष निकालती है। सनन्दन, जगत को हमें जीवन के लिये विज्ञान घन पुरुषार्थ द्वारा प्राप्त करना होता है; तभी वह इच्छा पूर्ति के लिये यथा विधि-विधान भोगा जा सकता है। वैदिक वर्णाऽऽश्रम धर्म परम ब्रह्म की व्यावहारिक सत्ता की विज्ञान विधि है। देश कालाऽनुसार उसकी रीति में संशोधन किया जा सकता है; नीति में नहीं। प्राणी मात्र की भव-योनियों का जीवन-विज्ञान स्वयं प्रभु ने बना कर प्रदान किया है। जगत और जीवन का कर्त्ता परमात्मा स्वयं सर्वशक्तिमान ज्ञानी तथा विज्ञानी है। वैदिक वर्णाऽऽश्रम धर्म जीवात्मा मानव योनि के भोक्ता के लिये भव भोगते हुए अन्ततोगत्वा विरागी तथा अनासक्त होने के लिये व्यवहार तथा साधना का धर्म-मार्ग है। इस पृथिवी पर इस सृष्टि में मानव के लिये कोई भी प्राकृत अमोघ सहज तथा दिव्य अन्य मार्ग है ही नहीं। जातीय और सामाजिक, राष्ट्रीय तथा राजकीय रीति-नीति सभी कुछ वर्णाऽऽश्रम के वेदान्त-आधार पर ही स्थित है; निर्भर है; गम्य एवं वाञ्छनीय है। वर्णाऽऽश्रम धर्मपूर्वक मानव जीवन ही आर्यजीवन है।"

"आर्य-जीवन, प्रभो!" सनन्दन पूछ बैठा।

आचार्य शंकर ने सस्मित कहा- "अमृताऽभिलाषी मोक्ष-कामी जीवन, वत्स! आर्य मानव अमृत पुत्र-पुत्री हैं, ज्ञान से उत्तेजित और आनन्द से उत्साहित।

मैं मण्डन मिश्र के द्वार पर जाऊंगा, सनन्दन! कुमारिल्ल भट्ट ने चिता की ज्वालाओं में बफते हुए मुझे सूचित किया है, कहा है- आज्ञा दी है कि मैं माहिष्मती में धुरन्धर मनीषी मण्डन मिश्र के द्वार पर जाऊं और वेदान्त की पुकार करूं।"

सनन्दन ने कहा- "जगत् को देखने और सृष्टि में आसक्त विद्वान् को वेदान्त का ज्ञानघन अचिन्त्य ब्रहम कब रुचा है? सगुण, पूज्य! सगुण ही जीवात्मा के लिये जगत और भव-संसार की संक्रामक समस्या रहा है। लोगों को लोक धर्म चाहिये; भव संसार को अच्छी तरह जी जाना और सन्तति में परिवर्तित होते रहना ही जीवात्मा को सहज अभीष्ट है, गुरुदेव!"

शंकराचार्य ने तनिक उत्तेजना पूर्वक कहा- "जगत माया की क्रीड़ा है; जीवन माया का मोह है; परन्तु माया ब्रहम की चिति है। ब्रहमचैतन्य का अभिसिंचन ही जीवन में अमृत का सिंचन है। सत्य के विपरीत, विरुद्ध, अन्य अन्यथा कुछ भी नहीं है- नहीं है, नहीं है। सत्य ही है- सत्य। सत्य की खोज और सत्य का संधान ही मानव संस्कृति का आधारभूत तत्व है। अतः मानव समाज को सत्य के प्रति मोड़ना होगा; पुनः उन्मुख करना होगा। मनुष्य मर कर नहीं जीकर ही सत्य को जान सकता है- पा सकता है।"

सनन्दन ने मूक किन्तु जाग्रत दृष्टि से गुरुदेव के तनिक अन्यमनस्क किन्तु स्थिर मगन मुख-मण्डल को श्रद्धा पूर्वक निहारा; कहा- "प्रभो! जड़-चेतन के अनुभव के परे भी क्या जीवन है? सत्य है? सत्य और अमर मुक्त जीवन के लिये इतना अटल आग्रह, बद्धमूल इच्छा क्यों है? कभी-कभी मूक होकर विचार करता हूं- परम और अद्वितीय सत्य में यह बहुस्याम जीजिविषा आविर्भूत ही क्यों हुई?"

"एक अनेकत्व से रहित हीन है क्या? हो सकता है?" आचार्य ने अपने प्रिय शिष्य से मन्द उपालम्भ के स्वर में कहा- "संशय, सनन्दन! संशय। संशय सत्य के लिये नहीं, असत्य के लिये ही होता है। प्रश्न कृत-कृति-पदार्थ, नाम-रूप के लिये ही उठता है। उत्तर भी नाम रूप के लिये ही होता है। वत्स! तर्क-वितर्क-चिन्तन-जगत के लिये ही होता है; क्योंकि जगत ब्रहम की लीलार्थ रचना है। नाम-रूप का पर्यायवाची कारण-कार्य है। फल और उसका आस्वाद जीवन है- जीना! जीवन का समग्र अनुभव ब्रहम के लिये औपन्यासिक, नाटकीय अनुभव है। बहुस्याम जीजिविषा उद्भवित सकारण नहीं है। यह उस सच्चिदाऽनंद रूप आनन्द ब्रहम का स्वभाव है स्वविलास के लिये। ब्रहम का स्वभाव होते हुए भी यह नाम रूप जगत और जीव ब्रहम के समान नहीं है- ब्रहम भ्रांति है, यह जगत

और जीव ब्रह्मवत् है; किन्तु ब्रह्म नहीं है। ब्रह्म ज्ञान अभय है अतः एक है; विद्यामय अनेकत्व उसका नाट्य है, वत्स! सत्य अप्रश्न, असंशय सहजातिसहज सरलातिसरल नित्य एक और अद्वितीय सत्याऽनुभव है। मैं हूं-हूं। तुम हो, यह सत्य है- तुम क्यों हो? यह क्षणिक यथार्थ है, माया! माया- रहित शून्य अथवा हीन अभाव नहीं है। माया समग्र अनेकत्वमय पूर्ण पूर्णाऽतिपूर्ण ऐश्वर्यमय, दिव्यतम गति-विधिमय परमात्मा की सृष्टि, स्थिति और संहारकारिणी शक्ति है- एक माया होकर ही अनेक होता है- होता रहता है।"

सनन्दन ने हठात् पूछ लिया- "सांख्य का प्रकृति-पुरुष, प्रभो?"

आचार्य शंकर ने आकाश में श्रृंगों की आकृतियों से वक्र क्षितिज को अनायास देखते हुए कहा- "भगवान कपिल का सांख्य-दर्शन, सृष्टि-दर्शन है; जगत और जीव का साक्षात्कार है। सांख्य सृष्टि उसके विश्व, उसके जगत तथा असंख्य-असंख्य ब्रह्माण्डों का संज्ञान पूर्ण अनुभव प्रस्तुत करता है। महर्षि कपिल ने अपनी ऋतुंभरा में जगत को-मूल प्रकृति को-देखा; स्पर्शा, तोला और नाप लिया; किन्तु वत्स! स्वयं असंग पुरुष होकर साक्षीवत् जैसे यह विज्ञानघन स्फूर्ति, स्पन्दन, उद्भव आविर्भाव और तिरोभाव देखते रहे। काल को चैतन्य मान कर ही सांख्य ने जड़मूल प्रकृति को चैतन्यमयी कहा है; यद्यपि मूल प्रकृति की यह चेतना असंग पुरुष के ससंर्ग-दोष से उत्पन्न है। पुरुष का प्रतिभास प्रतिबिम्ब मूल प्रकृति के अन्तःकरण में पड़ता है- मूल प्रकृति के अज्ञानमय चित्ताऽकाश में यह असंग पुरुष का प्रतिभास, प्रतिबिम्ब क्या है? माया? नहीं; ब्रह्म की माया स्वयं ब्रह्म स्वरूपा परात्पर चिति है, सनन्दन! यही चिति ब्रह्म की लीलार्थ सृष्टि रचती है; पालती है- संहार करती है। यही चिति महात्रिपुर सुन्दरी, भवानी, ललिता, दुर्गा, अम्बा, चण्डिका, चण्डी, शिवा-भगवती, शिवा है- चिति सृष्टि बनाती है; स्वयं बनती नहीं। मूल प्रकृति स्वयं स्पंदित होती है। क्षुभित होकर नाम रूपों में ढलती है। मूल प्रकृति जन्म-मरणमयी सृजन, स्थिति और परिवर्तनीय संजीवनी चेतना है- किन्तु जड़ है। जो जन्मता है, आविर्भूत और उद्भूत होता है, वह आश्चर्यमय रहस्यपूर्ण जड़त्व है। केवल 'मैं' चैतन्य है; मैं हूं यह अनुभूति भी जड़ है- अन्धकार, तम, जाड्यान्धकार, वत्स!"

सनन्दन ने आचार्य के श्रीचरणों में साष्टांग प्रणिपात करते हुए कहा- "प्रभो! इस जाड्यान्धकार से बचा लो मुझे-उबार लो गुरुदेव! आपकी शरण में पड़ा हूं- यह भव-भीड़ अब तो भंग कर दो। मुझे अन्धकार से मुक्त कर दो; हां गुरुदेव!"

आचार्य शंकर ने कहा- "बंधे तुम हो; मुक्त भी तुम्हीं को होना है। मान लो, तुम मुक्त हो-मुक्त हो गये।"

सनन्दन ने पुकार की- "गुरुदेव!"

आचार्य शंकर ने हंस कर कहा- "अनेक होने और होते रहने की यह जगत और जीवन की जिजीविषा यथार्थ होते हुए भी अन्ततोगत्वा ब्रह्म की धारणा मात्र है; संकल्प मात्र है। तुम स्वयं ब्रह्म हो, अपनी धारणा त्याग दो; अपना संकल्प पूर्ण कर लो-तुम मुक्त थे; तुम मुक्त हो। जगत और जीवन प्राप्त करना होता है, वत्स! मुक्ति नहीं। ब्रह्म अनादि, शाश्वत, अनन्य, अद्वितीय, अद्भुत और आश्चर्यमयी मुक्ताऽवस्था ही- सच्चिदाऽनंद अस्ति ही ब्रह्म है। मुक्त है ब्रह्म और इसीलिये ब्रह्म अभय है; एक्य है; अद्वैत है- ज्ञान है, अमृत है, आनन्द है, सनन्दन! मण्डन मिश्र को मैं समझा दूंगा, वत्स!...."

और शंकराचार्य ने पुनः पुनः हिमालय के उस अमोघ शान्त दिव्य स्फूर्तिमय परिसर को देखना आरंभ किया; हिमालय के उस विचित्र परिवेश में वह पलक मात्र में डूब गये। "हिमालय! नागाधिराज! हे भारत-मस्तक। हे शिव! महादेव!" शंकराचार्य के गहन में ध्वनि गूंजी और उसकी मौन प्रतिध्वनि मानो माहिष्मति के अपने उद्यान मण्डप में संभाषण करते हुए मण्डन मिश्र के कर्ण-कुहरों से जा टकराई। मण्डन मिश्र सहसा हठात् चुप होकर उपस्थित विद्वद् मण्डली के मुख-मण्डल देखने लगे। मण्डन मिश्र को लगा, वह प्रत्येक मुख-मण्डल के उपरान्त, दूर स्थित हैं और प्रत्येक को आश्चर्य से अभिभूत होकर देख रहे हैं। मण्डन मिश्र तटस्थ अपनी देह के उपरान्त जगत के अपने आसपास को अवाक् से देखने लगे। उसको प्रतीत हुआ इस आकृतिहीन विराट् में वह स्थित है; स्थिर है और उनसे कुछ दूर वह मुखमण्डल उबक उझक रहे हैं। मौन सजीव असीम में वह सब से दूर स्थित, सबसे जैसे अपरिचित हैं। यह? क्या? क्या है- यह सब? मण्डन मिश्र कुछ क्षणों के लिये जगत की गतिविधि से स्वयं को उपरत, अलग, विमुक्त सा अनुभव करने लगे। उनको लगा यह अनेक मुखाकृतियां किसी रहस्यमय आलोक में झिलमिला रही हैं- अवश्य, शान्त निर्भय मंगलयमय परिवेश मानो सर्वत्र उभर रहा था; किन्तु स्वयं मण्डन मिश्र उस परिवेश के परे और पार थे; स्थित थे। कहां? एक अवाक् मूक स्थिति में स्थित मण्डन मिश्र स्वयं को आकृतियों के घेरों से, वर्तुलों और त्रिकोणों से बाह्य केवल चेतनावत् अनुभव करने लगे। जगत का स्वयंसिद्ध और नियमित अचूक प्रवाह चैतन्य के गर्भ संभारों से उबकता हुआ उनके नयनों के सामने बहने लगा और सभी तट जैसे बिला कर एक अवकाशमय आधार व्याप्त प्रतीत होने लगा। रूप् आलोकमय निरंकार से बिलाने लगे और नामों की ध्वनि-प्रतिध्वनियां घूमर लेती हुई परम् शान्त व्योम में छीहरने लगीं। जगत जैसे किसी दिव्य शक्ति

की राज राजेश्वरी अभिव्यक्ति थी- नाम-रूपों का समारोह था; कर्मों का गुह्य उत्सव था और वह जैसे अलग-थलग असंग एक स्वयं का संभ्रम थे- स्वप्न दर्शन! मण्डन रोम-रोम में एकाग्र होकर सिहर उठे; पुकार कर कहा- "कर्म तब कामना के संकल्प की कृति है?"

पण्डित प्रवर वागीश्वर भट्ट ने तमालपत्र मसलते हुए हठात् कहा- "कहां डुल गये, मिश्र जी! वाह, धारा प्रवाह संभाषण था रस निष्पति होना आरंभ हो गई थी। काव्य कह रहे थे आप- मिश्र जी!"

मण्डन मिश्र ने जाग्रत होते हुए कहा- "कर्म बुद्धि का परिणाम है क्या? अथवा बुद्धि पूर्वक और सहित कर्म किया जाता है और कर्म स्वयं एक इकाई है? कर्म स्वयं तथा स्वायत्त विधि है तो उसका कारण क्या है? कर्म का उद्भव जब बुद्धि से नही है तब क्या अहं ही कर्म स्वरूप् अभिव्यक्त होता है? अहम्! मैं पूर्ण हूं; समन्वित और सम-स्वरूप् हूं। मैं क्या कर्म की गति में प्रवाहित हो जाना चाहता हूं? क्या मैं कर्म रूप् अपना परिणाम करना चाहता हूं? क्या मैं परिणामी हूं? उत्तर दीजिये। मीमांसा को कर्म-तत्त्व का सदैव के लिये निश्चय करना ही होगा। क्या कर्म कर्म के लिये ही है? ओह, मैं जैसे विचार-शून्य हो गया था- निरंकार।..."

भारती ने सस्मित कहा- "निरंकार? अहम् हीन?...."

मण्डन मिश्र ने पुनः खो जाते हुए कहा- "इस अनन्त के तट नहीं है, प्रिये! इस व्यामोह का थाह कहां है? आलोक के इस गूढ़ गह्वर में मैं जैसे किसी को खोज रहा हूं। किसे, भारती?"

भारती ने पल में समझा कि मण्डन मिश्र सदैव की भांति सहसा सीमाहीन निस्सीम का अनुभव कर रहे हैं। ओर-छोर हीन गूढ़ रहस्यमय यह चित्त-व्याप्ति विचारों की आंधियों से हीन थी; भावनाओं के उभारों से रहित यह विराट् गह्वर थी। यह क्या स्वयं की यकायक विस्मृति न थी? यह विस्मृति स्मृतिमय होते हुए भी स्मृति शून्यता थी। भारती ने भीति पूर्वक कहा- "क्या पुनः विस्मृति, प्रिय!"

मण्डन मिश्र ने उठ खड़े होते हुए कहा- "हुं? क्या? कुछ नहीं- कुछ नहीं। केवल एक छाया है, प्रिये! चलो-"

कुछ अस्थिर से मण्डन मिश्र को थामते हुए भारती ने कहा- "आप मान्यवर अपना विचार विमर्श प्रारंभ रखें। कुछ ही देर में यह स्वस्थ हो जायेंगे। विचार-गहनता में यह कभी-कभी विस्मृत से हो जाते हैं। चिन्ता न करें; आपके हमारे मिश्र जी ठीक हैं, स्वस्थ हैं। यों उद्भ्रान्त हो जाना इनकी प्रकृति प्रतीत होता है- यह कभी-कभी यों स्वयं-विस्मृत हो जाते हैं...."

पण्डित वागीश्वर भट्ट ने कहा- "उस यती शंकर के आगमन के समाचार का तो यह क्षणिक प्रभाव नहीं है, श्रीमती! वह युवा सन्यासी, यती मिश्र जी को शास्त्रार्थ में पराजित करने आ रहा है- यह विषवाद समस्त माहिष्मती-मण्डल में गूंज रहा है- गाज रहा है।"

"नहीं तो!" भारती ने मण्डन मिश्र को अन्तरंग की ओर प्रेरित करते हुए कहा- "सुनते हो? यह लोग क्या कह रहे हैं? युवा यती शंकर आपको पराजित करने आ रहा है और इसीलिये आप यों उद्भ्रान्त से हो जाते हैं।"

मण्डन मिश्र ने अर्धोन्मीलित नयनों से मानो सबको पेखा; अस्फुट स्वर में कहा- "हिमालय को कौन पर्वत हरायगा? हम शास्त्रार्थ में अपराजित रहे हैं- रहेंगे। यती युवा-सन्यासी, वह शंकर-शंकराचार्य? उंह! क्या हरायगा हमें? हम उसको अपने मन्दिर में, ओक में नहीं आने देंगे। उस बहु चर्चित सन्यासी के लिये माहिष्मती के मार्ग भले ही खुले हों, हमारा यह आवास नहीं, निवास नहीं! उद्भ्रान्त? कौन मैं? नहीं, मैं पूर्ण जाग्रत हूं, स्नेहियों!"

पण्डित ताड़केश्वर ने निश्चिन्त होते हुए कहा- "उस यती के आगमन के पूर्व ही हम आचार्य मण्डन मिश्रजी के नेतृत्व में, ऋषित्व में, कर्म, कर्म-गति, कर्म विपाक तथा कर्म की फल-श्रुति की घोषणा कर देंगे। अवश्य, श्रीमती! मण्डन मिश्र, हमारा प्रचण्ड-प्राञ्चल ऋषि है और आप श्रीमती हमारी अक्षय प्रेरणा हैं।"

सभी के सिर प्रसन्न हकार में हिले; भारती ने जाग्रत होते हुए मण्डन मिश्र की ओर निहारते हुए कहा- हम सब को तेजस्वी प्रताप तो मेरे यह प्रिय और आप सब के श्रद्धेय मण्डन मिश्र ही हैं। हूं तो मैं इनकी पत्नी, किन्तु मेरे पतिदेव मण्डन मिश्र सदैव किसी अज्ञात निस्सीम में यों डुल जाते हैं। मनीषी मण्डन मिश्र यों जाग्रत होती हुई एक ज्ञान-विद्युत हैं, जो जगत के मेघों में सिहरती रहती और उस घटाटोप में छटपटाती रहती है- माहिष्मती अवश्य ही वैदिक वर्णाऽऽश्रम धर्म की नव चेतना समस्त राष्ट्र को दे, ऐसी मेरी भी कामना है। महाशयों, भारतवर्ष एक मूढ़ अंधेरे से भर गया है।"

मण्डन मिश्र ने गहरा सांस भरते हुए पूर्णरूपेण जाग कर कहा- "भारत वर्ष ही नहीं, पृथिवी की यह रात्रि अब समाप्त होने में है! मैं जैसे हिमालय के एकान्त विराट् में टहल कर पुनः देह में जंगा हूं। हिमालय का वह नीरव एकान्त जैसे विद्युतों की घनीभूत ऊर्जा से भरा है। हिमालय की दिग् दिशायें मौन नहीं हैं- लगती हैं। हिमालय जैसे प्रतिपल वेद मंत्रों का अजापा जाप कर रहा है। हिमालय के उन्मत्त श्रृंगों को मैंने समाधिस्थ ही पाया। उपनिषदों के

मन्त्र हिमालय के निर्झरों, प्रपातों तथा झरणों में स्वयं निनादित हैं। उस सजीव नीरव अनन्त विजन में मैं जैसे किसी अतीन्द्रिय आकर्षण से खिंचा चला गया- अनन्त के अन्त की ओर इस चंचल चलायमान जगत के परे और पार मैं जैसे डुल गया, भारती!...."

भारती ने अपने प्रियतम पतिदेव के उन्मीलित मुख-मण्डल को टक देखते हुए कहा- "इस जगत में डुलने के लिये स्थान नहीं है, आर्य पुत्र! इस समय मानव जाति को, विशेष कर भारती जन-समूह को जीवन-चैतन्य का यथार्थ, स्पष्ट, अचूक अभिनिश्चित विश्वास चाहिये; जीवन-सौन्दर्य के प्रति निष्ठा तथा जीवन के उदात्त के प्रति सजीव श्रद्धा चाहिये- आशा, अभिलाषा, पुरुषार्थ और मंगल जन्य विज्ञान चाहिये। निस्संदेह, यह शक्ति यह चेतना आप ही समस्त भारतवर्ष को देंगे, ऐसा मेरा दृढ़ विश्वास था; है और रहेगा।"

मण्डन मिश्र प्रसन्नता पूर्वक देहस्थ जाग गये; मुदमय स्वर में बोले- "भारती! प्रिये! तुम मेरी गुह्य प्रेरणा हो- मेरे अन्तःकरण की ज्योति हो जैसे तुम मेरी पत्नी, जीवन-संगिनी ही नहीं हो, मेरे अन्तरात्मा की त्राता भी हो, यती शंकर आया, तो मैं उसका स्वागत नहीं करुंगा। जो जीवित ही स्वयं को मृत मान कर चलता है, वह आत्म वञ्चक है। वह जीवन का कापुरुष है। वेदान्त विभु? है तो वह इस जगत के स्वरूप में है; द्वारा है- सहित है। वेदान्त का परम ब्रह्म है, ओर वही है एक मात्र, केवल तो इस जगत और जीवन द्वारा उसका अकाट्य प्रमाण और अमोघ परिचय मनीषियों को होना ही चाहिये। सत्य है, तो उसको जाना, पाया और गृहण किया जाना चाहिये। ज्ञेय? नहीं, ज्ञान-ज्ञान ही सत्य का निःसंशय आधार है- प्रमाण! प्रमाण हीन और रहित जगत और उसके जीवनोऽद्देश्य के परे उपरान्त है ही क्या, जिसे हम स्वीकार करें। मैं शून्य मिथ्या, भ्रमित यथार्थ को स्वीकार नहीं कर सकता। मैं जगत को स्वीकार करता हूं; विविध यावत् जीवनाऽभिलाषा और जीजिविषा को मानता हूं- मैं प्राणियों को जगत के परे उपरान्त मान कर चल नहीं सकता। सृजन का कभी लय होता है क्या? स्थिति कभी अस्थित होती है क्या? जीव की सुखाऽभिलाषा कभी नष्ट हुई है क्या? वेदान्ती यह मुण्डी अन्ततोगत्वा कहते तो यही हैं न कि ब्रह्म ने एकान्त अनुभव किया और चाह की कि मैं अनेक होऊं- होता रहूं। तब मोक्ष और मुक्ति की यह संक्रामक रुग्ण वार्ता क्यों होती है? मैं, सृष्टि मंगल तथा प्राणी-कल्याण के लिये ईश्वर है तो उस ईश्वर से भी शास्त्रार्थ कर सकता हूं- मृत निरुत्तर है; जीवित नहीं और हम जीवित हैं- जी रहे हैं इस धरा पर, प्रियतमे!"

भारती ने मण्डन मिश्र को अन्तरंग कक्ष की ओर ले जाते हुए कहा- "आप सब मतिमान जगत, जीव और ईश्वर विषयक अपना चिन्तन करते रहें। इनको विश्राम चाहिये। अहर्निशि चिन्तन, विचार-विचार, उद्बोधन इन्द्रियों को थका देता है। मतिमानो, इन्द्रियों को अपना रस चाहिये। यह देह जगत के रस के लिये अपने परमाणु-परमाणु में तरसता रहता है। इन नयनों को सौन्दर्य की सरस वह्नि ज्वाला चाहिये, इन कानों को अनहद संगीत चाहिये; इस जिव्हा की सभी स्वादों का रस चाहिये। हां, पूज्यों! सुगन्ध की महक चाहिये नासिका को और त्वचा को तन्मय सुखद स्पर्श ही चाहिये। जगत के रूप-रूप से मन सुख-शान्ति के लिये आग्रह पूर्वक चिपकता है- झूरता है, किन्तु जगत के जड़ रूप भटकते हुए मन को छोड़ कर रहस्यमय अथाह में बिला जाते हैं।"

मण्डन मिश्र ठिठक कर खड़े हो गये; चिहुंके- "भारती! तब क्या मैं उचित नहीं कर रहा- जीवात्मा जगत के सुखमय, सुखद भोग के लिये ही भवों में जन्म लेता है? जीवात्मा की यह सुखाऽभिलाषा जगत की मंगलमयता का क्या प्रमाण नहीं है? यह शाश्वत अनादि अनेक विविध जीजिविषा क्या शून्य के विजन गह्वर में खो जाने के लिये है? नहीं। मैं, जीवात्मा मुक्ति कब चाहता हूं? मैं पूर्ण, परिपूर्ण परम होने के लिये ही आकुल-व्याकुल हूं- होता हूं, रहता हूँ। मैं जीवात्मा सुख की चिरन्तन अविराम अनादि शाश्वत मंगलमयी अभिलाषा, आशा, जाग्रति, सुषुप्ति और कारण सिद्ध चेतना हूं- स्वयं ज्ञानमय; इच्छामय-कर्ममय। जगत द्वारा और जगत सहित मैं शाश्वत स्वयं-प्रणीत हूं, प्रिये!"

"अवश्य हो तुम यह, मेरे प्रिय!" भारती ने कटाक्ष पात पूर्वक कहा- "इस जगत में जो सौन्दर्य, रस और घनीभूत सन्तुष्ट सुख चाहता है और उसके लिये जो तप करता है, वह निराऽकार निर्विकार अरूप अनुपम शान्ति कैसे चाहेगा? जीवात्मा शान्ति नहीं, क्षान्ति चाहता है...."

"अवश्य, अवश्य। प्रिये! निर्विवाद अवश्य। मैं तुम्हें चाहता हूं, तुम्हें, भारती! तुम मेरी सृष्टि-सुन्दरी हो; मेरे अविराम शाश्वत जीवन की पूर्ण रसिकता हो- मैं आकाश हूँ तो तुम सुख का वाह हो- मैं पूर्णेन्दु तो तुम पूर्णिमा हो, प्रिये!"

भारती ने अपने रूप-गर्व से सभी को जैसे अन्तिम बार निहारा; कहा- "जिसे मुक्ति पानी हो, उसे अरण्य में जाने दो। पर्वतों की गुफायें इन नीरस मूढ़ों की प्रतीक्षा कर रही है। हमें तो जीवन चाहिये; जीवन-सौन्दर्य और उस अपार अपरिमित सौन्दर्य का रस चाहिये। यह जीवन का मोह नहीं है; आसक्त मूढ़ता नहीं है- यह जीवन की अगाध, अमोघ सरस रति है। यह सृष्टि और उसका विविध सुन्दर जीवन परम ब्रह्म की रति है- काम्य ऐश्वर्य विलास है।"

अन्तरंग शयन-कक्ष में मण्डन मिश्र प्रसन्न-मगन आये और भारती का आलिंगन करते हुए बोले- "मेरा सरस बन्धन तुम! तुम, प्राण वल्लभे!"

भारती ने भवें तरेरीं; कहा- "जो कामिनी को पाता नहीं, वह अपनी अन्तरात्मा को पा सकता नहीं।"

"तात्पर्य?" मण्डन मिश्र ने सहम कर पूछा।

"इस जगत में मूर्ख ही मुक्ति चाहता है; जीवन का चतुर मुक्ति नहीं, प्रीति चाहता है।" भारती ने कहा- "तुम क्या चाहते हो, यह तो निश्चित करो। मुझे चाहते हो? अपने अन्तरात्मा के अथाह गहन में देखो-वहां मैं हूं क्या?"

"ऐं?" मण्डन चिहुंके।

"तुम सहृदय बुद्धिमान् नर नहीं हो, मण्डन!" भारती ने प्रकम्पित स्वर में कहा- "तुम निर्दय बर्बर हो। तुम बुद्धि द्वारा, बुद्धि पूर्वक ही जीना चाहते हो- हृदय तुमने अपने शास्त्र-लेखन की मसि बना रखा है। मुझे चाहते हो? आत्मवञ्चक हो तुम, मण्डन! तुम मुझे नहीं स्वयं को, स्वयं के ढीढ़ अणनम अहम् को ही चाहते हो।"

"मैं यह चाहता हूं?" मण्डन ने रोषपूर्वक पूछा।

"तो और क्या चाहते हो? मैं हूं; तुम्हारी हूं फिर तुम कहां खो जाया करते हो?"

"कहीं नहीं, प्रिये!" मण्डन मिश्र ने कहा- "मैं हिमालय के अनन्त विजन दिव्य एकान्त में डुल जाता हूं- मुझे कोई खींच कर हिमालय ले जाता है जैसे भारती। हां, प्रिये!...."

"हिमालय! कोई तुम्हें खींच कर ले जाता है?" भारती ने अस्फुट स्वर में कहा- "क्या कोई प्रेत यह करता है?"

"प्रेत?" उत्ताल अट्टहास पूर्वक मण्डन ने सिर हिला-हिला कर कहा- प्रेत नहीं; राक्षस नहीं, दानव नहीं; देव नहीं। सुर और असुर कोई भी नहीं मुझे हिमालय ले जाता। भारती, अपने चित्त की इस अगाध व्याकुलता से तनिक विराम पाने के लिये ही मैं जैसे अनायास हिमालय की दिव्य दिशा की ओर डुल जाता हूं। भारत की पृथिवी मुझे व्यस्त, त्रस्त, व्याकुल कर देती है- हिमालय जैसे मुझे जगत के रूपों की अग्नि-ज्वालाओं से बचा कर अपनी शान्त उपत्यका में शरण देता है। हिमालय, भारती! हिमालय की धारणा मात्र से मुझे अवकाश प्राप्ति होता है- संसार के इस मुह्यमान चक्र की जीर्ण करने वाली गति से बच कर मैं जैसे स्वस्थ हो जाता हूं- गंगा में बह जाता हूं, भारती! हिमालय में स्थिर-स्थित हो जाता हूं।...."

"तब सन्यासी क्यों नहीं बन जाते?" भारती ने सजल नयनों से मण्डन मिश्र को देख कर प्रकम्पित अधरों से कहा।

"सन्यासी? मैं? नहीं, नहीं, नहीं, भारती! मैं मोक्ष नहीं चाहता, मैं अविराम शाश्वत मंगलमय जीवन ही चाहता हूं। मुझे जगत का मोह नहीं है; किन्तु जीवन की अगाध-अमोघ रति मैं चाहता हूं- मैं स्वयं जाग्रत प्रीति हूं, प्रिये!"

भारती ने कहा- "कामदेव और रति वासन्ती नन्दन विपिन में कल्प वृक्ष की छाया में विहार करते हैं- हिमालय के एकान्त में नहीं।

मण्डन मिश्र ने साश्चर्य भवें, उभरी भरी भारी भवें उझकीं और हंसकर कहा- "और शिव-शिवा? काश्मीर के शैव-दर्शन का युग्म शिव और शिवा हिमालय के एकान्त में ही सृष्टि का लीला-विलास करते हैं; नाचते हैं! अघोर धूर्जटि महादेव भयंकर घोर में जगत के महाश्मशानवत् अंधेरे विजन में आदिकालिका को अपने वक्षस्थल पर जब नाचते हुए पाते हैं, तब उस अनादि शव में जीवन रति का सञ्चार होता है- सृजनधर्मी रति का उद्रेक शून्य में, निविड़ में ही होता है। विपिनों में स्वर्ग का वैभव भोगा जाता है- एकान्त में, विजन में ही जीवन रति स्वयं प्रदीप्त होती है। गहन गंभीर आदि तम क्या था? यही निस्पंद स्वविलीन एकान्त, विजन।"

भारती ने अपनी वेणी को अंगुलियों की सोनजुही कान्ति से रंगने का अज्ञात प्रयास करते हुए कहा- "इसी आदि घोर श्मशानवत तम में वेदान्त का परम् ब्रहम विषाद-ग्रस्त हुआ है, ऐसा सिद्ध, विद्याधर और योगी कहते आ रहे हैं। एकान्त, मौन, शून्य कुछ भी कह लें, किन्तु सृष्टिहीन अवकाश ही तम है विषाद! विषाद में क्यों खो जाना चाहते हो, प्रिय मेरे! वह अद्वितीय केवल्य सत्य परमात्मा जब तमोमय विषाद को सह नहीं सकता और उसको विसरने के लिये जब यह अविराम सृष्टि रचनी पड़ती है, विश्व का यह महायोग साधना पड़ता है, तब तुम-मण्डन, तुमसे अब क्या कहूं?"

"क्यों?' मण्डन मिश्र ने उसका हाथ पकड़ कर स्वयं की ओर खींचते हुए कहा- "कहो न! कहती रहती हो और फिर कहती हो क्या कहूं? अन्ततोगत्वा तुम मुझसे कहना क्या चाहती हो?"

भारती अरभरा कर मण्डन के पार्श्व में सट गई; बोली- "यही कि तुम मुझसे अब प्रेम नहीं करते। मन से मुझ में भटकते रहते हो; किन्तु चित्त से हिमालय के विजन में डुले रहते हो...."

मण्डन मिश्र ने सहसा भारती का प्रगाढ़ आलिंगन करते हुए कहा- "जब तुम नहीं होती, तब मैं हिमालय के एकान्त में खो जाता हूं। सच तो यह है,

प्रियतमे! तुम्हारी आराधना के लिये ही मैं जी रहा हूं। परन्तु तुम? तुम रमणीय रहस्य हो; उन्मद उत्तेजना हो; तुम गूढ़ आसक्ति हो। तुम ऐसा सौन्दर्य हो, जो पलों की पंखों पर गगन में उड़ जाता है। तुम ऐसा स्पर्श हो, ऐसा कभी तृप्त नहीं होने वाला आस्वाद हो जो चित्ताऽकाश में विहर कर किसी गहन अथाह में खो जाता है। तुम भोग्य हो- आस्वादनीय हो; प्रतीतिपूर्ण और प्रतीतिगम्य रसरिझवार हो, प्रिये! किन्तु तुम न जाने क्या हो? मैं तुम में लीन होकर उन्मुक्त निर्भय निश्चिन्त और पूर्ण हो जाना चाहता हूं; किन्तु तुम? तुम भारती मेरे चित्त की सीमा हो; मेरे मन का मोह-मेरी बुद्धि का सरस सौन्दर्य, मेरे अहम् की अविराम तुष्टि हो।"

भारती ने मण्डन मिश्र के मुख को अपने उसांस लेते हुए वक्षस्थल की ओर खींचने का अनायास उपक्रम करते हुए कहा- "मैं माया हूं- मायाविनी, बस! परन्तु ब्रह्म महाशय! माया से तुम्हारी मुक्ति कब हुई? तुम मुझसे चाहते क्या हो, प्रिय।"

"मुझको अपने रोम-रोम में समा ले तू मैं यह चाहता हूं।" मण्डन मिश्र ने भारती के पीन पयोधरों को उसांस लेते हुए देखा और कहा- "मैं तुममें लीन हो जाना चाहता हूं- मैं तुममय हो जाना चाहता हूं। एक लव के लिये भी तुमसे विलग मैं जी नहीं सकता, प्राणेश्वरी! कभी-कभी लगता है तू ही मैं हूं- मैं!....."

मण्डन मिश्र ने जैसे अनायास चीत्कार ही की, मैं। अदृश्य तरंगों में विलोलित होती हुई यह चीत्कार हिमालय की व्यास गुफा के विजन शून्य में सिर धुना गई। एक झूमता हुआ प्रतिघोष गूंजा और आचार्य शंकर ने मुस्करा कर कहा- "वत्स! मण्डन मिश्र जब सृष्टि के मूल के सच्चिदाऽनंद का साक्षात् करने लगेंगे, तब जगत का तथाकथित मंगल सौन्दर्य अदृश्य हो जायगा। कामना, जीजिविषा स्वयं मंगलमयी है- मंगल है। सृष्टि-मंगल यही बहुस्याम जीवनेच्छा है। मण्डन मिश्र का मैं कल्याण चाहता हूं। मंगल सौन्दर्य भव-संसार से मुक्ति नहीं देगा, सनन्दन! जीवात्मा को जगत नहीं चाहिये; जीवन द्वारा मुक्ति चाहिये। आत्मा को केवल परमात्मा चाहिये।"

सनन्दन सहसा चिहुंका- "परमात्मा? परम ब्रह्म, पूज्य!"

आचार्य यती शंकर ने सस्मित कहा- "परमात्मा ही तो। और क्या है परमात्मा के सिवाय? वही सच्चिदाऽनंद है, सदैव सर्वत्र वही अनादि अजन्मा सत्य है, ज्ञान रूप-ज्ञानमय-ज्ञेयस्वरूप! यह सब उसी का चिद्विलास है; सौन्दर्य है; शील है; तप है - आराधना है। स्वयं के सहज स्वाभाविक आनन्द का सम्मोहन! परमात्मा, परम ब्रह्म का चैतन्य ही कालवत् भरा है; उभर रहा है-

उमड़ रहा है वत्स! वही ज्ञान है; वही अज्ञान है; वही सृष्टि, स्थिति और लय है। आत्मा अपने नाम-रूप का अध्यास छोड़े दे; अज्ञान का भ्रान्तिजन्य विपर्यय त्याग दे। मिथ्या सत्य विपरीत असत्य है; माया अभेद के विरुद्ध भेदमय भविता है; रूपमयी विज्ञानाऽभिव्यक्ति है। परम ब्रहम ही है- मैं वही हूं; तुम-यह वही हो। यह सब वही ब्रहम है। अखिल निखिल भी वही है, सनन्दन! चैतन्य, केवल ब्रहम चैतन्य ही है; आत्मा को उसका अटल अगाध अनुभव-प्रत्यक्ष-ज्ञानमय आनन्द के रूप में होता है। आनन्द, वत्स! उस नित्य शुद्ध बुद्ध अभयपूर्ण अभेद आनन्द में रूप समा जाते हैं नाम शान्त हो जाते हैं; अनन्त कोटि ब्रह्माण्डों के स्वरूप, उदय और अस्त, आरोह तथा अवरोह-देश और काल, सब समस्त समग्र, अथ और इति के परे जो है वह सब उसी सच्चिदाऽनंद की सुखद मंगलमय माया है, सनन्दन!"

और आचार्य शंकर चुप हो गये। सनन्दन गुरुदेव का मौन मुख-मण्डल देखता खड़ा रहा। उसको लगा, आचार्य देख नहीं रहे हैं, जगत को अपनी दृष्टि में भर कर चित्त में विलीन कर रहे हैं- अपने अचिन्त्य चिद् में आचार्य शंकर मानो समूचे काल को सुला रहे हैं। आकृतियों के वर्तुलों, कोणों और रेखाओं को अपने अगाध चिदाऽकाश में शमा रहे हैं। गुरुदेव मानो सभी संख्याओं को निस्सीम शून्य में बिला कर अनुपम अरूप-चैतन्य में रम रहे हैं। सृष्टि, स्थिति और लय के अनादि क्रमों को-कल्प, कल्प को-गुरुदेव जनन मरण की भीति के परे और पार अनुभव कर स्वयं ब्रहम-चैतन्य की एक कालाऽतीत लहर बन गये हैं। शंकर जगत को दृष्टि में समा कर जीवन की समस्त चेतना को अभयपूर्ण अभेद के ज्ञान में लीन कर रहे हैं- क्या यही आत्म-साक्षात्कार की कालजयी पल है? क्या यही आत्मा का परमात्म-स्पर्श है? क्या यही इन्द्रियाऽतीत अचिन्त्य ज्ञान प्रत्यक्ष है? क्या यही जनन मरण की भीति का शाश्वत भृंश है? क्या है यह जागरण, यह स्पर्श, यह अनुभूति, यह प्रत्यक्ष? क्या है यह ज्ञान, यह चित्-यह परात्पर आनन्द, उसका सौन्दर्य, उसका सम्मोहन! अज्ञान? तब ज्ञान का आनन्द-सम्मोह है? अवश्य, तभी तो निरुगुण को गुणवान होने की चाह होती है; तभी तो निराऽकार को आकृति में बंधने की कामना होती है। तभी तो अज को जन्मने की इच्छा होती है।

सनन्दन! यह ब्रहम चैतन्य ही भुवन-बीज है- भुवन-बीज।

"ब्रहम चैतन्य, गुरूदेव?" सनन्दन ने पुनः कहा।

"जगत, जीव, ईश्वर-हां, वत्स!" आचार्य शंकर ने कहा- "ब्रहम को समझना नहीं है; ब्रहम की व्याख्या नहीं करना है; ब्रहम का कारण भी खोजना नहीं

है। ब्रह्म के लिये तर्क-वितर्क और कुतर्क करने की भी आवश्यकता नहीं है। बुद्धि की जगत तथा जीवन के लिये आवश्यकता है, अनिवार्य! ब्रह्म-चैतन्य के अनुभव के लिये नहीं। सत्य जन्म में प्रगट होता हुआ भव से मुक्त होने पर ही प्रत्यक्ष होता है। अनेक एक में लीन हो और एक सत्य के निराऽकार नित्य में डूब जाय, तब उस ब्रह्म-चैतन्य का अनुभव हो सकता है। भवेच्छा के परे हो जाओ, वत्स! होने तथा होते रहने की जीजिविषा के पार चले जाओ, सनन्दन! भीति मात्र से बचो, टल जाओ- उबर जाओ, वत्स!"

"जय सच्चिदाऽनन्द!" सनन्दन ने पुकार की।

आचार्य शंकर ने कहा- "चलो, यह जय-जयकार भारत भूमि को सुनायें; यह जय सच्चिदाऽनंद भारत के आकाश में लिख दें। अन्धकार, तम के विरुद्ध आत्मा की इस ब्रह्म चेतना का सत्य भारत के ब्राह्मण को दें। चलो।"

04

ब्राह्मण? भारतवर्ष का भूसुर, ब्राह्मण? आचार्य शंकर जैसे एक चिर परिचित किन्तु ज्ञात होते हुए भी अज्ञात विचार में उलझ गये, एक आलोकमयी शान्त धारणा के अखिल-निखिल में डूब गये। भारत भूमि को, धरा को-पृथिवी और आकाश को जय सच्चिदाऽनंद सुनाने की बलवती प्रेरणा जैसे इस मौन दिव्य कल्पना के अनन्त में शम गई; रम गई। शंकर पुनः पुनः रीते हो गये, रिक्त हो गये - उनको लगा, जगत, जीव और ईश्वर-ब्रह्म, परम ब्रह्म का अहर्निशि चिन्तन, मनन और निदिध्यासन स्वयं ही रीता होकर स्वयं रिक्त हो गया है- सभी उभार अपने उद्वेलित अथाह के साथ जैसे खाली होकर स्वयं मग्न अवकाश की चेतना हो गये। शंकराचार्य का मन जैसे बुद्धि के मकरन्द का पान कर बेसुध हो गया और चित्ताऽकाश में स्वप्नहीन, स्मृतिहीन, निश्चिन्त शयन करने लगा। बुद्धि-धी-मानो पूर्ण प्रफुल्लित होकर जगत में अनन्य प्रकाश होकर व्याप्त हो गई। एक कान्तिमान असंग और अनासक्त दृष्टि जगत, जीव और स्वयं सगुण ब्रह्म को मानो देखने पेखने और उसका नित्य अहर्निशि स्पर्श करने के लिए आतुर हो गई। ब्राह्मण! भारतवर्ष? मानव-योनि? जगत, विश्व, ब्रह्माण्ड अनन्त कोटि ब्रह्माण्ड-प्रलय सर्ग-कल्प यह अविराम काल मानो किसी अदृश्य नयनों की उन्मीलित मुदमय मदमय वासन्ती नयनों का दिन और रात होकर आचार्य शंकर के सांसों में लहरने लगा। शंकर जैसे काल के अनन्त अविराम में रम गये; विरम गये- उस अगाध अतल में सभी अन्धकारों के उभारों के परे ज्योति के मौन एकान्त शान्त तट पर जाकर सदैव के लिये समाधिस्थ हो गये। ब्रह्म-श्रवण, ब्रह्म-मनन, ब्रह्म-चिन्तन और ब्रह्माऽराधन-ब्रह्मचर्य यही तो ज्ञान मूर्ति अमृताऽकांक्षी ब्राह्मण का शुद्ध-बुद्ध ज्योतिर्मय स्वरूप् है। इस

पृथिवी पर ब्राह्मण ही ब्रह्म का प्रतिनिधि, दूत, सन्देशवाहक, चिन्तक, द्रष्टा और मार्ग दर्शक एवं सूचक है। ब्राह्मण न हो तो बुद्धि की स्वप्न और स्मृति भरी काल-रात्रि मिटे कैसे? स्वप्न-सम्मोहों का मन्थन कर स्मृति की अतीन्द्रिय सी आग बुझाये कौन? ब्राह्मण प्रभु के मुख से आविर्भूत न होता तो जगत, जीव तथा स्वयं ईश्वर का रहस्य भेद कर पार पाता कौन? आत्मा को परमात्मा का पता बताता कौन और सगुण के परे निर्गुण का परिचय देता कौन? मृत्यु की वार्ता कह कर अमृत का सन्देश देता कौन? ब्राह्मण? क्या निरी एक जाति है? सामाजिक घेरा है? एक वंश है, कुल है- कुटुम्ब है? नहीं, नहीं। ब्राह्मण परम ब्रह्म की दृष्टि है; सत्य का आग्रह है; वैराग्य का रस है- प्रकाश का दिव्यतम अमृत और जीवन की अमृताऽकांक्षा है।

व्यास-गुफा के ऊबड़ खाबड़ पाषाण द्वार पर खड़े होकर आचार्य शंकर ने ब्राह्म मुहूर्त के कुछ पूर्व तिलमिलाते हुए अन्धकार में हिमालय को एक बार और जी भर कर देखने का अनायास ही प्रयास किया। अर्धरात्रि का माझम अन्धकार एक संक्रामक मद्यप् की मूच्छा की भांति स्वयं ही घुट-घुट कर छितरने लगा था- उस तम-तोम के मूक घटा-टोप में तमिस्र निर्मम व्याप्ति के मूढ़ व्योम में, मानो कोई अभिमंत्रण कर रहा था। हिम श्रृंग उस तम में आशा के संकल्प की भांति दृढ़तापूर्वक उबक रहे थे। मानो डूबता हुआ कोई प्रभु की प्रार्थना कर रहा हो-यों हिमालय अनन्त अखिल के ईश्वर को सदैव की भांति मन ही मन पुकारता हुआ झपकियां ले रहा था। अन्धकार में तैरते हुए, उभरते हुए, उमड़ते हुए हिम का यह आकृति-पुञ्ज आकाश के तारों के ज्योतिर्पुष्पों से मण्डित था। ब्रह्माण्ड की चलित नीलिमा साकार-सजीव होकर हिम- धूसरित शिव का अभिषेक कर रही थी। तंद्रिल किन्तु उभरा हुआ अंधेरा हिमालय की हिम-कान्ति में घुला जा रहा था- धरा का अन्धकार सिमट कर, परास्त होकर, अब हिमालय की आलोकमय परिधियों में लीन होने लगा था। आचार्य शंकर को लगा, ब्राह्मण ज्ञान का ऐसा ही अन्धकार से आच्छन्न किन्तु आत्म ज्योति के लिये स्वयं मथित अपराजित मृत्युञ्जयी चेतना है। "हिमालय ब्राह्मण है, शंकर!" मानो किसी ने पुकारा। अवश्य निर्विवाद हिमालय ब्राह्मण है; ब्रह्मर्षि! तभी तो पृथिवी स्वयं विश्वस्त और कल्याण- दुग्धा है; तभी तो धरा सुफल है; सुजल है; सघन-सुन्दर स्वर्ग है। हिमालय पृथिवी की गति-विधियों के ऐश्वर्या का अवधूत है। इस नागाऽधिराज हिमानी में राजाओं, नरेशों, योगियों और यतियों ने पृथिवी का राज त्याग कर शरण ली है। रसिक शिरोमणि ने कामिनियों को तिलाञ्जलि देकर इसी हिमालय की

एकान्त कन्दरा में भगवती परमेश्वरी शिवा के श्री चरणों की धारणा की है। इसी हिमालय में मानो धरती के सभी भव अन्त में स्वप्नहीन होकर निश्चिन्त सो जाया करते; गल जाया करते हैं। धरती स्वयं हिमालय के वक्षस्थल से लग कर समाधिस्थ होना चाहती है। हिमालय हिमपुञ्ज ही नहीं है, अतीन्द्रिय आत्मज्योति की भस्म का दिव्य-गन्ध उत्तुंग आगार है। आकाश लहर-लहर कर हिमालय के रमणीय शृंगों पर विश्राम करना चाहता है। हिमालय कर्मवीरों की उऋण भूमिका है; सांसारिकों का वानप्रस्थाऽश्रम है, यतियों का रमण-स्थान और योगियों का शिव है। हिमालय? शंकराचार्य ने पुकारा और स्वयं ही मुस्करा दिये।

शंकर को लगा उस उन्मीलित तंद्रिल तनिक भासित उस एक शृंग से कोई झबक कर साकार होने लगा है- दिग् दिशाओं के अथाह से अणु-अणु-बिन्दु-बिन्दु-कोई स्वयं को एकत्र कर रहा है; जमा रहा है; व्यवस्थित कर रहा है- अवश्य, कोई प्रगट हो रहा है। कौन? हिमालय? शंकर के गहन से ध्वनि उठी; अवश्य, देव देव महादेव भगवान शंकर उनको दर्शन देने व्यक्त हो रहे हैं। अवश्य, भगवती शिवा अपने दान-दक्ष कटाक्षपात के लिये अरुणारी उषा के रथ पर बैठ अवतरित हो रही हैं। कोई व्यक्त हो रहा है; अभिव्यक्त हो रहा है- प्रगट हो रहा है, शंकर! बादरायण? नहीं तो! बादरायण ने अनुग्रह पूर्वक दर्शन दे दिये हैं- दर्शन? उनके ब्रह्म सूत्रों को पुनः देखने के लिये ब्रह्म के पुनः प्रत्यक्ष के लिये ही तो मैं आया हूं इस धरा पर महर्षि बादरायण? उस तनिक आलोकित मन्द-मन्द हसित क्षितिज पर तब क्या वह बादरायण की आकृति है? बादरायण अर्थात् वाङ्गमय मूर्ति; शास्त्रों का स्वरूप, अर्थ-ज्ञान का बोध। बादरायण अर्थात् ब्रह्म का अखिल-निखिल लिखित जगत; सृष्टि, स्थिति, विनाश-काल और उसकी यह मतिवान् रूपवान, अर्थ और लक्ष्य प्रणीत-संक्रमित लीला। यह विलास, महिमामय, गरिमामय विलास। शंकराचार्य को लगा, जैसे क्षितिज के एक धुंधले से हिम-शृंग से एक सौम्य आकृति दीप्तिवान होने लगी है। कौन? शंकर को लगा, आकृति पूर्ण वह दीप्ति उभर कर गहरी होने लगी है। कान्तिवान पंच केशी, प्रभा पूर्ण; लहरती हुई प्रसन्न दाढ़ी, मानो श्रावण के मेघ कपोलों पर सजा दिये गये हों। मूंछें दाढ़ी में छिपी और सोई हुई निष्काम मूंछें। कज्जल जल घन श्याम में अतीन्द्रिय ज्योति से दमकता हुआ यह मुख मण्डल। क्या भगवत्पाद हैं? नहीं- भगवत्पाद गोविन्द इस अनादि अविराम निरंकार में अदृश्य हो गये हैं। वह हैं भी और नहीं भी। किन्तु यह विलक्षण सी मनोहर मूरत? है, है-सदैव जैसे है। यह जैसे महामानव की चिरञ्जीवी प्रतिभा

है, आकृति धारण कर यों प्रगट हो रही है। तब क्या चिर यौवन सम्पन्न दिव्य नागाऽधिराज स्वयं ही अवतरित हो रहे हैं- हां शंकर! हिमालय शिव है और शिव ही कोटि कामदेवों के रूप को रिझाने के लिये, संतों को लुटपुटाने के लिये, शूरवीरों को समर्पण और त्याग सिखाने तथा योगियों को निर्विकल्प होने की शिक्षा देने के लिये यह परात्पर हिमालय नर रूप् प्रगट हो रहा है। शंकराचार्य रोम-रोम में हहरे-उनके सरोज नयन झीमते हुये बन्द हो गये। एक शान्त वासन्ती आलोक पूर्ण कान्तिवान ज्योति के मण्डलाऽकार में अवधूत की स्वर्णिम ज्योतिर्मय काया उनको इन्दीवर-नयनों से देख रही थी। सूर्य, चन्द्र और नक्षत्रों की ज्योति घुट-घुट कर उन नयनों में भरी हुई थी; कोटि-कोटि कल्पों की षड-रितुयें एक शाश्वत बसन्त बन कर उस दिव्य मुख-मण्ल पर छा रही थीं और अवकाश के सभी आकाशों के महाप्राण 'सोऽहम्' संगीत बन कर उस प्रतापी नासिका में गा रहे थे। पुष्प् धन्वा सी, काम-कोदण्ड सी भवों पर अविराम काल ठहरता हुआ स्वयं ही घबरा कर पुनः चल देता था। शंकराचार्य को लगा, स्वयं ब्रह्म ही यों नर-देह धारण कर उनके उदास मानस पटल पर प्रगट हुआ है- ब्रह्म चैतन्य ही यों दिव्य वपु धारण कर उनको दर्शन दे रहा है। शंकर को लगा, वह अतीन्द्रिय आलोक से जगमग शान्तिमयी क्षान्तिमयी स्वप्नमयी-सम्पूर्ण शीलमयी, शक्तिमयी सौन्दर्यवान मूर्ति हिमालय की एक चट्टान पर खड़ी हुई है और कल्प कल्पों के महाश्मशानों के परे और पार देख रही है। उस अमोघ मुख मण्डल में मानो सृष्टि की तब तक की स्मृतियां खुदी हुई हैं और जीवन के समस्त राग उन कमनीय कपोलों को रंग कर बह गये हैं- अणु-अणु-परमाणु-परमाणु उन बहे हुए रागों से मातल हो रहा है और अनेक सृष्टि-बिम्बों के मुह्यमान आधान उनके आतुर व्याकुल सीदते हुए उभार में मचल रहे हैं। अनादि शाश्वत जीवन का दिव्य वसन्त यावत् जीवन की रति, विरति और उपरति अपने अधरों में समाये उनको अगाध करुणापूर्वक देख रहा है। शंकर एकाग्र हो गये; उनके चित्ताऽकाश में भीति हीन शान्ति छा गई- वह जैसे है भी अथवा नहीं भी, ऐसे हो गये। शंकर को लगा, जीवन-वसन्त की यह मूर्ति घनीभूत दिव्याऽतिदिव्य काम के रहस्यमय अर्णव में उद्धूत है- वैराग्य के हिमालय पर स्थित, जीवन की उपरति की यह रमणीय मूर्ति है। यह साक्षात् जीवन है। जीवन का निष्कल-सकल योग है- यह मूर्तिमान काल-देव है। शंकराचार्य ने प्रणामपूर्वक उस सुन्दर, सुन्दरतर सुन्दरतम मूर्ति को साष्टांग प्रणिपात मानो किया; चिहुंकेः 'आप'? मूर्ति अपनी सहज प्रसन्नता में हुमुसी- "मैं? हां; मैं, दत्तात्रेय, शंकर!"

"भगवान दत्तात्रेय! आप! अहोभाग्य मेरे।" शंकराचार्य ने भगवान दत्तात्रेय के चरण काठे पकड़ लिये; सिर धुना-धुना कर कहा- "मुझको इस भव में क्यों बांधा है, प्रभो! इस तन की कारा में रहा नहीं जाता; इस भ्रमों से भरे विभ्रमित मन में बसा नहीं जाता। इस गूढ़ रम्य व्यामोहों से चित्त में ठहरा नहीं जाता, स्वामिन्। यह देह समूची सृष्टि है, प्रभो! सृष्टि की इस विचरती हुई लीला में निश्चिन्त निर्भय रमा नहीं जाता। मैं आपका दासानुदास हूं- अनुग्रह कीजिये, भगवन्! यतियों के आप सहारे हैं; योगियों के गुरु और कातर सांसारिकों के आप अन्तिम आश्वासन हैं। प्रत्येक युग में आप योगियों के उद्धार के लिये कृपा करते हैं। आज अपनी सहज उदार अहैतुक कृपा इस दास पर की है- मैं अब सर्वथा विश्वस्त हुआ, पितामह!"

भगवान दत्तात्रेय ने विहंस कर कहा- "भव है, वत्स! भव से भय क्यों खाता है? निर्गुण सगुण नहीं हो तो क्या वह निर्गुण हो सकता है? सत्य की क्षणिक अभिव्यक्ति अनिवार्य है। भव को बोझ मत मान; भव को सह ले। भव-सार को तरे बिना ब्रह्म के तट पर पहुंचा नहीं जाता। तू ब्रह्म है, यही विश्वास है। यह सब ब्रह्म प्रणीत ब्रह्ममय है, यही सत्य है। भव-भवों का लीला-विलास ही आनन्द-मयता है, शंकराचार्य! अपने गहनातिगहन में शान्त हो जा, वत्स!"

"मैं भव कब लेना चाहता था, प्रभो!" शंकराचार्य ने आर्त स्वर में पुकार कर कहा- "मैं, काल का यह समग्र समस्त बन्धन है, भगवन्!"

"काल सगुण ब्रह्म है, वत्स!" भगवान दत्तात्रेय ने मुस्करा कर कहा- "अविराम आकुल व्याकुल सत्य का सृजन, उस गूढ़ दिव्य सृजन की एक क्षण की अगाध स्थिति और पुनः रमणीय निरंतर स्वप्न काम्य परिवर्तन, शंकर!"

"संहार-विनाश?" शंकराचार्य ने पूछा।

"विनाश? काल अविराम सत्य है; निरन्तर विनाश नहीं है।" भगवान दत्त बोले- सत्य ही है; यावत् जीवन ही है; जीवन की मंगलमय परिणति है; सुखद रागमयी अभिव्यक्ति ही है- नाश? किसका! ब्रह्म अविनाशी अनादि अपूर्व सत्य वस्तु है- यह तू जानता है वत्स!"

"अवश्य, जानता हूं।" आचार्य शंकर ने कहा- "किन्तु...."

"यह किन्तु परन्तु ही अज्ञान बीज है। ब्रह्म-चैतन्य में किन्तु-परन्तु कहां है? नित्य विद्यमान अविराम किन्तु स्वयं विराम ब्रह्म अनुभूतियों की अनुभूति, लक्ष्यों का अन्तिम आत्यंतिक लक्ष, कल्पों का आदि, मध्य और अन्त-सर्गों की अनुपम दिव्य सृष्टि-धाराओं का आनन्दोऽल्लास ब्रह्म क्षण में भी है; अनन्त में भी है। आदि अनादि में, अपूर्व के पूर्व में, कामनाओं और

उनके विस्मृतिमय शमन में, उदात्त संयम में तथा कल्प-कल्पों के जगत के परे ज्योतिषाम् ज्योति ब्रह्म के निर्विकल्प ध्यान में वह परात्पर प्रभु है- यह जगत गहन-गंभीरतम में आसीद् है, शंकर। उसके परे और पार ज्योतिर्मय परमात्मा विराज रहे हैं। ब्रह्म के एक पाद में प्रसन्नतापूर्वक निर्भय होकर पूर्ण अभय धारण कर विचर। तू पुनः अमृतमय त्रिपाद दिवि में पहुंच जायगा।"

"मुझे कुछ भी नहीं चाहिये, प्रभो!" शंकर ने पुकार की- "मैं राज्य नहीं चाहता; विज्ञान नहीं चाहता, शशि मुखी नहीं चाहता; मैं भव नहीं, मृत्यु नहीं चाहता। मैं तन, मन, बुद्धि, चित्त, अहं कुछ भी नहीं चाहता-मैं काल में डूबकर खो जाना नहीं चाहता।"

"तब तू क्या चाहता है?" भगवान दत्त ने हंस कर पूछा- "जो चाहता हो, मुझ से मांग ले।"

शंकराचार्य मानो निरुत्तर हो गये। इक अपलक भगवान दत्तात्रेय के आकृति हीन अनुपम दिव्य मुख-मण्डल को देखने लगे। योगीश्वर सिद्धेश्वर दत्तात्रेय ने कहा- "तू स्वयं के विराट् को चाहता है; अपनी क्षण के अनन्त को चाहता है- तू नाम और रूप को नहीं अपने परमात्म आनन्द को ही चाहता है- आनन्द ब्रह्म तू ने ही तो कहा है, शंकर।

"आनन्दम ब्रह्म!" शंकर बोले।

भगवान दत्तात्रेय ने कहा- "ब्रह्म की भव-कामना ही चित्त है, शंकर! किन्तु भव-कामना अविराम होते हुए भी नित्य नहीं है। अपने ऐश्वर्य के लीला विलास के लिये ब्रह्म संकल्पवत् अनेक होना चाहता है; होता रहता है। ब्रह्म का अनादि अपूर्व भुवन बीज कल्प-कल्पों के संभवों से परिपूर्ण है; किन्तु ब्रह्म अपनी जाग्रति में अनेक, सुषुप्ति में स्मृतिमय और कर्म-कारण में विस्मृत बना रहना चाहता है। यह बहुस्याम ब्रह्म का स्वभाव है; किन्तु सृष्टि के लीला विलास द्वारा वह अपने आनन्द का मानो पुनर्प्रत्यक्ष करना चाहता है- करता रहता है। सत्य से मुक्ति नहीं है; चित्त से मुक्ति है। इस भव-बन्धन का पश्चाताप जब तक करता रहेगा, हे शिव स्वरूप! तू जगत के प्राणियों का कल्याण कैसे साधेगा? तेरा यह भव सृष्टि मंगल, प्राणी कल्याण तथा मुक्ति का आनन्द-पथ बताने के लिये ही हुआ है। यह सृष्टि ब्रह्मा का अनवरत अखण्ड तप है और यह तपस्या सृष्टि-रचना के लिये ही होती है- अनेक होने तथा होते रहने के लिये परम ब्रह्म ब्रह्मा स्वरूप आविर्भूत होकर काल के अगाध अर्णव में तप करते हैं। ब्रह्मा की यह तपस्या ब्रह्म-संकल्प की शक्ति के बिना फलती नहीं। इसीलिये मुझे अवतार धारण करना पड़ता है। मैं अपने

बहु स्याम संकल्प की पूर्ति के लिये अवतार धारण करता हूं। शंकर! निर्विकल्प होकर सृष्टि के त्रिकाल संकल्प को प्राप्त कर तथा हिमालय से भारत वर्ष में उतर। मोहान्धकार से ग्रसित चित्त, विभ्रमित बुद्धि तथा विषाद से भरा जगत तेरी प्रतीक्षा कर रहा है- तू जगद्गुरु है, इस अमोघ आत्म विश्वास के साथ भारतवर्ष के अंधकार को छिन्न-विच्छिन्न कर दे। ब्रह्म को तू जानता है; मानता है; परन्तु अब ब्रह्ममय अनुभव कर। जगत से उपरत हो जा और ब्रह्म-स्थित होकर अन्धकार में प्रकाश को खोजने वालों की बन्द आंखें खोल दे- जगत के कमल नयनों को उन्मीलित कर दे। मैं जब तक सृष्टि है तब तक यों बना रहूंगा और प्रत्येक जगद्गुरु को आत्म विश्वास बंधाता रहूंगा। हे आत्मन् अपनी परमात्मा के अमोघ विश्वास में जाग जा।"

शंकराचार्य ने नमन पूर्वक जैसे कहा- "यथार्थ है, स्वामिन्! किन्तु भवेच्छा मुझे नहीं भाती; मैं जैसे रीता हो जाता हूं- रिक्त, अभाव पूरित शून्यवत् हो जाता हूं जब अहम् प्रणीत होता हूं। ज्ञानमय, ज्ञानघन, ज्ञान अभाव और अन्धकार से पूर्ण भव कामना से अभिभूत ही होता है। भव-संसार ब्रह्म की संकल्प जन्य कामना है- ब्रह्म स्वयं अजन्मा है; अज है। गुरुदेव! आपने अपने इस दास पर अनुग्रह कर परमात्मा में जागने के लिये मुझको उद्बोधित किया है। मैं प्रति पल ब्रह्म चैतन्य मीड़ता रहता हूं- जगत की प्रत्येक रूप-लहरि को मैं उस परात्पर चैतन्य से उद्भवित सौन्दर्य की उछल प्रतीत करता हूं- प्रत्येक नाम की सार्थक-असार्थक ध्वनि तथा उसकी प्रतिध्वनि को मैं अनन्त विराट् के मौन से गुंजित अनुभव करता हूं। स्वामिन्! प्रतिपल यह जगत मुझको उसी चैतन्य से जागता और उसी में शयन करता हुआ लगता है- यह नामों की गुञ्जन उस ज्ञान घन चैतन्य के आनन्द-समुद्र में लीन होती हुई प्रतीत है- किन्तु प्रभो! प्रति पल जन्मते और मरते प्राणियों के घट्ट अज्ञान भाव को मैं सह नहीं सकता। ब्रह्म के लिये यह लीला विलास है; किन्तु अज्ञान मूर्ति जीवात्मा के लिये तो यह जीवन-मरण की विलक्षण तपस्या है। मैं प्राणी मात्र की, जड़-चेतन की-समग्र और समस्त की मुक्ति चाहता हूं।"

"यह तेरा नहीं, प्रभु का कर्तव्य है।" भगवान दत्तात्रेय ने कहा- "सभी की, सब की मुक्ति। शंकराचार्य, मुक्ति परमात्मा की है; जीवात्मा की मुक्ति क्या स्वयं स्वयमेव होती है? ब्रह्म जब चाहेगा अपना एक अनंत भव नाटक समेट लेगा। यह तो स्वप्न को त्याग कर स्वयं जाग जाने की घटना मात्र है, वत्स! आत्मा का अपनी परमात्मा में जाग जाना ही मुक्ति है- मुक्ति में एक और अनेक-समस्त-निहित हैं। आचार्य शंकर, महर्षि बादरायण मेरे सहयोगी-सहकर्मी

है। हम पृथिवी पर योग और ज्ञान के अमृत और आनन्द के प्रसार के लिये अवतरित हुए हैं- पृथिवी ने हमें पुकारा है; आकाश ने हमारा अभिदन किया है। करुणामय अनुग्रह से प्राणियों का भव-छुटकारा हम कर सकते हैं- किन्तु अज्ञान के राग की ज्ञान के वैराग्य से ही समाप्ति होनी चाहिये; सुखों के विषाद के सम्मोह को अमृत के दिव्य आस्वाद से ही शमना चाहिये। जीवात्मा सुख की आसक्ति त्याग कर आनन्द की अनासक्त पिपासा जगा सके, यही हम चाहते हैं।"

शंकराचार्य ने जैसे पूछ लिया- "तब सदैव के लिये प्रलय क्यों न हो, भगवन्! क्या यह परात्पर लीला-विलास, काल का यह नानाऽभिराम महानाट्य अनिवार्य है?"

भगवान दत्ताऽत्रेय ने मुस्करा दिया; बोले- "मुक्ति-कामी प्रत्येक योगी, यती यही चाहता है, यह सृष्टि न हो; विश्व के समुद्र सूख जायं और जगत की अभिनव सुन्दर लहरें नहीं उठें। यह प्रतिभासित अनेक उद्रेकित हो ही नहीं- काल का आविर्भाव ही नहीं हो- चेतन प्राणी यही चाहता है- जीवात्मा के हृदय-दहर में मानो जीवात्मा अपने परमात्मा की शरणागति लिये हुए है। जीवात्मा जगत न चाहे; जीवन नहीं चाहे- किन्तु परमेश्वर, मैं, जीवन की शाश्वत कामना हूं; मृत्यु का योग हूं; मैं काल धर्मी सृष्टि का रचयिता, विधाता और त्राता हूं। आचार्य शंकर! सत्य ही ब्रह्म है; ब्रह्म ही चैतन्य है; चैतन्य ही जीवन है और जीवन ही सच्चिदाऽनंद-प्रतीति है। ज्ञानवान जीवन धर्म का प्रचार करने के लिये ही देवाऽधिदेव महेश्वर ने तुमको भेजा है।"

आचार्य शंकर- "आप हैं न, भवान्! भगवन्। बादरायण स्वयं है, चिरञ्जीवी!"

भगवान दत्ताऽत्रेय ने प्रसन्न गाभ्भीर्य से विहंसते हुए कहा- "काल की एक स्थिति से ही मुझे अवतार लेना होता है। काल के इस बहु दिशि प्रवाह में काल की भांवरियां, अड़चन, विघ्न, संकट, त्रास, आपदा उत्पन्न करती ही हैं। विज्ञान सहज गति-विधि नहीं होकर असहज क्लिष्ट गति-विधि है- ईश्वर का यह शाश्वत शिव-संकल्प स्वयं में उद्भुत कुतूहल है; विचित्र आश्चर्य है; धीवान प्रसन्नता है। मैं अपने असीम सुन्दर और अटूट, अटल सामर्थ्य तथा सर्वतंत्र स्वतंत्र चैतन्य के आस्वाद के लिये ही काल रूप आविर्भूत होता हूं। वत्स!, यावत् जीवन मेरी उपासना है; यह लीला मेरी आराधना है- जड़ चैतन्य का आविर्भाव कर मैं स्वयं जीवात्म भाव ग्रहण करता हूं। सत् चैतन्य में जागता और आनन्द में पुनः सो जाता है। प्रलय? प्रलय ही तो था- तम ही तो था, और, और वह था- तम के परे और पार वह था- हां, शंकर!...."

"हां, शंकर!" अकथनीय अनिर्वचनीय ध्वनि मानो शंकराचार्य के रोम-रोम में ध्वनित-प्रतिध्वनित हो उठी; शंकराचार्य के तल्लीन देह की रग-रग मानो वीणा के तार की भांति बज उठी। रक्त शाश्वत बसन्त के उच्छ्वास से मानो विभोर होकर स्वयं की रक्तिमा में मगन हो गया। कर्मेन्द्रियां शान्त होकर सृष्टि की गतिविधि में युक्त हो गई। तन्मात्रायें ज्ञानेन्द्रियों को पूर्ण रूपेण प्रफुल्लित कर महतत्व के अवकाश में परात्पर ज्योतिर्मय सौन्दर्य की पारदर्शी आभा में रम गई। शंकराचार्य को लगा, भगवान दत्तात्रेय आकाश में दिव्यातिदिव्य अनादि रूप् हैं; सर्व-संभव आकृति हैं- गुणों का गहन कालोऽद्रेक हैं। सिद्धेश्वर गुरुओं के गुरु भगवान दत्तात्रेय सृष्टि-धारा को देखते हुए स्वयं मग्न मानो जाप कर रहे हैं। सृष्टि के सर्गों को विश्व-बिम्बों में स्फुरित करने वाली अक्षर मंत्र-ध्वनि मानो शंकर को सुन पड़ी। वाक् को स्फूर्त करने वाली, गुणों का आविर्भाव करने के लिये ललक कर स्फुटित यह ध्वनि शब्दातीत गूंज थी- श्रवणीय; किन्तु जैसे अश्रवणीय। चेतना के अपार अनन्त को मथने वाली यह निःशब्द ध्वनि ज्योति की लहरीली ज्येतिर्मयता थी- अवाक् वाक् स्फुर्णा थी। शंकराऽचार्य को लगा, भगवान दत्त इसी अपार अथाह अमोघ ध्वनिमय ज्योतिर्मयता के रूपाकृत घन-बिन्दु हैं; नाद-मूर्ति हैं। यही अनहद नाद अपनी शाश्वत ज्योति-लहरों में ध्वनित हो रहा है और उसकी विलोल प्रति ध्वनियां जगत के रूप में आविर्भूत होकर पुनः पुनः नामों के उद्घोषों में व्यक्त हो रही हैं। ब्रह्म-चैतन्य ही जैसे घोर, गूढ़, शान्त गुह्य अनहद-नाद होकर काल की निरीह चेतनावत् बह रहा है। इसी चैतन्य नाद-प्रवाह में परमाऽणुओं के अन्तराल में कोई परात्पर चैतन्य विहंस रहा है- विश्व के स्वप्न देखता हुआ समाधिस्थ है। शंकराचार्य चीत्कार कर उठे- "प्रभो! सच्चिदाऽनंद आनन्द!"

भगवान दत्तात्रेय ने बिलाते हुए-अन्तर्ध्यान होते हुए कहा- कहा- "अपने इस एक मात्र भव के शिवोऽद्देश्य की पूर्ति करो। प्राणियों को मेरी सृष्टि का मंगल बताओ; सिखाओ और श्रेय भावी कल्याण का जीवन व्यतीत कर मुक्ति-कामी करने के लिये ब्रह्म-चैतन्य की उपासना प्रदान करो। आचार्य शंकर, सूर्य नारायण मैं हूं; विष्णु, विष्णु महाविष्णु-विराट् अच्युत अनन्त गोविन्द मैं हूं; श्री गणेश, मेरी मंगलमयी मंगल जन्य और मंगल मन्य सृष्टि का श्रीगणेश मैं हूं- मैं परम शिव का सदाशिव और सदा शिवा हूं- शिव मैं हूं; शिवा मैं हूं- शिव-शक्ति मैं हूं। यही मेरा सर्वांगीण समस्त सगुण स्वरूप है, शंकर! मेरे इस शाश्वत पञ्च दैवत्व की उपासना प्रसूत कर। आचार्य! इच्छा भव है; भव-बन्धन कर्म है; किन्तु तू कर्म के परिष्कार तथा इच्छा के मोक्ष-मार्ग को बताने के लिये

ही मेरे आचार्य तत्व के रूप में जन्मा है। शंकर, तेरा यह भव है; किन्तु तेरा मरण नहीं है। ज्ञान के अमृत का स्वाद प्राणियों को प्राप्त हो और वह आनन्द समुद्र में निमग्न हो मेरे ज्योतिर्मय ओमकार में लीन हो, ऐसा श्रेय साध, मेरे प्राणप्रिय वत्स!"

आचार्य शंकर ने मानो भगवान दत्तात्रेय को प्रणिपात किया। दिग् दिशाओं से आशीर्वाद बोला- "कल्याण हो, वत्स!"

शंकर को लगा, भगवान दत्तात्रेय के अन्तर्ध्यान होते ही जगत पुनः ब्राह्म मुहूर्त के आलोकित होते हुए अंधेरे में भगवान का दर्शन कर मन ही मन पुकारता हुआ समाधिस्थ हो गया है। हिमालय के भासित होते हुए श्रृंग मानो सुदूर से सुनाई पड़ने वाली डमरू की ध्वनि को सुन कर मस्त, ध्यानस्थ खड़े हो गये हैं। रूप-रूप अतीन्द्रिय अमृत के कान्तिमान रस में डूब गया है। अन्धकार की तमिस्र मूढ़ता, विजड़ित जड़ता, मानो उस परात्पर ज्योति में जलकर अरुणोऽदय की पूर्वा उषा-कान्ति में नहा कर एक संज्ञान पूर्ण चेतना-जागृत हो रही है।

शंकराचार्य अपने ही अन्तरात्मा से बोले- "जड़-चेतन? ब्रह्म, ब्रह्म-ब्रह्म-चैतन्य! हां, शंकर!" मानस-पटल पर भगवान दत्तात्रेय की गहन-गंभीर शान्त दिव्य मूर्ति प्रगट हो उठी। शंकर पुनः अपने अथाह चिदाऽकाश में बह आये। शंकर को लगा, भगवान दत्तात्रेय की दिव्य देह घनीभूत होते हुए भी व्यापक है। वह अमोघ ज्योतिर्मय सजीव महाप्राण-पूर्ण आकृति अपने अक्षांश में कांपती हुई भी अनन्य शान्तिमयी है। दिव्याऽतिदिव्य शान्ति मानो मूर्तिमान हो गई है- एक निगूढ़ वाणी उठी, अबोल गिरा ने मानो कहा- "जानना, मानना, चिन्तन करना और प्रज्ञा से साक्षात् करना केवल भव-साधना है, शंकर! आत्म-ज्ञान स्वयं के परमात्मा का साक्षात् करना है। आत्म-ज्ञान के अथाह अपार से ही ध्वनिमयी विद्याओं का आविर्भाव होता है- सगुणत्व आत्मा का विद्याऽहम् है। तू-मैं यह वाक् है- विद्या, जानना, ज्ञान! शंकर, जब तक तू अपने मैं का अनुभव करता रहेगा, तब तक तू अपने जीवात्म भाव की अनुभूति में ही स्थित है। तेरा ज्ञान तू नहीं है; मैं हूं। अपना मैं भाव त्याग कर जगत के अहम् के अतल में समाधिस्थ हो जा। तू अनुभव करेगा, तू-मैं सच्चिदाऽनंद हूँ- फिर यह त्रिकाल सृष्टि तू सह सकेगा; ब्रह्माण्डों का बोझ तू उठा सकेगा। जगत की अनेक रंगभूमियों पर भवों के नाट्य देख सकेगा। आत्मा का प्रकाश जगत की क्षण-भंगुर प्रकृति के मूलभूत विषाद में बुझ जाता है, वत्स! मैं तेरा सच्चिदाऽनंद घन आत्म-प्रकाश हूं- तेरे हृदय-दहर में मैं सजीव हो उठा हूं।"

"क्यों? क्यों?" एक प्रश्न उठा शंकराचार्य के अतल चित्त में- "क्यों?" वहीं गूढ़ गहन निगरा ने मानो कहा- "इसलिये कि तू कहीं अपने इस एकाकी जीवात्म भाव में रूढ़ नहीं हो जा, शंकर! अपनी ऋतंभरा में लीन हो जा, वत्स! अपनी प्रज्ञा से अपना यह जीवात्मा भाव भर दे। प्रभु के कार्य के लिये भी भव-योनि की तपस्या करनी ही होती है। मैं स्वयं शाश्वत भव-योनि में स्थित हूं। अनन्त अनुभव करने के लिये स्वयं को नित्य शाश्वत पल अनुभव करना ही होता है। अपने आत्म ज्ञान को अपने अमोघ आत्म-विश्वास में ढाल दे, शंकर! भावि शताब्दियों के लिये तुझे आत्म-ज्ञान का प्रकाश जगत में विकीर्ण करना है। मृत्यु के विषाद को जीवन की चेतना से मिटा देना है। भेद की भीतियों से रहित निर्भय जीवन का सन्देश तुझे देना है, मानवों को। आचार्य शंकर! मैं जगत का आराध्य हो सकता हूं; गुरु नहीं। तुझे जगद्गुरू होना है, वत्स!....."

"नहीं।" गूढ़ गहन प्रतिध्वनि उठी-" जगद्गुरु तो केवल परमात्मा ही है, प्रभो! भगवन्, जगद्गुरू तो आप ही हैं। नारायण, आप ही तो अपने जगत के मंगल के लिये, भव-योनियों से मुक्ति प्राप्त करवाने के लिये अवतरित हुए हैं। मैं? मैं कहां हूं प्रभो! आप कहते हैं, इसलिये मैं हूं। प्रभो, मैं आपकी वाणी की प्रतिध्वनि मात्र हूं।"

"नहीं।" भगवान दत्तात्रेय ने मानो कहा- "तू मैं हूं, मैं तू हूं! हम एक अभिन्न घनरस समरस आत्म-ज्योति हैं; आत्म-ज्ञान हैं; आत्माऽनंद हैं। हम-सब अर्थात् परमात्मा, परम ब्रहम! मेरी महाप्राण अभिव्यक्ति तू है। इस जगत में भारतवर्ष मैंने केवल अपनी लीला के लिये रंगभूमिवत् उद्धवित् किया है। संसार मेरी शक्ति, भूति, श्री और विभूति की अभिव्यक्तियों से हिल्लोलित है; किन्तु भारतवर्ष, यह हिमालय- यह गंगा, यह यमुना, शंकर मेरे पुनः आत्म-प्रत्यक्ष की तपस्या के लिये मेरे द्वारा आविर्भूत है। भारतवर्ष संसार के अंधेरों की परिधियों की ज्योतिर्मय धुरी है। तू उस धुरी की आधारभूत मति है। भारत वर्ष सो रहा है- उसे जगा दे, शंकर!"

"तब क्या प्रभु नहीं सो रहा है, भगवन्!" शंकराचार्य मानो स्वयं से ही चिहुंके।

"भवों के अंधेरों में प्रभु जैसे खो गया है।" भगवान दत्त ने मानो कहा- "प्रकाश में डूबा हुआ सोता नहीं; जन्म-मृत्यु के परे जागता रहता है। हिंसा और भय के निराकरण तथा जीवन के शान्त अभय के लिये मैं बोधिस्तव स्वरूप जगमगाया; परन्तु सत्य का प्रकाश हुए बिना बुद्धि की शान्ति, आत्मा की शक्तिशाली ज्योति नहीं होगी। आचार्य, आत्मा की शक्ति विद्या है; जीवन की

शक्ति आत्म चेतना है, आत्म चेतना का व्यवहार वर्णाऽश्रम धर्म और उसका पालन है। प्राणियों को मंगल नहीं, अन्ततोगत्वा मोक्ष चाहिये। शंकर! वर्णाऽश्रम धर्म जीवात्मा का व्यावहारिक योग-मार्ग है। जीवात्मा क्षण में गड़े नहीं; मृत्यु से सड़े नहीं; त्रिताप में जले नहीं, यह-यह चाहता हूं, मैं, शंकर!"

शंकराचार्य ने अपने अतल हृदय-गहन में मुस्कराती हुई प्रसन्न और अपूर्व तेजोमय दिव्याऽकृति को देखा और ठक होकर जैसे विचारने लगे- यह है भगवान-आत्रेय दत्तात्रेय! कृपा निधान, योगियों के सन्नद्ध, मार्ग-दर्शक, यतियों की संकल्पवान अभिलाषा, मुनियों का इस गुह्य गूढ़ अनन्त में एक मात्र आह्लाद! तब जीवात्मा परमात्मा के इसी आह्लाद का सहज उद्भव है? अवश्य, शंकर! मानो उनके चिदाऽकाश की प्रत्येक दिक् ने कहा, चित्ताऽकाश की प्रत्येक दिशा ने कहा, सब ने कहा; जड़ ने कहा- चेतन ने कहा। अवश्य यही अमोघ आह्लाद आनन्दमयता; आनन्द मग्नता-आनन्द-पूर्ण आनन्दोन्माद। शंकराचार्य जैसे पारदर्शी ज्योतिर्सिन्धु में निमग्न हो गये। दूर-दूर सुदूर किन्तु अत्यंत निकट घनीभूत तम का ओर छोर हीन उभार छाया हुआ था। यह तमोमय घटाटोप मानो स्वयं की पलकों पर टिका हुआ था, स्वयं की दृष्टि का यह विभ्रम स्वयं के ज्योतिर्सिन्धु से दूर होते हुए भी मानो एक किनार था; तट! शंकर को लगा; ज्योति-सिन्धु की रम्य शान्त वीचियां इसी अन्धकार पूर्ण तट की ओर जा रही हैं और उसको छूकर पुनः स्वयं में ही लीन हो रही है। ज्योति का यह अपरम्पार उस तमिस्र विराट् में डूब कर उसको मथ रहा था। ज्योति का वह आनन्द समुद्र उज्ज्वल तरंगों में उछल कर स्वयं पारदर्शी सौन्दर्य के समारोह में प्रफुल्लित था; किन्तु उस तम के घटाटोप के निविड़ में कोई आरक्त नयन देख रहे थे। गूढ़ गहन गम्भीर वह आरक्त प्रज्वलित दृष्टि थी, जो उस तमाऽसीद व्यापक को प्रज्वलित कर रही थी। स्फूर्ति, स्पन्दन गति, गति-अविराम गति अपनी लोहित ऊर्जाओं को व्यक्त करती हुई चल रही थी। उज्ज्वल तरंगों में उछलता हुआ भी ज्योति का यह सिन्धु अच्युत था और अपनी आरक्त लोहित हिल्लोलों द्वारा विराट् तम-तोम में डूब रहा था। डूब, डूब, डूब-लीन, लीन, लीन-गति, गति, गति! विस्तृत होती हुई ढंकती हुई प्रसरती हुई व्यक्त होती हुई और यह अतीन्द्रिय जाग्रति थी, जाग्रति की मुह्ममान सुषुप्ति थी; विस्मृतिमय घनान्धकार था और थे वह स्वयं, शंकर-शंकराचार्य; एक नाम मात्र; एक उद्घोष, एक ध्वनि; प्रति ध्वनि-ज्योति के आनन्द-समुद्र का समग्र उद्रेक। ज्योति स्वयं ही अपने आह्लाद का उद्रेक कर रही है- मैं अपनी ही आनन्द-निमग्नता में सम्मोहित, उल्लसित, हर्षित हूं- उद्रेकित, उल्लोलित, उद्भवित भवित हूं। मैं

आनन्द निमग्न स्वयं ही परमात्म स्वरूप् हूं। मैं? सत् चित् आनन्द! शंकराचार्य सभी नाम रूपों के परे स्वयं अच्युत हो गये।

गुरुदेव को समाधिस्थ पाकर सनन्दन को लगा, आचार्य पूज्य पाद यह गुफा त्याग कर कहीं नहीं जायेंगे। आचार्य निस्संदेह उदासीन हो गये हैं; उनको जैसे कुछ भी नहीं चाहिये। ब्रह्मसूत्र और उस पर अपना प्रत्यक्ष पूर्ण यह शारीरिक भाष्य भी नहीं चाहिए। गुरुदेव को केवल यह व्यास-गुफा और उसका विजन एकान्त ही चाहिये। मौन और तटस्थ से गुरुदेव जैसे वाणी द्वारा कुछ भी कहना नहीं चाहते थे। अभिनव गुप्त के प्रश्नों का उत्तर गुरुदेव ने नहीं दिया। अभिनव गुप्त केवल चर्चा कर चले गये। अभिनव गुप्त की आतुर व्याकुलता गुरुदेव को तनिक हंसा गई थी। जब तक आकुल उद्विग्नता है, तब तक विचार है; जब तक उद्विग्न व्याकुलता है, तब तक सृष्टि है- भव है; भविता है, वत्स! अभिनव ब्रह्म को नहीं, स्वयं के ही शाश्वत विराट् का प्रत्यक्ष करना चाहते है। मंगल अर्थात् शिव-विराट् शिवा? मंगलमयी सृष्टि! सनन्दन को लगता, ज्ञान मूर्ति आचार्य शंकर एक मूलभूत आलोकित संशय से विकल हैं। उनकी छिन्न हृदय-ग्रन्थि एक घनीभूत गांठ मिट कर विस्तृत, विराट् व्याप्ति जाल हो गई है। गुरुदेव संसार की भव-योनियों को देख कर चिन्ताऽतुर आर्द्र हो उठे हैं। रूप मात्र गुरुदेव के लिये अन्धकार की सीमा है; नाम मात्र एक सार्थक सा विभ्रम है। अन्धकारपूर्ण विभ्रम से अकुला कर गुरुदेव हिमालय की इस विजन हिमानी शान्ति में डूबे रहना चाहते हैं। कुमरिल्ल भट्ट के अग्नि-स्नान से क्षुब्ध आचार्य शंकर जगत के मार्ग-दर्शन के लिये माहिष्मती जाकर धुरन्धर मण्डन मिश्र को पराजित कर शारीरिक भाष्य की विजय-दुन्दुभि बजाना तो चाहते थे; किन्तु अपनी निरीह उपरति में लीन आचार्य मानो गति-विधि से तटस्थ तमाऽसीद अन्धकार के तट पर खड़े हुए सृष्टि, स्थिति और लय की इस भुवन-बीज लीला को असंग वत् देखते रहना चाहते थे। ब्रह्म के इस चिद् विलास को साक्षीवत् देखते रहना ही गुरुदेव को अनादि जीवात्मा की प्रथम मुक्ति लगती थी। मुक्ति! मुक्ति? मोक्ष की यह जगत और नयनाऽभिराम-नानाऽभिराम आश्चर्यवत् जीवन की समस्या है- यह विषाद में डूबे जीवात्मा की मिट जाने की वाञ्छा नहीं है; दुखों से टूटे तथा त्रिताप से दग्ध जीव को किसी अभय पूर्ण स्थिति में छिप जाने की कामना नहीं है। यह दुःख से निवृत्त होने के तप की समस्या नहीं है और नहीं यह सुखों से अघाकर भव योनियों में जन्मने के मोह की त्यागने की ही यह समस्या है- मोक्ष! मोक्ष? सनन्दन जैसे इस प्रश्न की कांपती हुई ध्वनि-प्रतिध्वनि में बह जाता; उड़ जाता; खो जाता। गुरुदेव शंकर प्राणियों के

भवों का अन्तिम आत्यंतिक लक्ष्य मोक्षाऽवस्था प्राप्त करना ही मानते थे। सभी मानते हैं; मानते आये हैं- ऋषि, मुनि, साधु, यती, सन्त, सज्जन-मानव मात्र अन्त में मोक्षाऽभिलाषा से मुह्यमान हैं; रहा है- रहता आया है। ऐश्वर्यवन्त सम्राटों और चक्रवर्तियों ने मोक्ष की प्राप्ति के लिये अरण्यों में तप किया है; लक्ष्मीवान गृहस्थों ने अपनी स्थावर-जंगम सम्पत्ति अपनी सन्तान को देकर मोक्ष साधन के लिये उल्लसित और निश्चिन्त वानप्रस्थ ग्रहण किया है। अवश्य, मनुष्य रूप में आसक्त होता है; नाम से सम्मोहित होता है- इन्द्रियों से अहर्निशि जगत को भोगता रहता है और मृत्यु के अवश्यम्भावि परिवर्तन से कांपता रहा है। मानव जन्म से प्रसन्न और मृत्यु से भीत रहता आया है- मानव अर्थात् जन्म की प्रसन्नता और मृत्यु का भय। क्यों जन्मा हुआ मरता है और क्यों जन्मा हुआ नष्ट होना- समाप्त होना नहीं चाहता? शारीरिक भाष्य के पत्रों को एक-एक कर पढ़ता हुआ सनन्दन एक ऐसा प्रश्न बन जाता, जो उसको जगत के पार-तम-विराट् के कगार पर ला खड़ा करता। यह मण्डन मिश्र मंगलमय, मंगल जन्य सुन्दर सरस कर्म को ही मानते हैं। यह धुरन्धर मीमांसक मंगलकर विधाता को ही आराध्य, उपास्य स्वीकार करता है- तब यह सतत् जन्म-मृत्यु? क्या मण्डन मिश्र भव को ही नित्य सहज स्वाभाविक सत्य मानते है? यह अभिव्यक्त, अभिव्यञ्जित, उद्भूत उद्भासित, आश्चर्यमय अनुपम दृश्य को ही मण्डन मिश्र मंगलमय ब्रह्म-भावना मानते हैं? जन्म! सनन्दन अपने गहन में कांप कर रह जाता-जन्म, जन्म, जन्म। मृत्यु, मृत्यु मृत्यु-यह विज्ञानघन आवर्तन सनन्दन को असह्य था। वह न जन्मना चाहता था, न मरना और नहीं पुनः जन्मना चाहता था। तब वह क्या चाहता था? सनन्दन, तू अन्त में क्या चाहता है? सिर धुना कर सनन्दन ने समाधिस्थ युवा गुरुदेव के शान्त मुख मण्डल को देखा। सनन्दन अपनी ही दृष्टि में लीन होकर अपने गुरुदेव के श्रीचरणों में लेट गया।

"गुरुदेव। प्रभो!" सनन्दन सहसा चीत्कार कर उठा।

शान्ति मानो घनीभूत होकर उसके रोम-रोम को डुबो गई। सनन्दन जैसे अपनी चेतना मात्र खोकर गति-विधि हीन स्वांस मात्र रह गया।

विभोर, स्तब्ध और अवाक् से सनन्दन को गर्भ गृह के बाहर समत्पाणि ने पुकारा- "क्या हुआ? क्या हुआ...."

सनन्दन ने जाग्रत होते हुए कहा- "चित का क्षोभ शमता नहीं; संशय-जगत और जीवन के विषय में संशय-जाता नहीं। यह हृदय-ग्रन्थि मिटती नहीं। क्या करूं, समत! गुरुदेव तो उदासीन हो गये हैं- वह समझ रहे हैं, जैसे उनका कार्य

पूरा हो गया। जगत के संयोग और जीवन के वियोग के परे गुरुदेव, किसी अचिन्त्य लोक में बसे रहते हैं। इस संसार की चलाचली में मैं स्थिर रह सकता नहीं; चलता ही रहता हूं। यह मन अनन्त-कोटि ब्रह्माण्डों में भटक कर पुनः पुनः गुरुदेव के श्रीचरणों में किंकर्त्तव्य विमूढ़ पड़ जाता है-"

समत्पाणि ने अथाह सहाऽनुभूति पूर्वक कहा- "जैन कहते हैं, बौद्ध भी कहते हैं, तपश्चर्या बिना आत्म-शुद्धि नहीं होती। आत्म-शुद्धि हुए बिना चित्त निर्मल नहीं होता और अतः आत्म-ज्ञान नहीं होता..."

"आत्म-ज्ञान!" सनन्दन चिहुंका- "आत्मा क्या शुद्ध है? अशुद्ध है? समत्पाणि, अभी तक तुम जैन-भाषा बोलना त्याग नहीं सके। आत्मा असंग है; निर्गुण है अतः न वह शुद्ध है और नहीं वह अशुद्ध है...."

"तब क्या है आत्मा?" समत्पाणि ने मुस्कुरा कर पूछा।

"आत्मा क्या है?" सनन्दन ने प्रति प्रश्न पूछा- "समत्पाणि! पूछो देह क्या है? इन्द्रियां क्या हैं? प्राण क्या है? प्रश्न करो तन्मात्राओं के विषय में; मन, बुद्धि, चित और अहंकार के विषय में पूछो, समझे तुम! आत्मा सत्य है; और सत्य के विषय में न कोई प्रश्न है और नहीं कोई उत्तर है। आश्चर्य है आत्मा; अनुपम है। आत्मा-जगत तथा जीवन के ऐश्वर्य में अभिव्यक्त होकर भी यह अनादि स्वयं ज्ञान-आत्मा-परमात्मा है।"

तभी चिद्विलास ने कहा- "जगत की पहेली यह कह कर बुझा ली गई कि वह क्षण-भंगुर है; कालाऽधीन है अतः मृत्य है। जीवन की समस्यायें पुण्य कर्म कर स्वर्ग का मार्ग बनाने के लिये इस पृथिवी पर मानो सुलझा दी गई हैं। किन्तु जगत सदैव पहेली बना हुआ है। जीवन निरन्तर समस्या प्रस्तुत करता रहता है। भाग्य, विधाता और उसकी निर्मम इच्छा, यही, विधि के लेख-यही एक मात्र उत्तर चिन्तकों से बन पड़ा है। हत् भाग्य, यही विधाता है क्या? जन्म का मृत्यु यही क्या अन्तिम सत्य है क्या? तब गुरुदेव का परम ब्रह्म सदैव के लिये मृत्यु है क्या? देह मरता है; प्राण का हंस उड़ जाता है और कर्माऽनुसार विधाता भव-योनि प्रदान करती है। आत्मा नित्य निरन्तर भव योनियों में जन्म धारण करता और भव-योनि का पुनः पुनः परिवर्तन करता है। कर्म, तब कर्म, कर्म विपाक तथा कर्म-फल का यह निगूढ़ अगम्य अचिन्त्य सिद्धान्त ही सत्याऽनुभूति का एक मात्र आधार हुआ। मनीषी मण्डन मिश्र को पराजित करने गुरुदेव बार-बार प्रस्थान करते हुए अटक क्यों जाते हैं? जीवात्म भाव, उसकी इच्छा तथा उसका कर्म, यही मानवीय बुद्धि के चिन्तन के आधार हैं- आत्मा को लेकर क्या हम विचार कर सकते हैं? सोच सकते हैं? आत्मा

का प्रमाण क्या हम जगत और जीवन से प्राप्त कर सकते हैं? विज्ञान से क्या ज्ञान स्वरूप स्वयं प्रकाश्यमान प्रतीतिवान आत्मा को हम जीवात्मा, कभी जान सकते हैं? नहीं, बन्धुवर्य!"

सनन्दन ने पूर्ण जाग्रत होते हुए कहा- "चिद् विलास! तुम अन्ततोगत्वा निराशावादी हो। तुम मृत्यु को ही सत्य मानते हो। तुम संक्रामक संशयवादी हो। परम ब्रह्म के अमोघ अगाध अटल अच्युत विश्वास से ही सभी दार्शनिक चिन्तन उद्भवित होते हैं। तर्क से, बुद्धि से जगत और जीवन का विज्ञान जाना जा सकता है। आत्मा विज्ञान नहीं है; ज्ञान है, ज्ञान!"

विष्णुगुप्त चिहुंका- "ज्ञान? मैं.... हां, मैं। ऐसा लगता है सभी अनुभूतियां मैं के स्वज्ञान में तिरोहित हो जाती हैं। जगत का ज्ञान गृहण कर, इस जगत को तनिक स्पर्श कर, इन्द्रियां शिथिला कर सो जाती हैं। सदा जाग्रत तन्मात्राओं द्वारा चिर जागृत जीवात्मा विचार कर थकता है और सो जाता है; स्पर्श कर भयभीत हो जाता है; भोग कर कातर-सतृण हो जाता है। क्या मैं जगत को सम्पूर्णतः सदैव के लिये प्राप्त कर सकता हूं? क्या मैं जीवन को हमेशा के लिये भोग कर परम पूर्ण सन्तुष्ट हो सकता हूं? मैं पूछता हूं; क्या यह जगत पवित्र अथवा अपवित्र है? क्या यह सौन्दर्य, यौवन और कामुक जीवन मूलतः पाप है? पाप, पुण्य? इस देह की मेरी जननी वैश्या थी, वार विलासिनी थी, ऐसा कहा जाता है- किन्तु वह इस नाम रूप की जननी थी। बन्धुवर्य सनन्दन जी! मैंने तो ब्रह्म-चिन्तन ही जैसे त्याग दिया है। मैं हूं, यही निरन्तर बार-बार अनुभव होता है- मेरी चेतना ही मैं हूं है, श्रीमन्!"

आनन्द गिरि ने जैसे स्वतः ही कहा- "यह पाप-पुण्य की दृष्टि केवल मानवों के लौकिक व्यवहार की दृष्टि है, भवान्! अथवा इस सृष्टि में आधार भूत मौलिक पाप है, पुण्य है? जिन कर्मों को कई युगों तक पुण्य माना जाता रहा है, वह अप्रतिष्ठित होकर क्रमशः जैसे पाप हो जाते हैं और कई कर्म जो वर्जित रहे हैं, अनायास जैसे स्वीकार कर लिये जाते तथा पुण्यभृत हो जाते हैं। कर्म स्वयं में क्या शुद्ध-बुद्ध हैं? अथवा मूलतः एक कर्म पाप है, एक कर्म पुण्य है? आजकल मैं इसी पर मन ही मन चिन्तन करता रहता हूं- परन्तु कर्म के उद्भव का कोई न्याय-संगत तर्क प्राप्त नहीं होता। कर्म जैसे विधाता की रहस्यमय अमोघ इच्छा की ही गति-विधि हो-काल की प्रसन्नता अथवा अप्रसन्नता!"

सनन्दन ने छूटते ही कहा- "काल जड़ है; देश जड़ है, देह जड़ है, संज्ञा और संज्ञान? जड़ है; केवल ज्ञान ही चैतन्य है गुरुदेव इंगित कर थक गये

हैं किन्तु आनन्द गिरि, तुम कर्म बीज के उद्गम को काल के विवर में खोज रहे हो? गुरुदेव के पास आत्म ज्ञान के लिये हो अथवा जगत ज्ञान के लिये? निश्चय कर लो, आनन्द गिरि! जगत अथवा आत्मा? मृत्यु अथवा जीवन? ऐसा लगता है हम चिन्ता तो आत्मा के लिये करते हैं; किन्तु चिन्तन जगत और उसके क्षण-भंगुर जीवन का ही किया करते हैं। अद्वैत का अर्थ आत्म ज्ञान ही होता है, समझे!"

आनन्द गिरि ने नमस्कार पूर्वक कहा- "हम तो श्रोता भर हैं, श्रीमन्! गुरुदेव केवल आपश्री को ही सम्बोधित करते हैं; हमें तो करुणा पूर्वक देख लेते और कभी-कभी अभय प्रदान कर दिया करते हैं। हम तो गुरुदेव के टहलुए हैं- शिष्य तो केवल मात्र आप श्रीही हैं।"

सनन्दन जैसे आघात खाकर कह उठा- "क्या कहा? ऐं? केवल मैं ही शिष्य हूं? तुम सब टहलुए? नहीं, मित्रों, नहीं। हम सब समान जीवात्मा हैं- मानव जिनको जगत भाता नहीं; रुचता नहीं। जो जगत को झेल नहीं सकते और जीवन के आघातों को सह नहीं सकते। हम अन्धकार में मौन भीत जुगनू हैं। हम सब आर्त आत्म जिज्ञासू हैं, जो भावि जगद्गुरु की शरण आये हैं। मुझे क्षमा करें, बन्धुगण! अवश्य मुझमें 'शिष्यत्व' का अहम् आ गया था। गुरुदेव नहीं, मैं आप लोगों को गुरुदेव का सेवक मानता था। आज से आप सब गुरुदेव को सुनेंगे और मैं गुरुदेव की सेवा करूंगा!"

आनन्द गिरि ने अत्यंत स्नेह पूर्वक कहा- "सनन्दन जी! आप आप हैं; हम हम हैं- मैं मैं हूं। आप श्रीमद् गुरुदेव से ज्ञान लें, हमें तो गुरुदेव की कृपा-दृष्टि ही चाहिये। जगत को जानने और समझने हम गुरुदेव के श्री चरणों में नहीं आये; हम ब्रह्म को प्राप्त करने के लिये भी गुरुदेव का कैंकर्य नहीं करते। हम तो गुरुदेव के सरोज नयनों की करुणापूर्ण दृष्टि चाहते हैं- हम गुरुदेव की गरिमा नहीं दया चाहते हैं...."

तभी आचार्य शंकराचार्य ने नयन खोले और 'चिदाऽनन्द रूपम् शिवोऽहम् शिवोऽहम्' कहते हुए मुस्करा दिये। आनन्द गिरि की ओर देखते हुए गुरुदेव ने कहा- "ज्ञान प्राप्त करना नहीं है, वत्स! ज्ञान तो तुम स्वयं हो। तुम ही ज्ञानी हो; ज्ञान हो और यह ज्ञेय भी तुम्हीं हो। वाणी अथाह अपार की कुछ तरंगों का वर्णन कर रह जाती है, वाङ्गमय जगत के नाम-रूपों का तनिक स्पर्श कर कह जाता और मौन हो जाता है। केवल चैतन्य-दृष्टि ही जगत को कल्प कल्पों तक देखती रहती है। केवल मानव-दृष्टि ही जगत में, जीवन में-ब्रह्माण्ड में और

ब्रह्माण्डों के परे और पार सत्य की खोज कर सकती है। आत्म ज्ञान मानव ही करता है, प्रिय वत्सों!"

विष्णु गुप्त ने पुकार कर पूछा- "केवल मानव ही आत्म ज्ञान प्राप्त कर सकता है- देव, सुर, पशु, पक्षी, नाग, किन्नर अन्य कोई नहीं, प्रभो!"

आचार्य शंकर ने कहा- "बुद्धि से आत्म विषयक निश्चय मानव बुद्धि ही कर सकती है। आत्मा ही है, यही तो मानव-बुद्धि की अपराजित सिद्धि है। जगत और जीवन के विज्ञान द्वारा मानव-बुद्धि सूक्ष्मतर होती हुई पारदर्शी हो जाती है। मानव की व्यावसायिक बुद्धि जगत और जीवन के विज्ञान से पूर्ण है; विज्ञान की शक्ति से काम्य-प्राप्ति तथा पूर्ति होने पर मानव चित्त में वैराग्य की एक पल उद्द्वित होती है। सुख के प्रत्येक अनुभव का अन्त वैराग्य में होता है; दुःख की प्रत्येक अनुभूति स्वयं ही खज कर विरागी हो जाती है। मानव-अनुभूति मूलतः वैराग्यमयी है, वत्सों! परम् ब्रह्म अपने दिव्य राग से ही यह सृष्टि उत्पन्न करता है और अपने दिव्य चिद् विलास द्वारा पुनः पुनः प्रतिपल विरागी होता जाता है। अविराम घट्ट घनीभूत राग द्वारा ही वह परम पूर्ण ज्ञानी परमात्मा, परम ब्रह्म, अपनी सृष्टि, स्थिति और प्रलय के ऐश्वर्यशाली महा नाट्य किया करता है- किन्तु ज्ञान घन ज्ञान मय ब्रह्म काल का वैराग्य ही है। अतः जगत को चैतन्य की आंख से देखो और वैराग्य की जिव्हा से जगत का स्पर्श करो। जीवात्मा को जगत का सौन्दर्य अन्ततोगत्वा नहीं चाहिये; जगत का बोध नहीं चाहिये। जीवात्मा को यह क्षण स्थायी, क्षण-स्पर्शी जगत्सुख क्या अन्त में चाहिये? नहीं पुत्रों! जगत और जीवन की गहन अमोघ कामना से ब्रह्म कातर नहीं होता; क्योंकि वह निर्लिप्त है- रागों में वैरागी ब्रह्म है, वत्सों! ब्रह्म आकुल-व्याकुल नहीं होता क्योंकि ब्रह्म निःसंशय है; अवश्य वही है- वही है, ब्रह्म! अतः जो भी जगत के सन्तोष का उपदेश करेगा वह भव-बन्धन में सुख पूर्वक बंधे रहने का ही उपदेश करेगा। वही ब्रह्म जगत के लिये जीवात्मा है; वही स्वयं के लिये परमात्मा है। तुम ब्रह्म हो; निश्चय करो क्या जीवात्मा ही बने रहना चाहते हो? मंगल चाहोगे तब भी जीवात्मा ही बने रहोगे; धर्म करोगे तब भी जीवात्मा ही रहोगे; अधर्म करोगे तब भी जीव ही रहोगे। होते रहोगे; जब तक स्वयं के परमात्मा को नहीं चाहोगे। अतः शान्त हो जाओ और अपने दहर में देखो, क्या चाहते हो? भव-बन्धन अथवा मुक्ति?...."

सनन्दन के साथ सभी शिष्यों ने एक स्वर से कहा- "मुक्ति, गुरुदेव! मुक्ति!"

"जय सच्चिदाऽनन्द!" आचार्य शंकर ने मुस्करा कर कहा- "तब, वत्स सनन्दन! यह व्यास गुफा छोड़ कर हम भारत की सपाट भूमि में जायेंगे। महात्मा कुमारिल्ल भट्ट की अन्तिम इच्छा की पूर्ति हम करेंगे। हम माहिष्मति जायेंगे और धुरन्धर मण्डन मिश्र और वाङ्गमय विभूति उभय भारती से मिलेंगे- हां, अवश्य!"

05

सनन्दन को लगा, गुरुदेव अब निश्चित ही व्यास गुफा त्याग कर हिमालय के अञ्चल में स्थित आश्रम में जायेंगे। बद्री केदार के अनुग्रह के वश कुछ समय गुरुदेव वहीं ठहरेंगे। मण्डन मिश्र- उभय भारती? सनन्दन को सहसा ऐसा लगा, भारत-गगन में विज्ञानवाद के दो नक्षत्रों का महिमामय उदय हो चुका है। बौद्ध जगत संक्रान्त; जैन संसार कुण्ठित तथा वर्णाऽश्रम धर्म के रूढ़ आश्रम अकुलाये से हैं। जनपदों में सम्प्रदायों के मठाधीशों का निगड़ वर्चस्व प्रतिष्ठित है तथा मण्डलेश्वरों द्वारा जनपदों का सांस्कृतिक शासन, आमनाय के नाम में हो रहा है- एक भयभीत व्याकुलता जन-मानस में छाई रहती है। किसी रहस्यमय इंगित द्वारा सभी सम्प्रदायों ने परस्पर अपने मत के वर्चस्व के लिये संघटन कर रखा है। शैव वैष्णव के मण्डल में पांव नहीं रखेगा और वैष्णव शैव को अपनी ओर जैसे ताकने भी नहीं देगा। नरेश, राजा, महाराजा-राज राजेश्वर सिंहासनों पर बैठे-बैठे नृत्य देखा करते तथा विलासी काव्य-रिझिवार किया करते हैं- आखेट तथा पास के सटे हुए निर्बल राज्य पर आक्रमण करने के लिये राजाओं की सेनायें नित्य ही अपने अस्त्र-शस्त्र घिस-घिस कर स्वच्छ किया करतीं- मूंछों की वट और कृपाण की धार कहावत होकर जनपद के पनघटों पर कही जाती। छोटे-मोटे युद्धों और शास्त्रार्थों की वार्तायें गांवों के चौराहों पर चलती ही रहतीं। पुरों, नगरों तथा महानगरों के राज मार्ग हाथियों की झूलों से स्वयं ही जैसे साफ हुआ करते और थनथनाते हुए अश्वों की टापों से भवनों की प्राचीरें गूंजती रहतीं। राज्य कर वसूल करता एवं चोर डाकुओं तथा आक्रमण सेना के भयार्त जनपदों की रक्षा किया करता; किन्तु घरों के अग्निहोत्र मण्डलेश्वरों के अनुग्रह से ही मानो प्रज्वलित हुआ करते। गृहस्थों के द्वार पर त्रिसंध्या याचकों की

पंक्ति खड़ी मिलती। ब्रह्मचारी, साधु, सन्त, यती, सन्यासी, जोगी, अवधूत तथा तथाकथित साधक गृहस्थ के द्वार की भिक्षा से पलते और सत्ता से निर्भय, जातियों से निश्चिन्त एवं पंचायतों से सुरक्षित जनपदों में उच्च स्वर से अपने सम्प्रदाय के मत को कहा करते; गाया करते- यज्ञ-यागों का विधान हुआ ही करता। विविध, विषम तथा परस्पर अशान्त सांस्कृतिक-साम्प्रदायिक प्रवृत्तियां स्वयं ही जैसे लहरों की भांति उछलती रहतीं और गृहस्थ-कुटुम्बी-दान-पुण्य के सन्तोष से मानो भरा रहता। भिक्षा तथा भोजन, पूजा और भोग, नृत्य और गोठ, सत्ता एवं स्तवन-यह धारा प्रवाहित सामाजिक जीवन था, जो सनन्दन को किसी रहस्यमय इंगित द्वारा बहता हुआ मिलता। व्यक्ति, घरों में गड़ा, चौराहों पर बैठा, पगडन्डियों पर चलता, खेतों में काम करता हुआ-जीवन जीता हुआ भी मानो मन ही मन दिशा-शून्य हो गया था।

सनन्दन ने तनिक क्लांत शंकराचार्य के थके हुए चरणों को दबाते हुए कहा- "प्रभो!"

आचार्य शंकर मानो जाग्रत होते हुए बोले- "शरीर थका है तनिक, वत्स! जगत का प्रभाव शरीर पर पड़ता ही है- प्रति पल शरीर सृष्टि-प्रपंच में जगत सहित, जगत द्वारा, जगत के लिये रहता है; बसता है- चलता है। देह ही भव है, सनन्दन! मानव और प्राणियों के शरीर जगत के भौतिक स्वरूप हैं; मन, बुद्धि और चित्त आधि दैविक रूप् हैं- भव का आध्यात्मिक स्वरूप् केवल कारण-शरीर में ही निहित है। इस जगत और जीवन का कारण और कार्य दिव्यतम ईश्वरीय विज्ञान है- सृष्टि, स्थिति और लय की अमोघ अटल प्रक्रिया है- प्रकृति! अब तक जैसे जगत को जान कर भी जैसे जानता नहीं था; भव को मान कर भी जैसे मानता नहीं था- मण्डन मिश्र और उभय भारती ने मुझे जैसे जगत की अनादि अविराम शाश्वत चेतना तथा भव-संसार का संज्ञान परोसा है- मैं जगत के लिये नहीं, जगत के जीव के लिये कल्याण चाहता हूं।...."

सनन्दन ने शंकराचार्य के चरण पकड़कर अपनी मुट्ठी में थामे, कहा- "जगत का कल्याण क्यों नहीं प्रभो।"

शंकराचार्य ने मौन आकाश में मौन तैरते हुए ज्योतिर्मय तारों को नयनों में भरा तथा तनिक पलकों पर झेलते हुए कहा- "यह अनन्त अनेक जगत प्राणियों के कल्याण के लिये ही तो परम ब्रह्म ने अपने शिव-संकल्प से आविर्भूत किया है- रचा है- बनाया है। यह सम्पूर्ण पूर्ण दिव्याऽतिदिव्य विज्ञान घन सृष्टि है परमात्मा की परमात्मा द्वारा संकल्प से निर्मित और तपस्या से उद्धूत! पुराण कहते हैं, श्रुतियां बताती हैं- वेद उवाचते हैं, यह सृष्टि ब्रह्मा की तपस्या से ही

जन्मती है; ब्रह्मा की तपस्या से ही सृष्टि की यह अविराम निर्निमेष सृष्टि-धारा काल-यह सब लीला विस्तार तथा विलास करता है। ब्रह्मा, विष्णु और महेश आदि शक्ति ब्रह्माणी के शक्तिधर है; किन्तु ब्रह्म-चैतन्य से परे, इधर-उधर नहीं हैं। परात्पर शक्ति ही सगुण ब्रह्म-चैतन्य है-स्वयं, स्वयमेव, स्वयं प्रकाश्य-स्वयं प्रकाशमान, कर्त्ता और-और भोक्ता भी। सनन्दन! जीवात्मभाव ही नाम है। रूप है- समग्र भुवन-बीज है। हमारे सम्प्रदायों को ईश्वर कोटि के जीवात्मा के उपदेशों द्वारा नहीं, स्वयं परमात्मा के उपदेश से ही चलना होगा। धर्म की एक ही प्रतिज्ञा है, जगत के जीवन द्वारा मोक्ष प्राप्त करना; अपनी आत्यंतिक मुक्ताऽवस्था का अमोघ अचूक अटल अनुभव करना। जगत के सतत् भोग द्वारा मुमुक्ष वृत्ति नहीं, पारदर्शी सौन्दर्य-भावना ही उद्भुत होती है- मंगल जीवन के पारदर्शी सौन्दर्य का ही अनुभव करना है। मंगल क्या? सृष्टि में आविर्भूत होकर जगत का विचित्र, अनुपम तथा अद्भुत जीवन जीना-अनेक भव योनियों के संसार काटना ही मंगल है। जीवन स्वयं ही मंगल है और मोक्ष के वरदान के लिये ही उद्भुत है। परमात्मा केवल अपने आनन्द-वियोग में ही यह बहुस्याम लीला-विलास-करता है और स्वयं के ऐश्वर्य को मानो भोगता है- यह द्वैत ही लीला-विलासी जन्म-मरण है, जगत् तथा उसका भव संसार है, वत्स! परम् ब्रह्म ज्ञान है; अतः जगत का अज्ञान नहीं है; परमात्मा अमृत है, अतः जीवन की मृत्यु-मोह-नहीं है। परमात्मा, परम ब्रह्म आनन्द है- अतः काल नहीं है; देश नहीं है- नाम और रूप नहीं है। इसीलिये ब्रह्मा की तपस्या, विष्णु के राज्य और महेश के योग द्वारा ही यह सृष्टि, स्थिति और लय की अद्वितीय मंगलमयी लीला होती रहती है- अतः जगत का भोग नहीं, जगत से छुटकारा तथा जीवात्म भाव से मुक्ति का व्यवहार ही हमें मानव जाति को सिखाना होगा। मनुष्य को इस मृत्यु लोक में हमें मोक्ष के लिये शिक्षित तथा दीक्षित करना ही होगा। मण्डन मिश्र को मैं यही कहने जा रहा हूं....."

सनन्दन ने अपने गहन में थमते हुए पूछा- "तब यह मण्डन मिश्र जीवात्मा की मोक्षाऽवस्था नहीं स्वीकार करते? तब यह तीन आश्रम और तीन वर्ण ही मानते हैं। शूद्र, वैश्य और क्षत्रिय-ब्राह्मण नहीं।"

शंकराचार्य ने निस्सीम उदासीन किन्तु मगन आकाश में अनायास ही ध्रुव तारे को देखते हुए कहा- "मृत्यु लोक की भव-योनियों में मानव-योनि प्रमुख महत्वपूर्ण भव-योनि है और उसमें ब्राह्मण-जन्म सर्वोपरि महत्व का है। ब्राह्मण अर्थात् ब्रह्म चिन्तक, ब्रह्म जिज्ञासू! ब्राह्मण अर्थात् अज्ञान के विपरीत ज्ञान चेतना! ब्राह्मण अर्थात् सत्य के लिये सरस्वती- पुत्र। पुत्र! ब्राह्मण ही अज्ञान

से मुक्त होकर ज्ञान प्राप्त कर सकता है। ब्राह्मण ब्रह्म-साक्षात्कार के लिये समूची भव-चेतना है। ब्राह्मण विद्या द्वारा जगत को प्राप्त करता और तपस्या द्वारा त्याग देता है। जगत् के अन्ततोगत्वा असार स्पर्श के बिना उस नित्य आनन्दमय सत्याऽनुभव की जिज्ञासा जागती ही नहीं, वत्स!"

सनन्दन ने पूछ ही लिया- "मण्डन मिश्र जैसा धुरन्धर ब्राह्मण क्या यह दीपक की भांति स्पष्ट सत्य नहीं जानता, पूज्य?"

"जानता है; किन्तु जगत के सौन्दर्य और जीवन-रति के मोह में डूबकर वह मानता नहीं। इस जगत के सौन्दर्य, यौवन तथा श्री एवं कीर्ति के भोग के लिये प्रति निमिष विरागी होती हुई मानव-चेतना को 'सृष्टि के मंगल' में रूढ़ करना ही होगा- अन्तरात्मा को यह संभ्रम देना होगा कि यह जगत नित्य निरन्तर सौन्दर्याऽभिव्यक्ति है; इस जगत के भव-संसार का भोग क्षणिक होते हुए भी अनिवार्य शिव-गूढ़ है। यह देह जगत के इन्द्रियज भोग के लिये है; इसलिये विद्या की प्रतिभा और विज्ञान की क्षमता द्वारा जगत का प्रत्येक भोग सुरुचिपूर्ण, मंगलमय तथा कल्याण प्रद बनाना होगा। मण्डन मिश्र की यह नव कर्म-मीमांसा जगत में जीवन के कुशल मंगलमय यापन के लिये है। जीवन-रति का उल्लासमय अनुभव जीवात्मा इन्द्रियों द्वारा करता रहे- इसलिये मण्डन मिश्र सन्यास आश्रम को नहीं मानते। मण्डन मिश्र जगत को नित्य निरन्तर तथा भव-संसार को अविराम सत्य मान कर चलते हैं। इसीलिये विज्ञान वेत्ता को विज्ञान मिलता है- ज्ञान नहीं।...."

"ज्ञान!" सनन्दन चिहुंका।

"परमात्मा-परम-ब्रह्म-परमशिव, वत्स!" शंकराचार्य ने कहा और मौन एक टक ज्योतिर्मय पुष्पों से भरे आकाश अर्णव को देखने लग गये। इंगित से सनन्दन को छुट्टी दे दी और कुछ दूर सोते हुए अन्य शिष्यों को तनिक देख कर आचार्य शंकर आकाश की किसी दिग्-दिशा को ही दृष्टि से नापने लगे। मौन, गूढ़, गुह्यमौन गहन उभार की भांति चारों ओर से उमड़ कर छा गया और अथाह उदासी गगन में भर गई। शंकर को लगा, उनका देह धरती और आकाश के बीच स्थित है- देहाऽभिमान की चेतना जैसे अपनी मूल जड़ से ही बिछलने लगी है। एक घनीभूत स्थिति की भावना ही जैसे एक अद्भुत अस्थिरता के अनुभव में परिवर्तित होने लगी है। शंकर को लगा, वह देह में ही देह से अलग होते जा रहे हैं। निस्सीम आकाश की दिग्-दिशायें मानो एक अनन्त आलोकमय मार्ग होती जा रही हैं और वह जैसे देह से निकल कर उस ओर-छोर हीन आलोक मार्ग पर चरण धरने ही जा रहे हैं। भीति, जैसे-जैसे रोम-रोम में

काँप कर स्वयं ही शम गई है और एक अपूर्व शान्तिमत्ता रोम-रोम से स्फूर्त होकर जैसे देहवत् हो गई है। शंकराचार्य को लगा, वह देह नहीं है; भीति नहीं है; धृति और कृति नहीं है; न वह भोग है और नहीं वह त्याग है। शंकर को लगा, वह गति, अगति, अवगति आदि कुछ भी नहीं है। शंकर को लगा, संज्ञान की धाराओं के तट पर वह खड़े हो गये हैं और संवेदनों की ऊर्मियों को काल के सागर में उठती हुई निहार रहे हैं। शंकर को लगा, देह-चेतना ही लुप्त होती जा रही है- देह से मुक्त शंकर स्वयं जैसे उस अनन्त आलोकमय मार्ग में किसी ज्योतिर्मय अथाह सागर की ओर यात्रा करने ही जा रहे हैं- मृत्यु? शंकर को लगा, समस्त जगत की यात्रा तय कर मृत्यु के हाथ उनको पकड़ने के लिये क्षितिज भेद कर व्यक्त होने लगे हैं- कोई उनको मुस्करा कर कह रहा है, चलो शंकर! इस भव का समय समाप्त होने में कुछ ही क्षण शेष हैं। शंकर को लगा, एक पाश आकाश की दिशाओं से उछल कर उनके सामने दौलने लगा है और मृत्यु स्वयं आकृति धारण कर उनको अनन्त की अनन्त तीर्थ यात्रा के लिये अटल निमंत्रण दे रहा है..... "परन्तु!" शंकर ने उस गूढ़ घोर शान्त आकृति से कहा- "परन्तु!"

"किन्तु, परन्तु न-नु-न च, यह सब हमें ज्ञात नहीं है, यती!" उस निर्विकार आकृति ने मानो कहा- "हम इस जगत में एक रूप की दूसरे रूप के लिये वियोग की अचूक क्षण जानते हैं। विधाता के हम कर्मदान हैं, यती! तुम्हारा यह भव अब समाप्त प्रायः है। कहां जाना चाहते हो, यती! हम तुमको तुम्हारी इच्छाऽनुसार ही अनन्त की यात्रा पर ले चलेंगे। तुम भव का एक अपरिचित अद्भुत हो, शंकर! सृष्टि के अगाध अपूर्व के संचित और उस संचित के अविराम प्रारब्धों में से तुम्हारा प्रारब्ध हमें नहीं मिला। तुम्हारी भवेच्छा अपूर्व अनादि इच्छा के महार्णव में हमें स्वयं एक तरंग की भांति नहीं दिखी। तुम हो; परन्तु तुम दिखते नहीं, तुम स्पर्श नहीं होते; तुम पकड़ में नहीं गृहे जाते, यती! तुम कौन हो?" शंकराचार्य ने गहन गूढ़ गुह्य अनहद अगाध मौन को मानो भंग कर कहा-" मैं ब्रह्म हूं। अहम् ब्रह्मास्मि। तुम काल हो?" एक प्रतिध्वनि सुन पड़ी- "हां, मैं काल हूं, मृत्यु! शंकराचार्य सृष्टि के सभी अंधेरों को एक पलक में पैर कर ज्योति के उत्तुंग शिखर पर जा खड़े हुए; बोले- "मैं जगत में जीव मात्र का कल्याण करना चाहता हूं- ऐसा मुझे सदाशिव का आदेश है। मुझे तो शिव-वरदान स्वरूप इस पलों की रमणीय रंग भूमि पर अवतरित किया गया है। तुम मृत्यु हो? किन्तु काल क्या केवल मृत्यु ही है- काल संयोग भी है, केवल वियोग ही नहीं है। काल यम है; सुना!"

उस भयाविनी आकृति ने गूढ़ गिरा में कहा- "हम बधिर हैं, सुनते नहीं, यती!"

शंकराचार्य ने ज्योतिर्मय सुमेरू के रत्न दीप्त शिखर पर अपने चरण स्थिर गड़ाते हुए कहा- "मैं ब्रह्म हूं; यह जगत ब्रह्म से भरा हुआ तथा यह जीवन स्वयं ब्रह्म का स्वयंमेव मोह है। इस अज्ञान को देखा- मैं इसी अज्ञान का नाश करने के लिये जगत में भारतवर्ष की तीर्थ यात्रा कर रहा हूं- देखो, देखते क्यों नहीं?"

काल की उस कला कृति ने कहा- "हम अन्धे हैं; देखते नहीं, यती!"

शंकराचार्य ने शान्त अमर्ष पूर्वक कहा- "तुम बधिर हो; अन्ध हो- मूढ़ हो। तब तुम मुझे ले जाने की बात कैसे कर रहे हो! मुझे आचार्य शंकर को तुम तम-मूर्ति कैसे ले जा सकते हो? अन्धकार प्रकाश को कहां ले जायगा?"

"तुम प्रकाशमय को मैं नहीं जानता, शंकराचार्य! मैं तुम्हारे नाम की ध्वनि को जानता हूं; तुम्हारे प्रतिनिमिष परिवर्तित रूप के अन्तरंग संयोगों की रूपवान सुन्दरता को जानता हूं। मैं जीव के देह को कालाग्नि में जला देता हूं और उस देह के अणु-परमाणुओं को मुक्त कर देता हूं। मैं! जीव के प्रदत्त भव-नाम को एक निरर्थक प्रतिध्वनि बना देता हूं। मैं नाम को सदैव के लिये चुप कर देता हूं; रूप को हमेशा के लिये समाप्त कर देता हूं..."

"पुनर्जन्म?" शंकर ने मानो आग्रह पूर्वक पूछा।

"मैं जन्म को नहीं, जरा को जानता हूं, यती शंकर! अब चिर प्रस्थान के लिये उद्यत हो जाओ।" काल की मूर्ति ने कहा।

"मैं आत्मा के सुमेरू पर स्थित हूं। मैं यह जगत अपनी पलकों को उठाये हुए हूं और इस संसार के प्रत्येक स्वप्न में स्वयं ही व्यक्त हो रहा हूं। मैं सृष्टि की सौन्दर्यवान राग धारा में ज्योतिर्कमल कमल की भांति खुभा हुआ हूं। मैं धरती के परे और आकाश के पार ज्योतिर्मय अवकाश हूं, मृत्यु! मैं यह सब हूं; यह सब मैं हूं। यह जगत मेरी धारणा, यह भव मेरा अध्यास, यह सृष्टि मेरा ही अद्वितीय आश्चर्य संभूत राग है, मोह है- अज्ञान है। मैं आत्मा हूं, मृत्यु! मैं अजर हूं; अमर हूं।"

मानो मृत्यु ने कहा- "जीवात्मा अजर और अमर नहीं है, शंकर! आत्मा, परमात्मा को हम नहीं जानते। आत्मा को यम जानते हैं, यती!"

आचार्य शंकर के सनातन शाश्वत ने वाक् में कहा- "मैं तुम्हें नहीं जानता, मृत्यु? मृत्यु क्या है? अवश्य, भव- योनि मृत्यु की भीति से भरी है; अस्थिर जगत में जीव भयार्त रहता है- प्रतिक्षण संयोग, प्रति पल वियोग। परन्तु फिर

भी मैं एक अभेदमय पूर्ण परिपूर्ण चैतन्य बीज हूं। मेरा नाम लुप्त हो जाय, रूप बदल जाय- नष्ट हो जाय, मैं नहीं। तुम किसे ले जाना चाहते हो? कहां? तुम्हीं सत्य हो, मृत्यु, तब आवागमन का प्रश्न उठता ही कैसे है? कौन आता है, कौन जाता है- तुम किसे कहां ले जाते हो? क्या यम लोक के परे और पार परम पद है?, परम धाम है, जहां तुम जीवों को ले जाते हो?"

मृत्यु ने ध्वनिहीन गिरा में कहा- "यह सब मैं नहीं जानता। सृष्टि के इस अविराम वर्तुल में प्रत्येक जीव की गति-विधि विधाता द्वारा अभिनिश्चित है। विधाता की आज्ञा से ही जन्म होता है; मृत्यु होती है। क्षण-क्षण के इन उद्भवों में निरन्तर जरा छिपी हुई है, यती! जगत के अंधेरे में हम राग के कीच के कमलों को तोड़ते हैं- जगत का रूप-रूप हमारा भोज्य है- नाम? हम सुनते भर हैं और भूल जाते हैं।"

शंकराचार्य के अनादि वाक् ने कहा- "अच्छा? तो इस भव के नाम रूप को लील लो। विधाता?, हां, विधाता! मैं जैसे विधाता को जानता भर हूं- जगत का प्रत्येक नाम अन्त में विधाता को स्वीकार करता है। किन्तु मैं विधि, यम, काल किसी को भी जैसे स्वीकार नहीं कर सकता। तुम मेरा भ्रम हो, विभ्रम! मैं? शाश्वत हूं; अनादि हूं- अनन्त, अव्यय, अथाह और अगाध हूं। मैं ब्रह्म-चैतन्य हूं। तुम असमय में आये हो, मित्र!...."

"मित्र? मैं मृत्यु का पार्षद, आपका मित्र, यती?" एक प्रतिध्वनि!

शंकराचार्य ने हंस कर कहा- "इस तमोमय मोहान्ध जगत में मित्र तो केवल मृत्यु ही है। देहाऽभिमान से अन्त में मृत्यु ही छुटकारा करवाता है। भव जगत का ज्ञान और प्राणों का घट्ट मोह है। जगत का यह ज्ञान मेरा अज्ञान है- यह भव? मेरा अध्यास, मेरा संकल्प, मेरी मान्यता मात्र है। अच्छा चलो, चलता हूं। कहां?"

मृत्यु की शान्त सौम्य मूर्ति ने कहा- "मुझे तुम्हारा शरीर ही चाहिये। एक पल मानो उस अंधेरी क्षितिज से लास करती हुई आ रही है, जो तुम्हारे भू को लील लेगी। उस पल के संघात से मैं तुमको इस सुन्दर कमनीय पार्थिव देह से पृथक कर दूंगा। तुम देह से बाहर निकलना जानते हो; तो मैं सूचित करता हूं- तुम स्वयं अपना यह एकाकी देह त्याग दो।"

"देह त्याग दूं?" एक शून्य सी ध्वनि उठी- "मैं देह त्याग सकता हूं; परन्तु क्या भव भी त्याग सकता हूं? हां, मित्र! मैं भव-बन्धन में बंधना नहीं चाहता था; मैं भव-बन्धन सहन नहीं कर सकता; मैं अन्यों को भव-बन्धनों में बंधते और अज्ञान-मूर्च्छित होकर विभिन्न शरीरों में सांस लेकर रेंगते हुए देख नहीं

सकता। भव-जीवन मृत्यु का सांस नहीं है; आत्म ज्योति का महाप्राण है। यह जगत अपने सभी रूपों के साथ जैसे मेरे ही गूढ़ गहन आत्म-आलोक में शम जाता है- तुम देखते क्यों नहीं, मित्र! यह जगत जैसे मेरी दृष्टि से निसृत, मेरे स्वांसों में गतिवान तथा मेरे स्पर्श से साकार हो रहा है। मुझ यती को तुम्हारी अन्तिम सूचना की आवश्यकता नहीं है- कब थी? मुझे तो प्रभु ने ही भव-संसार में धकेला है। तुम मुझे उसी प्रभु के पास ले जाओ।"

मृत्यु ने मानो कांप कर कहा- "मैं तुमको संसार के परे-पार एक शान्त शून्य में छोड़ दूंगा। प्रभु का धाम मैं नहीं जानता। सुना है, अपने धाम ले जाने के लिये प्रभु अपने कान्तिवान समर्थ सिद्ध पार्षदों को भेजते हैं अथवा स्वयं आते हैं। तुम प्रभु से अन्तिम प्रार्थना कर सकते हो, यती! कुछ पलें शेष हैं तुम्हारे इस भव की। यह शेष प्रभु से प्रार्थना की है, यती!"

शंकराचार्य ने कहा- "मैं जगत के संयोगों के परे विश्व के वियोगों के पार हूं। मैं परमात्मा का विरही हूं। उस अज्ञानमय, अमृतमय, आनन्द ब्रहम को काल की अविराम धारा में गुनगुनाते हुए पाता हूं। कोटि-ब्रह्माण्डों के अनन्त कोटि रूपों में मैं उसकी परात्पर छबि देखता हूं। सभी विचित्र और विलक्षण आश्चर्य-संभूत भव-योनियों में उस करुणा निधान को ही हंसते और रोते पाता हूं। मृत्यु? तुम उसी प्रभु के भव-भव त्राण की गति-विधि के एक तंत्री मात्र हो। किन्तु मैं तुम्हारी आज्ञा के अधीन नहीं हूं।"

"तब?" प्रतिघोष; प्रतिच्छंद; प्रति ध्वनि!

"तब?" शंकर के अनादि घन शाश्वत ने वाक् में कहा- "मैं ईश्वरीय इच्छा के अधीन हूं। यह भव उसी ने दिया है। उसी परम शिव ने, सदा शिव ने, उसी जगदीश्वर जगत् नियन्ता ने अपने कार्य के लिये मुझे अनन्य ब्रहम-ज्योति के शान्त मधुमय अतल से जगाया और इस सृष्टि-प्रपंच में जोड़ा है। महर्षि भगवान बादरायण का कार्य करने के लिये ही मैंने यह भव ग्रहण किया है। मेरे इस एक एकाकी भव का उत्तमोत्तम उदात्त उद्देश्य है- सृष्टि-मंगल तथा प्राणी कल्याण। आसक्त और मोहान्ध, अज्ञान के घन तम में सोये हुए काल रात्रि के स्वप्नवेत्ता जीवात्मा के श्रेय के लिये परम विभूति ने ही मुझे यह 'मैं' प्रदान किया है- मैं- उसी की आज्ञा मानूंगा। तुम क्या प्रभु की आज्ञा से आये हो, मुझे यम के पास ले जाने के लिये? तुम मुझे जगत के परे और पार शून्य में छोड़ोगे? मुझे सर्वत्र सदैव परमात्मा ही जागता, सोता, स्वप्न देखता तथा स्मृतियों में विभोर मिलता है। मैं? जगत को देखते- देखते उसकी परात्पर सुन्दर मुस्क्यान से स्वयं ही मगन आत्मा विस्मृत हो जाता हूं। इस भव-संसार

को देख-देख कर मैं अज्ञान से जन्मे और प्रभु की दया से जीते हुए विधाता के भुक्त भोगी जीवों की मुक्ति के लिये प्रभु से उसके प्रकाश को मांगता हूं। सृष्टि के तम-जगत के अंधकार तथा प्राणियों की सम्मोहनमयी स्मृतियों में परमात्मा का प्रकाश भरना चाहता हूं। मृत्यु! तुम्हारी प्रत्येक भीति मैं नष्ट कर देना चाहता हूं। अभय से भव-भव के स्वांस-प्रस्वांस को भर देना चाहता हूं। रूप-रूप् की अग्नि में अमृत पूरना चाहता हूं। मृत्यु! मैं मृत्यु से ही अमृत को दूहना चाहता हूं।"

"अमृत?" एक बिलमाई हुई गूढ़-गहन प्रतिध्वनि आचार्य शंकर के हृदय-दहर-चिदाऽकाश-में उठी- "अमृत! जगत में अमृत? प्रतिपल जन्म कर जीर्ण होती हुई जगत की रूपयसि पल में अमृत है भी? जो क्षण-स्थायी अतः क्षण-भंगुर है, उसमें अमृत? प्रति पल के गूढ़ संयोग और मोहान्ध इस कालाऽभिनाट्य में जीर्ण ही-जीर्ण ही तो हैं? जीर्ण?" शंकराचार्य के चिदाऽकाश में शमती हुई दिव्य ज्योति धारायें सहसा उद्धूत होने लगीं। उनको लगा, रूप का ज्योतिर्मय बिन्दु तड़फ रहा है; सिहर रहा है; विस्मृति से भरा चिरन्तन स्फूर्ति और अमोघ स्पन्दन से लहर-विहर रहा है। अणु-शेष का घन रस ज्योतिर्मय उदधि केवल एक लव के लिये मानो बुझता है; किन्तु तत्क्षण पुनः किसी के अटल संकल्प से ज्योतिर्मय हो जाता है। अणु-शेष के सहस्रों मुखों से मानो अपार-अपरम्पार जीवन का महास्तवन हो रहा है और अणु-परमाणु-त्रिस्त्रणु-ज्योर्तिणु से यावत् अखिल-निखिल जीवन अनन्त कोटि ब्रह्माण्डों को अपलक अगाध संजीवन से ओतः प्रोत कर रहा है। जीवन-भविता-भव-भवेच्छा, समग्र सम्पूर्ण जीजिविषा-कामना मानो जीवन की अचूक कृत-संकल्प दृष्टा है; कर्त्ता है; भोक्ता है। जीवन ही आविर्भूत होता है; उद्धूत होकर भव में अभिव्यक्त होता तथा भव-परिवर्तन के लिये स्वयं में ही सिमिट कर सो जाता है किन्तु जीवन की स्वप्न-कांक्षी मति स्वयं संजीवनमयी है- जरा, जीर्णता, एक मति-भ्रम मात्र है। यम भव की गति-विधियों का स्वयं शास्ता है; विधाता अखिल-निखिल जीवन की धाता और त्राता है। शिवा! शंकराचार्य को लगा आत्मा के सुमेरू पर खड़े वह काल को जीवन की स्वप्नमयी और स्मृति गम्य गति के रूप में ही अनुभव कर रहे हैं। जीवन ही चेतन है; संवेदन है; संज्ञान और स्वाऽनुभूति है। ज्ञान? जीवन है; ज्ञेय जीवन का विषय है; ज्ञाता? आत्मा-परमात्मा परम ब्रह्म; शिव! शिव! शंकर मानो स्वयं स्फूर्त प्रकाशमय ध्वनि होकर दिग्-दिशाओं में लहरने लगे। उनको लगा, देह सामने प्रत्यक्ष है और जगत स्वरूप लेते हुए गुञ्जायमान गगन में भावंरियां भर रहा है; नाच रहा है; दौड़ रहा है; जा रहा है। चमकते हुए अन्धकार के अपरम्पार

में, जगत इन्द्रधनुष के गगन में किन्हीं अदृश्य बाहुओं में थमा हुआ है। एक आकृति हीन किन्तु आकृति भास मूर्ति-मानव-मूर्ति, नर-जैसे ब्रह्माण्डों को थामे हुए है और जैसे कन्दूक-क्रीड़ा कर रही है। आकाश अवकाश में पारदर्शी लहरों की भांति आविर्भूत होकर व्योम-मार्गों में स्पष्ट हो रहे हैं तथा गगन के गगन अनहद नाद से निनादित हो रहे हैं। विश्व-नर की वह अदृश्य किन्तु भासमान मूर्ति अपने चन्द्र और सूर्य के समान नयनों को उन्मीलित कर किसी चिन्त्य की पुकार कर रही है। शंकर को लगा, वैश्वानर के रोम-रोम से तारे झबक रहे हैं और नीहारिकायें उसके स्वांस प्रस्वांस से उद्भूत होकर आकाश में विहर रही हैं। उस अथाह तम में यह आलोकमय रंगीन गुणवान जगत विश्व-नर के बाहुओं में स्थित है और ज्योति-दीपों के समान कोटि दीप उसकी आरती उतार रहे हैं। अपने उन्मीलित अगाध नयनों में यह विश्व-नर सृष्टि के नारायण की ही मानो प्रार्थना कर रहा है। आचार्य शंकर ने अपने गहन में पुकारा- ओम नमो नारायण हरिः।"

अनहद गूंज उठी- "ओम नमो नारायण हरिः।" सभी सीमाओं के परे और पार ज्योति के सुमेरू पर आचार्य शंकर अतीन्द्रिय अकथनीय ज्योति शिखा की भांति सिहरने लगे। उस ज्योतियों की ज्योति की सिहरन की प्रत्येक ऊर्मि से सूक्ष्मातिसूक्ष्म स्पन्दन होने लगा। अनादि अव्यक्त वाक् ने प्रणाम पूर्वक प्राञ्जल प्रार्थना ही आरंभ की। शंकर को लगा, ब्रह्मा उस प्रार्थना को मन ही मन गुनगुना रहे हैं, विष्णु समर्पण-मुद्रा में गा रहे हैं। और महेश शिवा की कटि को थामे स्वयं विस्मृत से उसकी पुकार कर रहे हैं। देवता किसी अनन्त के स्तवन में ध्यानस्थ हैं। आकाश को उद्बुदाते हुए रुद्र उसी महा स्तवन का उच्चारण कर रहे हैं और मरुत गण झूम-झूम कर उसी अज, अव्यय, अनन्त, करुणा निधान कृपा सिन्धु ब्रह्म-देव की साधना कर रहे हैं। सृष्टि अपने त्रिकाल सहित मानो प्रणिपात में उसी ब्रह्म-देवाधिदेव के श्रीचरणों का प्रक्षालन करने के लिये बह रही है। दिकों में, दिशाओं में, चारों ओर, सर्वत्र और सदैव जैसे महास्तवन हो रहा है। उस महास्तवन की ध्वनि-प्रतिध्वनि से जड़ का उद्भव होकर रूपों की प्रतिध्वनियां उठ रही हैं। समूचा वाङ्गमय-वेद-ही यह दिव्य स्तवन होकर गूंज रहे हैं। सभी वेद उसी परात्पर परमेश्वर को गा रहे हैं। वाणी का अक्षर-अक्षर जैसे सगुण ब्रह्म के उच्चारण की ध्वनि है। अनहद मानो ब्रह्म के बोध की उपासना करता हुआ विराटों के ओर-छोर की ओर ललक रहा है- लपक रहा है। स्तवन, गान और वाणी-निनादों के इस अनन्त अथाह कलरव को सुनता हुआ जैसे प्रत्येक मानव-जीवात्मा ध्यानस्थ है। अन्धकार पूर्ण रंगीन लहरों में उबकता

हुआ जीव इसी अचिन्त्य-चिन्त्य प्रभु के ध्यान में ही डूबा हुआ है- सोया हुआ है; मूच्छित ही जगत के स्वप्न देखता हुआ काल की अतल धाराओं में बह रहा है। शंकर को लगा, काल का अनन्त असीम अवकाश अन्ततोगत्वा काल के ही गह्वर में-महाशून्य में लीन है। शंकर को लगा, जो जन्मा है, वह प्रभु की ओर धक्का खा रहा है; जो बना है, रचित है, वह जैसे प्रभु का ही स्वयं अंकन है- लेखन है। जो है, वह वही परमात्मा है; जो हो रहा है वह भी वही है और जो होगा- इच्छा मात्र, संकल्प मात्र, उच्छ्वास मात्र वही है, वही। बादरायण आप सत्य कह रहे हैं- तत् त्वमसि! यह सब ब्रह्म भावना है; ब्रह्म चेतना है; ब्रह्म क्रीड़ा है और मैं? महर्षे! मैं ब्रह्म हूं- अवश्य हूं। ब्रह्म, ब्रह्म, ब्रह्म उस सनातन महा स्तवन से मानो अमृतमयी शान्ति उद्बुदाने लगी; उस शाश्वत प्रभु गुण-गान से अभय प्रकाश का अमोघ विश्वास होकर विकीर्ण होने लगा और अपने ज्योतिर्मय पारदर्शी अहम् में आचार्य शंकर समस्त जीजिविषावत् होकर किसी के परात्पर श्रीचरणों में झुके-प्रणिपात में काल के आकाश में और देश की धरती पर लेट गये। "प्रभो! गुरुदेव!" शंकर ने पुकार की।

ब्रह्माण्डों के आकाशों को पैर कर एक तेजोमय आकृति उद्भवित होने लगी। गहरी काली थर-थर कांपती हुई मृत्यु दूत की आभासित आकृति उस तेजस्वी लहर में बह गई। अन्धकार, भीति और भेद से भरा, अन्धकार बिला गया। महर्षि बादरायण, चिरञ्जीवी कृष्ण द्वैपायन, ऋषियों के ऋषि, मुनियों की वाचा, स्वप्न दर्शियों का सौन्दर्य और जीवन के सुख का समस्त शील सृष्टि का समूचा बोध और जगत तथा जीवन के लीला विलास के ज्ञान-रूप, कालजयी सच्चिदाऽनंद स्वरूप बादरायण प्रकट हो गये। शंकराचार्य ने बादरायण के चरण पकड़ लिये- "प्रभो! गुरुदेव! बचाओ, हे शिव स्वरूप! मृत्यु से मुझे उबारो!"

उस निस्सीम अथाह आलोक में चिरञ्जीवी ज्योति के महर्षि बादरायण ने शंकर की ज्योतिर्मय देह को उठा लिया और आलिंगन करते हुए मानो कहा- "तथास्तु, वत्स! शान्त। मृत्यु? कहां है? मैं हूं चिरन्तन शाश्वत आनन्दमय जीवन मैं हूं शंकर!" शंकराचार्य ज्योतिर्मय छबि होकर महर्षि बादरायण के अगाध नयनों में तैरने लगे। बादरायण के त्रिकाल दर्शी नयन जगत के मन्थर स्वप्नों से भरे हुये थे; किन्तु अथाह थे- अतल थे। शंकराचार्य को लगा, स्वयं प्रकाशित, स्वयं ज्ञानमयी, स्वयं स्फूर्त और सृजन-सुन्दर दिव्य ज्योति ही मानो महर्षि बादरायण के अपार नयन बन कर उद्भासित हो रही थी- ज्योतियों की गुह्य गूढ़ अप्रमेय ज्योति ही ज्योति थी, जो जगत, जीव और स्वयं बादरायण के रूप में भासमान हो रही थी। शंकर को लगा, वह तो एक कनीनिका थे; पुतली।

वह केवल दृष्टि की अथाहता थे; गति थे। वह जैसे बादरायण की ऋतंभरी संकल्पवृत्ति थे। वह थे ही नहीं- शंकर यती शंकर जैसे महर्षि के अनन्य गुह्म नयनों में स्वप्नहीन दृष्टि होकर समा गया था। एक युवा स्वप्न जो देह स्वरूप उद्भवित हुआ था, वह स्वप्न शाश्वत चैतन्य दृष्टि में बिला गया है, और स्मृति स्वरूप होकर विराट् के निस्सीम में खो गया है। शान्ति स्वयं ही प्रसन्न, निर्भय शान्ति में लीन शंकराचार्य को लगा बादरायण का वाक् गिरा बन रहा है; अनादि अपूर्व के कल्प संचित से विधाता द्वारा अभिनिश्चित प्रारब्ध यह नहीं है। यह शंकर नाम रूप शाश्वत की चिरञ्जीवी ज्ञान-दृष्टि का ही शिव-संकल्प है। ज्ञान के आनन्द अम्बुधि के शान्त अतल में व्याप्त अजन्मा परमात्मा की जीवन दृष्टि का यह शंकराचार्य सात्विक प्रतीक है। अनादि अपूर्व के कल्प-आविर्भावों तथा तिरोभावों के विविध विधि स्वरूपों की अनवरत श्रृंखला की कड़ी यह शंकर यती नहीं है। स्वयं शिवत्व को हमने जाग्रत किया है- शिव-स्वरूप है यह शंकर यती! मृत्यु और इनका यह देह गुणों की आसक्त गति-विधियों के विज्ञान क्रमों द्वारा नहीं, उसी ब्रह्म-चैतन्य के शिव-संकल्प से ही धारित है। अवश्य, चिरञ्जीवी जीवन की अनाहत चेतना से पूर्ण यह देह योगविद् तथा वरिष्ठ है। अतः इसको मेरी अनुभूति से ही बिखेरा जा सकता है। एक कालजयी अभीष्ट की पूर्ति के लिये ही स्वयं शिव यती शंकर के स्वरूप में अवतरित हुए हैं- शंकराचार्य नर रूप शिवत्व है- नाम रूपमय योगकृत योगभृत, योगमय वपु हैं- तन है, देह है, काल से अछूता नाम है; आकृति हीन किन्तु सभी आकृतियों का बीज रूप देह है। यती शंकर देश है; काल है; अविराम चिरञ्जीव जीवन दृष्टि, मति तथा स्वयं गति-विधि है। "विधाते! ठहरो।" मानो महर्षि बादरायण ने कहा- "यती शंकर के इस नाम-रूप की लोकालय की आवश्यकता है। तुम केवल कर्म की गिनती को ही लेकर चलती हो क्या? स्वांसों का उधार करने वाली हे यामिनी तुम्हें पता नहीं है आज मानव भटक गया है। यह मृत्युलोक रमणीय मृत्यु की मोहान्ध रंग भूमि हो गया है। संसार की दृष्टि उलूक-दृष्टि हो गई है। आज जगत और जीव को-आत्मा को चरणों से देखा जा रहा है। गति से विधि नापी जा रही है और विधि को गति विहीन किया जा रहा है। तम को बुद्धि से प्रज्वलित कर प्रकाश उत्पन्न किया जा रहा है- अग्नि से वन्हि ज्वालायें लील ली जा रही हैं। एक उदासीन भीतिमत्ता को वैराग्य कहा जा रहा है- तुम देखो, विधि।"

क्षितिजों के अपार से ध्वनि उठी- "महर्षे!"

बादरायण ने मानो ज्योति से सिहरती हुई गिरा में कहा- "मृत्यु विहीन जीवन की मैं शाश्वत अनुभूति हूं; विधाते! मैं अजर आत्म-तत्व का उदासीन

अभिव्यंजन हूं- अमर जीजिविषा का प्रसन्न निर्भय स्वयं संकल्प हूं। यती शंकर के नाम-रूप को मैं और अवधि के लिये सम्पुटित करता हूं।...."

"नहीं, नहीं, महर्षे!" विधाता ने मानो पुकार की।

"है, है, विधाते! सत्य है; सत्य ही है- सत्य ही होगा, रहेगा। महर्षि बादरायण ने मानो निर्णय दिया- "यती शंकर विद्याऽहम् के रूप में और सौलह वर्ष इस लोकालय में जीयेगा। इस शंकर रूप नर-देह को मृत्युञ्जय शिव की ज्ञान-दृष्टि का उद्वास मान कर चलो, विधाते! यम पर ईश्वर का शासन है, विधाता पर आत्मा की चिरञ्जीवी इच्छा का वर्चस्व है। यती शंकर का संचित नहीं है; प्रारब्ध नहीं है- केवल यह एक एकाकी भव है, जो शाश्वत शिवत्व का भासमान उद्भव है- नर-रूप शिवत्व की आनन्दमय ज्ञान लहर है, यह यती शंकर! मृत्यु लोक के चमत्कृत रमणीय काम से कुनमुनाते हुए अन्धकार को इसकी ज्ञान-दृष्टि जला कर रख देगी। यह यती शंकर निरीह अनुपम अव्यय अनन्त स्वयं ज्योतिर्मय ज्ञान की प्रज्ञा ऋतंभरा वृत्ति है। शंकर वेदान्त दृष्टि है; मति है- प्रकाश का अमृतमय स्तवन है। विधाते, यती शंकर ज्ञान-प्रत्यक्ष की विश्व वार्ता है। अनहद ओमकार का ज्ञानोज्वल रूप् है- नाम है। जगत को भोगने की कामुक इच्छा से यती शंकर उद्भवित नहीं है। यह शिव का वरेण्य वरदान है, जगत के श्रेय तथा प्राणियों के कल्याण के लिये ही हमने प्रभु से प्रार्थना की थी; प्रभो! भारत में वेदान्त की ज्ञान ज्योति बुझने में है। जगत के सभी द्रष्टा जड़ को लेकर जगत का शास्त्रार्थ कर रहे हैं; जीवन को अशुद्ध तथा पाप मान कर जीवन के समूचे उच्छेद के लिये अनेक तपस्याओं का आविष्कार कर रहे हैं। जगत जैसा है, वैसा ही रहेगा- वह जीव के लिये मंगल-साधना के लिये प्रभु की दिव्यतम कृति है- किन्तु जीव न तो परम ब्रह्म की बहुस्याम जीजिविषा है- कामना है; स्वयं का आनन्द वियोग है; नाम का मोह और रूप की आसक्ति है। यह जीवन एकम् ब्रह्म की नानामय अहम् भावना है- स्वयं संकल्पवत् स्वप्न-सृजन है और स्मृति लीढ़ गमन है। परन्तु मृत्यु का विस्मृतिमय अन्धकार छाता चला जाय और जीव अपने सच्चिदाऽनंद परमत्व की ओर से भटक जाय, यह जीवन के ऋषियों और संसार के आचार्यों को स्वीकार्य नहीं है। ज्ञान, विधाते! ज्ञानमय जीवन गम्यता के लिये यती शंकर को सदाशिव ने इस जगत में भेजा है- यती शंकर शिव का वेदान्त-दूत है।...." शंकराचार्य जैसे बादरायण के अतल नयनों में लीन हो गये- स्वयं विस्मृत!"

सनन्दन को लगा गुरुदेव गहनातिगहन निद्रा में डूब गये हैं। देह का वह मन्द्र प्रकम्पन थम गया है और स्वांस-प्रस्वांस की गति शान्त रमणीय प्रपात

की गति की भांति होती जा रही है। शंकराचार्य को यकायक यह क्या हो गया, गुरुदेव क्या रुग्ण हो गये? शिष्यों के गहन में एक आशंका उठ खड़ी हुई। सभी सनन्दन की पुकार से जाग गये थे। चिद्विलास को लगा, एक ज्योतिर्मय मण्डलाकार गुरुदेव के मुख मण्डल को ओत-प्रोत किये हुए है। चमत्कृत और अवाक् सा वह उस ज्योतिर्मय आभास को देखता हत्प्रभ सा बैठा रहा। समत्पाणी को लगा, गुरुदेव की देह घनीभूत रंगीन प्रभामयी लहरि-जाल है- ऊर्मियों भरी वीचियों का अतीन्द्रिय कान्तिमान उल्लोल है। समत्पाणि को जैसे आकृति के ऐन्द्रजाल में बन्धे, संज्ञान की भावना से घट्ट और संवेदनों से थिरकते हुए अणु, परमाणु त्रिस्रणु-ज्योति-ज्योति के श्वेत, रक्त और तिमिरघन अणुओं का अभिमंत्रित आरोह-अवरोह दिखा। उसको लगा, पुद्गलों के गुह्य मूक लहरीले सर्वगतिमय उभार अनन्त में किन्हीं चित्रों के रंग हैं और कोई उनकी आकाश के गगनों में भर रहा है। पुद्गल तब जड़ रंग है, गुण है जीवन की कला-कृतियों के अनुपम रंग-विधान हैं। यह अथाह अणु-अर्णव मानो किसी चेतना-जलधि की हुलास भरी तरंगों से हुमुसता है। गुरुदेव का देह मानो ऐसी ही एक तरंग है- हां! समत्पाणि भयभीत सा शून्य में देखता खड़ा रहा- तब गुरुदेव को क्या हो रहा है? काल की रहस्यमय अगम्य गति के एक धक्के से क्या यह रंगीन पुद्गल भवन ढह रहा है? समत्पाणि को लगा, ज्योतिर्मय त्रिस्रणुओं की गुरुदेव की देहाऽकृति एक अगाध चैतन्य की सजीव स्फूर्ति से भरी है। मानो कोई चिर परिचित किन्तु अप्रतीयमान ज्योति उसे थामे हुए है, कोई अनन्त करुणामय स्पर्श उन सिहरते हुए अणुओं को थपथपा रहा है। गुरुदेव की देह मानो अंधेरे हाथों से किसी के ज्योतिर्मय करों द्वारा ग्रहण किया जा रहा है- कोई सर्व समर्थ परम स्वतंत्र, कोई अनुपम आश्चर्य कर्मणा शक्ति गुरुदेव के उस युवा देह को लोक-लोकान्तरों में गुप्त बसन्तों के अनन्य ज्योतिर्मय पुष्पों के दिव्य मकरन्द से मल रही है। कोई अपनी अगाध अमोघ दृष्टि से गुरुदेव को संजीवनी पिला रहा है। एक घूंट, दो, तीन, चार.... सौलह घूंट पिला कर वह अदृश्य शक्ति मानो गुरुदेव के गहन गहनाऽतीत में एक शेष शक्ति-बिन्दु की भांति समा गई है। समत्पाणि सनन्दन से पुकार कर यह कहना चाहता था- परन्तु जैसे उसकी वाचा ढीढ़ होकर मूक हो गई थी। विष्णुगुप्त अरभरा कर भयार्त हो उठा था- उसको स्वप्न हो रहा थाः विकराल घन तिमिर भैंसे पर घन नील श्याम मूर्ति ज्योति की एक पग डन्डी पर उसकी ओर उभरी-उमड़ी और चली आ रही है। पाश-अंकुश-गदा! यमराज! वह रोम-रोम में भीत दब गया। मृत्यु! वह चिल्ला कर सनन्दन को पुकारना ही चाहता था, बचाओ, मृत्यु आ गया कि वह एक

थप्पड़ खाकर जाग गया। गुरुदेव को यम ले जा रहा है- मृत्यु? गुरुदेव की मृत्यु हो रही है- यह, यह है मृत्यु तब? किंकत्तर्व्य विमूढ़ वह कुछ दूर खड़ा का खड़ा रहा। आत्म-ज्ञानियों को भी भव-कर्म नहीं छोड़ता तब? समाधिस्थ योगी को-यतीराज को भी यम का शासन बख्शता नहीं। तब यह मृत्यु अनिवार्य है; अटल है- मृत्यु ही निश्चित है, अभिनिश्चित है, अमोघ संभूत है। मृत्यु टलता नहीं; मृत्यु मृत्यु चूकता नहीं; मृत्यु एक दिन एक निश्चित घड़ी पल को आता ही है और जीवात्मा के एक भव को समाप्त कर देता है- धूलि, धूसरित कर देता है- नष्ट कर देता है। तब देह केवल आकृति ही नहीं है; कामनाओं का कुनमुना मन्थर अथवा उद्दाम द्वन्द्व संकुल ही नहीं है- तब देह संज्ञानों की आश्चर्यकारक गति-विधि ही नहीं है- तब देह जीवात्मा का एक भव है; पूर्ण भव है। अवश्य, अन्यथा यम के पाश के परे वह ज्योतिर्मय गहन दृष्टि किसकी है? वह कौन यम को बरज रहा है? समझा रहा है? वह कौन यम को विफल करने के लिये मुस्करा रहा है? विष्णु गुप्त की आंखों के अतल में जैसे एक अदृश्य सा किंतु भासमान दृश्य आविर्भूत हो गया था। तब गुरुदेव देह त्यागने पर यम द्वारा विवश किये जा रहे हैं और किसी तिलोचन से प्रज्ज्वलित अमृत धारा की दीर्घ गहन रश्मि-लहरियां गुरुदेव को अपने में डुबोकर यम के अपलक नेत्रों से ओझल कर रही है- कोई अटल अचूक मृत्यु से अनन्त शान्ति पूर्वक केवल मुस्कराहट से ही कह रहा है- मैं शंकरवत् नर देह ग्रहण किये हुए हूं। सच्चिदाऽनंद रूपम् शिवोऽहम्-शिवोऽहम्।"

अनन्त गिरि रोम-रोम में जाग्रत विचित्र तंद्रा में डूबे गुरुदेव को देखता रहा। ज्ञान-स्वरूप स्वयं ज्ञानमय आत्मा तब मृत्यु को मिटा नहीं सकता? अज्ञानवत जीवात्म भाव गृहण कर बार-बार वह जन्म सकता है; मर सकता है- लक्ष-लक्ष भव योनियों में मोहान्ध विस्मृत मदमय यह जीव तब जन्मता ही है और मरता ही है- वह तो नहीं मरने को जीवात्मा मान रहा था। अवश्य, जीवात्मा स्वयं तो नष्ट नहीं होता। गुरुदेव कहते थे; मुक्ति प्राप्त करने तक जीवात्मा कारण और लिंग शरीरों में बना रहता है। केवल भव-भव का पार्थिव देह ही काल कवलित होता है। क्यों? क्योंकि पार्थिव देह जड़ परमाणुओं का पंचभूत प्रपञ्च मात्र है। कामना कारण है; कामनापूर्ति की वृत्ति लिंगमय सूक्ष्म देह है। काम्य की राग भरी तृष्णा से जीवात्मा अनादि से तृषित है, त्रस्त है, आकुल-व्याकुल और रुद्र है। कोई परात्पर कामेश्वरी-कामेश्वरी जीवात्मा को कारण-बीजों में मंत्र-मुग्ध करते हैं- वह स्वयं जीवात्म स्वरूप जन्मते हैं। अनन्त गिरि को याद आया; निरञ्जन निराऽकार अपने अगम्य गहन अमोघ काम की पूर्ति के लिये ही

जीवात्म भाव धारण करता है और भव-योनियों द्वारा अपनी कामनाओं की पूर्ति के लिये पुरुषार्थ करता है- यही जीवन-यापन है, जीवन, भव! प्रत्येक भव कर्मों का कामना-पूर्ति के लिये राग भरा मोहान्ध बन्धन है। तब गुरुदेव को कौन सी कामना सता रही थी, जो इन्होंने यह कमनीय रमणीय ज्योतिष्मित भव धारण किया है? ब्रह्म ज्ञान प्राप्ति के लिये तब क्या गुरुदेव शंकर जन्मे हैं- तब, तब यह मृत्यु क्यों? असमय अकस्मात् यह मृत्यु की पल क्यों? किन्तु-किन्तु यह सर्व समर्थ, सर्वतंत्र स्वतंत्र मृत्यु की पल जैसे किसी महाप्राण की फूंक से अनन्त के क्षितिजों के पार उड़ गई। मृत्यु का निविड़ अन्धकार जैसे बिला गया और शिथिल समाधिस्थ से शंकराचार्य जैसे गहनातिगहन शान्त ज्योतिर्मय अमृत के सरोवर में स्नान कर रहे हों- एक लवलीन तल्लीनता में गुरुदेव का देह जैसे डूबा हुआ था। आनन्द गिरि को लगा आचार्य भगवत्पाद शंकर के नवयुवा देह को दृश्योऽदृश्य घनीभूत ज्योति-मण्डल थामे हुए है। सनन्दन ने प्रकम्पित स्वर में पुकारा- "प्रभो!" अनन्त गिरि ने शंकराचार्य के स्थिर अचल देह की ओर झपटते हुए सनन्दन को थाम कर कहा- "बन्धु वर्य! रुको, देखो-गुरुदेव जैसे सज्जीवित हो रहे हैं।"

"क्या कहा, शठ!" सनन्दन ने चिल्ला कर अनन्त गिरि को धकेलते हुए कहा- "क्या गुरुदेव की मृत्यु हो गई है? हैं?"

अनन्त गिरि ने संभलते हुए कहा- "लक्षणों से तो यही प्रतीत हो रहा था, हंस उड़ चुका है; किन्तु...."

"किन्तु क्या? काल जिव्ही! तू गुरुदेव की मृत्यु ही तो चाहता रहा है- मृत्यु? ऐं? गुरुदेव की मृत्यु? नहीं, नहीं, नहीं!!" सनन्दन ने झूरते हुए कहा।

अनन्तगिरि ने सहसा अचल शंकर-देह के चरण पकड़ कर चीत्कार पूर्वक कहा- "एक पल के लिये भी मैंने इन चरणों में निष्ठा रखी है, तो पूज्य पाद! आंखे खोलो और अपने शिष्यों को कृपया देख लो।"

गूढ़ गुह्य घोर चुपचापी व्याप्त हो गई थी। शंकर के अचल देह को घेर कर शिष्य गण अवाक् स्तब्ध खड़े थे और अनन्त के असीम आकाश में तारे मृत्य-संजीवनी विद्या की शक्ति से हठात् स्थित पृथिवी पर उतर आने के लिये ललकने लगे थे- तारे, तारे-तारों की नीहारिकाओं का मन्थन कर एक चिद्घन अमृतमय ज्योति पुञ्ज आचार्य के मस्तक पर नाचने लगा था। उस घोर शान्ति में मृत्यु का विषाद जैसे उस ज्योति-पुञ्ज में जलने लगा था- उल्लासमयी जीवन-संजीवनी जैसे अमृतमय ज्योति पुञ्ज होकर शंकराचार्य के युवा देह के ब्रह्म रंध्र में प्रवेश करने के लिये किसी की रहस्यमय प्रेरणा के लिये तरस रहा

था। आचार्य के देह के मूलाऽधार में सहसा दीप्ति होने लगी- कोटि बालार्क का तेजोमय आभास घनीभूत होकर सुषुम्णा के अन्तराल में प्रवाहित हो ब्रह्म रंध्र की ओर स्वतः ही भभकने लगा-तीव्र सम गति में ऊर्ध्व होने लगा। समत्पाणि को जैसे दिखा, गुरुदेव की देह का अणु-अणु-परमाणु-परमाणु-त्रिस्रेणु ज्योति की गहन वन्हि में तप कर पुनः ज्योति-दीप्त हो रहा है। उसने मानो देखा कोई शान्त गोविन्द अमृत घट से अतीन्द्रिय से बुझे हुए मानव-आकार पर अभिसिंचन कर रहा है मृत्युञ्जय शिव अपने ही धवल-कमल पाणि में अमृत घट थामे हुए अपनी चमकती हुई कज्जलजला घटा की भांति, किन्तु मुखरित जटाजूट में अंटे चन्द्र पर दिव्य संजीवनी की धारा से अभिषेक कर रहे हैं। चिद् विलास अनायास अपूर्व आशा से भर गया; उसको लगा गुरुदेव को भगवान बादरायण अपने वक्ष स्थल से लगाये अपनी गुफा की ओर जा रहे हैं। तारों की नीहारिकाओं से अदृश्य किन्तु प्रतीतिमान ज्योति-किरणें सूक्ष्म धारायें होकर फूट निकली हैं और अन्धकार से भरा समस्त वायु मण्डल कान्तिमान प्रकाश से भर गया है। विष्णुगुप्त सहसा पुकार उठा- "गुरुदेव का स्वांस लौट आया, भैया सनन्दन! देखो!"

सनन्दन ने देखा; ब्राह्म मुहूर्त की उषा कान्ति-क्षितिज पर उत्फुल्ल होने लगी है और गुरुदेव का अचल स्थिर देह जीवन की संजीवनी से भर गया है। मंद मन्द्र सांस स्वयं ही चलने लगा है।

गुरुदेव जीवित हैं। सनन्दन के अन्तरात्मा ने पुकार कर कहा- "गुरुदेव! प्रभो!"

गहरा स्वांस भरते हुए आचार्य शंकर के देह ने अपने सरोज-नयन खोले; देखा-देखने लगे। अटल सा स्थिरादेह अकथनीय स्फूर्ति भरने लगा और मानो उस पुनीत कमनीय सुवर्ण देह से चिर-परिचित किन्तु गूढ़ चैतन्य झांकने लगा। शंकराचार्य के भ्रू मध्य में मानो ज्योतिर्मय ओमकार प्रकट होकर क्रमशः मेरुदण्ड और उसके इन्द्रिय-अतीन्द्रिय नाड़ी चक्रों में गूंजने लगा। प्राण पुनः बहने लगे; सांस पुनः सोऽहम् का निनाद करने लगे और हृदय पुनः देवांगनाओं के मंजुल हास्य की भांति स्पन्दित होने लगा। देह सजीव हो उठा-मानो किसी घोर मूढ़ तम अथाह से उबर कर आचार्य शंकर का देह प्रकाश के सरोवर में उभर आया; सहस्र-सहस्र ज्योतिर्कमलों का यह सजीव संज्ञानों तथा संवेदना से ओतः प्रोतः वाणी से गूंजता तथा अर्थों के बोधों से सार्थक गतियों एवं विधियों के ऐन्द्रजाल सा चमत्कारी देह मानो स्वयं ही एक ज्ञान मूर्ति हो गया। सनन्दन ने उन खुली शून्य किन्तु जाग्रत आंखों में देखा और उनके अथाह में चिर चैतन्य गुरुदेव को खोजते हुए पुकारा- "प्रभो! पूज्य!!"

"हुं?" दूर-सुदूर से जाग कर चौंक कर लपक आती हुई हुंकार में आचार्य शंकर के देह के कण्ठ ने कहा- "ऐं? ह्रीं-क्लीं! सनन्दन ने साश्चर्य चकित होते हुए उस कण्ठ से बीज मंत्रों की ध्वनि सुनीः ओम् ऐं ह्रीं श्रीं क्लीं क्लीं श्रीं ह्रीं ऐं ओम्-ओम् ऐं ह्रीं क्लीं.... ह्रीं श्रीं क्लीं.... क्लीं ऐं ह्रीं श्रीं...."

उस स्तब्ध से शान्त ब्राह्म मुहूर्त में शंकराचार्य के शून्य से किन्तु देखते हुए कमल-नयनों में ब्राह्म मुहूर्त के अरुणोदयों के कोटि-कोटि अरुण ज्योति-पुऊजों के घनीभूत भास की दिव्यतम दृष्टि जागी- आचार्य शंकर ने सनन्दन को देखाः सब को देखाः इधर-उधर केवल नयनों के कोणों से मानो पलकों द्वारा देखा। सहसा उनका देह पद्मासन में बंधा और आचार्य शंकर ने समाधि के पूर्व प्राणायाम का प्रयास आरंभ करते हुए कहा- "पूजन! पद्म लाओ, वत्स!" सनन्दन अरुणोदय की अरुणांगी मुंहजोही में प्रकाश के तीर की भांति नदी के उस पार तलैया से कमल लाने के लिये दौड़ा। अरुणोदय का मधुमय आलोक में सनन्दन हिम-नन्दिनी उस नदी की सूखी पगडन्डी से दौड़ कर उस पार जा पहुंचा। हिम की पतली धाराओं और पिघलते हुए हिम-चुल्लुओं से भरी अस्त-व्यस्त सी मन्दाकिनी ने लपकते हुए सनन्दन को कहा- "अरे वाह। तुम यों पार हो गये? अच्छा? मैं हिम-नन्दिनी हूं। मेरे पट को पार कौन कर सकता है- यों नंगे पांव? तुम? तुम-कौन? सनन्दन?"

नदी के परले पार से सनन्दन ने चिल्लाकर कहा- "उस कुछ दूर उपत्काय में स्वर्ण, श्वेत, नील कमल हैं- अरुण आभा में वह चमक रहे हैं- दिव्य हैं, गुरुदेव!"

आचार्य शंकर के स्वर्ण कान्ति से भरे देह के मुख मण्डल पर स्मित की मधुमय रेखायें चित्रित हुई-ज्योति के उस मृत्यमान मुख-मण्डल में मानो कोई अज्ञात-कालातीत, सभी यथार्थों का सत्य, सभी संज्ञानों का ज्ञान, सभी विद्याओं का मुक्ति दाता आलोक-बोध-सभी संवेदनों की घनीभूत अथाह अकारण जिज्ञासा-चित् और अनन्त कोटि ब्रह्माण्डों के सृजनों के सन्तोष से भरा संयोगों के सुखों का उभार और वियोगों के विषादों की उमड़-कोई दिव्यातिदिव्य, आश्चर्यों का आश्चर्य, रहस्यों का अपार रहस्य, कोई गूढ़ घोर शान्त सभी आधारों का आधार, गतियों की अविराम काल-निरन्तरता-कोई परात्पर चैतन्य हंसा-इंगित से भ्रू भंग ने मानो कहाः "स्वर्ण, श्वेत, नील, रक्त सभी रंगों के कमल ले आओ, वत्स! हम आज कमल में स्थित परात्पर महात्रिपुरसुन्दरी का पूजन करेंगे- हम।" आचार्य शंकर ने गूढ़ दृष्टि से उस पार खड़े हुए सनन्दन को देखा और पुनः मुस्करा दिये। शंकराचार्य की वह श्रावण के मेघों में रमती हुई विद्युत् के समान

मुस्कराहट मन्दाकिनी के पाट पर मानो प्रसर गई। सहसा जैसे अरुण भास्कर हुआ, भास्कर दिवाकर हुआ और दिवाकर अपने ही तेज से तपने लगा- सरिता के पाट में पिघलते हुए हिम की तरगें मानो प्रगट होकर नाचने लगीं। सहसा अनायास ही हिम नन्दिनी मन्दाकिनी शीतल दाह से भरे हुए उल्लोलित नीर से भर गई। सरिता के उस शून्य से, छोर से मानो किसी ने अभिमंत्रण किया और हिम के पिघलते हुए छोटे-मोटे शिलाखण्ड परस्पर रगड़ खाते हुए उछल-उछल कर बहने लगे। हिमपात होने लगा और नदी के इस पार आचार्य शंकर सरिता के उस पार कमल-तलैय्या की ओर दौड़ कर जाते हुए अपने प्रिय शिष्य सनन्दन को प्रसन्न करुणा पूर्वक निहारने लगे- "सनन्दन!" शंकराचार्य ने अपने गहन में सनन्दन को जैसे पुकारा। कमल तलैय्या के तट पर झुक कर एक साथ स्वर्ण, श्वेत तथा नील कमलों को तोड़ने का आतुर व्याकुल प्रयास करते हुए सनन्दन ने मानो उत्तर दिया- "हां, गुरुदेव! तब मृत्यु भ्रान्तिमान भीति मात्र है। संजीवन-अमर-अजर शाश्वत सच्चिदाऽनंद जीवन-हां, गुरुदेव! ब्रह्म? हां, ब्रह्म-परमात्मा!" आचार्य शंकर के गहन अथाह चिदाऽकाश में कोटि-सूर्य सम प्रभा-प्रकाश उभर आया। आलोक, ज्योति, चिति-चैतन्य! शंकर जैसे अथाह अगाध आनन्द-समुद्र में निमग्न होकर दिव्य अद्वितीय चैतन्य तरंगों में विहरने लगे। उनको लगा, आनन्दमय उस अगाध अमोघ दिव्य समुद्र में संजीवन ही संजीवन उमड़ रहा है, उछल रहा है। प्रकाश-ही प्रकाश-स्वयं ही देखता हुआ; स्वयं ही नाम-रूप में बनता हुआ, सभी संज्ञानों और संवेदनों से पूर्ण प्रकाश छा रहा है। ज्ञान-अम्बुधि अमृत की हिल्लोलों में प्रकाश का रूप् धरे लहर-विहर रहा है।" सच्चिदाऽनंद, प्रभो!" आचार्य शंकर के कण्ठ से चीत्कार स्वतः ही निकली।

उस पार हाथों में रंगीन कमलों को लिये सनन्दन सरिता के अकस्मात उमड़ आये प्रवाह को अवाक् सा देखने लगा। मार्ग? मार्ग पिघलते हुए हिम की धाराओं में अदृश्य हो गया था। वेगवती मन्दाकिनी क्षणों में देखते-देखते पार करने के लिये दुरूह हो गई थी। भुवन-भास्कर की स्वच्छ पुनीत नव-सुन्दरी किरणों में हिम-प्रवाह कहीं गहवरों में तो कहीं सपाटों में बह रहा था। हिमानी प्रवाह का मानो समारोह हो रहा था। कोटि-कोटि वीचियां मानो सरिता की धरती फोड़ कर फूट आई थीं और अपनी गति के उद्दाम यौवन में थिरकती हुई कल्लौल बन रही थी- हिल्लौल! आचार्य शंकर सहसा खड़े हो गये; पुकार कर बोले- "चले आओ, वत्स सनन्दन! चले आओ।"

अपूर्व उत्साह में थिरक कर सनन्दन ने प्रवाहित मन्दाकिनी में अपने चरण रखे- सहसा उस क्रान्त प्रवाह में स्वर्ण कमल उभर आया। सनन्दन मंत्र मुग्ध

सा एक-एक स्वर्ण कमल पर चरण धरता हुआ इस पार आने लगा। आचार्य शंकर ने पुनः कहा- "चले आओ, वत्स! इन आविर्भूत होते हुए प्रत्येक स्वर्ण कमल पर पांव रखते हुए चले आओ, मेरे पास। सुना, मैं तुम्हारी गुरु भक्ति से प्रसन्न हूं। तुम्हारा नाम आज से पद्मपाद होगा- स्वर्ण कमलों के कान्तिवान मार्ग से चले आओ, अपने गुरु के पास-आओ, पद्मपाद!"

पद्मपाद! स्वर्ण कमल-एक के बाद एक आविर्भूत होता हुआ स्वर्ण कमल और सनन्दन के प्रकम्पित थिरकते हुए चरण! अब भुवन भास्कर मानो इस ऐन्द्र जाल को देख कर स्वयं ही चकित् हो रहे थे; अब मन्दाकिनी का हिल्लोलित प्रवाह स्वर्ण-कमलों की अपनी पग-दण्डी देख कर स्वयं ही धन्य हो रही थी। शिष्यों ने अवाक् आचार्य शंकर को देखा। शंकराचार्य ने कहा- "सच्चिदाऽनंद ही ज्ञानी है; ज्ञान है; ज्ञेय है- वही, वही जगत है; जीव है-ऐश्वर्य है, भूति और विभूति है। परम ब्रह्म परमात्मा। सुना! उस सच्चिदाऽनंद के सिवाय न तो कोई था और नहीं कोई है- वही है; वही- होगा, होता रहेगा।" शंकराचार्य के जलद गंभीर मधुर कण्ठ से ध्वनि स्वतः ही फूट पड़ी- "यदानन्द रूपमं, प्रकाश स्वरूपं, निरस्त प्रपंचम्! परिच्छे हीनमं, अहं" ब्रह्म वृत्येक गम्यं तुरीयं, परं ब्रह्म नित्यम् तदेवाहमस्मि। अनन्तं विभुम् निर्विकल्पम् निरीहम्। शिवम् संगहीनम् यर्दोऽकार गम्यम्। निराकारमत्युज्जवलम् मृत्यु हीनम् परं ब्रह्म नित्यम् तदेवाहमस्मि।..."

सनन्दन, पद्मपाद आकर आचार्य के श्री चरणों में झुका और उसने स्वर्ण, श्वेत, नील, रक्त कमलों को अपने गुरुदेव को अर्पित करते हुए पुकारा- "प्रभो!"

आचार्य शंकर ने पद्मपाद के मस्तक को सूंघते हुए कहा- "यदाऽनन्द सिन्धौ निमग्नः पुमान्स्याद विद्याविलासः समस्त प्रपंचः। तदा न स्फुरत्यद्भुतम् यन्निमित्तम्- परं ब्रह्म नित्यं तदेवाहमस्मि। यदानन्द लेशैः समानन्दि विश्वम्। यदा भान सत्वे तदा भाति सर्वम्। यदालोकने रूपमन्यत्समस्तम्- परं ब्रह्म नित्यं तदेवाहमस्मि।...."

पद्मपाद ने आचार्य शंकर को प्रणिपात करते हुए पुनः पुकारा- "गुरुदेव!"

आचार्य शंकर ने पद्मपाद को उठाकर आशीर्वाद स्वरूप कहा- "तपोयज्ञ दानादिभिः शुद्ध बुर्द्धि विरक्तो नृपादेः पदे तुच्छ बुद्धया। परित्यज्य सर्वं यदाप्नोति तत्वं, परं ब्रह्म नित्यं तदेवाहमस्मि। दयालुं गुरुम् ब्रह्मनिष्ठम् प्रशान्तम् समाराध्य मत्या विचार्य स्वरूपम्! यदाप्नोति तत्वं निदिध्यास्य विद्वान्परं ब्रह्म नित्यम् तदेवाहमस्मि।"

सभी शिष्य गुरुदेव के चरणों में लेट गये। पद्मपाद ने पुकारा- तिमिरान्धकार में डूबे हैं, प्रभो! उबारो, गुरुदेव!"

आचार्य शंकर ने सस्मित कहा- "यदज्ञानतो भाति विश्व समस्तं, विनष्टं च सद्यो यदात्म प्रबोधे। मनोवागऽतीतम्-विशुद्धम् विमुक्तम् परं ब्रह्म नित्यं तदेवाहमस्मि।"

पद्मपाद ने प्रसन्न मगन शंकराचार्य को प्रणाम करते हुए कहा- "गुरुदेव! जय हो।"

आचार्य शंकर ने तेजोमय भुवन भास्कर को प्रणाम करते हुए कहा- "जय? इस सृष्टि का मंगल हो। इस जगत की जय हो। जीवात्मा को उसका स्वरूप प्राप्त हो। मृत्यु को तरकर जीवात्मा संसार-सागर के पार अपने मुक्ति धाम में हो।"

06

हिमालय की सीमा की निर्झरिणी के कगार पर आकर आचार्य शंकर जैसे विश्राम के लिये रूक गये। सपाट धरती का मानो यहीं से आरंभ हो रहा था- जनपद का, जनपदों की अगणित पगडन्डियों का जैसे यहीं से सूत्रपात हो रहा था। मध्याहन के सूर्य के प्रखर प्रकाश में शान्त-मन्द-मन्द्र निर्झरिणी पिघले हुए हीरों का रंग-रंगीन आलोक-पुञ्ज प्रवाह ही प्रतीत हो रही थी। शंकराचार्य ने कुछ दूर स्थित आकाश में सदैव अडिग हिमालय के इतः स्ततः श्रृंगों को देखा- उस श्यामल श्वेत हिमानी उभारों में आकाश मानो उमड़ने का प्रयास कर रहा था। कुछ दूर, दूर, दुरातिदूर हिमश्रृंग श्वेत थे; श्वेत श्यामल थे- श्यामा श्वेत थे- शंकर को लगा, हिम-श्रृंगों के यह रंगाऽभास आकाश की दूधिया नीलिमा में अदृश्य हो रहे हैं- हिमालय नयनों के मार्ग से उनके शान्त ज्ञान लीढ़ अन्तःकरण में हिमानी उभारों और उमड़ों का लहरीला पुञ्ज होकर जैसे भर गया। एक शान्त शीतल सिहरन आचार्य शंकर के रोम-रोम में सिहरी। पास ही के गांव की निकटस्थ सीमा के सघन, विस्तृत पीपल की ओर दृष्टिपात करते हुए श्री शंकराचार्य ने कहा- "पद्मपाद! हिमालय की सीमा से सटी हुई यह जनपद की धरती, वह गांव, वह पीपल-वृक्ष राजि देखी?" पद्मपाद सनन्द ने प्रणाम पूर्वक कहा- "हां, पूज्य! बस्ती का कलरव पूर्ण प्रारंभ हो रहा है- विजन, रमणीय मनोहर एकान्त में जैसे मन्वन्तर काट लिया हो। प्रभो, यह कैसी गूढ़ शान्त अथाह करूणा दृष्टि है, जो आपके अगाध नयनों में एक रस जल रही है। आप, आपश्री जैसे वह गुरुदेव नहीं रहे; आपश्री में अकथनीय अद्भुत परिवर्तन जैसे हो गया हो।"

आचार्य शंकर ने तनिक हंसकर कहा- "मृत्यु को तर कर यह जीवात्मा धरती पर इस आकाश के नीचे हिमालय और जनपद को देख रहा है। वही चिर

परिचित पुराण धरती है; वही अनाहत् आकाश है- वही हिम-पुञ्ज अत्यंत सुन्दर हिमालय है- वही रत्न कान्तियों से पूर्ण निर्झरिणी है- गंगा, वही भगवती गंगा, गांव के पीछे होकर बह रही है। पद्मपाद, धरती और आकाश, पर्वत और नदी, ग्राम्य और वृक्ष राजि-सब कुछ यथा पूर्व है। जड़ बदलता हुआ भी जैसे पूर्ववत् ही बना रहता है। केवल चैतन्य ही में परिवर्तन होता है, उत्थान के लिये अथवा पतन के लिये केवल मानव ही बदलता रहता है। मानव इस धरती का कलाकार है। मानव इस आकाश का संगीतकार है। मानव पंचभूतों का विज्ञानी और ब्रहम का ज्ञानी है। यह निर्झरिणी भूमि को सींचती है, मानव की उदार गहन सहनशील ज्ञान-चेतना अन्तःकरण को सींचती है। जीर्ण को दूर कर नवीन सृजन की विद्या मानव अन्तरात्मा में ही प्रगट होती है। मानव ही अपने अन्तरात्मा में देखकर ज्ञान का सद् और सद् का परम् पूर्णत्व भांप सकता है। मानव परमात्मा का महाकाव्य है- प्राणी मात्र का मनीषी मानव धरती का पुत्र और आकाश का ऋषि है। प्रभु का प्रत्यक्ष इसीलिये मनुष्य ही कर सकता है- अवश्य, निर्विवाद, वत्स!"

पीपल के सघन किन्तु छितरे विस्तार की छांह में पहुंच कर आचार्य शंकर कुछ थमे; बोले- "छाया-माया, पद्मपाद! निरन्तर अविराम स्वप्नशीलता, चेतना! हां, जैसे मैं इस धरती और आकाश को प्रतिनिमिष देखता रहता हूं- केवल देखता रहता हूं। यह जगत उस परम ब्रहम का असीम अनन्त अथाह अविराम स्वप्न-दर्शन है; अवश्य है। पीपल? मुझे सहसा महर्षि पिप्पलाद का स्मरण हो रहा है।...."

पीपल के साये की कुछ सहज भूमि में हाथों से सफाई कर आसन बिछाते हुए आचार्य ने जैसे पुनः कहा-"पिप्पलाद सत्य की शक्ति के आक्रोश की भांति चित्त में उद्भूत होते हैं; तब महर्षि याज्ञवल्क्य मधुमय प्रकाश की भांति अन्तःकरण के चिदाऽकाश में उद्धवित होते हैं। अक्षर परम ब्रहम को भगवती गार्गी मधु से ओतः प्रोतः देख नहीं पाई। यह जगत प्राणियों की तृप्ति, तुष्टि, सन्तुष्टि के लिये मंगलपूर्ण मांगल्य है। यह भव-संसार अन्ततोगत्वा वैरागी होने के लिये है। अभाव नहीं सुन्दर मंगलमय भाव ही क्षण-स्पर्शी राग का शमन कर वैराग्य की उदासीन आनन्द-चेतना दे सकता है। छुटकारा अभाव से नहीं होता- भाव की क्षण-स्थायी स्थिति से ही अन्त में छूटना है। परमेश्वर के तप से आविर्भूत यह जगत निस्संदेह वैराग्य का मंगलमय समारोह है। यह जीवात्मा वैराग्य प्राप्ति का जीवन-पुरुषार्थ है। इस लोकालय में मानव को राग में वैराग्य ही पाना है- मृत को तर कर अमृत का आनन्द-समुद्र चाहिये मुझे- जीवात्मा को पद्मपाद!..."

पद्मपाद ने उत्तर में केवल प्रणाम किया और अपने साथी शिष्यों की ओर इंगित कर कहा- “गांव में जाकर भिक्षार्थ चेष्टा करनी ही होगी। हिमालय की दिव्योऽषधियां अब नहीं हैं- अद्वितीय जड़ी बूटी भी नहीं है। देह के धर्म अब दुःख देंगे, मित्रों!”

अनन्त गिरि ने उत्साह पूर्वक कहा- “गुरुदेव के सौम्य देदीप्यमान मुख मण्डल को देखते हुए भूख-प्यास कैसे लगती है,? बन्धु वर्य? गुरुदेव ने जैसे हमारी देहों को शान्त क्षान्ति से भर दिया है”

चिद्विलास ने कहा- “एक गीत बज रहा है, चित्ताऽकाश के असीम में। भूख की याद दिला कर ही आपने मुझे भूख जैसे प्रदान की है। प्रभो, हमें सदैव के लिये चेतन कर दें। कृपा करें, गुरुदेव!”

आचार्य शंकर ने कहा- “हिमालय तपस्या का क्षेत्र था; यह भारत भूमि पुरुषार्थ की भूमि है। हिमालय प्रभु की प्रार्थना का आकाश था, यह रत्न गर्भा भारत भूमि धर्म धारण और धर्म पालन की शुद्ध बुद्ध कर्म भूमि है। शूद्र भारत भूमि की निस्वार्थ सेवा कर स्वयं धन्य हो जाता है। वैश्य भारत भूमि की श्री-सम्पदा की अभिवृद्धि कर पुण्य भृत हो जाता है; क्षत्रिय भारत भूमि की रक्षा करता हुआ धर्म को धारण कर राजर्षि हो जाता है और ब्राह्मण? तपस्या द्वारा मृत्यु को तर जाता हुआ दिव्य-पुनीत हो जाता है। भव-योनियों के यह वर्ण जीवन की आधारभूत वृत्तियों के वर्ण हैं- जीवात्मा इन्हीं वर्णों में अभिव्यक्त होता है। चैतन्य जीवात्मा परमात्मा को भूल कर ही भव-योनियों में भटकता रहता है और जगत के मोह में जन्म लेता रहता है- जगत को भोगना है, तो भव-योनियों के यह वर्ण-जन्म अनिवार्य हैं; अपरिहार्य, पुत्रों!”

चिद्विलास ने जैसे प्रथम बार पूछा- “वर्ण जब जन्म-वृत्ति हैं तब कर्म विपाक की स्वाधीन क्रियमाण स्थिति गौण है? गुरुदेव, तब वर्ण के कर्त्तव्य कर्म-धर्म-धारण की रीति-नीति की स्थापना कर्म-फल के अनुसार नहीं होगी?

आचार्य शंकर ने सहज ही कहा- “केवल गति-विधि ही कर्म नहीं है। कर्म जीवात्मा की भवेच्छा की कामनाओं तथा कांक्षाओं के फलितार्थ के लिये समग्र पूर्ण किन्तु विज्ञान घन गति-विधि है, कर्म सृष्टि है और जगत-प्रपंच के लिये अभिव्यक्ति तथा अभिव्यंजन की गतिविधि भी है- कर्म मूल जीवात्मा की भव-चेतना है।....”

“भव?” पद्मपाद ने पूछ लिया।

“भव?” आचार्य शंकर ने गांव की ओर दृष्टिपात करते हुए कहा- “जीवात्मा की दृष्टि से भव प्रारब्ध-भोग के लिये है; आत्मा की दृष्टि से भव अनेकत्व के

ऐश्वर्य की लीला है तथा परमात्मा की दृष्टि से न भव है; और नहीं संचित, प्रारब्ध और क्रियमाण ही है। कर्म अज्ञान से उद्भवित होता तथा अध्यास से फलता है। स्वप्न कर्म है; स्मृति भोग है- सुख कर्म का सुफल है; दुःख कर्म का कुफल। परम् ब्रह्म की प्रतिभासिक सत्ता स्वप्नमयी और स्मृतिशील है और इसीलिये जगत और जीव की व्यावहारिक ब्रह्म-सत्ता जड़ चेतनमयी होकर वर्ण-वृत्तिपन्न है। वर्ण वृत्ति जड़ में भी है; चेतन में भी है- वर्ण त्रिगुणात्मक प्राकृति के कर्माऽनुसार और कर्माऽनुरूप रुझान है। भव योनि वर्णाऽत्मक है; जन्म-पुरुषार्थ वर्णात्मक कर्म गत है। जीवात्मा मानव-योनि में अपने अगाध संचित के अन्तर्गत और अधीन ही प्रारब्ध अर्थात् भव प्राप्त करता है.... यह कौन? बौद्ध-भिक्षुओं का परिव्राजक संघ है क्या? इधर आ रहा है?"

पद्मपाद ने जाग्रत सावधानी से देखते हुए कहा- "वह जटाजूट आगे-आगे है। बौद्ध, जिन, कौल सब प्रतीत होते हैं- गुरुदेव! यह सब इधर आप श्री के पास ही आ रहे हैं...."

आचार्य शंकर ने हंस कर कहा- "मानव-चेतना की इन वृत्ति-सरिताओं को एक दिवस ब्रह्म-चैतन्य के अगाध जलधि में मिल जाना होगा। आत्म ज्ञान सुख की सन्तुष्टि और दुःख के अमर्ष से प्रताड़ित अथवा विजड़ित होने से नहीं होता। सम्प्रदाय के पूर्वाऽग्रह जीवात्मा को प्रताड़ित अथवा विजड़ित करते हैं- केवल वर्णाऽश्रम धर्म का धारण और पालन जीवात्मा को राग के पंकज से धोकर स्वच्छ करता है; जीवन के सत्य संधान के लिये बुद्धि देता है; आत्म-लाभ के पुरुषार्थ के लिये प्रतिभा प्रदान करता है। इनको आने दो! यह सब स्वयं के साम्प्रदायिक कारागारों के अभियुक्त हैं- यह सब अज्ञान को ज्ञान में परिवर्तित करना चाहते हैं। समझते हैं, ज्ञान स्वरूप ब्रह्म ही अज्ञानमय होकर जगत की रचना करता है तथा जीवात्म भाव में परिणामी होता है। प्रत्येक सम्प्रदाय का मूलाऽधार ब्रह्म का जगत-स्वरूप होना तथा जीव भाव में जन्म धारण करना है। सम्प्रदाय से मुक्ति नहीं मिलती; मुक्ति-मार्ग केवल धर्म ही बताता है- आर्य धर्म! अमृत पुत्र आर्य ने ही पृथिवी के आविर्भाव की प्रथम पल से ही अमृत के लिये आकांक्षा की है; अन्धकार से प्रकाश की ओर गमन ही आर्य ने जीवन यापन स्वीकार किया है। आर्य ही 'अहम् ब्रह्मास्मि!' कह सकता है। पृथिवी पर मानव का आविर्भाव अमृत की प्राप्ति और ज्ञान के प्रकाश की साधना के लिये ही होता है- सच तो यह है, यह ब्रह्म को जानते नहीं-पहिचानते नहीं...."

जटाजूट ने कुछ दूर से ही इंगित कर पुकारा- "वह, वह रहा यती शंकर!..."

"यती शंकर!" संघ के कुछ मौन कण्ठों से सहसा एक मन्द्र चीत्कार सी उठी। जटाजूट धंस कर आगे बढ़ा और पीपल की छांह के इतः स्ततः वर्तुल से कुछ दूर दोनों पांव त्रिभुजाऽकार में जमा कर खड़ा हो गयाः चिल्ला कर बोला- "दूर, दूर खड़े हो जाओ- यह ऐन्द्रजालिक है। यह चुप रहता है; आंखें बन्द कर देखता है। बहुत कम उत्तर देता है। विवाद करता नहीं- यह न तो हारता ही है और नहीं जीतता है। यह यती गूढ़ है- गुह्य है- गुप्त ऐन्द्रजालिक यह युवा सन्यासी एक रहस्य है- व्यास-गुफा में मैंने इसका निरन्तर सानिध्य किया- इसने मेरी सिद्धि के लिये मुझे आश्वासन दिया; किन्तु यज्ञ-बलि नहीं हो सकी। इस यती ने मेरे यज्ञ को जैसे होने ही नहीं दिया- एक त्रिशूल अन्तरिक्ष से प्रगट होकर मेरी ओर प्रज्वलित होता रहा-"

संघ के एक साधु ने पास आकर कहा- "अरे, यह तो वह यती शंकर है, अपने शिष्यों के साथ। यती, मुझे पहिचाना? आज से कुछ वर्षों पूर्व जब तुम नर्मदा तट के पर्वताऽश्रम की ओर अकेले जा रहे थे, मैं विष्णु पुरी की सीमा पर तुमसे मिला था। तब भी इस यती ने समस्त वैष्णवों को सम्मोहित कर लिया था। तब यह सब को नन्द नन्दन के रूप में भासित हुआ था। ब्रजवासियों के लटठ् स्वयं ही धराशायी हो गये थे..."

संघ के नायक पान्थी जटाजूट के पास एकत्र होकर खड़े हो गये। पद्मपाद ने सहसा कड़क पूछा- "क्या चाहते हैं आप लोग?"

एक बौद्ध भिक्षु ने सव्यंग कहा- "इसे जी भर कर देख लेना चाहते हैं। इस मायावी ने एक चमत्कार रच रखा है। त्रिवांकुर मण्डल का यह भिक्षुक ब्राह्मण बचपन से ही एक रहस्य, चमत्कार बना हुआ है। क्यों, यती शंकर! ठीक है न?"

पद्मपाद ने कहा- "यती शंकर शास्त्रार्थ का निमंत्रण स्वीकार करते हैं- यों रास्ते चलते विवाद में नहीं पड़ते, समझे!"

एक जिन भिक्षु ने कहा- "समझते क्यों नहीं? यह यती धोखा है- आडम्बर! इसका शासन होना चाहिये...."

समत्पाणि ने सहसा कहा- "आप श्री हैं, सुरीश्वर! मुझे जाना? नहीं? क्यों जानेंगे आप? मैं आपका अदृश्य चेला- हां, वही। जो आपके स्थानक से एक दिन भाग गया है और जिसको खोजते हुए आप श्री कदाचित् देश भर में भ्रमण कर रहे हैं..."

जिन भिक्षु ने घूर कर देखा और कहा- "तुम, तुम समत्पाणि?"

समत्पाणि ने अमर्ष पूर्वक कहा- "मैं समत्पाणि? नहीं मैं कुछ भी नहीं था; कुछ भी नहीं हूं- समत्पाणि? समाप्त हो गया।"

जिन भिक्षु ने कहा- "कौन समाप्त हो गया? तुम? तुम तो सामने हो, दृश्य हो-प्रत्यक्ष हो।"

समत्पाणि ने पुनः कहा- "मैं तुम्हारी धारणा का क्षणिक प्रतिभास मात्र हूं। अध्यास से शान्त किन्तु अज्ञान में डूबा मैं परम ब्रह्म का प्रतिभास मात्र हूं।"

"गुरु से तर्क नहीं करते!" जिन सुरी ने कहा- "अब मिले हो; इधर आ जाओ। देश काल की परम्परा की यह आम्नाय है कि गुरु एक बार ही किया जाता है।...."

समत्पाणि ने कहा- "मेरे सच्चे गुरुदेव आचार्य शंकराचार्य हैं। इनके श्रीचरणों में बस कर मैंने कृत्रिम गुरुओं को पहिचान लिया है। आप लोग चेले अपनी सेवा के लिये मूंडते हो। अपने-अपने मठों और स्थानकों तथा विहारों के लिये आप लोगों को दास चाहिये। रोटी और लंगोटी देकर आप लोग साम्प्रदायिक शूद्र ही एकत्र करते हैं। आपश्री मेरे गुरु हैं? ज्ञान दिया? अन्धकार में डूबी मेरी आंखें आपने उन्मीलित कीं? आप स्वयं ने क्या आत्म लाभ किया है?"

जिन सुरी ने हंस कर कहा- "मूर्ख! जैन धर्म तो ज्ञान, श्रद्धा, अहिंसा, सदाचार और कर्म-मल के क्षय की उपासना सिखाता है। आत्म लाभ? जिन आत्म विकास का निष्ठ साधक है। तेरा कर्म-मल अभी शेष है, ज्यों का त्यों है। आत्मोन्नति में बाधक यह कर्म हैं, समझा! तेरी आत्मा को पुद्गलों ने आच्छादित कर रखा है- तू वैसा का वैसा निम्न स्तर का विकल है। तू परिग्रही गृहस्थ सकल तो था नहीं- एक भटका हुआ, कातर, आत्म भीरू छोकरा था। मैंने तो तेरा भूख और प्यास से उद्धार किया था। तब, कृतघ्न! यह प्रतिदान देता है..."

समत्पाणि ने छूटते ही कहा- "वर्षों पश्चात् आपश्री को देखा है, सकल साधक जी! आज तो आप वास्तव में सिद्ध जिन सुरी की भांति वार्तालाप कर रहे हैं। मुझे खोजते हुए आप घूमते रहे- अथवा...."

जिन सुरी ने चिल्ला कर कहा- "चुप रहो। मेरी निन्दा की तो ठीक नहीं होगा।"

समत्पाणि ने कहा- "मैं तो आपकी कीर्ति कह रहा था। कामिनी आपश्री ने छायाऽकृति में भी नहीं देखी और कांचन? सूर्य के सुनहले रश्मि-पुञ्ज को ही आप काञ्चन कहते हैं। अन्धकार में किसी युवती काया का स्पर्श कर आपश्री उसके चित्त को पुद्गलों ने कितना गहन आच्छादन किया है, यही तो देखते हैं। काञ्चन मन्दिरों की मूर्तियों के दांतों में मढ़ कर आपश्री कहते हैं- मट्टी और सुवर्ण नहीं, हड्डी और सुवर्ण एक समान है- आपश्री को प्रणाम करता हूं-

अपने मार्ग पर सिधारिये, भवान्! मुझे मेरा शिव रूप यह यती शंकर ही अलम् है। गुरुदेव, यह वही सुरी है, जो कौलों, क्षपणकों, बौद्धों, जिनियों-सबको आपके विरुद्ध संगठित कर रहा है।...."

जिन सुरी ने सहसा कहा- "हां, तो कर रहा हूं। इस देश की धार्मिक स्वतंत्रता आज भी अकाट्य, अभेद्य और अक्षुण्ण है। तुम्हारे इस यती शंकर के उस ब्राह्मण गुरु भस्मी भूत कुमारिल्ल भट्ट के इंगित पर दक्षिण में महाराज राजेश्वर के नेतृत्व में हम सबके विरुद्ध एक उग्र हिंसक आन्दोलन हो रहा है। हमारे विहार दिन-दहाड़े उजाड़े जा रहे हैं; हमारे उपासरे विजन किये जा रहे हैं। पुनः वर्णाऽऽश्रम धर्म का केतु फहराया जा रहा है- इस यती शंकर के कालटी गांव में कौल-अखाड़े को नष्ट-भ्रष्ट कर दिया गया। बौद्ध भिक्षुओं को दक्षिण में आज भिक्षा बड़ी कठिनाई से मिलती है। सन्यासियों के दास नरेशों के सैनिक-गुल्म हमारे मन्दिरों, मठों, उपासरों और विहारों को घूरते रहते हैं- मैं तेरे लिये नहीं, अपनी सुरक्षा के लिये सुदूर उत्तर चला आया हूं। इस संघ का प्रत्येक व्यक्ति इसी प्रकार अपने धर्म के बीज शेष लेकर आ मिला है। पश्चिमोत्तर तथा मध्य पूर्व भारत में हम आज निश्चिन्त घूम कर तनिक भिक्षा तो पा सकते हैं- दक्षिण में हम लोगों के प्रति आराजक विद्रोह आरंभ किया गया है।...."

सहसा यती शंकराचार्य खड़े हो गये; सहज ही पूछा- "क्या कह रहे हैं, आपश्री श्रद्धेय? आराजक विद्रोह सनातन धर्मी आर्य नरेशों ने आरंभ किया है? यह सही है, तो अत्यंत दुःखद समाचार है, जो मुझको सुनने को मिला है। महात्मा हुतात्मा कुमारिल्ल भट्ट पाशविक सत्ता के बल से अधर्म अथवा विषम धर्माचरण को समाप्त कब करना चाहते थे? अपने बौद्ध गुरु के प्रति छल करने के अपने कार्य को उस हुतात्मा ने शिष्य का गुरु के प्रति घोर द्रोह माना और प्रायश्चित स्वरूप चिता में देहोत्सर्ग कर दिया। उस समय यह नाम-रूप उनकी चिता की ज्वालाओं के पास ही खड़ा था- सहगामियों, उस समय इस कमण्डल के कुछ छींटों से वह धधकती धू-धू करती हुई चिता शीतल कर दी जा सकती थी। अर्द्ध-दग्ध भट्टपाद की देह कमण्डल की एक अमृतांऽजलि द्वारा पुनः संजीवित कर दी जा सकती थी- परन्तु कुमारिल्ल नहीं माने...."

एक बौद्ध-अग्रणी ने सहसा बीच में ही कहा- "और तुमको अपने पट्ट शिष्य माहिष्मती के मण्डन मिश्र को उनकी पत्नी उभय भारती सहित शास्त्रार्थ में अविलम्ब पराजित करने के लिये आज्ञा दी..."

आचार्य शंकर ने कहा- "यही, अवश्य, श्रीमन्! हम इसीलिये माहिष्मती जा रहे हैं..."

जटाजूट ने चिल्ला कर कहा- "माहिष्मती अभी योजनों दूर है, यती! अभी तो मार्ग में पुर के पुर हैं, नगर के नगर हैं, प्रयाग है, काशी है, पाटलीपुत्र है, वल्लभीपुर है- नालन्दा तक्षशिला-सब हैं। तुम्हारा पद-पद पर सामना होगा! मण्डन मिश्र! हम सब घेर कर तुम्हारे ऐन्द्रजाल से उसकी रक्षा करेंगे। तुम हिमालय को शास्त्रार्थ में पराजित कर सकते हो- माहिष्मती के मण्डन मिश्र को नहीं। मण्डन मिश्र? सुन्दर सरस मंगलमय भारतीय जाति का एकछत्र नेतृत्व है!" सुना।

यती शंकर ने सस्मित कहा- "शुभ, तथास्तु।"

"शुभ! तथास्तु?" जटाजूट ने विस्मय पूर्वक अपनी भरी भारी भवें सिकोड़ कर उझकाते हुए कहा- "अभी से ही आत्म समर्पण, यती! अभी-अभी तो तुमने हिमालय की सुन्दर सजल उपत्कायें त्यागी हैं; अभी-अभी तो तुम हिमालय की सीमा की सीमा में ही शाक्तों के इस ख्यात पुर के विश्रुत पीपल के नीचे बैठे हो-मण्डन मिश्र तक पहुंचने में तुमको शत सरिताओं, सहस्रों नालों और लक्ष-लक्ष वापिकाओं और कूपों को पार करना होगा। यती शंकर! माहिष्मती का यह नवोद्भव सगुण उपासनाओं का एक नवोद्भव है। सत्य, मंगल और सुन्दर- यही तो परम मोहिनी आद्या है, परात्पर ललिता। यही अमोघ ललिता जीव की सत्य, मंगल तथा सुन्दर जीवन-रति है। मण्डन मिश्र एक नये कर्म काण्ड की ही प्रतिष्ठा कर रहे हैं- वर्णाऽश्रम धर्म? जाति? यह ब्राह्मणों का साम्राज्य है, यती! हम सब, प्राणी मात्र, शिव-शिवा की सन्तान हैं- कौन शूद्र है और कौन ब्राह्मण! भोग और मोक्ष-यह जगत भोग है; यह जीवन भोगते हुए मोक्ष है, सुना! तुम्हारा यह अतीन्द्रिय अकल्पनीय मायावाद नहीं चलेगा। तथागत के वज्र शून्य को धुरन्धर मण्डन मिश्र यावत जीवन के सत्य, शिवत्व और सारभूत सौन्दर्य से ही मानो सप्राण कर रहे हैं। यह भारत भूमि शक्ति-भूमि है; यह संघ वसुधा है, यती! यह समानता और न्याय की करुणा-वसुन्धरा है यती शंकर!....."

आचार्य शंकर ने सस्मित कहा- "भारत भूमि ज्ञान की वसुधा है, महाशय! इस जगत को सभी ने अपने-अपने नयनों से देखा है और अपनी लालसा से ही उसका स्पर्श किया है। जब तक हम जगत को देखते रहेंगे, ब्रहम नहीं दिखेगा। जीव को जब तक जीव मान कर स्पर्श करते रहेंगे, आत्मा प्रत्यक्ष नहीं होगा। रूप मात्र असद् है; नाम मात्र सम्मोह पूर्ण ध्वनि है- जीवन कमनीय स्वप्नों का उद्रेक और स्मृतियों का विषाद-गीत है, महोदय! आत्मा का ज्ञान ही जीव का वास्तविक सत्य स्वरूप है- ज्ञान। इसीलिये श्रुति ने कहाः असद् से सद् की

ओर, अन्धकार से प्रकाश की ओर, मृत्यु से अमृत की ओर- यह भारत भूमि का शाश्वत ध्येय मंत्र है, महोदय!"

जटाजूट- "हम कहते है, ब्रह्म ही जगत स्वरूप जन्मता है और जीवात्मा रूप जीता है...."

शंकराचार्य- "जगत है ही नहीं; जीवात्मा था ही नहीं अतः है ही नहीं।"

"तब यह तुम-हम सब क्या हैं?" संघ में से किसी ने पुकार कर पूछा।

शंकराचार्य ने कहा- "इसका उत्तर माहिष्मती में मिलेगा। अब तो निर्विवाद माहिष्मती जाना ही है- मण्डन मिश्र से मिलना ही है। संघ से मेरा निवेदन है, शान्ति रखें। मैं ज्ञान स्वरूप, ज्ञान मूर्ति, ज्ञान घन, परमात्मा परम ब्रह्म का मुक्ति- संदेश लेकर माहिष्मती जा रहा हूं। तथागत बुद्ध को नमस्कार, तीर्थंकर जिनेश्वर को नमन। आद्या को प्रणिपात-भारत भूमि को वन्दन, भारत-गगन को प्रणाम!"

जटाजूट ने थनथना कर कहा- "सब को नमस्कार? सब को प्रणाम?"

बौद्ध अग्रणी ने पुकार कर पूछा- "तथागत बुद्ध को मानते हो तुम, यती!"

जिन सुरी ने दहाड़ कर कहा- "जिन-जिनेश्वर, तीर्थंकर में मानते हो?"

कौलाऽचार्य पण्डित प्रवर ने शान्त किन्तु दृढ़ स्वर में पूछा- "पञ्चमकार की कौल-उपासना स्वीकार करते हो? तुम सबको मानते हो; परन्तु स्वीकार किसको करते हो?"

संघ के कई कण्ठों से ध्वनि उठी- "बताओ, तुम किस मत में मानते हो?"

आचार्य शंकर ने कहा- "मैं जगत में मानता हूं; जगत को मानता हूं; मैं जीव को स्वीकार करता हूं और परम ब्रह्म को ही सत्य सद्य वस्तु देखता हूं। यह सब-आप हम सब वही हैं- वहीं, सच्चिदाऽनंद ब्रह्म!..."

बौद्ध-अग्रणी ने सहसा बीच में ही पुकार कर कहा- "वज्रायन को स्वीकार करते हो, यती शंकर! असंख्य योग तंत्रों में वज्रायन ही उत्तम है, जो मूढ़ वज्रायन को नहीं जानते, नहीं मानते वह संसार सागर में बहते ही रहते हैं। सन्यासी, यह दण्ड-कमण्डल त्याग दो और वज्रायन की गुह्य सिद्धि को प्राप्त करो। निःस्वभाव और शुद्ध गुह्यातिगुह्य वज्रायन की उपासना करो, यती! इससे तुमको नित्य वज्र और सब धर्मों की अन्तराल एकता प्राप्त होगी- तुम धर्म-मेघ होकर इस पृथिवी पर बरसोगे।"

पद्मपाद ने किञ्चित अमर्ष पूर्वक कहा- "आप लोगों की यह गुह्य सिद्धि उपासना गुरुदेव को ज्ञात नहीं है क्या? है। हम केवल ब्रह्म को ही जानते हैं;

ब्रह्म को ही मानते हैं- जगत, जीव तथा इस दृश्य-प्रपञ्च के परे हम ब्रह्म ही को स्वीकारते हैं। ब्रह्ममयं जगत, समझे।"

बौद्ध-अग्रणी ने मुंह बिचका कर कहा- "ब्रह्म? नहीं, तथागत ओम सर्व तथागतात्मकोऽहम्। समझा? गुह्याति गुह्य गुह्य सिद्धि-उपासना द्वारा ही तथागत को जाना जा सकता है, मूढ़! मुझसे दीक्षा ले और इस कल्याणी उपासना के गुह्यार्थ को जान, समझा! मन्त्र जान, मुद्रा सीख और मण्डन में स्थित हो। जगत ब्रह्म है; परन्तु जगत की शक्तियों को जानता है क्या? जगत की शक्तियों को पूर्णरूपेण वशीभूत किये बिना चरम सत्य-ज्ञान की प्राप्ति नहीं हो सकती।...."

पद्मपाद ने बीच ही में कहा- "जगत को प्राप्त करना नहीं है, भन्ते! जगत को त्यागना है- छुटकारा, इस विचित्र विलक्षण मोह से भरे भव-संसार को ही छोड़ना है। आत्मा को जगत नहीं, परमात्मा ही को पाना है...."

"बुद्ध! तथागत!" बौद्ध अग्रणी ने चिल्ला कर कहा- "ब्रह्म? क्या है यह निराकार ब्रह्म, भू-देव! माया की छाया है, तेरा ब्रह्म, नव युवा मुण्डी! बुद्ध वज्र स्वभाव परमत्व है। वज्र शून्य ही बुद्ध है, समझा!"

पद्मपाद ने तीव्र अमर्ष पूर्वक कहा- "समझ गया हूं, भन्ते! तथागत ने तो न जाने किस शून्य में अपने परमात्मा को पाया होगा; किन्तु आप लोग तो उस शून्य में असंख्य देवी-देवताओं को पाते हैं। शब्द-बीज की साधना द्वारा अपने गुह्य काम की पूर्ति के लिये देवियों को आहूत करते हैं। उनके मण्डल के अधिष्ठाता, देवता वृत्ताकार स्थित देवियों की क्रान्ति से जगमगाते हुए यंत्रवत् साकार होते हैं- यही न! हां; यही, यही और फिर मुद्राओं द्वारा न्यास होता है। मूर्तियां, चित्रांकन प्रणाली, गाथा, स्रोत्र-मंत्र, पारमिता-समूह साधना, षट् कर्म-मारण, मोहन, स्तम्भन, विद्वेषण, उच्चाटन, वशीकरण और पञ्चम्-कर्म-मैथुन आदि आपकी गुह्य सिद्धि की क्रियायें हैं। परम करुणा निधान शून्य लीन बुद्ध भगवान को आप लोगों ने परम कामेश्वर देवाधिदेव मान रखा है- यही है आप लोगों का "ओम शून्यता ज्ञान वज्र स्वभावात्मकोऽहम्?"

बौद्ध-अग्रणी ने उत्तेजित स्वर में कहा- "बौद्ध आगम का अध्ययन शुक रटन नहीं है, मुण्डी! ओम शून्यता ज्ञान वज्र स्वभावात्मकोऽहम् को प्रत्यक्ष करना होता है। यह तुम्हारा माया-लोलुप ब्रह्म नहीं है-सत्य का वज्र स्वभाव है, समझा!"

पद्मपाद ने रोष को पी जाते हुए कहा- "समझा! जड़ मतियों को वज्र ही दिखता है।"

बौद्ध अग्रणी ने चिल्ला कर कहा- "वज्र का अर्थ जड़ शक्ति शीलता नहीं है, कोमल मति! अटूट, अभेद्य-अतल, अथाह, अनन्त, सत्य-शून्यवत्! तुम ब्राह्मणों ने माया का साम्राज्य रच रखा है। इस मिथ्या साम्राज्य का चक्रवर्ती सम्राट तुम्हारा अज्ञान-पीड़ित ब्रह्मदेव है। शताब्दियों से तुम ब्राह्मणों ने मानव-बुद्धि की सदैव खिल्ली उड़ाई है। जगत का प्रमाण है, जीव की स्थिति है। किन्तु तुम्हारे माया-विभ्रम ब्रह्म का कोई प्रमाण हो ही नहीं सकता। जो प्रमाणित नहीं हो सकता, वह भी सत्य है क्या? बोधिस्तव के शून्य का प्रमाण उसका सहज वज्र स्वभाव है; परन्तु तुम नहीं समझोगे। बौद्ध तत्व ज्ञान को समझने के लिये गया था न वह संगमाऽश्रम का उद्धत ब्राह्मण कुमारिल्ल भट्ट! क्या परिणाम हुआ? श्रुति ही अपौरुषेय आत्यंतिक प्रमाण है- सिद्ध कर सका? अरे, वह ब्राह्मण व्यर्थ ही स्वयं जल मरा। कर्म मीमांसा करने वाले सत्य के रात्रि-अन्धे न तो कर्म ही के रहस्य को जान पाते हैं और नहीं सत्य को देख सकते हैं। इस सृष्टि का आत्यंतिक सत्य शून्यवत् वज्र शाश्वत है अविचल अपरिवर्तनेय अमोघ सत्य शून्य नयनों का अश्रु नहीं हो सकता, समझे!"

पद्मपाद ने गुढ़ व्यंग पूर्वक कहा- "समझ गया। मैं तो समझ गया, महाशय आपश्री की वाणी-शूरता को; किन्तु गुरुदेव को समझाओ तब जानूं।"

बौद्ध अग्रणी ने झल्ला कर कहा- "तुम्हारा गुरु क्या, उसका पितामह भी एक दिन समझेगा। बौद्धों और जैनों का विरोध करना सामान्य जन का विरोध करना है। गृहस्थ के सुख- भोग और वानप्रस्थ के कीर्ति सन्तोष से वैराग्य नहीं, मद ही उत्पन्न होता है। समझा? इस मद का निर्वाह संन्यास का असंभव प्रपंच कर किया गया है। जीवित हो; परन्तु स्वयं को मरा मानो- क्या यह संभव धारणा है? जीव तो जीवन्त व्यष्टि है, कोमल मति! वह स्वयं को मरा, नष्ट मान कर अपनी दुखमयी जीवन-वेदना से छुटकारा कैसे पायेगा? जीवन-वेदना सुख के संतोष से बुझती भले ही हो, जाती नहीं! केवल दुःख की अटल पीड़ा से ही जीवन वेदना शान्त होकर अनन्त करुणा में बदलती है। जगत दुःख का यथार्थ है; जीवन सुख की व्यर्थ तृष्णा का मोह मात्र है।"

आचार्य शंकर ने सहसा कहा- "जगत अज्ञान है; जीवन अज्ञान का अध्यास है।..."

जिन सुरी ने सहसा कहा- "जब तुम्हारा ब्रह्म ज्ञान मूर्ति है और जब वहीं जगत स्वरूप व्यक्त होता है, तब अज्ञान आया कहां से दण्डी स्वामी!"

आचार्य शंकर ने कहा- "अज्ञान ज्ञान का अभाव नहीं है; ज्ञान का विपर्य है; सम्भ्रम है। ज्ञान स्वरूप ब्रह्म को नित्य सत्य ज्ञान ही है; जगत का अज्ञान

और जीवन का अध्यास-मायामय सृष्टि-ब्रह्म का बहुस्याम शिव-संकल्प है। ज्ञान स्वरूप परम ब्रह्म अज्ञान के विज्ञान द्वारा ही सृष्टि रचना करता है और अपने अध्यास द्वारा सृष्टि में जीवन स्वरूप प्रवेश कर संसार के ऐश्वर्य का लीला-विलास करता है। ब्रह्म जगत की रंग भूमि बना कर भव-संसार के नाटक किया करता है और उसका यह सच्चिदाऽनंद लीला विलास वज्रवत् शून्य कैसे होगा? परम ब्रह्म वज्र स्वभावी है ही नहीं- वह कुछ था ही नहीं; है ही नहीं; होगा ही नहीं, सहयोगियों! आत्मा परमात्मा है; किन्तु जगत उसकी रचना है; जीवन उसकी कृति है- जीव उसकी व्यष्टि स्वरूप धारणा है। आपश्री खड़े क्यों हैं? आइये, बैठिये। सत्य चिन्तन परस्पर विश्वास और अनन्य स्नेह से ही संभव है। घृणा से न जगत समझ में आयगा और नहीं जीव! संसार विज्ञान से जाना जाता है; किन्तु राग द्वारा ही संसार जिया जाता है। आप श्री कहते हैं संसार दुःखमय है; तो इस दुःखमय संसार से छुटकारा प्राप्त करने के लिये ही तो तथागत ने स्नेहशील संघ को आहूत किया है। अपनी करुणामय शरण में धर्म मेघ बुद्ध ने जीव को क्यों पुकारा, भिक्षुओं?...."

बौद्ध अग्रणी ने कुछ निकट आते हुए कहा- "दुःख रूप भव संसार से छूटने के लिये बोधिस्तव ने अपना समर्थ अभय अपनी शरण प्रदान कर मानव मात्र को दिया है, सन्यासी!"

"यही तो।" आचार्य शंकर ने कहा- "इस भीति और भेद से भरे विज्ञान घन जगत में कर्म-बन्धन में बंधे-ग्रस्त और त्रस्त जीवात्मा को अन्ततोगत्वा अभय ही चाहिये। निस्संदेह तथागत भगवान बुद्ध ने यह करुणापूर्ण अभय, एक अविराम आश्वासन की भांति मनुष्यों को प्रस्तुत किया है। किन्तु मनुष्य को करुणामय अभय के साथ-साथ परम सुख भी चाहिये। इस भव-संसार की समस्या सुख से परम सन्तोष पाने की है, बान्धवों।...."

जटाजूट ने पुकार कर कहा- "हम, तुम्हारे बान्धव, सहयोगी? सन्यासी, आज क्या तुम्हारी मति तुमको त्याग गई है?"

आचार्य शंकर ने हंसकर कहा- "नहीं, बान्धव यती! आज मुझको भव-संसार की वास्तविक मति प्राप्त हुई है। मृत्यु को देख कर मैं जगत का विज्ञान और जीवन का बोध पा गया हूं, अवधूत! सत्य की शोध करने वाला प्रत्येक प्राणी मेरा बान्धव है, धर्म का पालन करने वाला प्रत्येक मानव मेरा सहयोगी है। परमात्मा के पथ के पथिक के लिये सभी मित्र हैं, स्नेही हैं- सहवर्ती हैं, महाशय! वैर से नहीं, बन्धुता से ही सत्य की खोज संभव है। सम्प्रदायों के मत भेद नहीं हैं; समन्वय के निष्कर्ष हैं। प्रत्येक सम्प्रदाय ब्रह्म की शोध हैं; प्रत्येक धर्म

परमात्मा-प्राप्ति के लिये तपस्या है। अतः मैं बौद्ध का विरोधी और जैन का शत्रु नहीं हूं। मैं अज्ञान का विरोधी और माया का वैरी हूं। मैं मृत्यु को नहीं मानता; मैं सत्य स्वरूप शाश्वत अमृत को स्वीकार करता हूं....."

जटाजूट ने साश्चर्य पूछा- "तब मण्डन मिश्र को पराजित करने क्यों जा रहे हो, यती!"

"इसलिये कि धुरन्धर मण्डन मिश्र इस पृथिवी पर मानव-जन्म के शाश्वत अविराम लक्ष्य को ही स्वीकार नहीं करते। मण्डन मिश्र इस धरती को सुन्दर तथा मानव-जीवन को मंगलमय करना चाहते हैं; किन्तु हमारे महान मण्डन जीवात्मा को जगत के जीवन से मुक्ति दिलाना नहीं चाहते। मैं इस जगत में मानव को उसके परमात्म स्वरूप का स्मरण कराने के लिये आया हूं, महाशयों! मुझे ज्ञात है यह सृष्टि एक निश्चित पल को गहन गंभीर तम में डूब जायगी- अदृश्य हो जायगी। जिस गहन गंभीर तम से इस सृष्टि का आविर्भाव हुआ है, उस तम को भी मैं जानता हूं। मैं जीवन को जानता हूं: मृत्यु को जानता हूं और मैं ब्रह्म को भी जान गया हूं। मैं ज्ञान का अमृत मानवों को बाँटना चाहता हूँ; मैं सत्य की शक्ति से मानव को मुक्ति का पुरुषार्थ सिखाना चाहता हूं- मनुष्य शून्य नहीं, सत्य पा सके- मैं यही चाहता हूं किन्तु इसके लिये तथागत बुद्ध के चरण-चिन्हों को देखता हूं; श्रमण के गहन नयनों की शान्ति में जगत् की ज्वालाओं को शमते हुए पाता हूं- त्याग और तपस्या के प्रत्येक धर्म से मुझे प्रेरणा मिलती है; शक्ति मिलती है तथा मैं परम ब्रह्म को लेकर अधिक निर्भय होता हूं; "वसुधैव कुटुम्बकम्" मित्रों! यह धरती वसुधा है; पुनाय नर्क नहीं है- मनुष्य स्नेह और सहयोग द्वारा सत्य की खोज क्यों न करे? मैत्री पूर्वक सत्य की तीर्थ यात्रा क्यों न करें? सत्य आग्रह अथवा दुराग्रह नहीं है- सत्य यह है और वह नहीं है- ऐसा कथन नहीं है। सत्य आत्मा का बोध और जीवन का सौन्दर्य है। सत्य ही आत्मा है, परमात्मा है- जगत् है, जीव है- ईश्वर है।"

बौद्ध अग्रणी ने सहसा पूछा- "तथागत में मानते हो तो बुद्ध की शरण में क्यों नहीं आते, यती?"

आचार्य शंकर ने कहा- "मैं परमात्मा की शरण में चला गया हूं; इसलिये! मित्रों, तथागत ने मानवों को अपनी शरण कर दी है। अपने श्रीचरणों के द्वारा बोधिस्तव ने सृजनहार की अनन्त करुणा की ही शरण मानवों को दी है। सत्यव्रती को जगत शरण नहीं दे सकता; भगवान् भी शरण नहीं दे सकता। आत्मा को परमात्मा की ही शरण हो सकती है- हम सब सचमुच में एक प्रकाशमय परमात्मा की ओर खिंचे चले जा रहे हैं। हां, अवश्य-निर्विवाद। यह

जीवन अमृत्व के लिये मृत्यु के विरुद्ध, विपरीत अविराम संघर्ष है; द्वन्द्व है; तप है- साधना है, महाशयों!"

जटाजूट ने थनगना कर हाथ का त्रिशूल तनिक उठाते हुए कहा- "हम सब मण्डन मिश्र के साथ हैं। हमें माया का वेदान्त नहीं मंगलमय कर्मकाण्ड चाहिये। हम एक कुल-चक्र में ही विश्वास करते हैं, यती, जाति-पाँति, वर्ण-आश्रम यह सब तुम ब्राह्मणों का बौद्धिक ऐन्द्रजाल है। परम शिव-घोरा, मूढ़ा, ज्ञाता, ललिता शिवा-शक्ति और उसका सामरस्य! दण्डी, जगत का कल्याण यह शिव त्रिशूल करता आया है..."

जटाजूट ने अपना तनिक उद्धत् त्रिशूल घुमाया और ऊपर उछाल कर पुनः हस्तगत करते हुए कहा- "बौद्धों, जिनियों, वैष्णवों, गाणपत्यों, कौलों और हम योगियों का विरोध नहीं चलेगा, दण्डी! भोग और मोक्ष-भोगते जायं और मोक्ष पाते जायं- यही हमारा कर्म काण्ड है, समझा तू यती!"

आचार्य शंकर ने सस्मित कहा- "भोग से भोग ही प्राप्त होता है; मोक्ष नहीं। मोक्ष तो जगत के देह-भोग से ही प्राप्त करना है। हमारे वेदान्त के कर्मकाण्ड में अनासक्त भोग का ही स्थान है। मित्रों यह जगत् जड़ गुणधर्मी अभिव्यक्ति क्रिया है, भोगा जा सकता है। चैतन्य ही चैतन्य का आस्वाद कर सकता है। देखो, यह जगत् गहन गम्भीर अथाह तमार्णव में उद्धासित हो रहा है; किन्तु साथ ही साथ तिरोहित भी हो रहा है- यह दिव्य अकथनीय रहस्यमय आश्चर्यमयी जगताऽभिव्यक्ति मानव-इन्द्रियां अपनी निहित क्षमता पूर्वक ही अनुभव कर सकती हैं। मानव देह इन्द्रियों के संज्ञानों का व्यापार मात्र है- देह संज्ञानमय है; किन्तु भोक्ता नहीं है। मैं जीवात्मा ही अपनी धारणाओं द्वारा इस जगत् को भोगने का संभ्रम उत्पन्न करता हूं। चैतन्य सच्चिदानंद अभिव्यक्ति मात्र है- भोक्ता कर्म-गतिविधि नहीं है। वर्णाऽश्रम सनातन धर्म जीवात्मा की आत्यंतिक मुक्ति के लिये ज्ञान का वैराग्य मार्ग है। सभी उपासनायें परम ब्रह्म की शोध-खोज तथा जगत के संभ्रम और भव-संसार से छूट कर अपना परमात्म स्वरूप पाने के लिए हैं। जिस उपासना द्वारा बुद्धि बल और कर्म कौशल से जगत् को औसत से अधिक भोगने की शक्ति प्राप्त की जाती है, वह उपासना जगत का विज्ञान और जीवन की कला मात्र है। जगत की जीवन विद्यायें जगत का ज्ञान कराती हैं तथा जीवन की अथाह उमंग को परिपुष्ट करती हैः अवश्य, जगत् जीवात्मा के जीवन-मंगल के लिये साधन हैं; किन्तु जीवन का मंगल, स्वरूप का सन्तोष, स्वयं सौन्दर्य का उल्लास तथा इन्द्रियों की तृप्ति का विराम मात्र है। मानव-जीवात्मा का प्रत्येक योनि में जन्म लेना ही सृष्टि

मंगल का जन्म होना है किन्तु भव-चक्र के अविराम जन्म-मंगल का अन्त क्या है? मृत्यु! जीवन की समस्या मृत्यु है और जगत् की समस्या जीव है...."

बुद्ध-अग्रणी ने कहा- "चुप हो जाओ, यती! तुम्हारी वाणी मुझे अतल शून्य में ही धकेल रही है- मैं तथागत के चरणारविन्द त्याग नहीं सकता। संघ को छोड़कर तुम्हारे आश्रम स्वीकार नहीं कर सकता। मानव बुद्ध चेतना की समान अभिव्यंजना है, दण्डी! बुद्ध की शरण ही जीव की अन्तिम गति है; संघ की शरण ही मानव के लिये इस जगत में क्षणिक विश्राम है- धर्म ही इसे जगत में वज्र शून्य की ओर ले जा सकता है। धर्म मानवों में ऊंच नीच, भेदभाव आदि नहीं है- मानव जाति का नेता तथागत बोधिस्तव है, मुण्डी! चलो, साथियों! इस यती के पहुंचने के पूर्व हम माहिष्मती के प्रत्येक मार्ग को घेर लें, उसको अवरूद्ध कर दें...."

जैन-सूरी ने चिल्ला कर कहा- "सुना है, महाराज सुधन्वा की सेना के कुछ गुल्म इस यती की रक्षा के लिये चले आ रहे हैं।"

जटाजूट ने कहा- "राजशेखर और सुधन्वा की सेनाओं के वक्षस्थल यह मेरा अभिमंत्रित त्रिशूल भेद देगा। यती, हम कापुरूष नहीं हैं, समझा! इस त्रिशूल से तेरा घात कर सकता हूं; किन्तु नहीं एक दिन तेरी बलि दूंगा, बलि!...."

पद्मपाद ने गर्ज कर कहा- "शान्त हो जाओ, यती! गुरुदेव की दृष्टि मात्र तुम्हारे त्रिशूल को भस्म कर सकती है किन्तु हम वीर हैं। विरोधियों का सम्मान करते हैं तथा अभयपूर्ण शास्त्रार्थ द्वारा सत्य का निर्णय करते हैं। हमें जीवन के ऐश्वर्य और जगत के सौन्दर्य के लिये नहीं, हमें आत्मा की आत्यंतिक मुक्ति के लिये ही वैदिक सनातन वर्णाऽश्रम धर्म को पुनः जागृत करना है। वेदान्त की व्यावहारिक गतिविधि वर्णाश्रम धर्म का वैदिक विधान है किन्तु तुम पञ्चमकारवादी इसे नहीं समझोगे...."

जटाजूट ने घृणापूर्वक कहा- "रहने दे तेरा यह वैदिक वर्णाश्रम धर्म? होगा तेरा यह धर्म गृहस्थों के लिये, हम योगी तो केवल शिव की मानते हैं; शिवा को-शक्ति को जानते हैं। पञ्च मकार? क्या यह जगत और उसका जीवन पञ्चमकार की अनवरत आराधना नहीं है? परन्तु शून्य में शून्य की धारणा करने वाला तू जगतद्रोही और जीवनशत्रु शिव-शिवा के नित्य अमृतमय सामरस्य को क्या जानेगा? चलो।"

"बुद्धम् शरणम् गच्छामि।" की ध्वनि उठी।

"जय जिनेन्द्र।" का घोष हुआ।

"जय मुण्डमालिनी। जय।" चीत्कार गूंजी।

"मण्डन मिश्र की जय।" कुछ कण्ठों ने कहा।

"यती शंकर?" एक प्रश्न वाचक पुकार।

"वर्णाऽश्रम धर्म का प्रेत!" किसी ने शीर्ण ध्वनि में कहा।

धूल की धौंसे मारते हुए चरण पुनः लड़खड़ाते हुए हिले और चले। आचार्य शंकर ने सब को नमस्ते किया और अभय मुद्रा में स्थित-स्थिर हो गये। शंकर को लगा आकुल-व्याकुल मानवों के मुख-मण्डल तमिस आकाश में झबकते और बुझते हुए तैर रहे हैं। उनके चित्ताऽकाश में आतुर भयभीत नयनों की दीपावलि ही उभर उठी। सहस्र-सहस्र नयन-दीपक अन्तःकरण का अंधेरा मिटाने के लिये थरथराते हुए जल रहे थे- उन प्रकम्पित नयनों के अथाह में जैसे जीवात्मा संसार-भीति से सिकुड़ा मूक बैठा हुआ था और आश्वासन की भीख मांग रहा था। जटाजूट के पिंगल नयन भयभीत विस्मृति से भरे हुए तीव्र अमर्ष में मानो जल रहे थे; और बौद्ध-अग्रणी के बड़रे नयन निराशा की सम्पूर्ण शिथिलता में मृत मछलियों की भांति तैर रहे थे- बौद्ध-अग्रणी अपने ही अतल शून्य में मानो सदैव के लिये खो जाना चाहता था। जिन सुरी जीवन के पाप-पंकिल में धधकती हुई अग्नि की भांति उत्क्रान्त जल रहा था और अन्य नयन अपनी ही विचित्र धारणाओं के एकान्त में स्वयं ही लीन थे। प्रत्येक नयन अपनी शाश्वत ज्योति की खोज में मानो दीप-शिखा की भांति जल रहे थे और अपने आस-पास के घने अथाह अन्धकार में भयभीत अपने ही अन्तरात्मा को टेर रहे थे। अभय कहां था- अभय जो सृष्टि की माया के परे और पार नाम-रूप के भीति भरे भेदों से रहित आत्म-जागरण के शान्त अभेद का स्वभाव है। इन कातर स्वयं अवाक् मानवों के नयनों में यह कौन भय से निशि-दिन कांप रहा है? क्या भीति है यह मानव के अन्तःकरण में? यह भय-कातर भयार्त अन्धकार तब क्या आत्मा को परमात्मा से सदैव के लिये अलग किये हुए है? क्या यह गहन गंभीर तम अभयपूर्ण आत्म विश्वास की घट्ट ज्योति से भेदा नहीं जा सकता? क्या शाश्वत अनादि आत्म ज्योति इस भेदक परमात्मा से दूर विलग रखने वाले तम को जला नहीं सकती? शंकर मानो रोम-रोम से प्रकाश की किरणें बटोरने लगे। शंकराचार्य चाहने लगे; एक क्षण में संसार की यह तमिस भीति हट जाय; इस थरथराती हुई विस्मृति से जीव मात्र का आत्मा जाग जाय-प्रभु प्रकट हो जाय, सभी अन्तरात्माओं में। अपार अथाह अटल अनादि अनन्त अव्यय अनुपम ज्योति सृष्टि के सभी मधुओं के स्नेह से जलती हुई प्रज्वलित हो उठे मानव-अन्तःकरण में। शंकर को लगा, आकाश के नीचे और धरती पर जीव अपनी भव-देहों में आसन्न और विपिन्न हैं- तथा मृत्यु के भय से भरे अज्ञात ही सघन

विस्मृति में डूबे हुए हैं। यह विचित्र तथा विलक्षण देही उस अनादि तमार्णव के कमल दल हैं- यह देही उस सत्य वस्तु के ही अन्धकार पूर्ण स्वप्न-मन्दिर हैं। प्राणी इस धरती पर परमात्मा को भूल कर ही जन्म लेता है- अवश्य! क्यों भूल जाता है जीवात्मा अपने सहज स्वरूप को? क्यों यों आत्म विस्मृत होकर यह नाना देही अंधेरे रागों के मोह में असीम में भटकते रहते हैं तब जन्म सुख है; सुख संग्रह और पुण्य लाभ के लिये तो हैं; परन्तु सभी सुख भय से काठ मारे हैं। सुख-संग्रह के सभी पुरुषार्थ तब रहस्यमय कर्म-श्रृंखला की जकड़न हैं। सभी पुण्य-पाप के विरुद्ध एक सदाशयी अभिलाषा मात्र हैं। इस धरती पर यह दीन प्राणी तब क्या है? सर्वतंत्र स्वतंत्र, सर्व शक्तिमान, ज्योतियों की ज्योति सभी कारणों का आदि कारण सभी रचनाओं का सौन्दर्य, सभी रसों का रसेश्वर परमात्मा-परम ब्रह्म-क्यों इन दीन आसन्न काल की दाढ़ों में फंसे त्रस्त प्राणियों को जन्म देता है? क्या वह स्वयं यों इन दीन स्वरूपों में व्यक्त होता है? वह सर्व समर्थ इतना, ऐसा दीन होता ही कैसे है? जिसकी अपलक पलक से काल स्वयं आविर्भूत होकर अनन्त कोटि पलकों में स्पन्दित होता और कोटि-कोटि कल्पों की कोटिशः पलों में एक अन्धे वीतरागी योगी की भांति सांसों की यात्रायें किया करता है, वह परम ब्रह्म यों- इस प्रकार होना ही क्यों चाहता है? क्यों होता है? तब क्या वह ज्ञान स्वरूप स्वयं को विसर जाता है? शंकराचार्य विचारों के परे उठ गये और जैसे अपने ही आलोकित विराट् में एक घन ज्योतिबिन्दु में लीन हो गये। विचार? आत्मा का अथवा जगत का? भावना? जीवन की अथवा भव भवों के क्षण-भंगुर भव-संसार की? किसका विचार और किसकी भावना? प्रत्येक रूप काल की अग्नि में भस्मी भूत हो जाता है तथा प्रत्येक कामनाओं से उत्तेजित नाम काल के थप्पड़ से मूक हो जाता है। सृष्टि सृजन हार की लीला रंगभूमि भले ही हो; परन्तु क्या जीवात्मा के लिये जन्म-मरण, मरण-जन्म अन्ततोगत्वा स्थायी सिद्धि है? तब क्या यह सुन्दर अनुपम विचित्र विलक्षण आश्चर्यमयी सृष्टि और उसकी यह नानाऽभिराम भव-योनियां अन्त में सार-तथ्य से हीन एक विषादमय शून्य से परिपूर्ण हैं? शंकराचार्य जैसे अन्धकार की सीमाओं की सीम से भी ऊपर उठे और ज्योतिर्मय अवकाश में ज्योति के विश्व-नर होकर विराट् के भी विराट् की प्रार्थना में सुधि हीन हो गये। "यह सृष्टि काल की रहस्यमय कृति है-आश्चर्य है और यह भव-संसार? आत्मा के स्वयं अज्ञान की निरर्थक उपाधियां मात्र हैं, शंकर!"

"कौन?" आचार्य शंकर ने अपने चिदाऽकाश में पुकारा। उस स्वयं सघन चित्ताऽकाश में सघन ज्योति से भरा मौन परिपूर्ण होकर मानो आचार्य शंकर

के वाक् के रूप में सजीव हो गया था। शंकर को लगा, उत्तुंग विस्तृत किन्तु घन श्रृंग के रूप में वह अपने ही वाक् से भरे चित्त में ऊर्ध्वगामी है। उठ रहे हैं- एक अथाह को भेद कर दूसरे अवर्णनीय अथाह के अनन्त अवकाश में वह उठ रहे हैं। ऊर्ध्व गति ही गति। शंकर को लगा, समस्त अन्धकार की अन्तिम सीमा पैर कर वह स्वयं-उद्भवित ज्योति के अपरम्पार में तैर रहे हैं-ज्योति का हिमालय ही क्यों न यों तैर रहा हो? शंकर को लगा, चारों ओर अनाहत् शान्ति है- अभय से भरा घनरस उल्लास प्रसन्न-प्रसन्न छा रहा है। मगन-मगन कोई, वह स्वयं जैसे उस चैतन्य उदधि में विहर रहा है। दिक् हीन, दिशा हीन, देश हीन, गति और विधि हीन वह निरंकार ज्योतिर्मय पारदर्शी पारदर्शिता से ओतः प्रोत स्वयं ही फैला हुआ है और तम-तोम की सीमा अनन्त अवकाश में किसी विद्युत मेखला से घिरी हुई है। ज्योति की तीव्रतम मेखला से वह तम तोम घिरा है, बंधा है और जैसे अपने प्रति त्रिसाणु में प्रज्ज्वलित है। उस स्वयं उभर-भरतम में स्वप्न की तरंगें मन्द-मन्द हिल्लोलित हैं- स्वप्न? शंकर को लगा, समस्त ज्योति अर्णव, वह स्वयं जाग्रत, स्वयं देखता हुआ, स्वयं प्रसरित ज्योतिर्मय अपरम्पार किसी की गूढ़ गहन दृष्टि से अभिमंत्रित है। कोई देख रहा है; कोई गंभीरतम मुद्रा में विचार रहा है- कोई अपने ही अथाह शून्य का अनुभव कर सिहर रहा है और असंख्य स्वप्न उन दिव्य गुह्य नयनों से दिव्य धारा के रूप में प्रवाहित हो रहे हैं। कोई सांस ले रहा है और उस महा स्वांस से गहन नाद गूंज-गूंज कर अपने ही असीम में लीन हो रहा है। कोई अपनी दिव्य दृष्टि से उस तमतोम को व्यक्त कर रहा है और स्वयं ही अपने अनन्य हुलास में मुस्करा कर स्वप्न की सृष्टि रचना कर रहा है। कोई अपने ही समान किसी का प्रगाढ़ आलिंगन कर स्वयं ही आनन्द की लहरों में सिहर रहा है। शंकर को लगा, जगत की रचना की यह दीखती हुई पल चिरन्तन यौवन से भरी ज्योति के अपरम्पारवत् स्वयं ही विस्तृत हो रही है। शंकर ने मानो मन को बुद्धि में लीन किया; बुद्धि के स्वर व्यञ्जनों को समेटा और चित्त के उस असीम सागर के पार अवकाश के नित्य शून्य में जा पहुंचे। यहां ज्योति का वितान नहीं था; तम की सीमा नहीं थी। स्वयं हुलसित सृष्टि-सृजन की उमंग नहीं थी। उल्लास से रहित यह शून्य भावहीन सघन ज्योतिर्मय घट्ट था, जो छाया हुआ लगता था; किन्तु छाया हुआ नहीं था- जो केवल मण्डलाकार होते हुए भी निराकार बिन्दु मात्र था। बिन्दु? शंकर को लगा, वह स्वयं ही यह शाश्वत चिद्घन बिन्दु थे, जिसमें ज्योतियों के समुद्र समाये हुए थे; सृष्टि के संगीत भरे हुए थे; स्वप्नों के वितान निहित थे- शंकर को लगा, वह स्वयं

चिरन्तन अनादि जीवनेच्छा थे, बीजवत्-बिन्दुवत् किन्तु स्वयं में निहित होते हुए भी वह जैसे स्पन्दनमय थे। शंकर को लगा, वह स्वयं ही ध्यानस्थ, स्वयं लीढ़ ज्योति-चेतना थे, जो सृष्टि-सृजन के स्वयं ही बुद्धिमान-धीमान आलोकों से घट्ट थी; जो अन्तरालों के शून्यों को सौन्दर्य-राशियों से भर देना चाहती थी। शंकर को लगा, वह गुह्य गंभीर स्वयं लीढ़ शिवत्व है- शिव है; शिवमयता से परिपूर्ण कमनीय संभार है, जो अनेक रूपों में व्यक्त होना चाहता है- उनको लगा वह व्यक्त होने की घन बिन्दु अथाह अभिलाषा है; व्यक्त होकर अपने ही अनन्य अपराजित सौन्दर्य के सिन्धु में डूब जाने की विभोर कामना है- वह जैसे व्यक्त होकर अव्यक्त हो जाने की दुरूह सी आशा है। शंकर को लगा, परम शिवत्व आकार हीन नहीं है; आकार रहित होते हुए भी वह जैसे साकार होने की दिव्याऽतिदिव्य गुह्याऽतिगुह्य गूढ़ाऽतिगूढ़ स्वप्न शीलता है- स्वयं की अनेक इच्छाओं की एक प्रतिभापन्न प्रतीति है; स्वयं की कामनाओं की स्वयं विभोर अमोघ आराधना है। वही, वही शाश्वत यावत् जीवन-भावना है; भविता है;-भव है। परम ब्रहम! तब मैं निराकार हूं तो साकार भी निर्गुण हूं, तो सगुण भी हूं। मैं साकार, सगुण ब्रहमत्व हूं; परन्तु क्या मैं निराकार साकार, साकार-निराकार ही हूं। मैं आकृति रहिता और आकृतिमयता के अतल में, ऊर्ध्वों ऊर्ध में, पार्श्व में-सर्वत्र और सदैव-अगाध में और अथाह अवकाश के अन्तराल में-मैं है और नहीं के बिन्दु-मूल में स्वयं विस्मृत, स्वयं जाग्रत, स्वयं व्यक्त और स्वयं अव्यक्त स्वयं चैतन्य हूं; ज्ञान। शंकर को लगा, ज्ञान ही देख रहा है; ज्ञान ही जान रहा है- ज्ञान ही अनुभव कर रहा है- कोई ज्ञाता है, जो समाधिस्थ है और अपने ही सर्वशक्तिसम्पन्न ज्ञान-चैतन्य में स्वयं ही सृष्टि, स्थिति तथा प्रलय के अविराम काल की गति-विधि धारित कर रहा है। यह सृष्टि, स्थिति और प्रलय की अनादि अपूर्व गतिविधि उसी गुह्यतिगुह्य समाधिस्थ की योगमाया है। यह जगत उसी की कृति और उसी का ज्ञान होकर उसी की योग-माया में त्रिकालापन्न होता रहता है। यह सृष्टि, स्थिति और लय परम ब्रहय की सविकल्प समाधि स्थिति है- परम पूर्ण परिपूर्ण स्वयं-स्वयमेव ज्ञान-स्वरूप अपनी ही जीवनाऽभिलाषा में मानो समाधिस्थ होकर अपनी ही यों आविर्भूत कांक्षा के अज्ञान का स्वरूप धारण करता है। अपनी भवेच्छा की पूर्ति के लिये वह परम शिव ही परात्पर सौन्दर्य घन रस-सघन शक्ति स्वरूप चैतन्य होकर प्रगट होता है। अवश्य, यह जीवात्मा उसी परम ब्रहम की सच्चिदाऽनंद वृत्ति है; भावना है; भविता है- भव है; भव-भव है। निर्विवाद, यह जगत उसी परम शिव का जीवात्मा के लिये शिव संकल्प है; मंत्र है-तंत्र है। यह जगत उसी

के दिव्य अनन्य एकाकी, अनन्य विज्ञान की सहज अभिव्यक्ति है और यह जीवात्मा उसी की ऋतुंभरा चेतना की प्रज्ञावान देहाऽभिव्यंजना है। जीव और जगत जैसे उन्हीं अगाध दिव्य नयनों की काल-पलकों पर टिकी आश्चर्य वार्ता है। शंकर को लगा, सभी अभिव्यक्तियों का अन्त में लोप हो जाता है और काल का अतल विह्वर शून्य के निनाद में गूंजता ही रहता है। शंकर को लगा, सभी अभिव्यञ्जनायें स्वयं ही रीझ कर शान्त हो जाती हैं- एक आनन्द घन विराम में लीन हो जाती हैं। हां, शंकर, इसी परम स्थिति के लिए जीवात्मा को सौन्दर्य के परे, सुख के पार, आशा तथा अभिलाषा के उस अपार ले ही जाना होगा। अभिव्यक्ति निरन्तर अहर्निशि होते हुए भी जैसे प्राणहीन मूढ़ता मात्र है; और अभिव्यञ्जना? अभिव्यञ्जना स्वप्न की अन्तस अतृप्ति से भरी हुई एक व्यथा है- वेदना, जो काल की भूमि पर बहती रहती है और काल के अनन्त आकाश में अन्त में कपूर की गन्ध की भांति उड़ जाती है। "अवश्य, शंकर! जीवात्मा इस जगत में यात्रिक है; इस सृष्टि का यती है; इस नयनाभिराम भवों का नाटककार है- अभिनेता! उसे जगत में ही गड़े रहना नहीं है; विश्व की भांवरियों में ही भटकते रहना नहीं है। जीवात्मा को जगत के पार, सृष्टि के परे अपने ही आत्म लोक में जाना है- परमात्मा के पास, परमात्ममय होने के लिये। सभी कल्पों के अमोघ सौन्दर्य की ज्योति में जल कर स्वप्नों के स्मृति-दंशों के सुख-दुःख भोग कर स्वयं के ऐश्वर्य मद में छक कर तथा तलछट भोग-भोग कर अन्ततोगत्वा तुझे जाना कहां है, शंकर?"

शंकराचार्य ने जाग्रत होते हुए कहा- "माहिष्मति जाना ही है पद्मपाद! जीवात्मा को आत्मलाभ कर अपने परमात्मा का साक्षात् करना ही होता है। जीवात्मा की मुक्ति ही है; उक्ति तथा सूक्ति कुछ भी अन्ततोगत्वा नहीं है। यह जगत और उसका यावत् जीवन उस महायोगिन् की इच्छा है, कामना! किन्तु जगत तथा जीवन का यह त्रिकाल उसकी प्रसन्नता की पलक मात्र है। मण्डन मिश्र को जगत के परे, जीवन के पार परम् ब्रह्म परमात्मा का निश्चित पता देना ही होगा- सौन्दर्य की रति के कीच से भरी इस जगत वाटिका में आत्मा भटकता ही रहेगा- यह विज्ञान की दृष्टि है, ज्ञान की नहीं, सनन्दन!"

पद्मपाद सनन्दन ने प्रणाम पूर्वक कहा- "अवश्य, अवश्यमेव पूज्य!"

आचार्य शंकर ने अपूर्व उत्साह पूर्वक कहा- "सत्य का रूप सौन्दर्य है; परन्तु सौन्दर्य की इन्द्रियज अनुभूति के मूल में सत्य का ही स्वयं चैतन्य भरा है और यही चैतन्य जगत और जीव के स्वरूपों में व्यक्त होता रहता है। यह अभिव्यक्ति, यह अभिव्यञ्जना जगत और भव के द्वारा तथा सहित होते

हुए भी अन्ततोगत्वा अमृत की अमोघ पिपासा से परिपूर्ण है। यह जड़ जगत और उसके अधीन-अन्तर्गत चैतन्य जीवन उसी गहन अमृताऽभिलाषा के लिये व्यथामय है- वेदना शील है- सुख है। सुख तो उस अमृताऽभिलाषा की आतुर विकलता का क्षणिक विराम मात्र है, पद्मपाद! यह मन बुद्धि का दीपक लेकर अपने चित्ताऽकाश में प्रतिपल अमृत के लिये ही भटकता रहता है- रूप-रूप का स्पर्श कर और अधिक और गहन के लिये झूरता-झूमता रहता है किन्तु जगत केवल क्षण के लिये अपने अद्वितीय विचित्र विलक्षण सौन्दर्य को झबकाता है- जगत की यह क्षण-स्थायी सौन्दर्याऽभिव्यक्ति सहज है। जगत के इस दिव्य भबकीले सौन्दर्य-रूपों से यह अज्ञानान्धकार में डूबा हुआ जीव आकृष्ट होता ही रहता है। यह जीव का अनादि स्वभाव है, पद्मपाद! किन्तु यह सब स्वभाव है, स्व-संकल्प है- स्वरूप नहीं है। समस्त जगत् अपने अगाध मूल में उसी परमात्मा की अमोघ इच्छा मात्र है और जीवन उसकी दिव्य एकान्त अनेकान्त लीला है। यह जगत् परम ब्रह्म का वैराग्य है; यह जीव परमात्मा का स्वयं राग मोहित जीवन भाव है।"

पद्मपाद ने पूछ ही लिया- "नित्य और अविराम यह जो है पूज्य!"

आचार्य शंकर ने सहज साश्चर्य मानो प्रत्यक्ष करते हुए कहा- "नित्य है नहीं; निरन्तर अभिव्यक्ति का यह भ्रम है, सनन्दन अविराम? प्रतिपल यह जगत् व्यक्त होता है; प्रतिक्षण यह जीव जीता और मरता है। यह सब नित्य नहीं है; अविराम है पद्मपाद!"

"क्यों, पूज्यपाद?" पद्मपाद सहित सभी शिष्यों ने स्वर से पूछा।

आचार्य शंकर- "इसलिये कि यह परम ब्रह्म का शिव-संकल्प है।"

07

सौलह श्रृंगार में सजी अत्यंत मनोहर अपनी प्रिय पत्नी भारती को तन्मय आरती करते हुए मण्डन मिश्र मानो देखते खड़े रहे। वसन्त की पूर्णिमा की पारदर्शी धवल रात्रि में मानो दूसरा चन्द्रमा यों सज कर आरती उतार रहा है- मन्दिर के गर्भ की वेदी पर सजीव सी श्रीकृष्ण राधा छवियां आरती की प्रकम्पित लौ में जलहल कर मानो मुस्करा देती हैं। मण्डन मिश्र अपलक शून्य से इस जीवन्त चित्र को मानो तटस्थ से खड़े देख रहे थे- मन्दिर-गर्भ और राधा-कृष्ण-विग्रह, पुजारी आरती, घण्ट-नाद सब उनको मानो भारती के आस-पास आविर्भूत एक आकर्षक व्यामोह ही लगता था। श्रीकृष्ण? राधा? मण्डन मिश्र जैसे अनन्त में श्रीकृष्ण को राधा के अथाह अटूट ध्यान में मुरली बजाते हुए देखना चाहते थे। भारती की देह-छवि उनके नयनों में घुस कर सौन्दर्य-यान बन जाती थी और वह श्रीकृष्ण-विग्रह के साथ सट कर राधा को यों टेरना चाहते थे- श्रीकृष्ण होकर राधा को पुकारना चाहते थेः राधे! राधे! राधे! उनका कभी थमता, कभी चलता, कभी रुकता और कभी नाचता हुआ सा सांस मन के अनन्त में मानो पुकारने लगा- "राधे! तुम, तुम क्या हो, राधे!" मण्डन मिश्र को लगा, उनकी पुकार श्रीकृष्ण विग्रह की मुरली से टकरा कर पुनः उनके हृदय-गह्वर में गूंज जाती है- राधा जैसे उनके अन्तरंग अथाह के परे और पार है- अदृश्य! मण्डन मिश्र अवाक् से, हठात् से आरती उतारती हुई भारती को टक, अपलक, निहारते रहे। मन्दिर के घण्ट जैसे स्वयं ही अथाह शब्द व्योम को मथ कर किसी अनाहत अक्षय नाम की अटकल लगा रहे थे- उनका घन, मन्द्र प्रखर और प्रतिघात पूर्ण गुञ्जारव, मण्डन को अज्ञात हो ऐसा लगा, समस्त शब्द को उसके अनन्त अथाह से मथ कर उभारने के लिये है- कोई शब्द का

मन्थन कर यह सुरीली, रसीली, मदीली, मोहिनी उरझिली रस रिझवार से पूर्ण मुरली-धुनि को बजा रहा था- मण्डन मिश्र के नयन स्वतः ही उन्मीलित हो गये और उनके सिहरते हुए चित्ताऽकाश में भारती की सुलावण्य अभिराम छवि लहर उठी। मण्डन स्वयं ही हंस पड़े; मन ही मन जैसे बोले- "तुम भारती? "तब राधा तुम नहीं हो?" अपने नूपुरों की रत्न प्रभा से लीढ़ चरणार्विन्दों को थिरकती हुई भारती ने बकंट भौंहों से अपने इस मुग्ध मृत्य पुरुष को पलकों के व्यंग से टेरा और मुस्करा कर जैसे कहा- "मैं राधा? राधा तो सच्चिदाऽनंद की चिद् चिद् प्रेम स्वरूपा चेतना है। राधा नारी नहीं है; मैं नारी हूं- शाश्वत नारी हूं। राधा केवल परमात्मा को प्राप्त है, मेरे पुरुष! आत्मा को मैं प्राप्त हूं, समझे! मैं तुम्हारी राधा हूं किन्तु तुम मेरे कृष्ण नहीं हो।- मण्डन मिश्र अपने चित्त के निनादित व्योम में मानो आघात खाकर बोले- "मैं कृष्ण नहीं हूं- तुम राधा नहीं हो? तब मैं नर, तुम नारी-नहीं, मायाविनी? जीवात्मा के अतिरिक्त कौन पुरुषोत्तम है? मैं, नर और मैं ही पुरुष! तुम मेरी विगूढ़ आसक्ति हो-मेरी जीवन-रति की अनन्य मधुर चेतना, जीवन का संज्ञान-भव-भव का संवेदन; प्रिये!....." मण्डन को लगा, भारती अभिराम ज्योति-शिखा सी चित्त के अथाह व्योम में ऊर्ध्व उठने लगी और सघन तम के एक अदृश्य किनारे पर रूक कर उस अनन्त तिमिराच्छन्न अर्णव में लुप्त होने लगी। मण्डन ने सहसा चिल्ला कर कहा- "भारती, उवाँ-सरस्वती तुम-तू....."

पास ही पलंग पर लेटी हुई भारती ने जग कर मण्डन मिश्र को हड़बड़ाया- "सुनते हो? तुम?"

मण्डन मिश्र ने स्वप्न से लीढ़ नयन झपकाये; और कहा- "हुं? तू कहां चली गई थी?"

"स्वप्न देख रहे थे, तब?" भारती उठ बैठी और मण्डन की कटि को अपने भुजपाश में बांधती हुई बोली- "स्वप्न तो तुम्हें सताते नहीं, मण्डन! आज यह क्या?"

जाग्रत मण्डन मिश्र उठ बैठे- "स्वप्न देख रहा था? मैं? नहीं, नहीं, भारती! तुम श्री राधा कृष्ण के मन्दिर में आरती नहीं उतार रहीं थीं क्या? घन तुमुल घण्टारव में मैं डुब गया और देखा तुम राधा हो-राधिका, श्रीकृष्ण की प्राण वल्लभा हो-मेरी भी!"

"तुम्हारी भी?" मण्डन मिश्र के श्याम बालों भरे वक्षस्थल पर मस्तक उरझाते हुए चकित नेत्रों से मण्डन का मुख-मण्डल देखते हुए भारती ने पूछा- "तब तुम मेरे कृष्ण हो, यही न?"

"प्रत्येक नर कृष्ण है; प्रत्येक नारी राधा है- पुरुष और प्रकृति"- मण्डन मिश्र ने अपने ही नयनों के अथाह में डुल जाते हुए कहा!

"भारती ने खनखनाते हुए मण्डन के वक्षस्थल के बालों में अपने पुखराजी पद्ममणि को उरझाते हुए कहा- "अरे वाह रे, मेरे मुरलीघर! मण्डन मिश्र तब सच्चिदाऽनंद आनंद कन्द श्री कृष्ण चन्द्र में मानने लगे हो- देवता के बिना हमारे धुरन्धर मण्डन मिश्र का भी नहीं चला। मैं प्रकृति, राधा और तुम पुरुष-श्रीकृष्ण-यही न?"

"यही, यही!" मण्डन मिश्र ने कहा और भारती की बिथुरी वेणी को अपने हस्त लाघव में लपेटते हुए अपने कण्ठ पर तनिक फटकारा। भारती ने अपना मस्तक ऊपर मण्डन की ढ़्यौढ़ी की ओर सटकाया और मण्डन के भींसे हुए होंठों को अपनी पारदर्शी कान्तिमान अंगुली से स्पर्श कर कहा- "क्या यही, यही, प्रिय!"

"तू!" मण्डन ने हुमुसते हुए कहा- "तू अर्थात् शाश्वत सनातन नारी; जीवनेच्छा, भवेच्छा-जीवन-रति, सृष्टि अविराम सृजन-सौन्दर्य की अभिव्यक्ति। तू, मेरी अनन्य एक मात्र प्रिया, प्रियतमा! मैं कृष्ण हूं अथवा नहीं, इससे अन्यथा कृत क्या हो जाता है रे? मैं तेरे लिये जन्मा हूं- तू मेरे लिये। यही जीवात्मा का इस सृष्टि में भव-संसार है; हम सृष्टि के जीवन धर्म के धारक, पोषक तथा पालक मानव हैं, प्राण मेरी!"

भारती और उझकी और मण्डन के अधर पर अपना सुनहले माणिक्य की आरक्त पुखराजी कान्ति से भरे, पुष्पों की कोमलता से पूर्ण कपोल सटाते हुए कहा- "और मानव?"

मण्डन मिश्र ने अपने आजाऽनुबाहु में भारती की सुमध्यमा कटि को भरते हुए कहा- "मानव? मानव-मानव है; पशु नहीं, पक्षी नहीं-कीट-पतंग नहीं।"

भारती ने रोम-रोम में सिहरते हुए पुनः कहा- "तब पशु-पशु है; पक्षी-पक्षी है; कीट-पंतग कीट-पतंग है। यह भव-योनियां, भव-योनियां हैं; सृष्टि सृष्टि है-विश्व विश्व है-जगत-जगत है, यही न?"

मण्डन मिश्र ने भारती के शरद् पूर्ण बिम्बाऽनन को अपनी हथेलियों में भरते हुए कहा- "यही, यही! प्राण मेरी, चुप रहो; मुझे तुम्हारा यह चन्द्राऽनन जी भर कर देख लेने दो। हां, भारती, प्राणेश्वरी! तुझे देखता हूं, यह सृष्टि रीझ कर मेरे प्राणों में रम जाती है, तुझे देखता हूं जगत मेरे नयनों में एक स्वप्न बन जाता है- तू जैसे मेरे जीवन की अगाध श्री है, सुकृति-प्रेरणा है; प्राणवान अभ्यर्थना है। प्राण! तुम ही जैसी मेरी चिर-मुह्य अगाध मृदुता हो; कोमल-

कान्त पदाऽवली हो। तुम ही मेरी सरस रसाऽनुभूति हो- तुम हो तो यह जगत है; जीवन है....."

"और मैं न होऊँ तो?" भारती ने मण्डन के गण्डस्थल को अपने अधर से स्पर्श कर पूछा।

"ऐसा हो नहीं सकता कि तुम न हो; तुम हो और सदैव रहोगी। यह वेदान्ती ब्रहम की माया कल्पित कर जीवन-बावरे हो जाया करते हैं- जीवन रति का परित्याग कर आनन्द-ज्योति की धारणा में भव के भव व्यतीत करते हैं- परन्तु उनको अपना ब्रहम मिलता ही नहीं! मिलती तुम हो, जीवन की सुन्दर सरस गहन आश्चर्यमयी चकित माया! प्राणेश्वरी, तुम ही नर की जीवात्मा हो- नर? तुम्हारी स्मृति; तुम्हारा स्मरण; तुम्हारी रस-रिझिवार; तुम्हारा सम्मोहन; तुम्हारा ऋतु दान; तुम्हारा रमणीय मनोविनोद, भारती!"

भारती सहसा उचक कर मानो मण्डन के वक्षस्थल पर ही टिक गई; बोली- "तब नारी और नर, प्रकृति और पुरुष की यह मायावी रति ही सत्य है, यही न?"

"यही, प्रिये! सो जाओ- मेरे इस वक्षस्थल पर अपनी यह नागिन सी वेणी को सटा दो। अपने इन आरक्त मुग्ध सम्मोहन से भरे अधरों को मेरे नयनों से सटा दो। लतिका की भांति मुझसे लिपट जाओ, प्राण!"

भारती ने अपने प्रिय प्राण समान पति को अपने अंग-अंग में मानो भर लिया; समेट लिया; मण्डन मिश्र विशाल भाल पर भारती ने अपनी घन कज्जल अलकें मानो बिछा दीं; कोमल कान्त कपोलों से अपने प्रियतम के गण्डस्थल को मानो पाट दिया। अपने बाहुओं में मण्डन के केसरी सम स्कन्धों को लिपटा कर समूचे अपने प्राण को भारती ने मण्डन के रोम-रोम में पूर दिया। मण्डन उन्मुक्त और उन्मद भारती के लसद् वृत्त माणिक्य-कुम्भ के समान पयोधरों में मानो अपने गहन को भर देने के लिये उरझ कर भर गये। पुष्ट, तपः स्नात मण्डन की दृढ़ देह को भारती ने अपने अंग-प्रति अंग में सटा लिया। मण्डन- उसका पति, उसका-नर उसका परमेश्वर तब एक पीपल के वृक्ष के समान था और वह माधवी लता की भांति उसकी शाखा-प्रशाखा से लिपट गई। भारती को लगा, विश्व वृक्ष की एक प्रलम्ब जटा-जूट के समान वह मण्डन को लिये हुए लिपटी हुई है। भारती के मृदु-मृदु अंग थिरक उठे; सिहर उठे। मण्डन मिश्र रोम-रोम में शिथिल होकर मानो अपनी चिर प्रिय प्रियतमा पत्नी के स्वांस-स्वांस में लीन हो गये। बेसुध सुधि में मण्डन को लगा, वह भारती के रूप-सरोवर में कमल की भांति तैर रहे हैं। मानो भारती के त्रिवली-भांवरियों से भरे उदय सरोवर में वह जैसे उमंग से भरे आनन्द की एक चमत्कृति थे। मण्डन को

लगा, भारती की स्वर्णिम गुलाबी किन्तु आरक्त सी देह कान्ति उनके नयनों में भर कर भूताऽकाश में छा गई है और मन के प्रकम्पित क्षितिज अद्वितीय संध्या की स्वर्ण-आरक्त आभा से भर उठे। एक सिहरन रोम-रोम में व्याप कर समूचे भूताऽकाश को मानो थर्रा गई। मण्डन उस मदीले रोमाञ्च में हहर कर ज्ञानेन्द्रियों में अर्ध-जाग्रत हो गये। "मण्डन, मेरे मण्डन!" भारती का प्रत्येक स्वांस पुकारने लगा। "सुनते हो, प्रिय मेरे! सुनते हो?" मानो चित्त के अथाह में एक विरह-कातर स्वर बोल उठा- बसन्त के अन्तिम दिनों में पतझर की आशंका से उद्विग्न कोयल कूक उठी- "मण्डन मेरे! देह के मनोरम बसन्त-क्षेत्र में यह प्रतीक्षाऽकुल कोयल कूक कर कूज कर अब थक रही है। सुनते हो?" यह देह ऋतुओं का रोमाञ्चित विस्तार है; यह मन मदन के सम्मोह का प्रतिनिमिष उभार है; यह बुद्धि, मण्डन मेरे, तुम्हारे अनन्त रूपों की द्रष्टा है; यह चिति-यह मैं समूची, समग्र और समस्त-तेरे हिम श्रृंग से मैं से टकरा कर मानो स्वयं ही निराश हो गयी है। यह मैं तेरे भव-भव की एकान्त अज्ञान चिति-चेतना-अब आज तेरे देह से लिपट कर तेरी यह सघन विस्मृति सी हो गई है। "मण्डन, सुनते हो?" भारती ने मानो अपने नयनों के पलकों पर भविष्य की आशंका को टेर कर स्वयं से ही कहाः "तुम मन ही मन चमके हुए हो, प्राण मेरे। क्या कर लेगा वह युवा सन्यासी? शास्त्रार्थ ही तो करेगा-करने दो उसको अपना शास्त्रार्थ, वेदान्त का विप्रलम्भ, मण्डन! मैं जो हूं। मैं, तुम्हारी शक्ति, तुम्हारी शिवा-तुम्हारी उभय भारती, मैं हूं न! तुम मेरे अगाध नयनों में डूब जाओ। मेरे इन पीन पुष्ट स्तनों में काम दुग्ध होकर भर जाओ मण्डन! सुनते हो? तुम मेरी नाभि में समा जाओ; मेरे उदर की त्रिवलि में उलझ कर मेरी रोम-राजि में भर जाओ। प्राण मेरे, सुनते हो?' रात्रि अब स्वयं ही सघन हो चुकी है; तारिकायें अपने ही मद में छक कर सोने लगी हैं- स्वर्ग-गंगा के नीहारिका-कुञ्ज अब सुनसान होने लगे हैं। यह उद्वेलित रात्रि-तम जगत के काल-प्रवाह की तरंग के समान बह रहा है- कितना विजन है? एकान्त है; मौन है-प्रिय मेरे, सुनते हो? मण्डन! मण्डन! मेरे मण्डन, जागो, मेरे रूप में जागो, मेरे सांसों में जागो, मेरे स्तनों से छलको; मेरे उदय-सरोवर में डूब जाओ। मेरी त्रिवली की सिहरन धाराओं में धंस उठो और मेरी अथाह योनि में कुनमुना जाओ। मण्डन मेरे मदन, मेरे कामदेव, मैं तुम्हारी रति तुम्हें इस मूढ़ भयावह अन्धकार में पुकार रही हूं- सुनते हो?"

मण्डन मिश्र मानो देह के रोम-रोम में एक जाग्रत विस्मृति की भांति भरते हुए चिहुंके- "हुं? हां-हां प्राण!"

"मण्डन, तुम कांप रहे हो?" भारती ने अरभराये हुए स्वर में पूछा

मण्डन मिश्र अपनी देह की नस-नस में लहर कर भारती के गहन किन्तु स्वच्छ नयनों में जाग उठे- "मैं कांप रहा हूं- नहीं तो! यह तेरे प्राण थिरक रहे हैं, प्रिये! यह तेरा मेरे सम्मोह से भरा चित्त उभर रहा है- यह तू मेरे सांसों में भर कर पुनः पुनः रीती हो रही है। कहां, कहां जा रही है- मेरे प्राणों में रम कर यह तू कहां खोये जा रही है? मैं, मैं तुझे पलकों से पकड़ कर जगत को देख रहा हूं; परन्तु यह जगत तेरी छबि का एक विन्यास मात्र है। भारती, प्रिये! तू ही तो है- जो, जो मुझे यों अनादि के आदि से बांधे हुए है; भरे हुए है; समेटे और सटाये हुए है। तू ही तो है, जो मेरी देह की पिपासा मन की चिर-तृष्णा तथा मेरे चित्त का गहन गूढ़ सम्मोह बनी हुई है। मैं इस जड़ जगत में यह भव-भव के फेरे तेरे लिये ही तो काट रहा हूं- तू न होती, तो क्या मैं होता? सुनती हो? मैं क्या कह रहा हूं- यह तू मेरे चित्त में अशान्त ऊहापोह सी भरी हुई हो, भारती! सुन रही हो? मैं क्या कह रहा हूं? सुनती हो?"

भारती ने मण्डन के अधरों को अपनी भौहों से छूआ; बोली- "सुन रही हूं; आंखें खोल कर जो कुछ कहना हो, कहो। विस्मृत से क्या उद्बुदा रहे हो?"

मण्डन ने अर्ध-जाग्रताऽवस्था में कहा- "यह, यह तुम्हारे-अधर? हुं-अधर कवि इन्हीं को बिम्बाऽधर कहते हैं, यही न!"

भारती ने मन ही मन जाग्रत होते हुए कहा- "कवि कुछ भी कहते हों, तुम क्या कहते हो- कहो, प्राण!"

"प्राण? पञ्च प्राण! सांख्य-शास्त्र के प्रणेता महर्षि कपिल कहते हैं, पञ्च भूत, पञ्च प्राण, पञ्च कर्मेन्द्रियां; पञ्च ज्ञानेन्द्रियां, पञ्च तन्मात्रा-इन्हीं का पञ्चीकरण तथा उनके साथ मन, बुद्धि, चित्त और अहं का प्रपंच-यही देह है; भव है- जन्म-मृत्यु है।" मण्डन ने जाग्रत होते हुए कहा- "तुम्हारा यह मनोहर मनोरम देह यही सब है- यही पञ्च भूत प्रपंच!"

भारती ने अपने बाहु शिथिल करते हुए कहा- "और तुम्हारा देह? यह ताम्रवर्णी सुनहली कान्ति से लीढ़पुष्ट शक्ति तथा शील से पूर्ण यह तुम्हारा कमनीय कलेवर भी तो यही है?"

मण्डन मिश्र ने सहसा जैसे कहा- "मैं यही देह हूं- हूं क्या?"

भारती ने अपना बाहुपाश मुक्त करते हुए कहा- "प्राणी मात्र देही है। यह सहज सत्य है, प्रत्यक्षगत तथ्य है; क्यों पूछ रहे हो?"

मण्डन मिश्र ने भारती की शिथिल अस्त-व्यस्त घन-नीलिमा से कवरी की हथेली में उरझाया और उन चमकीले कोमल कमल-तन्तु के समान बालों

को हाथ से वितान रूप बनाते हुए कहा- "केश! कलाप-केश कलाप, प्रिये! कितने कज्जल जल हैं यह तुम्हारे केश, कोमल हैं, दमकीलें हैं- पृथिवी की नीलिमा से भरे यह तुम्हारे केश! गुरुदेव नीलिमा को द्रव्य मानते थे। सच, तुम्हारे केश देखता हूं- तो देखता ही रहता हूं। समूचे आकाश को नीलिमा से भर देते हैं।"

भारती ने हंसते हुए कहा- "और मेरा ललाट?"

"तुम्हारा ललाट? कस्तूरी गंध से अभिसिंचित मृगमद के दिव्य आरक्त बिन्दु से भव्य तुम्हारा ललाट? क्या है?" मण्डन ने सहसा कहा जैसे- "ललाट, भ्रू-भ्रूमध्य, द्विदल-आज्ञा चक्र? मैं तुम्हारे अंग-प्रत्यंग के नाम जानता हूं; क्या है, जैसे नहीं जान कर भी जानता हूं। पञ्च भूत अलग-विलग ललाट नहीं है; भ्रू नहीं है- अधर नहीं हैं। प्राणियों के देह पञ्च भूतों का अद्वितीय चमत्कार है- यह जगत और उसके रूप आश्चर्य हैं, प्राण मेरी! तू अभिनव नित्य नूतन नवीन दिव्य आश्चर्य है।"

भारती ने तनिक उलट कर मण्डन को अपने बाहुपाश में पुनः भरा और कहा- "चुप हो जाओ; मुझे अनुभव करो, प्राण मेरे।"

मण्डन ने भी भारती को अपने आलिंगन में बांधते हुए कहा- "यह लो दो देह-नर और नारी के देह-सट गये। मैं अपनी ज्ञानेन्द्रियों में स्तब्ध सा हो गया; कर्मेन्द्रियों में विजड़ित सा रह गया; प्राणों से घुट गया, प्रिये! प्रियतमे, मेरा रक्त वासन्ती उष्मा से भर कर खौल गया। यह लो, मेरी जंघायें थिरक रही हैं और-और...."

भारती ने अपनी गदकारी सचिक्कन गुलाब के घनीभूत उभार सी उमड़ीली जंघा से मण्डन की कटि को आलिप्त करते हुये पूछा- "और? और क्या...."

"कुछ नहीं। मन करता है तुम्हारा देह सांसों में घोल कर पी जाऊं-तुम्हारा अभिराम लावण्य चूसता रहूं। तुम्हारे चित्त को कर्षित करने वाले स्तनों के काम दुग्ध को चसकाता रहूं। तुम्हारा धावन करता रहूं; तुम्हारी सुमध्यमा कटि को अपनी अंगुलियों में पूर दूं और तुम्हारी कुक्षी में समा जाऊं।"

भारती ने मण्डन को कण्ठ से जकड़ते हुए कहा- "तो समा जाओ मैं तुमको अपने उदर में भरपूर भर देने के लिये सृष्टि की प्रथम पल से आतुर हूं- व्याकुल हूं, प्राण मेरे, पुरुष मेरे।"

मण्डन ने भी सहसा उसको आलिंगन बद्ध करते हुए कहा- "तू, मेरी शिवे-पार्वती; शंकरी मेरी। यहां मेरे विशाल वक्षस्थल पर लेटी रहो, नित्य रसिके! मुझे शान्त करो प्राणेश्वरी.... भारती मेरी....."

चित् होते हुए मण्डन ने भारती के शाश्वत वसन्त के अमृत गंध-प्राणों के उभारों में उमड़े हुए शरीर को अपने वक्ष पर लिटा लिया; कहा "अपने इन मृद्य उरोजों से मेरे इस वक्ष को तोड़ दे; भींस दे...."

भारती ने अपनी चिबुक मण्डन की ठयौढ़ी से अड़ाते हुए कहा- "यह इसके लिये नहीं हैं..."

"तब?" मण्डन ने आलिंगन पाश जकड़ते हुए कहा- पूछा।

"यह तुम्हारे शिशु के दुग्ध पान के लिये हैं...." भारती ने लजाते हुए कहा।

"नहीं।" मण्डन ने भर्राये हुए कण्ठ से कहा- "यह मेरे सभी भवों के त्रिताप मिटाने के लिये अमृत के माणिक्य कुम्भ हैं। शिशु? सभी जीवात्मा मुझे तो जगत में सनातन शिशु ही प्रतीत होते हैं, प्राणेश्वरी!"

भारती ने अपनी घन कज्जल चिकुर जाल से मण्डन को ढंक दिया। मण्डन को लगा, जगत का सरस उभार, गृह्य उमड़, उसको ओत-प्रोत कर गई है। एक प्रकम्पित रस-लीन व्याप्ति उनके रोम-रोम में भर कर विरम रही है। देह के सभी तत्व मानो स्वयं ही घुट कर परस्पर घुल रहे हैं और एक चिर-तृषित पिपासा उसकी रग-रग में लहर रही है। मण्डन ने अपने शिथिल बाहुओं को भारती के ऊर्ध्व कटि-तट पर बांधते हुए पुनः कहा- "प्राण!...."

"प्राण!" मण्डन अपने उच्छ्वास के शब्द घोष में ही मानो खोने लगा। प्राण-प्राणेश्वरी! एक गूंज, प्रतिध्वनि, मधुर गुञ्जन उसकी रग-रग में सिहर-सिहर कर गुनगुनाने लगा। एक सघन तन्मयता छाने लगी और वह जैसे भारती के गदकारे देह की रोमावलि में थिरक-थिरक कर सुधि हीन सा अपने भूताऽकाश के तट पर मुक्त-सांस लेने के लिये जा लगा। मण्डन को लगा, उस माझम रस-रगमग अन्धकार में वह ऊर्ध्व होने-ऊपर, उपरत होने के लिये किसी को पुकारने लगा है। इस अथाह कीच से, इस राग भरे अनुराग से, रस की हिमानी अग्नि से सीदते हुए इस तृष्णामय पार्थिव लोक के सम्मोह से उबारो। उबारो। मण्डन मिश्र जैसे चिहुंका- "भारती, मुझे-मुझे मुक्त कर दे- उबार, मुझे, भारती!"

भारती स्वतः ही सिहर कर कुछ टेढ़ी हो गयी। मण्डन के कान में मुंह भर कर बोली- "क्या कह रहे हो? शान्त-चुपचाप पड़े रहो, प्रिय-प्राण मेरे...."

"प्राण?" मण्डन ने अरभराये हुए स्वर में कहा- "देह? नहीं, भारती! पंचभूत? नहीं; प्राण नहीं; इन्द्रियां नहीं; तन्मात्रा? नहीं-नहीं। केवल तू-तू, मेरी रसिके। प्राणवल्लभे! तू-तू! मैं? नहीं, तू-"

भारती ने मण्डन के मुंह को अपने सीदते हुए अधरों से भर लिया; फुसफुसा कर कहा- "हां, मैं। मैं, प्राण मेरे!"

उस निस्सीम शान्त बेसुधि में मण्डन को लगा, देह का अपार अथाह सागर स्वयं ही मथित हो रहा है। वह जैसे देह-समुद्र के विजन तट पर खड़ा हुआ अपनी और भारती की मुक्त देहों का मन्थन देख रहा है। पारदर्शी प्रकाश में वह और भारती, शिव और शिवा की भांति मुक्त सृष्टि के काल-प्रवाह में बह रहे हों, ऐसा उसे लगा। मण्डन जैसे संज्ञाहीन सा, सुधि रहित इस पारदर्शी दृश्य को देखता रहा- विजड़ित और विमूढ़ सा। तब यह राग का अथाह प्रकाशमय अर्णव, मोह की लय-तरंगों से उद्वेलित? यह-यह ज्योति का आकृति उल्लोलित जल निधि? यह-यह जीवन रति का चिन्त्य सम्मोह, बिब्बोक? यह जीवन स्वप्नों का मौन किन्तु सवाक् नर्तन-यह जीवन का अनहद मण्डन! उसको लगा, भारती की रंगों भरी नवरंगी लसीली मर्मीली उरझीली देह स्वयं ही उल्लोलित-हिल्लोलित होकर उसके रोम-रोम में समाये जा रही है और वह दिग्मूढ़ अवाक् हठात् उभार होकर किसी अनन्त में डुल रहा है। तब तक, मण्डन! नर-नारी का परस्पर भोग-जीवन-रति-यही तब इस सृष्टि और उसके जीवन का एकान्त रहस्य है?" तब भारती मेरा सत्य है तथा मैं भारती का सत्य हूं?" मण्डन ने जैसे उस जाग्रत सी मूच्छंना में तनिक जागते हुए स्वयं से पूछा। "तू और मैं-प्राणेश्वरी! इस अविराम काल-प्रवाह का जीवन-सत्य हैं-हैं न!"

उंध-मुंध उन्मद विभोर और स्वयं विस्मृत सी भारती ने मानो स्वप्न के रीतते हुए अथाह को हथेली से थामते हुए कहा- "हुं। हां, तुम-मैं और, और...."

और? एक प्रतिघोष मण्डन के चित्ताऽकाश में उठा। और? जगत भव-संसार मैं, भारती और? मण्डन जैसे अपनी अवाक् जाग्रत विस्मृति में चौंक उठा और क्या, मण्डन? मैं हूं; जगत है; प्राणेश्वरी भारती है- माहिष्मति है; विद्वद् मण्डली है; भारत है- मीमांसा शास्त्र है; मंगल जन्य मंगल कर कर्मकाण्ड है- सत्य, शिव, मंगल इस अनादि जीवन का एकान्त सुन्दर लक्ष्य है। यह अनादि स्वयं आविर्भूत उद्रेकित सृष्टि है; यह स्वयं स्वप्न भावी विश्व है और उस विराट् वैश्वानर के सूर्य-चन्द्र नयनों के अगाध स्वप्नों के समान यह जगत एवं उनके आश्चर्यवत् चकित करने वाले विचित्र तथा विलक्षण भव-संसार है। मण्डन, इस अभिजात्य जीवन-वैभव के अलावा, उपरान्त भी कुछ और है क्या? क्या भारती के उपरान्त अन्य कोई नारी है? मेरे सिवाय अन्य क्या कोई नर है? इस जगत के अलावा और भी जगत हैं? हैं क्या? अनन्त कोटि ब्रह्माण्ड त्रिभुवन चौदह लोक-स्वर्ग-नर्क, पाताल, काल के यह आलाप यह निवास जीवात्मा की सद्गतियों के धाम-यह अखिल-निखिल है क्या? है; है-है; यह सृष्टि है; विश्व है; जगत है- भव-संसार है। भारती है; मैं हूं- हम हैं; हम सब हैं। यदि कुछ भी

नहीं है, तो सत्य फिर क्या है? निराकार, निरंकार, निरूपम? अचिन्त्य? क्या? जो चिन्त्य नहीं है; चेतना गम्य नहीं है- जिसका संज्ञान और संवेदन नहीं है- वह भी क्या है? सत्य अर्थात् है- अस्ति, सदैव अस्ति, सद्। सद् है तो चित् भी है। मैं भारती सत् चित् और यह प्रेम का भव-संसार आनन्द! हां, भारती! हम दोनों, तू और मैं दोनों ही इस सृष्टि के अनुभव कर्त्ता, ज्ञाता और भोक्ता हैं। ब्रह्म? यदि ब्रह्म है, तो वह जीवात्मा ही है- नर-नारी। जीवन, जीवन की गूढ़ गुह्य गहन रति, अनुराग-सतत् शाश्वत जीवन का मंगलोद्रेक; यही तो मोह है; राग है- यह जड़ चेतन बिल्व, जगत इसी मुहम्ममान जीवन रति की अभिव्यक्ति और अभिव्यञ्जना है। अभेद? भेद का विराम मात्र है। जीवात्मा ही द्वय और अद्वय अनुभव करता है! इस सृष्टि का, विश्व का, जगत का अनुभव कौन करता है? किसका रचा हुआ यह विचित्र आश्चर्यवत जगत है? मेरा-जीवात्मा का! मैं? ब्रह्म? मैं ही सत् चित् आनन्द? मैं ही तब.... भारती! मण्डन मिश्र जैसे अपने ही अगाध में चौंक कर जाग उठा- "भारती? तब क्या ब्रह्म सत्यं जगत् मिथ्या?"

भारती मण्डन के वक्षस्थल से सरक पार्श्व में खच गई और खनखना कर हंसती हुई बोली- "वयम् सत्यं केवलम् वयं सत्यम्। जगत अपने लिये है; अपने लिये सत्य है; अपने लिये भोग्य है...."

"कौन कर्त्ता है इस सृष्टि का, भारती?" आश्चर्य चकित् होते हुए मण्डन ने माझम रात्रि के अंधेरे नील सतार गगन में देख कर जैसे किसी अगम्य से पूछा। भारती ने हठात् और अवाक् से मण्डन मिश्र के चकित् मुख मण्डल को कक्ष की एक रस दीप शिखा के मन्द-हसित आलोक में देखाः अद्वितीय आकृति का यह मानव मुखमण्डल-यह विचित्र विलक्षण अद्भुत दिव्य अनुपम एक मात्र, केवल मानव-मुख-मण्डल! उसका यह भव्य ललाट, यह भू मध्य, यह भौंह कोदण्ड, यह नयन, यह नासिका और यह अधर-यह ठ्यौढ़ी, चिबुक। सघन सचिक्कन चमकीली पञ्च केशी, यह रिमझिमाते हुए कुण्डल-यह थिरकते हुए घ्राण-गन्धी नासापुट। यह मण्डन, मेरा प्राण प्राणेश्वर-यह मेरा आदि भव से भव-भवों का प्राणपति, यह मेरा पुरुष-मेरा शिव! भारती मानो रोम-रोम में जाग गई अपने बाहुओं में उस शिथिल कंचन सी काया को बांधने का अज्ञात प्रयास करती हुई वह बोली- "सृष्टि का कौन कर्त्ता है? सृष्टि है, क्या यह तथ्य ही बस नहीं है? मानव का धर्म जगत में अन्यों का कल्याण साधते हुए सुख पूर्वक जीना है। इस सृष्टि की धारा को बहाये रखना है- मानव काल का कलाकार है, प्रिय मेरे! सृष्टि का सृजक हो अथवा नहीं हो-तो क्या विश्व के स्वप्न-प्रवाह में कोई

अन्तर आयगा क्या? नहीं-यह स्वयं भू, स्वयं प्रकाशित स्वयं ज्ञानमयी ज्ञाता, कत्ता और भोक्ता सृष्टि है-प्रकृति, मैं, मण्डन!"

"तुम?" मण्डन मिश्र ने जाग जागते हुए पूछा- "तुम-तुम प्रकृति? उंह! स्त्री हो न? इसीलिये यह कह सकती हो किन्तु यह जान लो, सर्वदा के लिये कि मुझ पुरुष को तुम सदैव के लिये यों अपने बिब्बोक में अपृहत् चित्त नहीं रख सकती। तुम प्रकृति हो, तो मैं पुरुष हूं- शिवोऽहम्!"

"शिवोऽहम्!" मण्डन मिश्र को लगा, सुदूर क्षितिज को छान कर कोई अनहद ध्वनि वायु मण्डल में भरने लगी है। "शिवोऽहम्! चिदाऽनंद रूपम् शिवोऽहम् शिवोऽहम्!" मन्द किन्तु मन्द्र, मधुर और मुग्ध, खनखनाती, रणझणाती, सभी स्वरों को घोट कर एक अद्भुत आलाप में झंकृत ध्वनि मण्डन मिश्र को सुनाई देने लगी। सभी इन्द्रियों से मन को खींच कर मण्डन ने स्वयं को अपने कर्ण-रंध्र में स्थित कर दिया। अनन्त के अथाह अवकाशों को मथते, झमझमाते, रिमझिमाते, गुदगुदाते हुए मानो "चिदाऽनंद रूपम् शिवोऽहम्" की अनहद ध्वनि दिव्य स्वर तरंगों में नृत्य करती हुई माहिष्मति के गगन को प्रकम्पित कर रही थी। "चिदाऽनंद रूपम्।" जैसे समस्त आकाश को गुदगुदा कर कोई शांत अविचल स्वर में कह रहा था- "चिदाऽनंद रूपम् शिवोऽहम्, शिवोऽहम्!" मण्डन को लगा, जैसे कोई क्षितिज को समेट कर आकृतिवान हो रहा है- कोई है, सामने, कुछ दूर किन्तु अत्यंत पास-कोई है और उसके कानों में कह रहा है- "चिदाऽनंद रूपम् शिवोऽहम्! शिवोऽहम्!....."

मण्डन मिश्र ने मानो उस अदृश्य सी आकृति को पकड़ने की व्यर्थ चेष्टा करते हुए स्वयं को ही कहा- "तुम? शिव? कौन हो तुम! शिव? उंह। मैं, मैं जीव हूं- जीवात्मा!"

"शिवोऽहम्!" उस मंद-मंद्र ध्वनि ने सहसा विलीन होते हुए कहा- "शिव! पाशमुक्त तू- शिव, मण्डन!"

"कौन?" मण्डन चमक जागा और भारती के बाहुओं में से सरक अलग होते हुए बोला- "कोई, कोई मुझको पुकार रहा है- मुझको कोइ पुकार रहा है, भारती!"

भारती अचकचा कर उठ बैठी; बिथुरे केश-बिथुरी कबरी, शिथिल कजरारे, अरुणारे अलसाये हुए से नयन, समस्त देव का उपहास करते हुए आरक्त अधर और मदीली उन्मद, मुख-मुद्रा-भारती ने मरोड़ खाते हुए कहा- "कौन है, मेरे सिवाय, जो तुमको पुकारेगा? मेरा मन तुमको प्रति पल पुकारता रहता है, प्राण मेरे!"

मण्डन ने उसकी ओर इस प्रकार देखा, मानो वह प्रथम बार भारती को देख रहा हो; बोला- "तुम? तुम पुकारती हो, मुझे? नहीं तो। तुम तो एक नारी हो;

सृष्टि में, भव-संसार में बांधने वाली नारी हो। मैं तुमको अच्छी प्रकार जानता हूं-हाड़-मांस का सुन्दर पिण्ड, जिसमें माया भरी है; ममता-मोह और अन्त में शोक से भरा यह देह, भारती! तुम मुझको पुकार कैसे सकती हो? मैं शिव हूं, शिव, समझी! शिवोऽहम्!"

भारती ने उन्मन और दूरस्थ खोये हुए से मण्डन को देखा। अज्ञात किन्तु चिर-ज्ञात सी आशंका से उसका चित्त क्षुब्ध हो उठा। तब वह भविष्यवाणी, ज्योतिषी का असंभव सा भावि-कथन? सच होगा क्या? उर्ध्व, जाग्रत, मतिमान, मुह्यमान, विचक्षण मण्डन-उसका चिर-चिर परिचित पति, प्राण, प्राणेश्वर एक पल में कैसा बदल जाता है? मानो यह आकृति, वाणी, दृष्टि-मति अपने हृदयस्थ मण्डन की हो ही नहीं-यह कोई क्षितिजों के पार से आती हुई गुह्य दृष्टि है, जो जन्म-जन्मान्तरों के मोह-मुग्ध स्वप्नों को पैर देती है। जो भव-संसार के कल्प-कल्पों की मुह्य स्मृतियों को बिला कर एक बुल्ला बना देने वाली आह है- यह मण्डन? गूढ़ और गहन जीवन-चेतन के अगाधों से उबक आने वाला यह मण्डन? भारती टक टुकुर देखती रही। मण्डन मिश्र बैठ गये- दोनों भुजाओं को पलंग की ईसों पर रोप कर सिर धुना कर पुनः बोले- "मैं उस मुण्डी से नहीं डरता- मैं इन सन्यासियों से घबराता नहीं। मैं? मैं मण्डन मिश्र हूं; उत्तर मीमांसा के मायावादियों का कट्टर आलोचक-वेदान्त के ब्रह्म की तिलाञ्जलि देकर अपने पूर्वजों का श्राद्ध करने वाला कर्म काण्ड धुरन्धर मण्डन मिश्र हूं- मैं शिव हूं, समझी? नारी, मैं तेरा मुग्ध नर नहीं हूं- मैं शिव हूं; शिव। संसार का विष मैंने पी रखा है; फिर भी मैं नीलकण्ठ नहीं, मैं शिव हूं जो शिवा से युक्त होकर सृजन करता है; जो भर्ता है- कर्त्ता है- भोक्ता है। प्रतिपल जंगम जगत का जो कलाकार है। कर्म! नहीं देखती तू भारती? यह सब मूक मौन जड़ चेतन प्रवाह क्या है? कर्म-गति है; कर्म-विधि है, समझी! कर्म के इस विस्तृत बहु उद्देश्यी प्रवाह के अन्तराल में शिव है- मैं जीवात्मा हूं- जो मंगल मुग्ध है, मंगल कामी है। मैं, जीवात्मा, शिव! कल्याण का महा मानव मैं सृष्टि का देव; जगत का यम-नियम और भव-संसार का वैरागी रागी! मैं तेरा नर नहीं हूं, नारी! मैं तेरा शिव हूं- समझी? क्या तू मेरी शिवा है? है क्या?"

भारती ने अपराजित शान्ति के साथ कहा- "मैं तुम्हारे लिये वही हूं; जो तुम देखते हो, मानते हो, समझते हो-कहते हो।"

"तुम मुझे स्त्री की कुक्षी से बार-बार जन्म लेने वाला इस भव संसार का त्रिताप तपने वाला मनुष्य मानती हो, है न?" मण्डन ने ग्लानिपूर्वक पूछा- "तुम मुझसे गर्भाधान चाहती हो- संतति चाहिए तुमको, है न? तुम मुझे नहीं, मेरे

ओजस को ही चाहती हो परन्तु मैं तुम्हारी इस सुन्दर देह को नहीं, तुमको-तुम जो आकारहीन व्याप्ति हो, तुम जो गुणहीन गुणमयता हो, तुम जो रहस्यमय आनन्द उद्बूद-हो- तुम जो अत्यंत गूढ़ गहन सरसता हो, जीवन रति की आग हो- उस परात्पर तुझको मैं चाहता हूं- समझी? तुम मेरी नारी नहीं हो; शिवा हो। मेरी उमा हो- तुम शैली पुत्री!"

भारती मण्डन के खोये हुए अगाध कान्ति से मण्डित मुख-मण्डल को अवाक् सी देखती रही। यह उसका चिर-साथी नर, रति से भरा हुआ, राग से रगमगा, विद्या का धनी, शास्त्रवेत्ता, जीव और जगत पर साधिकार सम्भाषण करने वाला तत्ववेत्ता-मीमांसा धुरन्धर उसका प्राण, सर्वस्व और उसका एकान्त मंगल-चिन्तन, यह उवां, मण्डन-प्राणपति! क्या हो जाता है इस मेरे अभिलषित प्राणेश्वर को? कहां खो जाता है, डुल जाता है? जैसे कोई उसको पांव से पकड़ कर सहसा अनन्त के बीहड़ अगाध में डाल देता है। कोई जैसे अपने इस पुरुष को उसके रोम-रोम से समेट कर एक सुगन्धित घ्राण की भांति उड़ा देता है। जन्म जन्मों के पश्चात् उसको अपना यह अचूक रहस्यमय किन्तु कामदेवों का कामदेव, प्रेमियों का राजेश्वर प्रियतम, विलक्षण, महत्वपूर्ण और महान नर इसी जन्म में मिला था- सृष्टि के आरंभ की प्रथम पल की स्मृति में जागृत यह उसकी अन्तरात्मा की अथाह ज्वाला सा, ज्ञानेन्द्रियों की जाग्रत तन्मयता सा, कर्मेन्द्रियों की समस्त आतुरता की भांति-यह देह तीर्थ का वसन्त देव, मन की प्रतिपल की आकांक्षा बुद्धि का मुत्यमान मुग्ध रमण, चित्त का एकान्त कमनीय विराम और अहम् की सर्वतो भावेन पुष्टि का ऐन्द्रजालिक-यह मेरा सर्वस्व? क्या हो जाता है इसको? कौन लगा है इसको? कोई अभिमंत्रण करता है क्या? अवश्य काशी को मण्डन ने क्षुब्ध कर रखा है; पाटलीपुत्र आतुरतापूर्वक तटस्थ हो गया है; प्रयाग मूढ़ व्यंग से मानो देख रहा है। इस महाशय मीमांसक ने शताब्दियों से चली आती अखण्ड वर्णाऽश्रम धर्म की सनातन परम्पराओं का बुद्धि बल से तर्पण ही आरंभ किया है। प्रमाण से सिद्ध तर्क के तेजोमय बाणों की बौछार से मानो रूढ़ पण्डितगण घायल होकर दूर-दूर होने लगे हैं और तब वैदिक सनातन धर्म के प्रबल विरोधी अपने मत-मतान्तरों के भेद भुला कर एक हो गये हैं और मण्डन मिश्र की जय बोलते हुए माहिष्मति की ओर चले आ रहे हैं। सब चाहते हैं, मण्डन की जय हो और सन्यासी वेदान्तियों की पराजय हो। यह युवा सन्यासी शंकर-शंकराचार्य? कौन है यह मायावी मायाविद्? जगत मिथ्या है और ब्रह्म ही सत्य है- मूंड़ तुम्हारी मुण्डी! ब्रह्म ही सत्य है तो यह मिथ्या जगत आया कहां से? ब्रह्मज्ञानी को अज्ञान हो गया है। यह है

इन वेदान्तियों के तत्व-दर्शन का प्रलाप! परन्तु यह युवा-सन्यासी तो जगत और जीव की स्थिति मानता ही नहीं- इसका ब्रह्म तो सभी ब्रह्म और उसके ब्राह्मणों से निराला ही है- ब्रह्म? नहीं, नहीं, नहीं- जगत! जगत, जीव-प्रकृति और पुरुष! मोक्ष? क्या? पुरुष नारी की कुक्षी में ही विरमता है और मुक्त होता है। जन्म को बन्धन और मृत्यु का दण्ड मानने वाले आत्म-वञ्चक हैं। जीव इस जगत का कत्र्ता, भोक्ता, सृष्टा-कलाकार मनीषी और सम्राट आत्मा है; नर और नारी रूप होकर जगत में अवतरता है- विद्यावान और गुणी होकर चतुरता पूर्वक जगत में ऐश्वर्य को भोगता है। भोगते हुए जब शरीर जीर्ण हो जाता है अपने अगाध, अटल जीवन-संकल्प के विज्ञान से नया देह धारण करता है और पुनः जीता है- जीवन अपने ही सत्य ज्ञान और राग का अनन्त स्वप्नों के यथार्थ में जीता है- स्वयं के बहु विध विराट् की प्राप्ति है; स्वयं के अविराम का अनन्त की एक चिरन्तन सिद्धि है; स्वयं के प्रेम की अभिलषित पूर्ति है- स्वयं के अहम् का विविध श्रृंगार है और बुद्धि बल से जगत की विजय है- अवश्य, यह जीवन नर-नारी के स्वाभाविक विरह की स्वाभाविक मिलन तृष्णा है- यह मन की मुग्ध तड़प, चित्त का स्वप्निल उन्माद और अहम् की ऐश्वर्य-कामना की प्रतिनिमिष सुन्दर मंगलमय सम्पूर्ति और पूर्णाऽहुति है- यही तो यह मण्डन कह रहे हैं: मण्डन! मेरे प्रिय, मेरे मण्डन.... भारती 'मण्डन' शब्द की गूंज में ही जैसे बहने लगी। वह जैसे अनाहत शून्य होने लगी थी और एक प्रतिध्वनित गूंज-एक उदास मुह्यमान राग-कातर गुञ्जन, यह मण्डन, उसके चिदाऽकाश के ज्योतिऽर्णु में गूंज रहा था। "शैली पुत्री!" जैसे एक चिर परिचित मुग्ध शिव स्वरूप मण्डन उसको अवकाश के अथाहों से अदृश्य ही, पुकार रहा हो- मैं शैलपुत्री? मैं? भारती अपने चित्त के अनन्त चिद् में उतरने लगी। अन्धकारों के वर्तुल घूमर लेकर बिलाने लगे और चित्त के रंग अनेक इन्द्र धनुषों की भांति तन कर चिदाऽकाश के आकृति हीन क्षितिज में लीन होने लगे। उसे लगा, मण्डन ही उसके अनादि चित्त का रंग है; नव रंग है; गुण है, धर्म है। अपने अतल अथाह चिद् के शान्त गहन में डूबते हुए वह जैसे स्वयं को ही देखने लग गई। मैं तब मण्डन के लिये कुछ भी नहीं हूं? मैं, नारी, तब इस शाश्वत अहम् स्वरूप पुरुष के लिये मुग्ध लवलीन प्रकृति भर हूं? तब मैं केवल पुरुष के क्षणिक राग की पूर्ति करने वाली सृष्टि की ऊर्जा, विश्व की कामनाओं की खानि, जगत के स्वप्नों का चल-चित्र और भव-संसार का मोहमय बन्धन भर हूं? मैं ही तब वेदान्तियों की माया हूं? मैं, स्त्री, नारी-जननी, मैं तब शिव का सम्मोहन करने वाली शिव के अगाध ओजस से अपनी सनातन योनि

परिपूर्ण करने वाली शैलपुत्री भर हूं? नहीं-मैं ब्रह्मचारिणी भी हूं; चन्द्रघण्टा, कुष्माण्डा-स्कन्द माता भी हूं। मैं शाश्वत नारी, प्रकृति अपने परा और अपरा स्वरूपों में, जननी, जगदम्बा, त्रिपुरा, ललिता- मैं जगत और जीवन की श्री विद्या कात्यायिनी हूं। अवश्य मैं जीवन के स्वप्नों की कालरात्रि भी हूं। त्रिताप भरे अन्धकार के तप्त अथाह में मैं सहज शान्ति करने वाली प्रासाद से जगत के महत् को पूरने वाली गौरी हूं- मैं सिद्धि दात्री और रिद्धि दात्री, जगत और जीवन की चिरन्तन कामना, आकांक्षा, स्वप्न और स्मृति हूं- भारती, मण्डन विद्या है, तो तू सरस्वती है। तू सृष्टि की गर्भ धारा, विश्व की समाधि, जगत का चल-चित्र और भव-संसार की सुख-दुःख मय, राग-द्वेष मय नानाऽभिराम श्री हैः सुकृति है; लक्ष्मी है। भारती, तू मण्डन मिश्र की नारी, स्त्री, प्रिया और उसके गृहस्थ की कुल-लक्ष्मी ही नहीं है-तू माया का मोहमय जगत है; जगत का भव-संसार है- तू कामना और कामना के भोग का सुख है। तू-तू ही सत्य के यथार्थ रूपों का आधार और भव के नामों का उद्बोध-सद्बोध है- जीवन का इन्द्रियज संज्ञान तथा स्पर्शों का संवेदन, तू प्राणों की आतुर-व्याकुल गति, तू सौन्दर्य की अभिलाषा और सृष्टि के निरन्तर अविराम सृजन की जीजिविषा है- तू भारती है, उभय भारती-सरस्वती! क्या एक मुण्डी सन्यासी तेरे पुरुष को यों कातर कर हरा सकेगा? श्री चक्र की विभूतिमय शक्ति, श्री विद्या की ऐंकार, ह्रींकार, श्रींकार और क्लींकार स्वरूप मातृका स्वरूप चैतन्य प्रेरणा तू है। मण्डन, तेरा पुरुष तेरे अगाध अनादि सम्मोह के संरक्षण का पात्र है। उसको अपने रोम-रोम के अपराजित सौन्दर्य से भर दे; इस उन्मन मूढ़ अवाक् और क्षत-विक्षत से अपने मण्डन को अपने उभरे भरे स्तनों पर ले ले- उसको अपनी गहन आश्चर्य संभूत कुक्षी में छिपा ले। भारती, सावधान, कहीं मण्डन का यह भव-भवों का अज्ञान कोई ज्ञान-शलाका से मिटा न दे। तुझे देखती रहने वाली अपलक मण्डन की आंखों को कोई उन्मीलित नहीं कर दे-गुरु! अनादि अपूर्व के आधारभूत गुणन के परिणामस्वरूप इस अन्तिम से भव में मण्डन को उसका प्रथम और अन्तिम गुरु प्राप्त न हो जाय। गुरु? मण्डन मिश्र का गुरु? कौन? यह चौदह-सौलह वर्ष की काया का सन्यासी तब मण्डन का गुरु है? होगा? भारती स्वयं ही अपने चिदाऽकाश में स्थित अपलक रहस्यमय चेतना के अथाहों को मानो पलकों से नापने लगी और अपनी अपूर्व अनादि जीवन कामना से मानो मण्डन मिश्र की अस्मिता से पूर्ण अपने चिद् को उद्बुदाने लगी कुनमुनाने लगी। वह मानो मण्डन के ओजस से अपने चित्त को सम्पूरित कर मण्डन की भव-संसार की प्रबुद्ध प्रज्ञा से अपने चिद् को परिपूर्ण करना चाहती

थी। वह स्वयं को मण्डन में और मण्डन को स्वयं में भर-कर परस्पर लीन, लवलीन कर, वह त्रिकाल को पराजित करना चाहती थी। वह स्वयं के सत्य और सहित मण्डन मिश्र को संसार में चिर विजयी, चिर धन्य अजर-अमर कर देना चाहती थी।

08

प्रयाग अब निकट था। शंकराचार्य विभिन्न जनपदों में रुकते, रात्रि व्यतीत करते और दिवस में तनिक विश्राम करते हुए प्रयाग तीर्थ राज की ओर बढ़ते ही गये। हिमालय के अञ्चल से निकलते ही विभिन्न जनपदों के कोलाहल त्रिताप की आंधियों की भांति शंकराचार्य की मण्डली को घेर गये-युवा सन्यासी शंकर जैसे सहज ही चकित और तनिक त्रस्त से एक जनपद से दूसरे जनपद के लोगों को देखते रहे-निहारते रहे। वट वृक्ष या पीपल के नीचे, उनके इतः स्ततः विस्मृत सायों में युवा-सन्यासी शान्त मति से जगत के इस भव-संसार को पेखतें रहे। जगत का नाम रूपों का यह अविराम प्रवाह भवों के संसारों से भरा है; जन्म-मरण की विपुल और गहन तरंगों से भरा काल की यह गुण धर्म मय अभिव्यक्ति, यह उद्धिज, कीट-पतंग पक्षी-पशु मनुष्य यह पञ्च भूत, यह जगत और उसके नाना जीव शंकर को अवाक् कर जाते। पद्मपाद गुरुदेव की अगाध अपलक दृष्टि के मौन मर्म को मानो अनुभव कर लेता और शंकर के अथाह हृदय-गहन में उद्भूत करुणामयी पीड़ा को भांप लेता। कहता- "गुरुदेव! क्या ज्ञानी को शोक हो सकता है? जो देहाऽभिमान से उपरत है उसको क्या जगत के त्रिताप छू सकते है? ज्ञानी क्या गीता नहीं हो जाता, प्रभो!" शंकर अथाह स्नेह से पद्मपाद को तनिक निहारते और मुस्करा देते। सहसा जैसे गांव की सीमा से लोगों के झुण्ड प्रगट होने लगते। लोग त्वरा से, मन्द गति से, भागते और अरभराते हुए आने लगते। शंकर जनपद वासियों को यों त्रस्त और व्यस्त से आते हुए देखते और कहते- "पद्मपाद, एक कसौटी और। निस्संदेह प्रभु परीक्षा ले रहा है। देखा, यह झुण्ड के झुण्ड लोग क्या सजीव शरीर ही नहीं हैं? आत्मतेज, पद्मपाद। मैं इन लोगों के मुख-मण्डल में प्रभु का दर्शन करना

चाहता हूं- जगत ब्रह्म है; जीव ब्रह्म है; जीवन ब्रह्म है- ब्रह्म ही है, तब मैं इनमें सर्वत्र ब्रह्म का अनुभव करना चाहता हूं; सत्य, शाश्वत सनातन सत्य, पद्मपाद! आत्मा ही वह सद्वस्तु है, जो कालाऽतीत और कालाऽधीन अभिव्यक्त होती रहती है। जीवों के यह विभिन्न विचित्र और विलक्षण शरीर इसलिये ऐसे हैं क्योंकि इनका कत्र्ता, भत्र्ता ब्रह्म ही है- ब्रह्म का अज्ञान ही जगत है, जीव है, जीवन है- जन्म मरण है।" पद्मपाद पूछ बैठता- "और मोक्ष? मुक्ति?" आचार्य शंकर हंस कर कहते- "वह भी ब्रह्म ही है, वत्स!"

मौन छा जाता। शंकर मौन, चुपचाप, जैसे गांव के वायु-मण्डल में डूबने का प्रयास करते। गांव के गगन में युवा-सन्यासी शंकर को मानो प्रत्येक ग्रामवासी का सूक्ष्म बिम्ब सा दिखाई देता। व्यष्टि झबक कर एक वर्तुलाऽकार समष्टि हो जाती। बिन्दु तरंग; तरंग संकुल नद अथवा सरोवर होकर अन्तरिक्ष के पारदर्शी आलोक में समा जाता। देहों की सम-विषम गतियों के उभारों में, मानव आकृतियों के सर्वस्व रंग-भरणों की उमड़ों में आचार्य शंकर को एक रहस्यमय साश्चर्य विधि ही अभिव्यक्त होती हुई प्रतीत होती। शंकर जैसे प्रत्येक देह के अन्तराल को पैरने लगते। देही कहां है? है भी? जीवात्मा! आचार्य शंकर एक अनन्य विषाद से भरकर असीम अनन्त आकाश में टक देखने लगते। रूपों के यह उभार तब आकाश के मेघों की भांति ही हैं? यह नानाऽभिराम देही, शरीरी तब उभरे, उबके, उठे, बहे तथा आये और गये? यह नयनाऽभिराम विचित्र विराट तब इस मौन आकाश की आंख मिचौनी भर हैं? यही है क्या उस सच्चिदाऽनन्द परम ब्रह्म की गूढ़ गहन अनेक होने और होते रहने की जीवनेच्छा, जीजिविषा-स्वयं के ऐश्वर्य भोग की कामना का अनादि सनातन शाश्वत उद्रेक? क्या यही सृष्टि की मतिमान, मुह्यमान, सत्य शिव सुन्दर अभिव्यक्ति की गहनातिगहन आश्चर्यमयी उन्मेषमयी स्वयं के अथाह विश्वास से पूर्ण-परिपूर्ण यावत् अखिल-निखिल जड़-चेतन जीवन तथा जगत की कामना-रसवती सरस्वती? सरस्वती? उमा-भारती? मण्डन मिश्र की स्त्री, धर्म पत्नी क्या? सरस्वती-उवां की निराकार-साकार दृश्य-अदृश्य सी मन्द दूराऽरूढ़ स्त्री आकृति आचार्य के अनन्त मानस के अपार क्षितिज से उद्भूत होकर मानो आचार्य के दिव्य नयनों की दिव्य-ज्योति में लीन हो जाती। मण्डन? भारती-हुं। स्वयं से ही तनिक मुस्करा कर शंकर ने पास ही पर कुछ दूरस्थ पद्मपाद से कहा- "लगता है, अपने माहिष्मति-प्रस्थान का समाचार सर्वत्र चला गया है? लोग इससे इतने आकुल क्यों दिखते हैं?"

पद्मपाद ने प्रणाम पूर्वक कहा- "मण्डन मिश्र का कर्म-सिद्धांत सभी को प्रिय है; स्वीकार्य प्रतीत होता है। मोक्ष मार्गी मुक्तिकामी कर्म मर्यादा की गूढ़

परम्परा से सदैव के लिये अवकाश देकर श्रीमद् मण्डन मिश्र कर्म को मंगलमय सुखमय सन्तोषमय अतः मुग्ध-मुदमय कर्म का स्वरूप दे रहे हैं। मनुष्य बुद्धि बल से विज्ञान घन कर्म करे, जीवन में अधिकाधिक सुख प्राप्त करने के लिये; अवश्य मण्डन मिश्र अन्य प्राणियों को दुःख देकर अथवा उनको त्यक्त, दग्ध एवं शोषित कर जीवन का मंगल-सौन्दर्य नहीं चाहते। द्वेष का स्वयं ही दमन करते हुए राग-विभोर होकर जीवन इस जगत में जीते रहना चाहिये....''

आचार्य शंकर ने लोगों के एक झुण्ड को सुदूर अपनी ओर मुड़ते हुए देखा और कहा- ''चार्वाक् दर्शन का यह प्रसाधित कथन प्रतीत होता है। जीव सुख से और सुख के लिये ही जन्मता है; किन्तु क्या आत्मा जन्मता है? नहीं- आत्मा स्वयं ही अपने अज्ञान में अपने ही अध्यासों के भव लेता रहता है। केवल क्षण के लिये ही जीवात्मा जन्मता है; क्षण के लिये ही जीता है। मरण? मरण है क्या? वत्स! पञ्च भौतिक, पार्थिव देह का नाश क्या जीव का मरण कहा जा सकता है? अज्ञान का आत्यंतिक निवारण है; जन्म और मरण जैसा अन्ततोगत्वा कुछ है ही नहीं। आदि में मुक्ति है, अन्त में मोक्ष है, पद्मपाद!''

''जी!'' पद्मपाद ने निकट आते हुए कुछ लोगों के झुण्ड के आगे-आगे उचक-उचक कर चले आते हुए एक व्यक्ति को घूरते हुए कहा; और स्वतः ही कहा- ''शाक्त, कौल प्रतीत होता है, गुरु जी!''

शंकराचार्य ने शान्ति पूर्वक कहा- ''सभी प्राणी शाक्त हैं; किन्तु कौल?''

लोगों का झुण्ड जैसे एक हलचल की भांति रुका और स्थिर हो गया। गांव के मुखिया ने विनय पूर्वक कहा- ''तब आप ही वह युवा-सन्यासी हैं, जिसकी वार्ता सर्वत्र विद्याओं की किम्वदन्तियों की भांति प्रसर रही है, भवान्?''

पद्मपाद ने उत्तर दिया- ''हां, प्रियवर! यही युवा-सन्यासी शंकर है, हमारे गुरुदेव! क्यों?''

मुखिया ने आगे आकर कुछ फल-फूल शंकर को भेंट करते हुए कहा- ''हमारे धन्य भाग्य, जो यती शंकर हमारे गांव की सीमा में पधारे हैं- यह हमारे पण्डित शिव प्रसाद जी शंका-समाधान करना चाहते हैं। यह जनपद श्री चक्र का अन्तेवासी है, पूज्य!''

पण्डित शिव प्रसाद शर्मा ने शंकराचार्य को घूरा; भवें उझकाईं; होठ बिचके और हाथों को हिलाते हुए कहा- ''यती शंकर! शक्ति हीन जगत में कोई स्थान मुझे बता दें। शक्ति हीन एक परमाणु मुझे दिखा दें। तब मानूं- आपके निराकार ब्रह्म को। हम शाक्त जगत को, भव-संसार को शिव-शिवा की गृहस्थी मानते

हैं। सृष्टि स्थिति और रूपान्तरण के लिये बोलिये, भवान्! श्री मान को क्या कहना है!....."

झुण्ड से हास्य के साथ ध्वनि उठी- "हां, हां, क्या कहना है?"

आचार्य शंकर ने मुस्कराते हुए कहा- "आप लोग पास आइये; बैठिये-तनिक शान्त हो जाइये। ब्रह्म चर्चा परस्पर के तर्क से नहीं, विश्वास से ही की जा सकती है। तर्क से शास्त्र, तत्व से जगत और विश्वास से जीवन चलता है- यह जीवन ब्रह्म का स्वयं में स्वयं का अमोघ आत्म विश्वास है, माननीय नागरिकों! निस्संदेह, आपका जनपद तब जगत को जानना चाहता है? जीव को समझना चाहता है?"

पण्डित शिव प्रसाद ने अन्यों के साथ आचार्य शंकर के पास बैठते हुए कहा- "अवश्यमेव, यती शंकर! हम सब गंगाजल पीते हैं; पूजन करते हैं। श्री शक्ति को नैवेद्य चढ़ाते हैं तथा देह-यज्ञ द्वारा अपने ही असुरों की बलि देते हैं। मधु-कैटभ, महिषासुर, चण्ड-मुण्ड, शंभु-निशंभु सब हमारे अन्तराल में ही तो हैं-"

पद्मपाद ने बीच में ही कहा- "मानव में सुर-असुर दोनों ही हैं....."

पण्डित शिव प्रसाद ने तनिक तीव्र स्वर में कहा- "सुर-असुर दोनों ही भगवती भवानी के शासनाधीन हैं। सुर तो देवी की दिव्य शक्तियां हैं और असुर देवी की तमोगुणी वृत्तियां हैं- देवी भवानी ही अपने तम का नाश कर- नित्य प्रतिनिमिष दिव्य शक्तियों का उदय करती रहती है- समझे?"

पद्मपाद ने हंस कर कहा- "और आप श्रीमानों की यह भगवती देवी स्वयं क्या हैं?"

आचार्य शंकर ने हठात् कहा- "परात्पर परमेश्वरी, ब्रह्माणी पद्मपाद! ब्रह्म ही ब्रह्म तथा ब्रह्माणी है। जीवनेच्छा का यह द्वैत संभ्रम सच्चिदाऽनंद ब्रह्म-चैतन्य ही है- शिव ही शिवा है और शिवा ही शिव है। अभिनव गुप्त यही तो कहते हैं। आचार्य अभिनव क्या कहते हैं, सुना है? नहीं? काश्मीर के हमारे यह आदरणीय आचार्य कहते हैं यह जगत और जीव-यह भव-संसार, यह दृश्य-अदृश्य सब, अखिल-निखिल-साकार-निराकार; निराकार-साकार यावत् परम शिव का शिव-शिवा उल्लास है; रति-भाव है- समरस है। परमात्मा परम सच्चिदाऽनंद घन शिव का स्वयं-उल्लास हैं; स्वयं के आनन्द का घनीभूत सम्मोह है। जिस प्रकार नर-नारी उत्पत्ति करते हैं, शिव-शिवा भी सृष्टि की उत्पत्ति करते हैं...."

पण्डित शिव प्रसाद ने बीच में ही बमक कर कहा- "शिव तो शव है, शिवा के बिना। शक्ति ही है, जो शिव-शिवा रूप, नर-नारी रूप प्रगट होती है, श्रीमन्

समझे।" आचार्य शंकर ने प्रसन्न मनसा से कहा- "समझ गया, भगवन्, शक्ति ही है; शक्ति ही थी- शक्ति ही रहेगी। निस्संदेह यह सृष्टि, स्थिति और संहार आद्या शक्ति का ही प्रपंच है- माया है। ईश्वर, जगत और जीव रूप वही आद्या, कल्याणी, काव्य लक्ष्मी, कलि कलुष हे राम् ज्ञान गंगावत्-जगत के रूप और यावत् जीवन-सौन्दर्य के सार स्वरूप रसवती सरस्वती वही थी; वही है- सदैव है..."

पण्डित शिव-प्रसाद ने बीच ही में पुकार कर कहा- "देखा? मान गया यह यती। मैं कहता नहीं था? एक नव युवक क्या भिड़ेगा हम कौलाऽचार्यों से? शाक्तों से अड़ना श्रीविद्या से अड़ना है। कौल ही सृष्टि के श्रीचक्र का आचार्य प्रवर है। यती शंकर! बताओ जब शिव शिवा का सामरस्य ही सृष्टि का मूल कारण है तब तुम्हारा माया परे और परवर्ती ब्रहम क्या करता है? वह जगत और जीव का अनुभव करता है? क्या वह कर्त्ता है? भोक्ता है?"

पद्मपाद ने कहा- "गुरुदेव का ब्रहम कुछ भी नहीं है और सब कुछ है। ब्रहम ही सत्य है; यह जगत ब्रहम का सम्मोहित सम्भ्रम है; यह आत्मा का विभ्रम है-प्रज्ञा स्वरूप जीव का भ्रम है। और जीव? ब्रहम की तनिक उल्लसित ऊर्मि है, महाऽनुभाव कौलश्री?"

पण्डित शिव प्रसाद ने कहा- "कौल-कुल चन्द्र कहिये, ब्रहमचारी जी! हम तुम्हारे इस मायावी गुरु से पूछ रहे हैं- तुमसे नहीं; तुम बीच-बीच बकझक क्यों करते हो?"

पद्मपाद- "बकझक का संस्कृत शास्त्रार्थ है, महाशय!"

"शास्त्रार्थ? तुमसे?" पण्डित शिव प्रसाद ने तमक कर कहा- "लण्ठ कहीं के? तू ब्रहमावर्त कौलाचार्य मण्डलेश्वर से शास्त्रार्थ करना चाहता है? चुप रह, अपने गुरु को बोलने दे। यती शंकर! क्या तुम हमसे शास्त्रार्थ करना चाहते हो?"

आचार्य शंकर ने सस्मित कहा- "नहीं, भवान्! शास्त्रार्थ तो मैं माहिष्मती के धुरन्धर मनीषी पण्डित प्रवर, मीमांसा तत्व वेत्ता, भट्टपाद कुमारिल्ल भट्ट के वरिष्ठ शिष्य महाऽनुभाव मण्डन मिश्र से ही करूंगा। मैं साधकों से शास्त्रार्थ कर नहीं सकता। आपश्री मुझको साधक प्रतीत होते हैं- उग्र और विकृत मार्ग के साधक ही सही, किन्तु आप श्रीशक्ति के उपासक हैं। इसीलिये मैं आपको प्रणाम करता हूं- शास्त्रार्थ नहीं।"

पण्डित शिव प्रसाद ने उपस्थित मण्डली को लक्ष्य कर कहा- "देखा? आ गया यह यती अपनी धुरी पर। कौलाऽचार्य से क्या कोई शास्त्रार्थ करेगा? कौल सभी साधकों का मुकुट-मणि है। शाक्त मार्ग शिव-शिवा के चिर-प्रणय का, परा-

प्रीति का मार्ग है। यह सृष्टि क्या पञ्च मकार का अविराम यज्ञ नहीं है? क्यों, सन्यासी जी? पञ्च मकार में मानते हो?"

पद्मपाद- "नहीं।"

पण्डित शिव प्रसाद ने कहा- "चुप रहो। अपने गुरू को उत्तर देने दो। कहिये, शंकराचार्य जी! क्या कहना है? क्या यह सृष्टि शिव-शिवा का सतत् विहार नहीं है? मैथुन नहीं है? मैथुनी सृष्टि को नहीं मानते तुम, यती?"

आचार्य शंकर ने कहा- "सृष्टि निस्संदेह तत्व सम्पन्न भूतों के पञ्चीकरण से ही नाम-रूप् ग्रहण करती है, महाशय! पञ्च मकार साधना निस्संदेह काम क्रीड़ा द्वारा स्वयं को अथाह कामाग्नि में जलाना है- काम से क्रोध, मद, मोह, लोभ और मात्सर्य मिलता है- मोक्ष नहीं। पञ्च मकार साधना से ऊर्ध्व रेत होकर कुण्डलिनी जागरण क्या सभी साधक कर सकते हैं? योग योगेश्वर ही यह काम कला साध सकते हैं। शिव ही हैं, जो परात्पर परा प्रेयसी शिवा के साथ युक्त होकर त्रिकाल के लिये इस अविराम सृष्टि का सृजन करते रह सकते हैं- शिवा ही वह चिति-चैतन्य है, जो आत्मा को जगत के संज्ञान और जीव के अज्ञान जनित अध्यास में धकेल सकती है- 'ज्ञानिनामाअपि चेतांसि देवि भगवती हि सा, बलादाकृष्य मोहाय महामाया प्रयच्छति।' दुर्गा सप्तशती, महाशय!...."

पण्डित शिव दयाल ने सहसा कहा- "कण्ठस्थ है, यती! हम शास्त्र को बुद्धि में और दश महाविद्याओं को कण्ठ में रखते हैं- हमारे कुलाऽध्यक्ष योगीन्द्र देव समाधिस्थ हैं; अन्यथा तुमको अपने अहं का आस्वाद करवा देते, अब सौ बात की एक बात; शाक्त मत को शिरोधार्य करें- यह समस्त जनपद तुमको अपनी पलकों पर उठा लेगा। कापालिक हम शाक्तों को कौलों को उद्वेलित करते रहते हैं। हम चाहते हैं, तुम उनका अवरोध करो। तुम यदि सिद्धि प्राप्त सन्यासी हो तो इस पुराण कौल मार्गी जनपद का गुरुत्व संभालो। हमारे कौलाऽध्यक्ष योगीन्द्र जी अब परम शिव में लीन होना चाहते हैं...."

पद्मपाद ने बीच में ही पूछा- "आपश्री?"

पण्डित शिवप्रसाद ने बमक कर कहा- "मैं उनका पट्ट शिष्य, शिष्य-प्रवर-हूँ; चुप रहो तुम, जी!"

आचार्य शंकर ने हंस कर कहा- "कौलाऽध्यक्ष योगीन्द्र जी को मेरा प्रणाम कहियेगा। मैं तो भगवत्पाद गोविन्द का नम्र तुच्छ शिष्य हूं। मैं शास्त्रज्ञ, विद्वान, मनीषी आदि कुछ भी नहीं हूं। मैं गुरुदेव की कृपा का नाम-रूप् हूं; मैं परम शिव के शिव-शिवा स्वरूप के अनुग्रह का देही हूं। इस जगत में एक

परिव्राजक की भांति आया हूं- मेरा तो इतना निवेदन है कि शाक्त-सिद्धान्त को विकृत मत कीजिये; कौल मत को उसके उपरत आयामों में ग्रहण कीजिये। पञ्म मकार दैहिक काम की साधना नहीं है, मेरे मत से। काम, क्रोध, मद, मोह, लोभ, मात्सर्य यही मेरे मत से जीवात्मा के पञ्च मकार हैं- इनकी उर्ध्व गति केवल आत्म-चेतना से ही हो सकती है; ब्रहम चैतन्य ही सभी चेतनाओं का आदि अगाध अनादि आधार एवं अधिष्ठान भूत चैतन्य है- ब्रहम-चैतन्य को मीड़िये, महोदय!"

पण्डित शिवप्रसाद ने प्रसन्न अट्टहास्य पूर्वक कहा- "हार गया, यती हार गया। संगम तक यह समाचार फैला दो। यह कल का नव युवा लण्ठ भारती क्या हरायगा मण्डन मिश्र को? मण्डन मिश्र निस्संदेह अपराजित हैं- रहेंगे। इस भारतवर्ष में आज वही एक मनीषी मीमांसक हैं, जो इस विभ्रम से अभिभूत वेदान्ती सन्यासियों का बुद्धि बल से सामना कर रहे हैं- श्रीपर्वत का क्रचक्र, उत्तरा पथ का उग्र भैरव बौद्ध यती और जिन वाणी सूर, कौल, गाणपत्य तथा वैष्णवात्यों के पण्डितों, साधकों और उपासकों की उग्र मण्डलियां माहिष्मती की ओर कूच कर गई हैं, युवा यती! शंकराचार्य! मण्डन मिश्र से भिड़ना ब्रहमावर्त से भिड़ना है, समझे श्रीमान!....."

आचार्य शंकर ने शान्ति पूर्वक कहा- "समझ गया। मैं मण्डन मिश्र को पराजित करने नहीं जा रहा।"

"अच्छा? तब?" पण्डित शिवप्रसाद ने कहा- "तब श्रीमद् पैदल इतनी लम्बी दुरूह बीहड़ यात्रा क्यों कर रहे हैं?"

आचार्य शंकर ने कहा- मुझे कुमारिल्ल भट्ट ने अग्नि ज्वालाओं को भेद कर यह आज्ञा दी है कि मैं मण्डन मिश्र और उभय भारती के दर्शन करूं, उनसे ईश्वर, जगत और जीव के विषय में वार्ता करूं। मण्डन मिश्र जगत के सौन्दर्य तथा जीव के मंगल काम्य से प्रेरित हैं; मैं संभव हो तो उन मतिमान को सच्चिदाऽनंद शिव की ओर आकृष्ट करूं। मण्डन मिश्र को जगत और जीवन के अनादि सतत् असीम मार्गों से विमुख कर सत्य ज्ञान के अनन्त ब्रहम मार्ग की ओर ले आऊं। मैं मण्डन मिश्र की जय चाहता हूं; पराजय नहीं। ज्ञान चर्चा से न कोई जीतता है और नहीं कोई हारता है। ज्ञान-चर्चा से आत्मा का अज्ञान बिलाता है; अन्धकार हट कर ज्योति का आविर्भाव होने लगता है। ज्योति सीमाहीन होकर चैतन्य बनने लगती है और बुद्धि की यह प्रजा, चैतन्य, अध्यासों से मुक्त हो, बन्धन हीन हो, आनन्द होने लगती है- आत्मा से अज्ञान का आवरण हटने लगता है, महाशयों! जगत के शास्त्र और जीवन की विद्याओं

से ब्रह्म-दर्शन नहीं होगा, बान्धवों! आत्म दर्शन तो अथातो ब्रह्म जिज्ञासा के द्वारा ही होगा। मण्डन मिश्र से मैं ब्रह्म-उपनिषद के लिये ही जा रहा हूं..."

उपस्थित मण्डली पर एक घनीभूत मौन छाने लगा। पण्डित शिवप्रसाद जैसे दीपक से पतंग आकर्षित होता है, यों खिंच कर युवा यती शंकर के श्री चरणों में आ खड़ा हुआ। दोनों पांवों को दूरस्थ जमा कर वह खड़ा रह गया; घूर कर बोला- "यती! शिव-शक्ति के सामरस्य के सिवाय भी कोई अमृत है? नहीं; है ही नहीं। अमृत! शाक्त अमृत का पान करता है और आद्या के अनन्त अविराम विराट को देखा करता है- यह मुक्ति नहीं है, तो और क्या है?"

आचार्य शंकर ने कहा- "होने की भावना ही बन्धन है, प्रियवर। क्या चाहते हो? निश्चय किया है? स्वयं को शाक्त तो मानते हो; परन्तु सोचा है क्या कि शिव-शिवा को चाहते हो अथवा परम शिव में लीन होना चाहते हो? क्या चाहते हो?"

पण्डित शिवप्रसाद ने अचकचा कर कहा- "क्या चाहता हूं? वाह! क्या प्रश्न पूछा है? तुम क्या चाहते हो, यती?"

आचार्य शंकर ने कहा- "मुक्ति!"

"मुक्ति?" पण्डित शिवप्रसाद जैसे साश्चर्य चिहुंका।

"जगत से, जीवन से, बन्धन मात्र से मुक्ति!" आचार्य शंकर ने कहा- "मैं नहीं चाहता कि मैं होऊं; होता रहूं- होता चलूं! जनम-मरण की भीति का सर्वथा आत्यंतिक भ्रंश चाहता हूं- अज्ञान का पूर्ण निवारण चाहता हूं।"

पण्डित शिवप्रसाद ने सिर धुन कर कहा- "जगत का यह निरन्तर जो ज्ञान हो रहा है; यह भव जो प्रतिपल जीव जीता है! यती! और फिर कौनसा ज्ञान है? शिव-शिवा का सामरस्य ही योग है; जगत और जीवन से छुटकारा पाकर अक्षय रस-निधि में डूब जाना है- मुक्ति है भी? होती है क्या?"

आचार्य शंकर ने सस्मित कहा- "मुक्ति ही है- आत्मा ही मुक्ति है। यह जगत अज्ञान का सम्मोह है; यह भव-संसार कामना पूर्ति का विभ्रम है। आत्मा- सत् चित्त स्वरूप को अपना अक्षय आनन्द लाभ करना है। प्रियवर, आत्मा को एक दिवस जगत को त्याग कर परमात्मा की ओर जाना ही है।...."

"परमात्मा?' पण्डित शिवप्रसाद ने पुनः कहा- पूछा।

"परमात्मा ही है मित्र मेरे।" आचार्य शंकर ने कहा।

"मित्र! यती मैं तुम्हारा मित्र?" पण्डित शिवप्रसाद ने पूछा।

"हां, जीवात्मा जीवात्मा का मित्र है; साथी है; बान्धव है।" आचार्य शंकर ने कहा- "जीवात्मा के अन्तराल में उसका पिता परमात्मा परम ब्रह्म, विराजमान

है- ज्ञान स्वरूप ने हम जीवों को अपने सम्मोह से ही आविर्भूत किया है। यह जगत उसकी कलाकृति और यह जीवन उसका नाटक है- यह संसार उसका रंगमंच है। मित्र ही प्रकाश की ओर ले जाता है; शत्रु अन्धकार की ओर धकेलता है।...."

"जगत को त्यागना ही होगा?" एक वृद्ध महाशय ने बीच में ही पूछा।

आचार्य शंकर ने कहा- "जो क्षणिक है; क्षण के लिये भासित है, उसको तो त्यागना ही है। संयोग और वियोग मय यह जगत परम सुख की दृष्टि से व्यर्थ है। यह जगत आत्मा के लिये मिथ्या है; जीव के लिये यथार्थ है; किन्तु मोक्ष की दृष्टि से व्यर्थ है- असार! इस लोकालय में मानव-योनि के जीवात्मा को निश्चय करना है, निर्णय करना ही होगा कि मृत्यु लोक के इस विलक्षण मानव-जीवन का एक मात्र लक्ष्य क्या है? यावत् जीवन के उद्देश्य की खोज मानव को ही करनी है- इसीलिये मानव-योनि की देह जगत के विज्ञान से सर्वांगीण है; पूर्ण है- सम्पूर्ण। मानव-देह में रहकर ही जीवात्मा अपने अज्ञान से आवरण हटा सकता है- इस धरा पर मनुष्य आत्म-ज्ञान प्राप्त करने के लिये ही जन्मता है। जिस मानव जीव का पुनर्जन्म हो तो उसके लिये यही माना जाना चाहिये कि वह जगत को ही चाहता है- स्वयं के आत्मा को नहीं। जो परमात्मा परम ब्रहम चाहता है, वह मुक्ताऽवस्था ही चाहता है।"

पण्डित शिवप्रसाद ने कहा- "सब ठीक है; किन्तु कौल-मार्ग का तुम यती! विरोध बन्द करो। हम कौल सार्वभौमिक हैं; स्वामिनी त्रिपुर सुन्दरी के दास और आद्या जगदम्बा के लाल हैं- श्रीचक्र ही हमारी सृष्टि है- भोग और मोक्ष, सन्यासी! तुम क्या समझोगे इस दिव्य परात्पर विज्ञान को? तुम यती, मृत्यु के उपासक हो; जीवन के नहीं। चलो, बन्धुओं! देख चुके इस यती को। निस्संदेह यह शंकर साधक है; योगी है- किन्तु घिसे-पिटे हिंसा से भरे वर्णाऽश्रम मार्ग का सन्यासी है। वैदिक सनातन वर्णाऽश्रम धर्म के अतिरिक्त यह सभी सम्प्रदायों और धर्मों का कट्टर विरोधी प्रतीत होता है- एक हो जाओ और इस चमत्कारी यती का सामना करो। कौल अपराजेय हैं, शंकराचार्य!"

आचार्य शंकर ने सहसा उठते हुए कहा- "आत्मा ही एक सद् वस्तु अपराजेय है। इस संसार में जीत मृत्यु की ही है- जीव तो सदैव काल से हारता ही आया है- जो नश्वर है, केवल धारणा है- अध्यास-मान्यता, वह अन्ततोगत्वा एक क्षण से पराजित हो जायगा। इस अथाह रहस्यमय अव्यक्त से काल के दांतों द्वारा पकड़ी हुई एक पल व्यक्त होती है- एक अर्ध मूर्च्छित बिम्ब को, जगत को। इसलिये लोगों, अपने हृदय-दहर की ओर देखो-आपको अपना ही दिव्य रूप,

दिव्य कथन तथा दिव्य गान मिलेगा। सत्य को अपनी भव-चेतना से अनुभव करो और काल को पराजित कर मृत्युञ्जय बनो-अमर हो जाओ।"

एक वृद्ध व्यक्ति ने हंसकर कहा- "बस, चल दिये क्या?"

आचार्य शंकर ने कहा- "आपके गांव की सीमा में तनिक विश्राम के लिये ही रुका था। सन्यासी रूकता नहीं; ठहरता नहीं; जमता और गड़ता नहीं। सन्यासी काल की अस्थिर पलों का नाम-रूप भर है-स्वयं की संवेदनशील संज्ञानमय सम्भ्रान्ति। यह नाम-रूप शंकर मेरी ही अध्यासित अज्ञान जनित स्वयं की मिथ्या धारणा भर है- मैं आत्म चेतना हूं; परमात्म-चैतन्य! मैं परम ब्रहम का आनन्द सम्मोह और सृष्टि की शाश्वत कामना हूं; किन्तु जीवन में एक मात्र मानव मोक्ष का मार्गी हूं। मण्डन मिश्र को मोक्ष-मार्ग पर लाने जा रहा हूं।"

पण्डित शिवप्रसाद ने कहा- "सँभल सभल कर माहिष्मती की ओर पांव भरना, यती! बौद्ध, जिन, शाक्त-कौल, क्षपणक कापालिक और अन्य सब, कट्टर ब्राह्मण सब तुमको देख रहे हैं। पश्चिमोत्तर भारत तुमको घूर रहा है, सन्यासी! मण्डन मिश्र नये वैदिक कर्म-काण्ड का आचार्य है- ऋषि! वह भोग और मोक्ष में ही मानता है; क्योंकि वह जीवात्मा के सुखद सुन्दर मंगलमय कर्म में मानता है। हमें तुम्हारी मिथ्या नहीं चाहिये; हमें यह यथार्थ ही चाहिये- हम स्वप्न में नहीं, जीवन के यथार्थ में अभिव्यक्त हैं- त्रिपुरा हमारी चिति और चेतना है। सावधान!"

आचार्य शंकर ने हंस कर कहा- "अवश्य सावधान। मैं कहता हूं मानव को प्रति निमिष मृत्यु से सावधान रहना है- असद् अतः असार है ही नहीं, बन्धुओं! प्रतिबिम्ब कब मिलेगा? अच्छा; आशीर्वाद दीजिये कि मैं महात्मा कुमारिल्ल भट्ट का अधूरा कार्य पूरा कर सकूं। हुतात्मा कुमारिल्ल, हमारे श्रद्धेय भट्टपाद, अग्नि ज्वालाओं में जलते हुए देह के पार और परे देख सके। उनको काल के परे और पार ब्रहम का दिव्य आभास हो चला- देह को तिल-तिल अग्नि को समर्पित करते हुए भट्टपाद ने मृत्यु को एक क्षण में खोजा किन्तु उनको मृत्यु मिला ही नहीं। उनको सत ही दिखाः चित् ही मिला- अवश्य, कुमारिल्ल को आनन्द का अन्तिम अवगाहन प्राप्त नहीं हुआ; किन्तु उनकी चिता की एक-एक ज्वाला उस गूढ़-गहन सत चित् स्वरूप आनन्द-ब्रहम की कान्ति की लहर ही थी- अवश्य थी। मैं हाथ उठा कर कहता हूं कि भारत-भूमि का यह जड़ अनात्म चिन्तन दूर करना ही होगा- इस यशोमति पुण्य भूमि भारत को हमें पुनः आत्मा की अनासक्त कर्म-भूमि और जीवात्मा की मोक्ष-स्थली बनाना ही होगा। चैतन्य! हम, जीव, ब्रहम-चैतन्य हैं; जड़ अन्धकार से हमारा कोई नाता न था और न

है तथा नहीं होगा। हम प्रकाश की सुन्दरता और अमरता का रस हैं- हम जन्म और मृत्यु के परे चिदाऽनंद शिव हैं- हम देह नहीं हैं; हम आत्मा हैं- परमात्मा की आनन्द-ऊर्मि हैं।"

उपस्थित मण्डली टुकुर-टुकुर देखती खड़ी रही और आचार्य शंकर अपने शिष्य तथा सेवक शिष्यों सहित चल दिये। उस प्रखर मध्यान्ह में तप्त ताम्र-सुवर्ण की मूर्ति चली जा रही थी। क्षितिज का सहारा लेकर वृक्ष घटायें झपकियां ले रही थीं और खेतों की मेड़ें पगडन्डियों की प्राचीरों के समान बल खाती हुई अनन्त दिशा की ओर इतरा रही थीं। स्वयं ही अपने प्रखर आतप से झुंझला कर सूर्य गगन के मध्य स्वयं के अबाधित सुनहले प्रकाश को घूर-घूर कर मानो देख रहा था। धरती के समूचे अन्धकार को मानो सूर्य देव अब पी गये थ और सदैव के लिये अन्धकार को मिटा देने के लिये स्वयं की अग्नि को ओर घनीभूत कर रहे थे- आचार्य शंकर ने मध्यान्ह के सूर्य की ओर देखा और पुनः अनन्त क्षितिज की ओर देखते हुए कहा- "पद्मपाद! क्या चाहते हैं लोग, वत्स?"

पद्मपाद निकट आते हुए बोला- "भोग चाहते हैं, पूज्य! संसारिक जीव भोग ही तो चाहते हैं? मोक्ष तो एक मिस है, संसारी जीवों के लिये।"

"यही तो अज्ञान है, वत्स! मोक्ष ही है- भोग है कहां?" शंकराचार्य ने त्वरित गति में चलते हुए कहा- "तब क्या एक से अनेक ब्रह्म केवल क्षणिक क्षुब्ध भोग के लिये होना चाहता है? इन बहुत प्रजाओं की धारणा ब्रह्म तब केवल भोग की भ्रान्ति के लिये करता है? आनन्द ब्रह्म में क्षणिक क्षल्लुक भोग-भावना, यह सार हीन मिथ्या भव-भविता-जन्म और मृत्यु के काल का यह अविराम दण्ड-यह भव-संसार। मैं तो इस एक ही भव में घबरा गया हूं। हे भवानी! भवानी!! भवानी!!!....."

उस अकुलाई हुई दुपहरी में भूखी-प्यासी शंकराचार्य मण्डली एक गति में, आकृति की धारा की भांति, सरकी जा रही थी- चली जा रही थी। मूढ़ चुपचापी में सब के शरीर स्वयं ही अपनी सहज सधी हुई गति में चल रहे थे। आचार्य शंकर ने मानो अपने शरीर को चलते रहने की आज्ञा दी और स्वयं भ्रू मध्य अपने द्विदल में मानो स्थित हो गये। ज्ञानेन्द्रिय आंख अपनी रूप तन्मात्रा द्वारा आस-पास के जगत को देखती रही; हाथ हिलते रहे और पांव चलते रहे- मानो धरती को सदैव से जानते हो। यती शंकर मानो ज्योति की एक दीर्घ अदृश्य ज्योति होकर माहिष्मती के गगन को पैर कर पूजन में ध्यानस्थ मण्डन मिश्र के मानस पटल पर छा गये। अपने आकुल ध्यान में मण्डन मिश्र ने सहसा मानो देखा-निहारा एक युवा सन्यासी अपने शिष्यों सहित माहिष्मती

की ओर मन्द-मन्द मलयाऽनिल की भांति बहा चला आ रहा है- यही यही वह शंकर है क्या? मण्डन मिश्र ने हहर कर आंखे खोल दीं और अपने आस-पास, चारों ओर देखा। मण्डन मिश्र को लगा जैसे मन के आकुल अथाह से यती शंकर की मन्द होती हुई छबि मन्दिर के गर्भ-गुम्बज में उभर रही है और पाषाण की कला-कृतियों से उलझती जा रही है- यह, यह छोकरा? यह नव युवा, यति? सन्यासी? विद्वान? मनीषी-यह शंकराचार्य? मण्डन मिश्र ने पास ही उपस्थित पुजारी जी से कहा- 'मैंने शर्मणा को भेजा था, यती शंकर को देख आने के लिये! लौटा या नहीं? कालिन्दी कहां है?"

"जी, कालिन्दी तो कभी की चली गई है" पुजारी जी ने नम्रता पूर्वक उत्तर दिया- "श्री शर्मणा आज्ञाऽनुसार गये ही हैं- लौटे नहीं हैं"

"लौटा नहीं है, वह तरंगी? भंग घोटता और भंग पीता हुआ कहीं भटक रहा होगा- सो रहा होगा। मण्डन मिश्र ने झुंझला कर कहा- "जिसको आश्रय दो, जिसका उपकार करो, वह समय पर साथ नहीं देता, काम नहीं आता। शर्मणा ने यती को बाल्याऽवस्था में देखा है- मैं चाहता था, इस यती को एक तरंगी की आंखों से दिखवा लूं। क्या है इस युवा यती में ऐसा जिससे सारा उत्तराऽपथ आतुर और आकुल हो गया है- हमने इन मिथ्याऽवादियों की अनेक बार धज्जियां उड़ा दी हैं। गोविन्दपाद का यह बाल-पौगण्ड शिष्य हमसे शास्त्रार्थ करेगा? हम भट्टपाद नहीं हैं जो भावुकता में आ जांय। हम माहिष्मती के मण्डन मिश्र हैं। जीर्ण शास्त्रों के स्थान पर नये शास्त्र रच सकते हैं। हम कहते हैं, ज्ञान स्थिर हो कर अज्ञान का कीच हो जाता है; विद्या असफल होकर विकृति हो जाती है- भोजन अपच रह कर विष हो जाता है। कर्म! यह जगत् कर्म भूमि है अतः भोगभूमि है अतएव सुख-संतोष प्राप्त करने की धर्म स्थली है। नहीं है?"

पुजारी जी ने सिर हिला कर कहा- "और क्या है जगत यदि यह नहीं है? यथार्थ को नकारने के चिन्तन को मैं दर्शन शास्त्र कहता ही नहीं, श्रीमद्! दर्शन यावत् जीवन-दर्शन है; समस्त विश्व-प्रपंच का ज्ञान है- विधाओं का सफल विज्ञान है। अवश्य है, श्रद्धेय! जो कुछ है वह जीवन है; जीने वाला जीव है और उसकी कर्म भूमि, धर्म भूमि तथा भोग भूमि जगत है- इनके परे और पार ब्रह्म हो तो हो, हमें उससे क्या लेना-देना है? मुक्ति? उहं, मुक्ति, श्रीमन्! जीवन जगत के ऐश्वर्य का धर्म पूर्वक भोग करना है...."

मण्डन मिश्र ने पुजारी जी की ओर घूर कर कहा- "आप तो मुझको उद्बोधन ही करने लग गये। यह सब हमें ज्ञात है- हम मोक्ष को नहीं मानते-

आत्मा? एक रहस्यमय कथन मात्र है- जगत और जीवन के परे और पार एक आश्चर्यमयी कपोल-कल्पना भर है, समझे!"

"जी!" पुजारी जी ने कहा- जी, समझ गया।"

"आरती!" मण्डन ने सहसा पुकारा- "आरती! भारती कहां है? भारती, आरती, सुना-आरती!"

भारती ने गर्भ के नेपथ्य से प्रगट होते हुए कहा- "आरती तो पुजारी जी नित्य ही संजोते हैं- संजोते आये हैं। आज आरती मझसे क्यों मांगी जा रही है, आर्य पुत्र?"

मण्डन मिश्र ने कहा- "आरती की शत वहिनियां मैं तुम्हारे कर-कमलों में उद्भासित देखना चाहता हूं। स्वर्ण-आरती के शत-शत अधर ज्योति-शिखायें होकर तुम्हारे करारविन्दों में जगमगा उठें, प्रिये! आओ, आज आरती तुम उतारो; मैं तुम्हारे केयूर को स्पर्श कर खड़ा रहूंगा। नृत्य सा करती हुई शत शिखाओं की लास करती हुई ज्योतियों में मैं आज इस शिव-शिवा की प्रतिमा को जी भर कर देखना चाहता हूं और, और भारती! तादात्म्य भी करना चाहता हूं- मैं शिव, तुम शिवा! क्यों पुजारी जी!"

"जी, अवश्य! उचित, समुचित, श्रीमन्!" पुजारी जी ने शत-शिखा आरती प्रज्वलित करते हुए कहा- "शिव-शिवा; वाह! क्या रूप है- स्वरूप है- विग्रह है?"

भारती ने कहा- आर्य पुत्र; शिव होने के लिये विष पान जो करना पड़ता है। शिवा होने पर देदीप्यमान यौवन को जला देना पड़ता है। सृष्टि-सौन्दर्य के रागों से भरा चित्त वीरान कर देना पड़ता है। शिव सृष्टि के स्वैर नहीं हैं; शिवा जगत की वीरांगना तो नहीं है। ज्ञान और प्रेम का यह अभिन्न समरस विग्रह है। सत से पूर्ण, चिद् से भरा-आनन्द में लीन, मण्डन!....."

"वही तुम्हारा आनन्द ब्रह्म?" मण्डन मिश्र ने तनिक उच्च. स्वर में पूछा।

भारती ने मानो आरती की प्रज्वलित शिखाओं में अपने प्रकम्पित रूप को देखने का अनायास प्रयास करते हुए कहा- "देह के परे और पार आनन्द है भी, प्रिय मेरे?"

"कौन जानता है, भारती!" मण्डन ने कहा और उसका केयूर थाम लिया। सौलहों श्रृंगार में सज्ज भारती ने अपने सरोज नयन ध्यानस्थ किये और शत-शिखा आरती उठाई। झालर-घण्ट तुरही आदि बजने लगे। प्रकम्पित निनादों से मन्दिर का मण्डप भर गया; गहगहा और गूंजने लगा। सुघड़ गुलाबी पिरोजी सघन सचिक्कन हस्त लाघवों में आरती की दीप्त शिखायें कांप कर जगमगाने लगीं- जलहलने लगीं। शिव शिवा की प्रतिमा शत-वहिनयों की वेपथु ज्योतियों

में चमकने लगी- दमकने लगी, केयूर की लम्ब त्रि-लट के अन्त में गुंथे नवरत्न के झूमखे को पकड़ कर स्थिर खड़े हुए मण्डन मिश्र ने एकाग्र चित्त से शिव-शिवा के सहज आलिंगन बद्ध विग्रह को देखना आरंभ किया। निराकार? क्या निराकार? आकार-आकार, गुण-मर्म से पूर्ण गतिशील आकृति-यही तो यह सृष्टि है; विश्व है; जगत है। जीव है- मैं हूं; यह केयूर सुष्ठ भारती है- है, मण्डन! मण्डन को लगा, शिव की पुष्ट जंघाओं पर बैठी हुई आलिंगन-बद्ध पार्वती और यह आरती उतारती हुई शोभामयी भारती एक ही सुन्दर आकृति है। वही तीक्ष्ण भौहों के कोदण्ड; वही बंकट पलकें; वही स्वयं मगन नयन-वही नासिका, नासापुट। वही, वही मधुराति मधुर अधर द्वय। वही चिबुक; अरे, हां, वही सौम्य सुन्दर शील भरा मुदमय मुख-मण्डल! भारती? पार्वती? अवश्य, मण्डन!। तेरी यह अद्वितीय सज्जनों को भी अपृहत् चित्त करने वाली भारती शिवा ही है। नारी, चिरन्तन नारी। रमणी, जननी, माता, भगिनी, सखी-नारी! और नर? मैं तब क्या शिव नहीं हूं? शिव, मैं? मैं शिव? नहीं तो। मण्डन तू मीमांसा शास्त्री ब्राह्मण है- गृहस्थ- इस महान पुराण भारत वर्ष की नागरिकता का मौली-चक्र है। तू कुमारिल्ल भट्ट, भट्टपाद का संक्रान्तिकारी पट्ट शिष्य है। आज समस्त उत्तरापथ तेरी ओर निहार रहा है, मण्डन मिश्र! अपनी इस सुन्दर नारी से मन हटा और एकाग्र हो जा। उस यती शंकर को अपने तेज से दग्ध कर दे। उसकी मिथ्या का आवरण चीर दे; उसकी माया को छिन्न-भिन्न कर दे। विश्व की त्रिपाल ज्वालाओं में भव-संसार की कर्म-गति को परिष्कृत कर इस धरती पर यथार्थ के शील का, सौन्दर्य का, शान्ति का मार्ग प्रशस्त कर! अवश्य!!!

आरती समाप्त हो चुकी थी; वाद्यों के घोष थम चुके थे; मन्दिर के मण्डप में चुपचापी भर गई थी। भारती उसे दो नयनों से नहीं, मानो शत-शत नयनों से घूर रही थी। पुजारी जी चित्रलिखित से खड़े थे।

मण्डन मिश्र ने ध्यान से जागते हुए उसांस भरा और कहा- "उस मुण्डी को हम अपने गृह में आने ही नहीं देंगे। पुजारी जी! हमारे आवास का प्रत्येक द्वार बन्द रहेगा। माहिष्मती के मार्ग अवरुद्ध कर दीजिये- भीड़, उत्तरापथ से यह कैसी भीड़ चली आ रही है?"

"भीड़ नहीं है। उत्तरापथ के तत्वज्ञ, पण्डित मनीषी हैं, जो उस यती और तुम्हारा शास्त्रार्थ सुनने आ रहे हैं।" भारती ने कहा- "मैंने शर्मणा को आतिथ्य के लिये प्रबन्धक नियुक्त कर दिया है।"

"अच्छा?" मण्डन मिश्र ने उत्तेजित स्वर में कहा- "भारती हम उस यती को माहिष्मती में घुसने ही नहीं देंगे। तब फिर वह हमसे शास्त्रार्थ कैसे करेगा?"

भारती ने शान्ति पूर्वक कहा- "माहिष्मती के मण्डन मिश्र भारत ख्यात मीमांसा मनीषी हैं- तर्क भीरु, विचार कातर और पूर्वाग्रहित परम्परा के विद्वान नहीं हैं। जो शास्त्रार्थ से भागे, वह पण्डित नहीं है, मण्डन!

"तुम उस यती शंकर से मेरा अपमान करवाना चाहती हो? मैं भला उस नव युवा छोकरे से शास्त्रार्थ करूंगा?" मण्डन मिश्र ने रोष पूर्वक कहा- "मैं जमदग्नि, बादरायण- स्वयं शबर स्वामी से भी स्वयं शास्त्रार्थ के लिये नहीं कहूंगा। भट्टपाद चाहते थे, मैं उनके श्लोक वार्तिक पर टीका लिखूं- मैं चुप रहा। श्लोक वार्तिक तंत्र वार्तिक-टुप्टीका। तर्क, तर्क-केवल तर्क! संसार की कर्मगति तार्किक तो है, भारती! परन्तु केवल तर्क- परम्परा नहीं है, समझी!"

भारती चुप रही, तो मण्डन मिश्र ने जैसे अनायास आघात खाकर कहा- "तुम नहीं समझोगी? क्यों समझने लगी? नारी ज्ञान और विज्ञान को सुन लेती है- समझती नहीं। उसको तो सन्तति, उत्पत्ति, पोषण-यही भव-संसार का व्यवहार समझ में आता है। क्षणिक और क्षल्लुक यह एक पल, एक क्षण तुमको भाती है। नारी स्वयं को जगत और भव-संसार का केन्द्र मान कर स्वयं ही मूढ़ किन्तु सम्भूत बनी रहती है- अवश्य!....."

भारती ने चिहुंक कर कहा- "आर्य पुत्र! कथन की भी सीमा होती है। वैदिक वर्णाऽश्रम धर्म का केन्द्र नारी नहीं है तो क्या नर है? वेदान्त के सिवाय अन्य सभी दर्शन, तत्त्व ज्ञान, तत्त्व बोध जो कुछ भी कहें आप, सब नारी की व्याख्या, गवेषणा, मीमांसा, नाप और तौल हैं। मेरे मत से वेदान्तियों का साकार ब्रह्म नारी है।"

मण्डन मिश्र सहसा ठहाका मार कर हंस उठे; बोले- "ब्रह्म? कहां है, प्रिय? और यदि ब्रह्म है तो ठीक कहती हो। ब्रह्म तुम हो-नारी बस, अब!"

भारती म्लान मुस्करा दी; फुसफुसाई- "मण्डन मिश्र! युवा सन्यासी का आत्म विश्वास पूर्वक सामना करो। दबको नहीं। यदि यह जगत और जीव-ईश्वर आदि ही अन्तिम आत्यंतिक यथार्थ हैं- यदि यह क्षणिक किन्तु अविराम अनन्त चिरन्तन ही सत्य है, तो मिश्र जी! युवा सन्यासी की बोली बन्द कर दो। इस मृत्यु लोक में मानव-जीवन का जो वस्तुतः सत्य और शाश्वत उद्देश्य है, उसको वेदान्त की विचित्र मिथ्या से छुटकारा प्रदान करो, मण्डन मिश्र! यह मायावाद-बुद्धि और व्यवहार के परे और पार सत्य की निराकार धारणा का मति-भ्रम बहुत हो चुका है। इस धरती पर मानव इस क्रियाहीन, जीवनहीन, रसहीन शून्य से कभी का ऊब चुका है।"

मण्डन मिश्र ने भारती के दमकते हुए मुखारविन्द को देखा और कहा- "इस समय वह युवा-सन्यासी यहां होता तथा तुमको देखता। सच कहता हूं, तुम्हारी

यह रूपवान, सुन्दर, सुघड़ और आकर्षक छबि को देखकर अपनी मिथ्या की मिथ्या को समझ लेता। प्रिये, तुम हो; तो मुझे जगत की नश्वरता नहीं दिखती; तुम हो तो जीवन का क्षण भर का सुख मुझको अनन्त प्रतीत होता है- हां, भारती! मैं उस यती शंकर को देख लूंगा। माहिष्मती तक आते-आते उसको पता लग जायगा कि मण्डन मिश्र से नहीं यदि उसको शास्त्रार्थ करना ही है तो वह उभय भारती के शुकों से ही शास्त्रार्थ करेगा। गुरुदेव व्यर्थ ही इन बौद्ध भिक्षुओं के पीछे पड़े थे। भारतवर्ष के चैतन्य का महारोग तो यह वेदान्ती सन्यासी है, यह मुण्डी!"

मण्डन ने भारती के कटि तट को अपने बाहुओं में भरा और कहा- "चलो अतिथियों का प्रबन्ध देख लूं। वह तरंगी कहीं कविता नहीं करने लगा हो। मैंने उसको प्रयाग भेजा था- उस मुण्डी यती को देखने। आया और मुझसे मिला ही नहीं।"

तभी शर्मणा ने पार्श्व से प्रगट होकर कहा- "मैं तो कभी का युगल जोड़ी की आरती देख रहा था।"

"शर्मणा! तुम ढीढ होते जा रहे हो।" मण्डन ने कहा।

"ढीढ, मैं?" शर्मणा ने आह भरते हुए कहा- "महाशय! मण्डन मिश्र जी! अभी तक स्त्री की लात आपने खाई नहीं है; नारी का विश्वासघात सहा नहीं है। भारती भाभी जैसी स्वप्न में भी प्रेम करने वाली जन्म-जन्मान्तरों की पत्नी मिली है अतः यह बुद्धि की धुरन्धरता पाल सके हो।...."

"कालिन्दी तब तुमको त्याग गई?" मण्डन ने पूछा।

शर्मणा ने सिर धुना कर कहा- "वह महादेवी अपर्णा की सखी हो गई है। महाराज राज राजेश्वर सुधन्वा के महाकाल के मन्दिर में देवदासी होगी। उसका नाम न लें, महोदय! इस जगत के मानव-जीवन में नारी की अवज्ञा तिरस्कार और नारी द्वारा त्याग जो नर सह लेता है, वह अन्त में सन्यासी ही हो जाता है।"

भारती ने चिहुंक कर कहा- "शान्त, शर्मणा! शान्त!"

09

संगम से कुछ दूर किन्तु त्रिवेणी के पास भट्टपाद की चिता के स्मरणीय स्थान पर आकर आचार्य शंकर जैसे सदैव के लिये रुक गये। निरन्तर शंकर भट्टपाद की चिता की स्मृति के पास बैठे रहते। चिता की भस्मि कभी की उड़ चुकी थी और अनन्त में लुप्त हो गई थी; किन्तु जैसे चिता थी- भस्म का बिखरा-छितरा ढेर था। चारों ओर बीहड़ किन्तु मूढ़ शान्ति व्याप्त थी। एक चुपचापी, जिसमें युग के युग सोये हुए थे और मन्वन्तर मानो जागने के लिये अपनी काल-पलकों में कुनमुना रहे थे। आचार्य शंकर जैसे सोचते हुए बैठे रहे और तीसरे दिन तो उनका विचार करना भी स्वयं ही शून्य हो गया। पद्मपाद और अन्य सेवक शिष्य अहर्निशि शंकर को घेर कर खड़े रहते-बैठे रहते। उनको भी जैसे देह का भान नहीं रहा। भूख-प्यास-थकान-निद्रा-सब जैसे आचार्य की गहन अथाह दिव्य दृष्टि से सोख लिया था। अवश्य, पद्मपाद ने कुछ दिव्य औषधियां एकत्रित कर रखी थीं। हिमालय सन्यासियों को सब कुछ मानो देता है। हिमालय का भेषज ही सन्यासियों और उनके शिष्यों के लिये भोजन हो जाता है। जनपदों में भिक्षाsटन करते हुए घूमने वाले परिव्राजक अरण्यों के बीहड़ एकान्त तथा पर्वतों की उपत्यकाओं में हिमालय के दिव्य भेषज से ही जीते हैं किन्तु आचार्य शंकर ने दिव्य भेषज नहीं लिया था- तब भी आचार्य का तप्त ताम्र-सुवर्ण-वर्ण देह एक पारदर्शी दमक से भरा था। कुमारिल्ल भट्ट की चिता के स्थान पर बैठे हुए आचार्य ने पद्मपाद तथा अपने अन्य सेवक शिष्यों को देखा-बार-बार देखा और कहा- "मैं कहूं तब तुम सब माहिष्मती की ओर चल देना।"

"आपश्री?" पद्मपाद ने पूछ लिया।

"यह देह आकाश-मार्ग से माहिष्मती जायगा, वत्स!" आचार्य शंकर ने कहा- "आकाश मार्ग से माहिष्मती की ओर कदाचित् अन्य योगी भी प्रस्थान करें। पद्मपाद, हम मण्डन मिश्र का व्यूह जान गये हैं। एक प्रबल विरोध ही उन मतिमान ने हमारी इस यात्रा के विरुद्ध संयोजित किया है। मैं विरोध में नहीं, सरोध में, तोड़ में नहीं, जोड़ में, संशोधन और परिष्कार में विश्वास करता हूं। ब्रह्म की धारणा के सभी मार्ग उसकी उपासना के ही मार्ग हैं, वत्स!"

"जी!" पद्मपाद ने तनिक म्लान होते हुए कहा- "किन्तु हम माहिष्मती पहुंचेंगे कब तक, पूज्य?"

आचार्य शंकर ने कहा- "तुम सब जब माहिष्मती की सीमा में होंगे, तब मैं संगम के तट से आकाश-मार्ग में स्थित हूंगा और माहिष्मती में अवतरित हूंगा। यह कोलाहल क्या है, वत्स?"

दूर से अनेक वाद्यों के निनादों का एक व्याकुल सा संकुल गगन को उद्बुदाने लगा। पद्मपाद तथा सेवक शिष्यों ने देखा; मानो सारा प्रयाग राज ही उमड़ा चला आ रहा है। केतु, अनेक रंगबिरंगे, विचित्र केतु संख्याबद्ध आकाश में कांप रहे हैं- लहरा रहे हैं- उझक और उठ रहे हैं। शनैः शनैः पास आते हुए उस आतुर-आकुल समुदाय की ओर आचार्य शंकर ने तनिक देखा और मुस्करा दिये; बोले- "आज हमारी परीक्षा लेने के लिये तीर्थराज यों अवतार धारण कर आ रहा है। कुमारिल्ल भट्ट! निस्संदेह आप गंगा की आत्मा और यमुना का अन्तः$करण हो- आप सरस्वती की गूढ़ दृष्टि और विधाता की गति-मति हो। भारत-भूमि का अन्धकाराच्छन्न भाग्य आपने देखा और भविष्य का निर्माण हमें सौंप कर जल गये- अग्निदेव! हमारा यह धीर-वीर अमित ओज से पूर्ण जगत तथा जीव के मोक्ष मार्ग का विधायक भट्टपाद क्या अब भी काल के मूक, मूढ़, मौन अथाह गह्वर में जड़ को ही देखता हुआ स्वयं क्षुब्ध और मूर्च्छित है? भट्टपाद, कहां हो?" एक प्रतिघोष उठा- "भट्टपाद अजर हैं; अमर हैं।" आचार्य शंकर ने देखा विशाल जन समुदाय पास आकर ठिठक गया है। आचार्य ने देखा, शत्-शत् नयन उनको देख रहे हैं; टुकुर रहे हैं- घूर रहे हैं। सहज आश्चर्य और अगम की भीति से भरी हुई वह शत् सहस्त्र आंखें आचार्य को अगोचर तथा अनिर्वचनीय अदृश्य चैतन्य के जलधि में विचित्र मछलियों की भांति लोलित प्रतीत हुईं। नयनों के गवाक्षों से झांकती हुई यह चौकन्नी तथा भीति से पूर्ण आंखें आचार्य के मानस-सरोवर में लहरा उठीं। यह लोग क्या चाहते हैं? क्या चाहते हैं यह लोग, जीव, मानव-जीवात्मा-गण क्या चाहते हैं? आचार्य शंकर ने

उठते हुए सबको-उपस्थित मेदिनी को क्षितिज तक भर कर, नाप कर देखा और अपना आजाऽनुभुज उठा कर कहा- "कल्याण हो।"

पद्मपाद ने समुदाय को प्रणाम करते हुए उत्ताल स्वर में कहा- "आचार्य शंकर के सानिध्य में स्वागत है; शुभाऽगमन!"

समुदाय हिला; हुमुसा; लोलित-उल्लोलित हुआ और जैसे पुनः अपने मूक-मूढ़ मन के एकान्त में सो गया। आचार्य शंकर ने पुनः अपने आजाऽनुभुज से अभयपूर्ण आशीष देते हुए कहा- "भट्टपाद भारत भूमि के धर्म वीर थे; धर्म धीर थे और आज वह स्वनाम धन्य कुमारिल्ल भट्ट सनातन वैदिक धर्म की सिद्ध अचूक मर्यादा की रक्षार्थ हुतात्मा हैं। भट्टपाद इस पुराण भव्य और दिव्य भारत राष्ट्र के आत्म वीर हैं, महाशयों, महोदयों! मित्रों!....."

"कुमारिल्ल भट्ट अमर हैं।" पुनः गहगहती हुई ध्वनि उठी; कोई चिल्लाया- "यती शंकर! आचार्य भट्टपाद के तिरस्कार का हम प्रतिशोध चाहते हैं। बौद्धों को हराओ-परास्त करो इन व्यर्थ शून्य वादियों को।...."

किसी ने उत्ताल स्वर में कहा- "माहिष्मती क्यों जा रहे हो? मण्डल मिश्र तो वैदिक सनातन वर्णाऽश्रम धर्म में मानते हैं- नहीं मानते क्या?"

"मीमांसकों को परास्त कर क्या पालोगे, सन्यासी!" समुदाय के मुखियाओं में भी अग्रणी प्रतीत होने वाले पीठ व्यक्ति ने पुकारा "परास्त तो इन मायावादियों, मिथ्यावादियों, भ्रान्तिवादियों को होना है। यह संगम, इसकी शाश्वत धारायें मिथ्या है। भ्रान्ति है? बोलो?"

"हां। हां उत्तर दो।".... एक व्यापक व्याकुल हो- हल्ला उठा- "हम उत्तर चाहते हैं?"

किससे? पद्मपाद् ने सहसा बीच में ही उत्ताल स्वर में पूछा।

कुछ मुखियाओं ने एक स्वर में कहा- "यती शंकर से। इस रहस्यमय युवा-सन्यासी से। कुमारिल्ल भट्ट तो भस्मभूत हो गये। अब भारत भूमि का उद्धार यह यती शंकर ही तो करेंगे। क्यों, श्रीमद् सन्यासी जी! भारत भूमि और उसका गहन सनातन धर्म अब इन युवा आडम्बरियों के श्रीचरणों में जा पड़ा है। उत्तर दो-अन्यथा माहिष्मती की दिशा त्याग दो।"

आचार्य शंकर ने कहा- "आप के आकुल अन्तःकरण की व्याकुलता ने मुझे आप सब के प्रति विनय के लिये प्रेरित किया है। आप सब मुझे प्रेरित कर रहे हैं। कुमारिल्ल भट्ट भस्मी-भूत होकर भी भारतीय आकाश की ज्योति और भारत धरा का धैर्य हो गये हैं। भारत भूमि धर्म-कर्म की भव-भूमि है। मानव-जाति के कर्म का ही परित्राण आज हम सब की एक चिन्ता हो गया है। कुछ सम्प्रदायों

ने अपनी एकान्त साधनाओं तथा उपासनाओं के सम्मोह में शाश्वत कर्म-मार्ग को त्याग दिया है। वैदिक सनातन वर्णाश्रम धर्म ही शाश्वत कर्म मार्ग है, जिस पर मानव-योनि के जीवात्मा को चलना है- मैं सादर पूछता हूं इस धरा के अपने भव-संसार में मानव अन्य किस मार्ग पर चलता आया है? कहिये न! मानव इस सृष्टि और उसकी अहर्निषि स्थिति तथा अविराम परिवर्तन का धाता, कर्त्ता और भोक्ता है। इस मृत्यु लोक के भव संसार का सत्य मनुष्य को ही खोजना है, पाना है। मित्रों! मनुष्य को ही परमात्मा की प्राप्ति करनी है। अनन्त कोटि ब्रह्माण्डों के अनगिनत लोकों के निवासियों में इस लोकालय का यात्रिक मानव ही अपने अन्तःकरण द्वारा ब्रह्म की खोज कर सकता है। मानव ही परमात्मा को पा सकता है। वैदिक सनातन वर्णाश्रम धर्म का मार्ग यावत् जीवन के श्रेष्ठतम मानव-जीवन की क्रमशः पूर्ण एवं सिद्ध होती हुई साधना का मार्ग है। जीवात्मा को अपनी मुक्ताऽवस्था में निस्संदेह अनिवार्यतः लीन होना है।"

एक मुखिया ने कहा- "यह सब व्यर्थ वार्ता है, यती शंकर! क्या लोग मुक्ति के लिये व्रत-उपवास करते नहीं आ रहे? लोक अपने प्रभु को क्या नहीं जानते? जानते हैं। वैदिक सनातनी राम- कृष्ण, विष्णु के अवतारों को जानते और मानते हैं। बौद्ध बुद्ध को मानते हैं; जिन जिनेन्द्र ऋषभदेव को प्रणाम करते हैं- कोई शिव को, शिव-शक्ति को। युवा सन्यासी, यती! ईश्वर को माने और भजे बिना क्या मनुष्य इस धरती पर जी सकता है? फिर यह आपका ब्रह्म क्या है, जिसको लेकर इतनी ऊहापोह मची हुई है? सत्य क्या यथार्थ नहीं है, यती शंकर?"

आचार्य शंकर ने कहा- "लोगों को ब्रह्म-चिन्तन नहीं चाहिये; धर्मधारण और पालन चाहिये। अवश्य सत्य का यथार्थ स्वरूप जगत का विज्ञान और जीवन का धर्म है- उसका धारण करना ही व्यष्टि का समष्टिगत राष्ट्र एवं राज्य का, जाति और समाज का, भरण-पोषण एवं रक्षण है। ब्रह्म की व्यावहारिक सत्ता से ही जगत के विज्ञान की किरणें खिलतीं हैं; यावत् जीवन का भव-योनि, आयु, जाति तथा भोग के अनुसार धर्म-चक्र चलता है। यह जगत ब्रह्म की धारणा और जीवन अध्यास है। ब्रह्म सत्य है, ब्रह्म ही सत्य है; शेष सब क्षणिक है अतःमिथ्या है। मिथ्या का अर्थ 'नहीं है' नहीं है- है; किन्तु क्षणिक पल भर के लिये-परिवर्तन शील, अस्थिर। इसीलिये अपना सनातन वैदिक वर्णाश्रम धर्म का जगत तथा जीवन की विधाता द्वारा निर्मित अनादिकाल का एकमात्र अविराम विज्ञान घन मार्ग है- इस मार्ग की साधनामयी यात्रा का अन्त 'मुक्ति'

में ही होता है। प्रत्येक मानव को अन्त में सन्यासी होना ही होगा। इस जगत के जीवन के मृत्यु को केवल सन्यासी ही जान सकता है; और उसको तर सकता है और जो मृत्यु को जान लेता है, वह स्वयं ही सन्यासी होकर मृत्युञ्जय चैतन्य हो जाता है। ब्रह्म शाश्वत सत है; चित-जीवन है और भव-बन्धन से छुटकारा पाना ही मुक्ति है....''

किसी ने पुकार कर पूछा- ''यह भव-संसार ही क्यों है, यती शंकर? यदि यह सब मिथ्या है, माया है तब ब्रह्म में यह मिथ्या कैसे? यह माया क्यों- अरे, यह भ्रान्ति क्यों? बातें मत बनाओ, यती! तुम्हारा ब्रह्म एक धारणा मात्र है। वास्तव में तो यह जगत और उसका यह भव-संसार ही सत्य है। मृत्यु ही यथार्थ है; सत्य है....''

पद्मपाद ने चिल्ला कर पूछा- ''और तब जीवन? यह चौरासी लक्ष्य योनियों की प्राणी-चेतना? मनुष्य का यह बुद्धि-विलास? मनुष्य की मुक्ति के लिये यह छटपटाहट? मानव-योनि मुक्ति लाभ के लिये ही है- ब्रह्म ही है।''

किसी ने कहा- ''ब्रह्म ही है? तो बताओ, वह कहां है? इस समय क्या कर रहा है?''

आचार्य शंकर ने जलद-गंभीर स्वर में कहा- ''यह सब-आप सब ब्रह्म का सगुण स्वरूप् हैं। इस समय ब्रह्म सृष्टि की धारणा, विश्व का सृजन, जगत की रचना और भव-संसार का आविर्भाव-तिरोभाव का कार्य स्वयं अपने सक्षम संकल्प से कर रहा है- एक सूत्रधार जिस प्रकार नाट्य करता और करवाता है उसी प्रकार, उसी भांति ब्रह्म ही अपनी ऐश्वर्य-कामना में अनेक की धारणा कर रहा है और क्षण के स्वप्न की भांति जगत तथा जीवन के यह सम्मोहित नाम रूप उत्पन्न हो रहे हैं- किन्तु जगत की प्रत्येक पल एक नये रूप में ढलती है तथा बदल जाती है; जीवन का प्रत्येक नाम प्रति क्षण विस्मृति के शून्य में बिलाता है- नये नाम का चैतन्य उद्घोष होता ही रहता है। नाम-रूप के इस गुञ्जनमय नाट्य का पटाक्षेप काल के गह्वर में हो जाता है। जो जन्मता है उसका मरण ध्रुव है-क्यों? इसीलिये कि जगत और उसका विविध आकर्षक सम्मोहमय जीवन असद् है; असत्य है- वस्तुतः वह ब्रह्म का जाना-माना अज्ञान है और जीवात्म भाव का अध्याऽरोप भर है। इस तत्व चिन्तन की पारदर्शी शून्यता में नहीं, मैं आप सब को जगत के क्षणिक परिवर्तनशील सुन्दर शीलवान यथार्थ में ही जीवन की धर्मपूर्वक यात्रा करते रहने के लिये निवेदन करता हूं। तत्त्व ज्ञानियों को ब्रह्म की जिज्ञासा करने दीजिये; सांसारिकों के लिये केवल धर्म-जिज्ञासा है....''

"बौद्ध-धर्म तब धर्म मार्ग नहीं है? जिन वाक्य क्या धर्म वाक्य नहीं है? राम-कृष्ण की भक्ति क्या धर्म नहीं है। केवल वैदिक सनातन धर्म-वर्णाऽश्रम धर्म ही एक मात्र धर्म मार्ग है क्या?" एक मुखिया ने रोष पूर्वक पूछा।

आचार्य शंकर ने कहा- "इस जगत का विज्ञान एक एवं एकरस है; जीवन का धर्म भी एक और अथाह है। धर्म समुद्र है; नद-नदी नहीं है- धर्म आकाशवत् है, मेघ स्वरूप नहीं है- धर्म तो केवल एक वैदिक सनातन वर्णाऽश्रम धर्म है। अन्य सब मत-मतान्तर है; सम्प्रदाय हैं।...."

"असत्य है क्या?" एक चिल्लाहट टकराई।

"मुक्ति देने वाला, मुक्त करने वाला ही सत्य धर्म-मार्ग है; बन्धन में बांधने वाला मार्ग धर्म-मार्ग हो ही नहीं सकता। विचार के बन्धन से, भावना के अंधेरे गहवर से, स्वप्न की क्षणिक माया से और स्मृति के त्रिताप से मुक्त केवल वैदिक वर्णाऽश्रम धर्म ही कर सकता है। तपस्याओं से काया शुद्ध होती है; साधना से अन्तःकरण निर्मल होता है; किन्तु अज्ञान के निवारण से ही सत्य प्राप्त होता है। सत्य अर्थात् मुक्ति! मोक्ष! मण्डन मिश्र को मैं यही समझाने जा रहा हूं। मानव को मुक्त होना है; पाप से और पुण्य से। सौन्दर्य आसक्त करता है; मंगल सम्मोहित करता है- अतः यह मंगल-सौन्दर्य का कर्म-मार्ग मनुष्य को पारदर्शी सांस्कृतिक बन्धन में ही रखेगा-तृष्णा बनी रहेगी; इच्छा रेंगती रहेगी। भव अपने सुन्दर-सुखद बन्धन के साथ आत्मा को लिपटा रहेगा- जीवात्म भाव ब्रह्म का स्वप्न-भाव है; जगत ब्रह्म की कृति है और विज्ञान-कर्म है। ब्रह्म ही जगत के सौन्दर्य और जीवात्म भावनाओं के मूढ़ सम्मोह में व्यक्त होता है...."

"आ गये मार्ग पर?" किसी ने तनिक आगे आकर कहा- "आचार्य भास्कर यही तो कहते हैं। ब्रह्म ही जन्मता है; जीता है। ब्रह्म परिणामी है। यही तो।"

पद्मपाद ने बीच में ही कहा- "जो जन्मता है और मरता है, वह ब्रह्म है ही नहीं। ब्रह्म जन्म-मरण, भव, जगत और सृष्टि की स्वयं ही भ्रान्त धारणा कदाचित् करता है। भ्रान्त अर्थात् क्षण स्थायी परिवर्तनशील नाम-रूप का आभास!"

आचार्य शंकर ने कहा- "पद्मपाद! ब्रह्म ही है। जगत है ही नहीं; भव-संसार है ही नहीं। लोगों को सत्य के अनादि शून्य में नहीं, मुक्ति के यथार्थ मार्ग पर ही ले जाना है।"

"मानव-जीवात्मा को निस्संदेह अनिवार्यतः मुक्ति के मार्ग पर ही जाना है।" संगम के तट के विस्तार में एकत्र विविध शास्त्रीय पण्डितों को सम्बोधित करते हुए आचार्य शंकर ने कहा- "संसार की भव-योनियों में मानव-योनि एक

पूर्ण वैश्वानर योनि है। यह रहस्यमय चित्ताऽकर्षक सृष्टि सर्वांगों में मानव-बुद्धि में रमी हुई है। सृष्टि का आधारभूत तत्त्वावऽधान ही बुद्धि का मूल है। अन्य भव-योनियां भोग-योनियां हैं; पाप का दण्ड भोग अथवा पुण्य का सुख भोग किन्तु मानव योनि धर्म की कर्म योनि है और अनेक होने की भवेच्छा के अज्ञान से आच्छन्न तथा स्वप्निल भ्रान्तिपूर्ण अध्यासों से भरे मानव-जीवन में ही यह आधरभूत अटल क्षमता है कि वह पुनः अपने ही स्वरूप में, अपने आत्म स्वरूप में, परमात्म भाव में स्थित हो। जीवात्मा ही जगत का सौन्दर्य तथा इन्द्रियज भोगों के आसक्त सम्मोह त्याग कर आत्मवत् स्वयं को अनुभव करता है- इन्द्रियों के संज्ञानों से उपरत होकर वह चिद् के सभी स्वप्नवत् और स्मृतिगत स्व कल्पित भ्रमों से निवृत्त होने के लिये साधना करता है तथा चिद् के विकल्प बीज को भेदकर हृदय-दहर के आनन्द-ब्रह्म में लीन हो जाता है- मोक्ष, मुक्ति, प्राप्ति की वस्तु, ज्ञाता का ज्ञेय और ज्ञेय की चेतनाऽवस्था नहीं है- आत्मा की निराऽकार, निर्गुण, निर्विकल्प, कैवल्य मुक्ताऽवस्था है- परमात्मा, परम ब्रह्म-चैतन्य की स्वयं प्रकाशित, स्वयं जाग्रत, स्वयं स्थित कारणाऽतीत आनन्द घन अस्ति! क्योंकि यह जगत और उसका जीवन परम ब्रह्म की अनेक होने की स्वाभाविक सगुणत्व की इच्छा है। ब्रह्म सापेक्ष वह ज्ञान की विकृति-अज्ञान ही कही जा सकती है, अज्ञान का बोध जगत के अनन्त कोटि नाम रूपों के उद्भव तथा तिरोभाव से होता है- तटस्थ और कूटस्थ, द्रष्टा ब्रह्म अपनी इस लीलामयी सृष्टि की रचना कर एक अभिनेता की भांति अनन्त कोटि भवों के नाट्य भजता रहता है- ब्रह्म का बहुस्याम शिव संकल्प ही अज्ञान है; अनेकत्व की अभिव्यक्ति का दिव्य विज्ञान है। अतः मानव को ही आत्म विद्या की अनिवार्य आवश्यकता है- क्योंकि मानव योनि में ही मुक्त होने की पुनः ज्ञानवत् परमात्म स्वरूप स्थित होने का वैराग्य उत्पन्न होता है। वैराग्य आत्म-ज्ञान का स्वयं जाग्रत विवेक है....”

पण्डित काशीनाथ चतुर्वेदी ने कहा- “आत्मा का ज्ञान अन्ततोगत्वा क्या अनुभव है? यती शंकर! आत्मा, आत्मा, आत्मा! सुनते हुए मानव की पीढ़ियां आईं और गईं- मानव तथाकथित आत्म ज्ञान के लिये अर्थात् आपके शब्दों में मुक्ति के लिये क्या तपस्या, साधना, उपासना नहीं करता आया है? परन्तु क्या जीवात्मा कभी मुक्त होता भी है? मुक्ति मृत्यु की अनिवार्य विवशता की एक मन को ढाबने, बुद्धि को तुष्ट रखने तथा अहम् को भुलावा देने की एक धारणा तो कहीं नहीं है- आत्मा, कौन?”

आचार्य शंकर- “जड़ चैतन्य मात्र आपश्री।”

"मैं?" पण्डित काशीनाथ ने तपाक से कहा- "मैं तो मानव जीव हूं; जगत में सदैव जन्मना और जीता रहना चाहता हूं। मैं ऐश्वर्य चाहता हूं; मोक्ष नहीं।"

"ऐश्वर्य क्षणिक सम्मोह मात्र है।" आचार्य शंकर ने कहा- "सत् चित् आनन्द ऐश्वर्य और मोक्ष यही तो आत्मा का ऐश्वर्य सविकल्प स्वभाव है, जो जगत के रूप में अभिव्यक्त तथा भवों के प्राणियों के नामों में अभिव्यञ्जित होता है किन्तु सत् चित् और ऐश्वर्य भाव का अन्त में अन्ततोगत्वा आनन्द में विलय होता है- अनेकत्व त्याग कर एक वेला आत्मा अपने सच्चिदाऽनंद-परमात्म में स्थित होगा ही। परमात्मपन ही आत्मा का अनादि आनन्द घन धाम है।"

"तब जगत के जीवन में क्या आनन्द नहीं है?" पण्डित सूर्य नारायण व्यास सांख्य शास्त्र विद् ने पूछा- "यती शंकर! सुख और आनन्द में क्या हम काल्पनिक अन्तर तो नहीं करते?"

शंकराचार्य ने कहा- "जन्म और जीवन सुख है; सुखमय है- संयोग। मृत्यु दुःख है, वियोग! सुख और दुःख के परे क्या आप होना नहीं चाहते?"

"क्या कोई जीव वास्तव में जगत का त्याग कर भव-संसार से मुक्त होना चाहता है?" पण्डित सूर्य नारायण व्यास ने कहा- "सांख्य ने पुरुष का असंग अनादि चैतन्य माना है, जो प्रकृति के साथ राग भावना से तनिक सम्पर्क में आता है- पुरुष अपने प्रेम की भावना से प्रकृति को आत्मसात् करता है। अवश्य, शंकर महोदय! पुरुष असंग शून्य चेतन्य है- प्रकृति राग के अटूट अथाह सम्मोह का जड़ किन्तु सुन्दर सरस चेतना है- सच तो यह है, इससे परे मैं विचार कर ही नहीं सकता।"

पद्मपाद ने कहा- "सांख्य प्रकृति-प्रधान को चेतना शील मानते हैं; स्वायत्त और स्वाधीन यह विश्व-प्रपंच प्रधान से स्वंय ही आविर्भूत व्यक्त होता रहता है- तब आप तो प्रधान को जड़ बता रहे हैं, महाशय!...."

पण्डित सूर्य नारायण ने तनिक सहम कर आचार्य शंकर को देखा, आचार्य शंकर पण्डित की दुविधा को भांप गये; बोले- "आत्मा के अलावा सभी कुछ दृश्य-अदृश्य, व्यक्त-अव्यक्त जड़ है- अन्धकार! प्रकाश ही चैतन्य है। यह चैतन्य अपनी निरीह और निर्विशेष वास्तविकता में ब्रह्म चैतन्य आत्मा है।..."

"जीवात्मा?" किसी ने पूछा।

"नहीं आत्मा! आचार्य शंकर ने कहा- "महाशयों, गहन और अनादि ब्रह्म जिज्ञासा में अटको मत; ब्रह्म विचार मानव बुद्धि का अन्यतम विलास है किन्तु भोग रहित और साधना हीन ब्रह्म चिन्तन अन्ततोगत्वा नैराश्य ही उत्पन्न

करता है- शून्य! ब्रहम जिज्ञासा वस्तुतः योग साधना तथा सन्यास जीवन जीना है। इस संसार का अन्तिम आत्यंतिक त्याग करने के लिये मानव को आत्म विश्वास से पूर्ण मुमुक्ष वृत्ति चाहिये। इसी मुमुक्ष वृत्ति के उदय के लिये वैदिक वर्णाऽश्रम धर्म मार्ग है। जीवात्मा का प्रत्येक कर्म बुद्धि की दृष्टि से, ब्रहम जिज्ञासा चित्त की दृष्टि से अनासक्त कर्म और अहम् की मति में निर्विकल्प होना चाहिये। हमें इस शेष-शेष, क्रमशः अथ और इतियों के इस विश्व प्रपंच का अनुभव करना ही होगा। विश्व का इन्द्रियज अनुभव क्षणिक तथा अनन्त असार है। भोग स्वयं में क्षण-तुष्ट होने से अन्ततोगत्वा व्यर्थ ही ठहरता है। जगत जीवात्मा की-प्राणियों की भोग भूमि है। भोग के लिये जीवात्मा को प्रतिपल जन्म लेना होता है। प्रतिक्षण मरना पड़ता है। जनम मरण भीति है; भेद है; जड़ता है। आत्मा न जन्मता और न ही मरता है। जीवात्मा का भव है; भोग है; आत्मा का नहीं।...."

आत्मा! परमात्मा! मानो एक मौन उद्घोष उपस्थित लोगों के अन्तःकरणों में उठा। आचार्य शंकर की शान्त अनन्त और अथाह दृष्टि मानो सर्व व्यापी आत्म-ज्योति की किरण पुञ्ज होकर सभी के अन्तरालों में भिद गई। उनमें से प्रत्येक को ऐसा लगा, एक प्रकाश का पथ अन्तःकरण के असीम पथ पर आविर्भूत हो रहा है। उनको लगा, उन्हीं के हृदय गहन में कोई पारदर्शी, परात्पर, चिर, अव्यय और अकाम कोई दृश्य-अदृश्य, अव्यक्त-व्यक्त स्थितियों से उपरत निष्क्रिय चेष्टा क्रिया तथा नाम-रूप के बोध से रहित स्वयं अजर-अमर रूप हीन, नाम हीन-घोष तथा प्रतिघोषों से रहित शान्त सम अक्षय ज्योति है-है, है। उनको लगा, कोई सहज परम शून्य है, जिसमें वह जीवात्मा सोता और जागता रहता है। जहां यह अनाम नाम की उपाधि अपनी रमुज में प्राप्त कर लेता है। उस दिव्याऽतिदिव्य परम शून्यवत आत्म-ज्योति में ज्ञात अज्ञात है; अज्ञात ज्ञात होकर पुनः अज्ञात हो जाता है। यह स्वयं प्रकाशित ज्योति जगत के ज्ञान से परे जीवन-रति से उपरत, ऐश्वर्य के सम्मोहों से हीन, स्वयं बन्धन-मुक्त चैतन्य मात्र है। क्या यह जीवन का अन्तिम जादू है? क्या यह भव-भव की अनिवार्य निराशाओं के विरुद्ध जीवात्मा का अनन्य अमित और अपराजित आत्म-बोध है? यती शंकर क्या कह रहे हैं? सब कुछ जड़ है- ज्ञाता, ज्ञान और ज्ञेय जीवात्मा हैं; आत्मा नहीं। पण्डित सूर्य नारायण व्यास ने हठात् ही अनुभव किया कि वह अपने ही अन्तःकरण के विचित्र अनन्त में खोते जा रहे हैं। बोले- "आचार्य! यह कैसा आघात है?"

"आघात?" पद्मपाद ने पूछा।

"और क्या?" पण्डित ने आकुल व्यथा से कहा- "मैं जीवात्मा कभी सन्तुष्ट नहीं हूं। मुझे जगत और जीवन से तृप्ति तो हो सकती है क्षणिक, परन्तु सन्तोष नहीं होता, यती!....."

"क्या चाहते हो? अपनी आत्यंतिक इच्छा को खोजो, महाशय।" आचार्य शंकर ने कहा- "आत्मा प्रति लव अपने ही अज्ञान के तिमिर से मुक्त होना चाहता है। जगत की काल रात्रि में आत्मा स्वयं धारित अज्ञान के जाड्यान्धकार में सोया रहता है- प्रत्त्येक जीवात्मा को अपने आत्मा में जागना ही होगा। सद् वस्तु का अनुभव ही सन्तोष दे सकता है। आत्मा स्वयं के सच्चिदाऽनन्द का परम शान्त निरीह और निर्विशेष सन्तोष है। यह सन्तोष ही सन्यास भाव है। महाशयों, जगत के भयों की भीति से भरा जीवात्मा आत्मा का अथाह अजर अक्षय एकान्त-ऐक्य चाहता है। जगत, जीव और ईश्वर-सब उसी ऐक्य के ज्योतिर्मय शून्य में शान्त हो जाते हैं। हमें सहज को सरल, सरल को शुद्ध, शुद्ध को बुद्ध तथा बुद्ध को आत्म-चैतन्य से भरना होगा। ज्ञान से जगत को जला दो; कर्म से भव संसार का क्षय कर दो और भक्ति से-परमात्मा के प्रति प्रेम से-स्वयं को सभी भेदों से, सभी भीतियों से, नाम के सभी सम्मोहों और इन क्षणिक स्वरूपों की त्रिताप ज्वालाओं से मुक्त कर दो। यही भारतीय आर्य जीवन का दार्शनिक सन्देश है। समझ लो, भारत भूमि आत्म ज्योति की शाश्वत जीवन-वहिन से आविर्भूत हुई- भारत सरस्वती की भूमि है; लक्ष्मी की नहीं। हम भारतवासी वैज्ञानिक ही नहीं हैं; आत्म जिज्ञासू भी हैं। हमें अन्ततोगत्वा जगत और उसका जीवन नहीं अपना आत्मा-परमात्मा चाहिये।"

"परमात्मा?" आचार्य शंकर के मुख से निकली यह मन्द्र शान्त और तनिक प्लुत शब्द ध्वनि उपस्थित मेदिनी पर दिव्य मूर्छनावत् घहरने लगी। परमात्मा-आत्मा। लोगों को लगा परमात्मा शब्द ध्वनि सुनते ही जैसे सभी तर्कों का अन्त हो गया है; सभी विवाद शमते जा रहे हैं- सभी शंकायें- आशंकायें दिशाहीन किन्तु अन्त में दिशा गम्य विहंगों की भांति उड़ती जा रही हैं- संशय का गूढ़-गाढ़ जड़ अन्धकार मानो किसी दिव्यातिदिव्य अथाह ज्योति की कुछेक किरणों से विकीर्ण होकर उद्वेलित होने लगा है- परमात्मा! मानो भयों से भरे और भीतियों से घिरे जाड्यान्धकार के विपरीत, विरुद्ध चेतना का अन्तिम आक्रमण हो। आत्मा? जगत की प्रतिनिमिष घटित राम कहानी का अन्तिम परिच्छेद ही हो। आत्म चैतन्य से जगत दिख जाता है। जगत के रंग, उसके नित्य अहर्निशि विवृत्त गुण, उसके सदैव रूपाऽसक्त, नाम मोहित धर्म-अज्ञान का यह अगाध रहस्यमय आश्चर्य स्वयं ही आत्मचेतना में अदृश्य होने लगता

है आत्मा को जगत प्राप्त नहीं करता; आत्मा ही जगत को सदैव के लिये प्राप्त कर उसको निराकार निरीह कर देती है। जगत और जीवन का शेष शेषाऽशेष होकर निर्विशेष होता है- यह निर्विशेष ही तो आत्मा का स्वयं प्रकाशमान चैतन्य है। आत्मा का स्वप्न यह जगत और उसका ऐश्वर्य, यावद् अखिल-निखिल जीवन तथा उसका अमित अपरिमित सौन्दर्य है; परमात्मा का ध्यान, उस ज्योतिषां ज्योति की धारणा जीवात्मा है। जीवात्मा प्रभु के ऐश्वर्य की इस असीम अनन्त अथाह लीला का पात्र है, अवश्य! परमात्मा! उपस्थित लोगों ने मानो एक साथ निसास रखा- परमात्मा, यती शंकर!

"और क्या? परमात्मा, ब्रह्म ही तो-परम ब्रह्म परम शिव, लोगों!" यती शंकर ने कहा- "मेरे कथन में विश्वास करो परमात्मा परम ब्रह्म के सिवाय न कुछ था और नहीं कुछ है। वही था और वही है तथा वही रहेगा। काल परमब्रह्म की टिमकार मात्र है- पलक! और प्रभु की यह एक पलक अनन्त-असंख्य जगतों तथा भव-संसार की असार धारणाओं से प्रकम्पित है। वह अचिन्त्य किन्तु चिन्त्य, वह रूपहीन, नाम रहित किन्तु नानाऽभिराम-नयनाऽभिराम नाम-रूपों के विचित्र विलक्षण ऐश्वर्य से पूर्ण वह ब्रह्म-चैतन्य! मैं उसी को मीड़ता हूं, मानव-बान्धवों! यह वेद का कथन है; उपनिषदों का गायन है; यह मुनियों का अजपा जाप है, यह ऋषियों का आत्यंतिक स्वयं ज्ञान-साक्षात्कार है। ब्रह्म-चैतन्य का यह कल्पित और स्वयं धारित-अध्यासित अज्ञान विलास है। अहर्निशि अविराम होने से, क्षण-क्षण प्रदीप्त होने से नित्य ही आविर्भूत और तिरोहित हो पुनः पुनः उद्भासित होने से यह अज्ञान मूलतः अस्थिर है; चल है; असार तथा अन्ततोगत्वा नाशवान है..."

पण्डित सूर्य नारायण ने मूर्च्छना से जागते हुए पूछा- "तब यह सब, हम-आप सभी, परम ब्रह्म का संकलित अज्ञान हैं? भव-संसार और उसका जीवात्म भाव, ब्रह्म की धारणा-अज्ञान जनित अध्यास, भ्रान्ति मात्र है?"

आचार्य शंकर- "यही, यही मित्र मेरे!"

पद्मपाद ने अब कहा- "तब हम माहिष्मती की ओर प्रस्थान करें, पूज्य!"

आचार्य शंकर ने लोगों को देखा; निहारा-तनिक ध्यान पूर्वक पेखा; कहा- "भेद सिखाने वाला और भय से चलाने वाला तत्त्व-बोध आत्म बोध नहीं है- वह तो जगत का ही संज्ञान है; जीवन की क्षणिक अनुभूति है। अज्ञान भेद व्यक्त करता है; ज्ञान अभेदवत है। तत्त्व-ज्ञान भेद से अभेद की ओर अवगाहन करता है; अनुशीलन पालना है। जो नाम-रूप के क्षणस्थायी भेदों की व्याख्या करते हैं, वह जगत के पञ्च भूतों, प्राणों, इन्द्रियों, मन, चित्त, बुद्धि तथा अहम् की

ही व्याख्या करते हैं- यही शास्त्र है; विज्ञान है। वेदान्त विज्ञान नहीं है, आत्म ज्ञान है- आत्म विद्या! यही बात कहने मैं माहिष्मती जा रहा हूं। मीमांसाकारों ने जगत और जीव के कारणाऽतीत कारण को जानने की चेष्टा की। मीमांसा ने जगत के रूपों और जीव के नामों का अगाध कर्म-विवेक प्रस्तुत किया। इस धरा पर मानव जाति का ही नहीं, प्राणी मात्र का अपूर्व और उसके संचित तथा भव-संसार के अनन्त कोटि प्रारब्धों के रहस्यमय विज्ञान को जान कर आत्यंतिक अवश्यमेव और अनिवार्यतः मोक्ष का मार्ग मानव को बताया- यही नहीं वैदिक सनातन वर्णाऽश्रम धर्म द्वारा मानव को जगत को संयम एवं शमन पूर्वक भोगते हुए मोक्ष-आकांक्षित किया। लोगों, कोटि-कोटि जन्मों के पश्चात् भी इस जगत से मुक्त होने की अटल आकांक्षा जीवात्मा में उद्भवित होगी ही। जगत विराग है; जीव राग है और आत्मा मुक्ताऽवस्था है। जीव बंधता है! टूटता तथा जुड़ता है- आत्मा नहीं। आत्मा अज्ञान का तिमिर नाश कर अपनी अनन्त अव्यय अथाह परमात्म ज्योति में रम जाता है।"

एक ध्वनि उठी- "यती शंकर! भोग द्वारा क्या मोक्ष नहीं मिल सकता?"

आचार्य शंकर ने कहा- "भोग का अन्त वैराग्य है- भोग की परम पूर्ण तृप्ति वैराग्य को ही उत्पन्न करती है। भोग द्वारा जन्म-मरण मिलता रहता है- मोक्ष नहीं।"

"यह कौल तब क्या कहते हैं, आचार्य।" एक अग्रणी ने जैसे चमक कर पूछा।

आचार्य शंकर ने कहा- "क्या कहते हैं कौल? भोग की त्रिताप अग्नि में चित्त को जला कर कौल देह से ऊपर उठना चाहता है- भेद रूप अज्ञान से उपरत होकर जगत और जीवन के परम अथाह काम से छूट जाने की चेष्टा करता है। शाक्तों की आराध्या अज्ञान की देवता नहीं है? ज्ञान की परात्पर, ज्ञान की योगगम्य और योग-धारित मूर्तियां हैं। जगत और जीवन की परात्पर ब्रह्म-शक्ति स्वयं ही परात्पर ब्रह्माणी होकर सृष्टि, स्थिति और विनाश करती रहती है; परन्तु वह जगत को भुगवाती हुई भी जगत तथा भव-संसार से मुक्ति ही दिलवाती है। सच्चा कौल देहाऽभिमान से उपरत होकर आत्म-ज्ञान का अवधूत हो जाता है।"

"तब यह जीवन नित्य नहीं है? आचार्य?" किसी ने पूछने के लिये पूछा।

आचार्य शंकर ने कहा- "काल का अविराम प्रवाह ही नित्य है; और कुछ भी नित्य नहीं है अर्थात् शाश्वत! काल का आदि है; अन्त है-अथ मध्य और

इति है। हम सब विश्व-प्रपंच ब्रहम की कालाऽधीन दिव्यातिदिव्य स्वाधीन सर्वशक्तिमान धारणा हैं।"

पद्मपाद ने पुनः पूछा- "हम चलें माहिष्मती को पूज्य!"

अवश्य। आचार्य शंकर ने कहा- "भारती ही नहीं मानव मात्र के हृदय का यह अज्ञानान्धकार दूर करना ही होगा। ज्ञान की शलाकाओं से मानव-नयनों को उन्मीलित करना ही होगा। अखण्ड मण्डलाऽकार सत्-चित् स्वरूप ब्रहम चैतन्य का प्रकाश मानव बुद्धि के भेद भरे स्वैर ऐश्वर्य से सुशोभित अन्तःकरण में करना ही होगा। अवश्य, वत्स पद्मपाद!"

10

कुमारिल्ल भट्ट की चिता के पास किन्तु तनिक दूरस्थ भट्टपाद की जीर्ण-शीर्ण कुटिया में जाकर आचार्य शंकर पद्मासन बद्ध उपविष्ठ हो गये। उपस्थित मेदिनी ने शंकराचार्य को भट्टपाद की कुटिया में प्रवेश करते हुए देखा और वह जैसे सरोवर की वीचियों की भांति हिली-हुमुसी। तब यह युवा, यती शंकर माहिष्मती जायगा ही; मण्डन मिश्र से वार्ता करेगा ही- शास्त्रार्थ भी हो सकता है। भट्टपाद ने चिता पर अग्नि ज्वालाओं में दग्ध होते हुए जो आज्ञा की है। "शंकर! माहिष्मती जाकर मण्डन को उसकी स्त्री सहित शास्त्रार्थ में पराजित करो- तभी तुम हमारा अधूरा कार्य पूरा कर पाओगे। वैदिक सनातन शाश्वत वर्णाऽश्रम धर्म के वेदान्त परक कर्म-काण्ड के समूचे शापोद्धार-उद्धार-की अनिवार्य आवश्यकता है। शंकर! वर्णों का स्वरूप चाहे सुसंस्कृत और कर्म-विपाक के अनुसार, अनुरूप, हो जाय; परन्तु आश्रमों की क्रमशः आविर्भूत दिव्य-चैतन्य धारा कहीं सूख न जाये।" उपस्थित लोगों में से कुछ प्रबुद्धों के मन में आचार्य का यह वाक्य गूंजता रहा। "इस मृत्यु लोक में, लोकालय में, मानव-योनि भी भव-भोग की योनि है; किन्तु मानव भव-संसार का भोग जगत से उपरत तथा जीवन से अनासक्त होकर समूचे और समस्त इस अनादि अनिवार्य अन्ततः व्यर्थ भव-रति से उन्मुक्त होकर अपने परम आत्म-स्वरूप का साक्षात्कार करने के लिये ही है। अनन्त कोटि ब्रह्माण्डों के विचित्र विलक्षण तथा दिव्य, दिव्यातिदिव्य भवों में इस धरा का मानव भव ही कर्म-बन्धन, भोगाऽसक्ति आदि से विरत कर आत्म-ज्योति के मार्ग का भव है। मानव आत्मा का यात्रिक है और परमात्मा का अजर-अमर विरही!...."

"तब मैं जीवात्मा, परमात्मा का विरही हूं-प्रेमी? प्रभु मेरा प्रिय है; प्रियतम है?" अनन्त गिरि के मन में स्वतः ही यह ध्वनि उठी। विष्णु गुप्त ने आसन्न

और द्विधा में पड़े हुए पद्मपाद की ओर देखा और आह भर कर सिर धुना कर रह गया। चिद् विलास ने अपनी आंखों की चमक की टिमकार द्वारा जैसे कहा- "यह सब ब्रहम का लीला-विलास है। मैं आज से स्वयं को लीला विलास क्यों न कहूं?" समत्पाणि केवल मूक-मूढ़ सा बना रहा। जैसे वह देह में होकर भी देह के बाहर, देह के साथ-साथ हो और कोई ऐन्द्र जाल देख रहा हो। जब ब्रहम अनिर्वचनीय और अचिन्त्य है, इन्द्रियाऽतीत तथा कालाऽतीत है, तब उसको जाने कैसे? माने कैसे? यह अज्ञान क्या ज्ञान का अन्तर्निहित गूढ़ गम्भीर ऐश्वर्य, नाना विधि दिव्यतम अकथनीय स्वयं ही लक्ष्य बोध नहीं है क्या? ब्रहम तब ज्ञानवत् होते हुए भी अज्ञान की कल्पना करता है- यही, यही वह सारा रहस्य है, जो आज सृष्टि के प्रारंभ से अगाध अगम्य रहस्य बना हुआ है। प्रति लव आविर्भूत, प्रति काष्ठा कालाऽधीन तथा प्रति पल स्पन्दित और प्रति क्षण उद्‍भासित यह सृष्टि, यह जगत और भव-संसार-यह अनादि अपूर्व का अपूर्व भोगी जीव! यह स्वांस लेता हुआ चेतन प्राणी! यह पंच भूत-यह सब दिव्यातिदिव्य अकथनीय अनिर्वचनीय आश्चर्य-बोध, यह उदात्त मंगलमय ऐन्द्र जाल-माया? मिथ्या? ब्रहम? क्या?

"विचार मत करो, समत्पाणि!" पद्मपाद ने कहा- "तुमको अपने आप को, स्वयं को ही पाना है- तुमको जड़ द्वारा नहीं, चैतन्य द्वारा स्वयं का शाश्वत साक्षात्कार करना है- यही ब्रहम-साक्षात्कार है; यही-मुक्ति है! मोक्ष!"

"मोक्ष!" आचार्य शंकर ने भट्टपाद की कुटिया में सहसा समाधिस्थ होते हुए अपने वाक् को जगत के आकाश में उद्बोधित किया। जीवन का लक्ष्य भव-संसार से मुक्ति है- आत्मा अपने परमात्म रूप में स्थित हो, यही मोक्ष है, मण्डन मिश्र! यही अभय प्राप्त करना है; यही सच्चिदानंद ब्रहम-चैतन्य में लवलीन होना है- ब्रहम के विज्ञान अर्थात् उसकी माया को समझो, मण्डन मिश्र! सभी तत्त्व-चर्चाओं का विराम अथाह अटूट मौन है, मण्डन! समझो। सभी बोधों का शमन तत्व का एकाऽकार है; सभी संवेदनों और संज्ञानों की पूर्णाऽहूति आत्म चैतन्य है और यह आत्म-चैतन्य ही बन्धन मुक्त होकर, कल्पनाऽतीत और कालाऽतीत होकर, ध्यान से परे और धारणा एवं भावना मात्र से उपरत होकर-अनासक्त असंग होकर परमात्म रूप ब्रहम-चैतन्य है। अवश्य, मण्डन मिश्र अपने इस जगत् के रूप और नाम के ऐश्वर्य बोध से भरे मनीषी अहम् के नयन उन्मीलित करो, मण्डन मिश्र! मैं आ रहा हूं; किन्तु चाहता हूं तुम निर्भय हो जाओ! हानि मात्र, आघात मात्र, व्यामोह से पूर्वाग्रह मात्र से, अपदस्थ हो जाओ- तुम अपने ही जाड्यान्धकार को भेद तथा भीति से भरी

बुद्धि के स्वैर वैभव का सार जान लो- तब मैं आऊंगा, तुम्हारे द्वार पर, मण्डन मिश्र!"

"मण्डन मिश्र! कौन बुला रहा है; मुझे, प्रिये!" मण्डन मिश्र ने पास ही ताम्बूल के बीड़े बनाने में व्यस्त शर्मणा को कहा- "मुझे जैसे कोई बुला रहा है, शर्मणा!" शर्मणा ठहका मार कर हंसा; बोला- "मैं? प्रिये? प्रवर वर्य क्या हो गया है आपश्री को? मैं आपश्री की प्रिया नहीं हूं प्रिय हो सकता हूं।"

मण्डन मिश्र ने पूर्ण रूपेण सजग होते हुए कहा- "यह तुम्हारी भाभी भारती, मुझको क्षण भर के लिये भी आंखों से ओझल नहीं करती। मुझे संवारती है; सुल्हाती है- मेरा प्रिय साधने के लिये सतत् सुन्दर, सुन्दरतर, सुन्दरतम बनी रहती है। यह तुम्हारी भाभी लावण्य मूर्ति है, शर्मणा!"

"कालिन्दी भी कुछ ऐसी ही है- भाभी से कुछ ही कम।" शर्मणा ने पान का एक बीड़ा मण्डन मिश्र को देते हुए कहा- "परन्तु...."

मण्डन मिश्र जैसे शर्मणा से बात के लिये सहसा ललके- "परन्तु क्या? स्त्री, नारी है। नर को लेकर किन्तु और परन्तु हो सकता है; स्त्री को लेकर नहीं। स्त्री सृष्टि है; एक ऐसा मोह, मायामयी ऐसी स्थिति, जो सभी अभिव्यक्तियों की जननी है। स्त्री ही इस सृष्टि का शाश्वत प्रमाण है। यह सम्भ्रमित वेदान्ती ब्रह्म सत्यं जगन्मिथ्या कहते रहते हैं, मैं कहता हूं स्त्री सत्यम् ब्रह्म मिथ्या। क्यों? ठीक कह रहा हूं न मैं?"....

"हुं!" शर्मणा ने जैसे न हां कहा और न ना कहा।

क्या हुं? मण्डन मिश्र ने उत्ताल हास्य पूर्वक कहा- "तर्क-भीरू! स्त्री भीरू, बुद्धि-पंगु और अन्ततोगत्वा तर्क भीरू ही हो जाता है- ब्रह्म! कहां है ब्रह्म? मुझको तो सर्वत्र ब्रह्म योनि स्वरूप स्त्री ही दिखती है। सच तो यह है, शर्मणा! हम स्त्रीमय हैं। स्त्री से जनमते; स्त्री से पलते, स्त्री से रमते और स्त्री की कुक्षी में रत होकर भव-भव की यह अद्भुत यात्रायें करते रहते हैं। मैं पूछता हूं, इन आश्चर्य सम्पन्न ऐश्वर्यवान भवों में क्या कमी है, कौन सा अभाव है, जो जीवात्मा को मोक्ष का थोथा उपदेश दिया जाता है- मुक्ति? किससे? जीवन से मुक्ति कैसी? हमें, मानव को, मृत्यु से मुक्त होना है और यह तभी संभव है, जब मानव सृष्टि-प्रपंच को जाने; विश्व-विज्ञान का धनी हो और जगत के भव-संसार के कर्म-रहस्य को समझ ले। यह जगत सतत शाश्वत जीवन-सौन्दर्य की दिव्योत्तम कृति है-सृजन, शर्मणा! और यह सृजन अपना पूर्ण अभिराम स्त्री में स्त्री द्वारा ही प्राप्त करना है...."

"स्त्री द्वारा ही तो भव-संसार में है।" शर्मणा ने कहा- "परन्तु क्या स्त्री अन्ततोगत्वा परम सुख और परम सन्तोष देती है? दे सकती है? नहीं, आदरणीय! स्त्री निरन्तर बांधती है; टुकड़े करती है; जोड़ती है और पुनः बिखेर देती है। स्त्री ही आत्मा के लिये मूक मूढ़ गहन आश्चर्यमय सम्मोह है- राग! स्त्री ही गूढ़ जीवन-रति है। मैं तो स्त्री से ही परित्राण चाहता हूं, प्रवर वर्य्य!...."

"परित्राण अपनी कामान्ध बुद्धि के विभ्रम से मांगो, शर्मणा। ज्ञात होता है, स्त्री की लात खाते हुए अब तुम षंढ़ भी होते जा रहे हो! आज कल तुमको 'प्रत्यक्ष' नहीं होते।"

"प्रत्यक्ष?" शर्मणा ने हंस कर पूछा- "कालिन्दी अन्तिम प्रत्यक्ष है आदरणीय!"

"तात्पर्य? मण्डन मिश्र ने पूछा- "तुम भी एक मूर्ख मुनि की भांति मूक होते जा रहे हो। मौन हो सकते हो; मूक नहीं। मानव-वाणी का उद्रेक मूक होने के लिये नहीं है- खुलने के लिये है; कहने-सुनने, देखने और समस्त सृष्टि के शील और सौन्दर्य को गाने के लिये है। वाणी कलाओं की आराधना, साहित्य की रसिकता को मातृक स्वरूप देने तथा जीवात्मा का अन्यों से अपना गहन-गूढ़ सम्पर्क करने के लिये है। चैतन्य की वाणी सार्थक तथा जड़ की वाणी निरर्थक! ध्वनि! शर्मणा शब्द! यह समस्त जगत, विश्व, जो कहो, क्या शब्द में लीन नहीं हो जाता?"

"ओमकार!" शर्मणा ने कहा।

"ओमकार?" मण्डन मिश्र ने कहा- "आकृति से निराकृत होते, सार्थक से निरर्थक बन जाने और रूपवान से रूपहीन होने-व्यक्त से अव्यक्त होने की यह आकांक्षा मुझको सहज प्रतीत नहीं होती। सत्य होना है; होते रहना है- अनादि से अपूर्व कर्म, सृष्टि के अनन्त आश्चर्य के रूप में व्यक्त होता रहता है- मृत्यु को रोका जा सकता है, शर्मणा! जीवन की कामायिनी रति के भव-श्रृंगार को बरजा नहीं जा सकता। जीवन से छुटकारा नहीं है। माया? तो यह माया ही जीवन है; सृष्टि का परम गहन आश्चर्य है; काल का अद्भुत व्यामोह है; कामनाओं की चिद् विलासी क्रीड़ा है- तब ब्रहम माया ही है, समझे।"

शर्मणा ने तनिक आश्चर्य के साथ भवें उझकते हुए कहा- "समझ गया! इस दृश्य और अनुभूत जगत और जीवन के परे और पार, इधर-उधर, ऊपर-नीचे, दाये-बायें, पार्श्व में, सन्मुख-उन्मुख, आमने-सामने अथ, मध्य और इति में जीवन की अद्भुत स्वयं-जाग्रत माया ही है। मेरे लिये कालिन्दी; आपश्री मद् के लिये उभय भारती, भाभी! तब मैं और आप तथाकथित नर, पुरुष इस माया

का स्वभोग, मनोविनोद अथवा अन्तःकरण के अनुरञ्जन के लिये व्यामोह भर हैं। वाह! क्या कहा है, श्रीमद् ने....”

“व्यंग करता है रे शर्मणा!” मण्डन मिश्र ने कुछ रोष पूर्वक तीव्र उत्ताल स्वर में कहा- “मैं जन्म-मरण, पुनः जन्म, यह भव-भव का अद्भुत, विचित्र, विलक्षण, सर्व स्पर्शी, किन्तु एकाकी जीवन अनादि अविराम शाश्वत चैतन्य का अनन्त, अव्यय, अजर और अमर चिद् विलास मानता हूं। हम जीवात्मायें हैं जगत में शर्मणा।”

“तब आत्मा? परमात्मा?” शर्मणा ने सस्मित पूछा।

“वेदान्ती मुण्डियों की कपोल कल्पना मात्र! बौद्धों के शून्य का प्रच्छन्न कथन मात्र!” मण्डन मिश्र ने द्वार में जड़ित सौन्दर्य श्री उभय भारती की ओर देखते हुए कहा- “हमारी दार्शनिक चिन्ता मूलोच्छेदी है; नकारात्मक है अतः अन्ततोगत्वा खजी हुई नाशोन्मुख विचार मात्र है। सत् की परम्परागत धारणा क्या आकृति हीन अतः निराकार, गुण-धर्म हीन अतः शून्य, भवहीन अतः नाशवान एक कपोल धारणा नहीं ठहरती? ठहरती है। इस परम दिव्य, परम गुह्य, परम प्रकाशित और परम ऐश्वर्यवान सृष्टि में नाशवान क्या है, शर्मणा? मुझे कहीं भी नाश नहीं दिखता, शर्मणा! प्रति लव, प्रति काष्टा, प्रति निमिष, प्रति पल, प्रति क्षण यह अथाह अनन्त अव्यय सृजन, यह रचना यह शील, शक्ति और सौन्दर्य का मुह्यमान मुग्ध अभिव्यञ्जन-यह परम अद्भुत जगत यह अपार अथाह ऐश्वर्य का भव-संसार-यह ब्रह्माण्ड यह, यह अवाक् कर देने वाला अकथनीय अनिर्वचनीय विश्व-प्रपंच और जगत-व्यापार-यह भव भवों का गहन जीवन-स्वरूप-यह जन्म, यह मृत्यु.... मृत्यु? नहीं, भारती! मृत्यु नहीं है-है क्या?”

भारती ने झनकार पूर्वक पांव कक्ष में रखते हुये कहा- “अभी तो अपन सब जी रहे हैं- तब मृत्यु का सोच ही क्या है? मृत्यु आयगा तब कहे बिना आयगा। मृत्यु जीवन का आमंत्रण नहीं है- देह त्यागने के लिये अटल आदेश है। अभी-अभी प्रयाग से सन्देश आया है कि यती शंकर के शिष्य माहिष्मती की ओर चल पड़े हैं और यती शंकर भट्टपाद की कुटिया में समाधिस्थ हैं।....”

“अच्छा?” मण्डन मिश्र ने काकू में कहा- “वाह् योग योगेश्वर महोदय! वाह! तब यह युवा सन्यासी स्वयं को द्वितीय शंकर-शिव स्वरूप मानता है, शर्मणा?”

शर्मणा ने कहा- “यती शंकर, युवा सन्यासी, स्वयं ही अनूठा रहस्य है, आदरणीय!”

"रहस्य? कैसे?" मण्डन मिश्र ने भारती को पास आकर समीप बैठने का इंगित करते हुये कहा यह युवा सन्यासी यती जैसे अन्य मनुष्य जन्मते हैं, जन्मा है। हाड़-मांस का वह भी सब के समान सांस लेता हुआ पुतला है- हो सकता है योगाऽभ्यास से कुछ सिद्धियां प्राप्त कर ली हों तो क्या मुझे सिद्धि अभिवादन नहीं करती? करती है, प्रिये! मैंने निश्चय किया है, बादरायण व्यास और महर्षि जैमिनी का इस बार श्राद्ध कर्म की पुरोहिती के लिये आहूत करूंगा।..."

"बादरायण व्यास? यती शंकर ने जिसके ब्रह्म सूत्र पर भाष्य तैयार किया है?" शर्मणा ने हठात् जैसे पूछा।

"बादरायण व्यास ने अपने चित्त को शान्त करने के लिये श्रीमद् भागवत का आलेखन किया; किन्तु बुद्धि की संशय हीनता और विश्व प्रपंच के विलक्षण कौतुक से आंखे मूंदने के लिये ही ब्रह्म-सूत्र लिखे हैं। महर्षि जैमिनी! शर्मणा? जैमिनी की अथातो धर्म जिज्ञासा ही मानव के लिये वेद है, पुराण है, स्मृति है- शास्त्र है। ब्रह्म-चिन्तन बहुत हो चुका, प्रिये! हमें जगत और जीवन का स्पष्ट बुद्धि गम्य, प्रतिभा सम्पन्न, गहन तथा असंदिग्ध चिन्तन चाहिये। ब्रह्म की कपोल धारणा में जैसे शक्तिवान काल नपुंसक होकर खो जाता है- दिव्य अद्वितीय विज्ञान की अभिव्यक्ति यह सृष्टि जड़ के वैभव तथा चैतन्य के ऐश्वर्य से भरी पूरी है। भारती, मनुष्य को स्पष्ट, अचूक, सार्थक सिद्ध और बुद्ध कर्म चाहिये। जीवन के परम सुख सन्तोष के लिये अभिवृद्धि तथा संवृद्धि के लिये, श्री के लिये एवं मंगल-सौन्दर्य और शांतिमय शील के लिये अनन्त अविराम शाश्वत चेतना चाहिये- कर्म की मंगलमयी पुण्य भृत चेतना! मानव को इस धरा पर स्वर्ग चाहिये- शून्य का बीहड़ गुञ्जान तथा पापों का नर्क नहीं प्रिये! हम इस अहंकारी प्रच्छन्न शून्यवादी यती को निरुत्तर कर देंगे? क्या हम ऐसा नहीं कर सकते? मैं जीवन के स्वर्ग में, नन्दन-विपिन में, निकुञ्ज में, जीवन के अविराम रास में मानता हूं।"

भारती ने भौंहे बंकट करते हुए कहा- "जीवन नर-नारी के स्वप्नों का बिम्ब है; रूप-सौन्दर्यों का जगत है, कामनाओं की प्रिय पूर्ति का संसार है- ब्रह्म है तो मिलकर रहेगा और जगत मान लो क्षणिक है, तो मानव जीव को उसको नित्य के लिये प्राप्त करना ही है। मानव जीव ही सृष्टि का धाता, विश्व का मनीषी, जगत का कलाकार तथा संसार का कर्त्ता और भोक्ता सम्राट है प्रिय!"

"धन्य, सम्राज्ञी भाभी! धन्य! तनिक यह उपदेश उस कालिन्दी को भी देती। मुझको तो वह वानर, मर्कट, न जाने क्या-क्या समझती है!" शर्मणा ने कहा।

सहसा मण्डन मिश्र ने कहा- "प्रत्येक स्त्री अपने पुरुष को वृषभ अथवा वैशाखनन्दन समझती है। क्यों है? न भारती!"

भारती झबकर तमक के साथ खड़ी हो गई- "तुम पुरुष स्त्री को कुतिया समझते हो, यह कह दूं क्या? नारी सर्व व्यापिनी जनेता शक्ति है; जीवन का सम्मोह, बुद्धि की रसिकता तथा भव संसार की सिद्ध अटल परम्परा है। पुरुष? भोगी, उन्मन, उदासीन, निष्ठाहीन व्यष्ठि मात्र है, जिसकी परिपूर्णता स्त्री की कुक्षी में ही होती है। शर्मणा, कभी सोचा, क्या तुम कालिन्दी के मन के लिये अनिवार्य हो? पुरुष को स्त्री के लिये अनिवार्य अटल तथा एकाकी, एक मात्र होना ही चाहिये- तब स्त्री प्रेम करती है; विश्वास करती है, समझे!"

शर्मणा ने अपने ही नयनों में खो जाते हुए कहा- "तुम। भाभी, मेरी अनन्या श्रद्धेय! तुम नारी हो निस्संदेह; परन्तु अपने नर के प्रति पूर्ण रूपेण समर्पित सन्नारी हो; महिला हो और सरस्वती की वीणा-झंकार की भांति वांगमय मूर्ति हो और वह कालिन्दी? किसी सम्राट की स्वैरिणी भोग्या के समान मन की स्वच्छन्द और चित्त की वार विलासिनी स्त्री है- वह नर को, पुरुष को वृषभ, अश्व, वैशाखनन्दन, श्वान, मयूर, हाथी और सिंह-न जाने क्या-क्या मानती है वह गूढ़ आकर्षणमयी स्त्री मुझे मयूर मानकर चलती है। मैं उसके लिये रोता जो रहता हूं। भारती भाभी काञ्चन को पुरुष त्याग सकता है अपनी कामिनी को नहीं। कामिनी को त्यागा नहीं कि ब्रहम स्वयं ही प्रकट हो जायगा। मैं तो नारी को ही ब्रहम माया-स्वरूप पाता हूं। नारी? नारी ही सौन्दर्य का सार है; रसों के रस की परिपूर्ण घूंट है- नारी ज्ञानियों को विश्व प्रपंच-तथा भव-संसार के इस अद्भूत ऐश्वर्य के प्रति कर्षित करती और इस घोर भव-सागर में धकेलती है- भव-सागर, भाभी! इस अपार, महाघोर, दुर्धर्ष, भव-सागर में नौका रूप श्री चरण भी आपश्री जैसी नारी के ही हैं- भूल मेरी थी, भाभी! मैं नारी को भोग्या मान कर चलता था; तब नारी जननी है; भोग्या नहीं।"

मण्डन मिश्र ने हंसी की- "तब कालिन्दी तुम्हारी "जननी है।"

शर्मणा ने सिर धुना कर कहा- "वह क्या नहीं है? नारी अपने मूल स्वरूप में, अपने आत्यंतिक स्वभाव में जननी है और अन्ततोगत्वा गुरु है- गंगा स्वरूप है।"

मण्डन मिश्र ने ठहका मार कर भारती से कहा- "तब तुम भी अब हमारी जननी और गुरु हुई, है न?"

भारती धड़क कर स्थित खड़ी अपने ही सांसों में सहज उद्वेलित अपने प्राणों में हठात् ही घुले हुए अपने पुरुष मण्डन को देखती रही। "मण्डन! कहां है?

मण्डन मिश्र? है; उसके अपने नयनों में एक आगम संभावना की भीति से भरा मण्डन अपने ताम्र-सुवर्ण रंगी शरीर में अज्ञात किन्तु चिर-ज्ञात दिव्य स्मृति मात्र रह गया था। भारती को लगा, असंख्य अनन्त कल्प स्वयं ही विस्मृत पल होकर मण्डन की अपलक सी पलकों पर मंडरा रही है। उसके अपने अद्वितीय देह-सौन्दर्य के रूप सौन्दर्य में डूबा हुआ भी यह मण्डन मानो चित्ताऽकाश के अन्तिम छोर पर खड़ा किसी परात्पर की प्रतीक्षा में खड़ा था। सृष्टि की अविराम दिव्य धाराओं को देखता, विश्व प्रपंच से मुह्यमान, जगत के खेलों का द्रष्टा और अन्तःकरण का विस्मृत वियोगी तब यह मण्डन मिश्र है?" इसे- इस रहस्यमय पुरुष को मैं अपना जन्म-जन्मान्तरों का आदि नर समझती थी; तब मैं स्वयं को इस अनादि नर के गहन अन्तराल में प्रज्वलित जीवन रति की वन्हि-दीप शिखा-मानती थी।" भारती के सरोज नयन तनिक कांपे; अधर हहरे-बोली- "तुम मुझे जो मानो, मण्डन! मुझे तो यही ज्ञात है, तुम हो तो मैं भी हूं, मैं तुम्हारे लिये जन्मी हूं, जन्म लेती चली आ रही हूं। तुम मेरे कारण नहीं हो। तुम अपने ही चिरविराट् के लिये जन्मे हो। तुम मण्डन! नर-नारी के परे और पार जीवात्मा का स्वयं सम्भ्रम हो; अज्ञान का व्यामोह; कल्पना का अथ और इति तथा भव धारणा का स्वप्निल तट हो। मण्डन, प्रिय मेरे! मैं तो तुम्हारे चरणों की ठुकराई हुई रज भर हूं।...."

"भारती!" मण्डन ने सहसा चिल्ला कर कहा- "चुप हो जाओ प्रिये! मैं यह सुन नहीं सकता। मैं किसी अज्ञात भय से कांप उठता हूं, जब तुम ऐसा कहने लगती हो। तुम्हीं मेरी सृष्टि, विश्व, जगत भव-संसार सब कुछ सर्वस्व तुम्हीं हो। तुम मण्डन मिश्र की शाश्वत प्राणेश्वरी हो। शर्मणा! सुना, घोषणा कर दो हम बादरायण व्यास तथा महर्षि जैमिनी का आह्वान कर हमारे पितृओं के श्राद्ध कर्म के यज्ञ में आहूत कर रहे हैं भारती, जैसे, मुझे स्वयं ही यह सिद्ध विद्या प्रत्यक्ष हो रही है। बादरायण।... व्यासदेव!...."

मण्डन मिश्र को लगा, चित्ताऽकाश में समूचा भूताऽकाश एक विस्तृत सघन मेघ की भांति उमड़ कर छा रहा है। मण्डन मिश्र के नयन आप से आप मुकुलित होते गये- उन्होंने देखा हिमालय की एक अत्यन्त एकान्त गुफा के द्वार पर ज्योतिर्मय् वपु की आकृति रिमझिमा रही है। हिमालय! गुफा! यह दिव्याऽकृति? क्या यह मस्तिष्क का तना हुआ तीव्र संघन सम्भ्रम तो नहीं है? व्यासदेव, बादरायण! आइये पितृ लोक के अनादि पितृ को प्रोत्साहित कीजिये, जिससे पृथ्वी, की मानव जाति वीर, धीर शान्त, प्रतिभा सम्पन्न, शूर और सन्त सन्ततियां मानव-जननी की अमोघ कुक्षी को सफल धन्य कर सकें। इस धरा

पर मानव सन्तति की अपरिहार्य दिव्यता अनिवार्य है। इस सृष्टि के धर्म का जीवन चेतना में प्रसार मानव की दिव्यता द्वारा ही शक्य है- सम्भव है। मनुष्य ही इस पृथ्वी के भव संसार का विज्ञान पा सकता है और सुखमय भोगों की धारणा पोषण परम्परा को स्वस्थ्य रुचिर सुन्दर और शीलवान पुण्यभूत कर्मों द्वारा बनाये रख सकता है। मानव ही इस अपार अगाध शाश्वत अविराम नित्य जीवन के सत्य को समझ सकता है; उसकी चेतना का पूर्ण परिपूर्ण विकास साध सकता है- अथाह सुख की सरितायें सींच सकता है। मानव, बादरायण।...."

भारती ने मण्डन की विजड़ित सी स्थिति को देखकर तनिक स्वर कम्प पूर्वक पूछा- "सुनते हो? फिर वही, खो जाना?"

"हुं?" मण्डन ने हुंकार की और रोम-रोम में कांप कर जागते हुए कहा- "महर्षि बादरायण चिरञ्जीवी हैं, भारती! अनिवार्य मृत्यु ने कुछ ऋषियों को चिरन्तन जीवन का वरदान दे रखा है। काल ने कुछ आचार्यों को अजर वांगमय मूर्ति बनाये रखा है। विश्व-प्रपंच में नष्ट कुछ भी नहीं होता- परिवर्तित होता हुआ सतत् होता रहता है। भव, होओ- आविर्भूत होओ; होते रहो। उद्भूत होओ; होते रहो। जीवन, विविध संज्ञानों और इन्द्रिय संवेदनों से भरा, जीवन स्वयं ही प्रकाशित, प्रसरित, समग्र और समस्त चेतना है। जीवन की यह प्राणों भरी चेतना स्वयं स्वयमेव है। भव-योनियां इस चेतना की स्वयं नानाऽभिराम सुखद सुखमय मंगलकर धारणायें हैं- महर्षि जैमिनी ने इसी चेतना के कर्म-काण्ड का निरूपण किया है। कर्म? अपूर्व अनादि, स्वयं मल, भारती! मानव- चैतन्य और अपूर्व अगाध अपार कर्म के अतिरिक्त इधर-उधर कुछ भी तत्व, तथ्य, सत्य और सत्व है ही नहीं। अनेक! महिमामय गरिमामय सुन्दर शक्तिशाली अनेक! तब यह मुण्डी 'एक' को रोते रहते हैं- ब्रह्म नहीं है, भारती! मैं अजर-अमर जीवात्मा तथा यह जगत-मैं और यह ही थे; हैं और अनेक विधाओं में बने रहेंगे। इस बार मैं अपने महिमामय कुल के सभी पितृओं का श्राद्ध करूंगा। परम्परा से चली आती रूढ़ केवल तार्किक और हिंस्र, दमनकारी एवं पाप-भावना से भरी कर्म-श्रृंखला को मैं परिष्कृत करूंगा। जीव पुण्य का वरदान है और जीवन सुखमय जीवन रति की ऐश्वर्यमय क्रीड़ा है। मैं कहता हूं, मृत्यु है ही नहीं और इसलिये एवं अतः केवल जीवन है, जीवन! समझी तुम! उस यती शंकर को पराजित होना ही होगा। मोक्ष अर्थात् सदैव की मृत्यु! जीवन, भारती! जीवन-चैतन्य ही सत्य है और वही अपने विविध अनेकत्व में नित्य है। शर्मणा! अनुभव करो, इस आकाश में और इस धरती पर तुम चिरन्तन अजर-अमर मावन-चेतना की रहस्यमय किन्तु ज्ञानमय, स्नेहशील उदार अभिव्यक्ति

हो- हम जन्म कर काल को सफल करते तथा सत्य को धन्य करते हैं। यती शंकर, सावधान!"

"सावधान!" चित्ताऽकाश के असीम छोर पर किन्तु अपने चिद् घन के अनन्त क्षितिज पर स्थिर-शान्त शंकर को लगा, विधाता ही उनको सावधान कर रही है। विधि? किसकी? इस देह की? इस विश्व की? किसकी? कौन है, जिसकी विधि लिखनी है और निरन्तर पलकों से लिखी जाती है? आचार्य शंकर के उन्मीलित नयन मानो कुछ मुलकित हुए। चिद्घन क्षितिज के सुहावने शान्त आलोक से सरक कर वह चित्ताऽकाश के श्वेत, रक्त तथा श्याम घनश्याम में उत्तोलित होने लगे। एक संक्रान्त मण्डलाकार ज्योति वातचक्र उनको विधि विचित्र रंगों के तिमिर मूढ़ भूताऽकाश में धकेल गया- किन्तु वह जैसे घनीभूत ज्योति बिन्दु होकर पुनः पुनः निरन्तर भूतों की सूक्ष्म मन्द मन्द्र तरंगों में बहने लगे। शंकर को लगा, सृष्टि धारा गंगा की धारा की भांति अपूर्व अनादि आत्यंतिक पारमार्थिक चैतन्य के हिमालय से स्वयं ही अपनी स्वमोहित उमंग में फूट रही है; उद्धासित-उद्रेकित हो रही है- निरीह, निर्विशेष ब्रहम चैतन्य अपनी ज्योति में ही प्रकाश तथा अन्धकार का गहन व्यामोह होकर अनन्त कोटि रूपों स्वरूपों में व्यक्त होने के लिये मानो ललक रहा है। सावधान! किससे, शंकर! इस आलोकित तिमिर से? इस उद्धासित रूपयसि पल से? इस गुञ्जरित नाम के ध्वनिमय व्यापार से? अन्त में अपना ही अर्थ स्वयं के निनाद में समाहित करने वाली वाणी से? सावधान किससे? अनादि अविराम काल अपने ही अजय दिव्य आधान द्वारा सृष्टि की जड़ चेतन चेतनाओं के गहन प्रवाहों में बहा जा रहा है। काल शंकर! काल स्वरूप ही यह आत्यंतिक अन्तिमतः ब्रहम सगुण होता है; साकार होता है- तब भट्टपाद ठीक थे? योग्य थे- उचित थे? तब क्या ब्रहम जगत और जीव अनादि अभिव्यक्तियां हैं किसी परात्पर परब्रहम की? आचार्य शंकर ने गहरा निसास रखा और पुनःप्राणों का याम कर द्विदल में सुस्थित होने लगे। सावधान मैं? मैं चिर-चिर चिरन्तर चैतन्य हूं- अनेकत्व की इच्छा से पूर्ण महतत्व का अतिशय अथाह अहम् मैं! मण्डन, तुम मुझको सावधान किससे कर रहे हो? स्वयं से? अपनी प्रियपत्नी उभय भारती से? किससे? मैं तो इस देह में व्यक्त हुआ तब से सावधान हूं मण्डन मिश्र! मैं सृष्टि के दिव्य सृजन के मायावी सौन्दर्य से सावधान हूं; मैं विश्व-प्रपंच के क्षणिक मुदमय मद से सावधान हूं; मैं जगत के रूपों की प्रतिनिमिष संयोगित वियोगित पलों से सावधान हूं- भट्टपाद पलों के इस गूढ़ मिलन और वियोग के असंग आकाश में खो गये थे, मण्डन! अवश्य; किन्तु मैं आकाश के धीमान

अवकाश से भी सावधान हूं। यह विलक्षण आश्चर्य संभूत भव-योनियों के कर्म-संसार एवं कामनाओं के भोग के आसक्त सन्तोष तथा क्षण-स्थायी सुख-सम्पर्क से सावधान हूं, इस भव में जन्मा तब से सावधान हूं- मैं स्वयं के इस शाश्वत अहम् से! मैं अपने से सावधान हूं-जाग्रत! मण्डन, तुम भी भूताऽकाश के कामना के संवेदनाओं से भरे स्मृति-मूढ़ आकाश से पार होकर चेतना के रंगों भरे चित्त को पैर जाओ-अपने ही सच्चिदाऽनंद चिद्घन में लीन होकर आत्म-ज्योति के क्षितिज पर ब्रह्म-चैतन्य के भास्कर स्वरूप् उदित हो ओ। "मैं हूं मण्डन मिश्र!" इस अहम् की सम्मोहित आसक्ति से, अज्ञान से, संस्कार शील अध्यास से मुक्त होकर आत्मा की ज्योति की पुंजीभूत अभिव्यक्ति अनुभव करो। सृष्टि के प्रारंभ से तुम, मण्डन, इस मायाविनी नारी के गहन-गूढ़ सम्मोह में अन्धकार के सागरों में तैर रहे हो। यह काल के विशद-मृत्यु-सागर है। आत्मा के प्रकाशमय अनादि अर्णव में सरक आओ। मण्डन, तुम अविराम काल की अनन्त पलों से सरकते हुए उभय भारती के सरस सौन्दर्य के आलोक में मूच्छित हो गये हो। सावधान! मैं तुमको इस मायाविनी नारी के सौन्दर्य से सावधान करने आ रहा हूं। तुम शाश्वती नारी के चरण-चञ्चरीक नहीं हो-जन्म बीत गये, जब तुमने स्वर्ग की अप्सरियों के कटाक्षों को निष्प्रभ कर सृष्टि के बीच स्वरूप वाक् की आराधना आरंभ की थी। मैं तुमको प्रत्येक कल्प के अन्त में सुनसान एकान्त में चैतन्य की बुझी हुई अग्नि के समान पा रहा हूं- आत्मा की अग्नि क्या कल्पान्त के वीरान में बुझ जाती है? नहीं, नहीं, मण्डन मिश्र! कल्पान्त के महाप्रलय के घोर गूढ़ अर्णव में स्वयं स्वयमेव ब्रह्म-चैतन्य अपने सच्चिदाऽनंद ऐश्वर्य की कामना में कल्प के आदि के ध्यान में सोता रहता है- अपने ऐश्वर्य के अज्ञानोद्भवित अध्यास में ब्रह्म नित्य शयन करता है- काल रात्रि में, मण्डन मिश्र! केवल अपूर्व अनादि चिरन्तन कर्म-को ही अन्तिम-आत्यंतिक तत्व सद् वस्तु मान कर चलना बुद्धि के तर्क, विचार-चिन्तन की चरम सीमा हो सकती है; किन्तु सत्य के प्रत्यक्ष का यह न आदि है और नहीं अन्त! बुद्धि सद् को भांपती भर है, मण्डन! प्रत्यक्ष तो आत्म ज्योति स्वयं ही करती है-दर्पण में अपनी छबि देखने के समान यह आत्माऽनुभव है, देह द्वारा समाधिस्थाऽवस्था में। कर्म के पार और परे अद्भुत आत्म-आश्चर्य का ज्योति जलधि लहरा रहा है। अविराम-नित्य सा प्रतीक होने वाला यह जगत तथा कामनाओं की तुष्टि एवं इच्छा-पूर्ति तथा वासनाओं की तृप्ति के लिये, राग भरे मोह मुह्य इस अपने ही ऐश्वर्य के भोग के लिये आत्म-ज्योति स्वयं ही अपने गहन अपार अतल चिद में प्रज्ञा-उत्पत्ति की सरस जीजिविषा के मेघ उच्छ्वसित करती है। ब्रह्म को

अपना निरतिशय निराकार निरञ्जन अनुपम एकाकी घनीभूत और घनरस ऐक्य नहीं सुहाता। अपने गर्भ-संभव आकार के लिये, नानाविधि रूपों के लिये, अनन्त कोटि सम्बोधनों के लिये परम ब्रह्म अपने असीम अगाध हृदय-दहर में आकुल व्याकुल हो जाता है। तथ्य तो यह है, मण्डन मिश्र! आकार का क्षणोऽद्रव न हो, तो निराकार का सीमाहीन अनादि कल्पना जन्य है ही नहीं। अनेक होऊँ, विविध रूपों में अभिव्यक्त एवं अनेक विलक्षण नामों में अभिव्यञ्जित होता रहूं- मैं काल का सार्थक और निरर्थक सनातन संगीत गाना चाहता हूं; रूपों भरी स्वरूप-जगमगी सृष्टि के अविराम चिरन्तन को मैं शब्द के चिद्-वांग्मय में लीढ़ कर निराकृत सौन्दर्य में प्रतीत करना चाहता हूं। तुम, मण्डन! अस्ति और प्रतीति के पारदर्शी अथाह सम्मोह को ही, इस अपूर्व अध्यास को ही, इस अज्ञान जनित भ्रान्ति को ही, तुम ब्रह्म की भ्रान्ति को ही सत्य मान कर चलते हो। सृजन सद् की क्षणोऽद्रवी धारणा मात्र है- यह पलों की रूपयसि रसमयी राग भरी क्रीड़ा सच्चिदाऽनंद के अनादि नित्य लीला-विलास की अभिनाट्य रचना है। तुम कर्म के परे और पार स्वयं के अथाह को देखो; पैरो, मण्डन!..."

"अपने गहन, में देखूं, मैं?" मण्डन मिश्र ने स्वयं को ही पुकार कर कहा- "अपना गहन, अथाह क्या? क्या विद्याऽध्ययन और शास्त्र अवगाहन, यह तपस्वी वांग्मय-अनुशीलन, यह तत्त्व-दर्शन मीमांसा अपने अन्तःकरण के अगाध में देखना नहीं है? है, पण्डित मन्यो! यह यती शंकर परम्परा से चले आते ब्रह्म सत्यं जगन्मिथ्या सम्भ्रम को बनाये रखना चाहता है। यह नव युवा सनातन से आविर्भूत कर्म श्रृंखला के सत्याऽधारों को तोड़ देगा? यदि महाप्रलयाऽवस्था है तो उसी विषाद भरे अनन्त शून्य में यह जड़ चैतन्य अस्तित्व स्वयं ही अपने अनेकत्व वैभवों में आविर्भूत हुआ है- यह जगत जीवात्मा का संकल्प और यह भव-संसार हम प्राणियों के सुख भोग के लिये कर्म भूमि है- साधनाऽस्थली है। यह जगत जीवों की भोगस्थली है- सुन्दर सुघड़ दिव्य यह जगत है- जगत के परे और पार मैं हूं-मैं, अनादि नित्य जीवात्मा, स्वयं प्रकाशित जाग्रत, सर्वतन्त्र स्वतंत्र इच्छावान-मैं हूं- यह सृष्टि मेरी सृजन कामना की चिरन्तन असीम स्वप्न-रंग भूमि है- यह जीव के जन्म-मरण की भव-संसार की रंग-भूमि अजर है। वास्तविक ठोस अनिवार्य, अपरिहार्य, अपराजित काल-कृति जगत भ्रान्ति है, प्राणियों के भव अज्ञान जनित सम्मोह है- हम शताब्दियों से कहते आये हैं। क्या परिणाम हुआ? भारत का गृहस्थ टूटता चला गया है। भारत का गृहस्थ ऐसे विषम वादों से यती, सन्यासी, भिक्षुक तथा आराजक भोगी-अहर्निशि कामुक अथवा जीवन के पुरुषार्थों से मुंह

मोड़ कर मरणजीवी बना दिया गया है। जन्म को पाप, भव वासना का उद्रेक और मृत्यु? रोग तथा शोक का परिणाम सिद्ध किया गया है। जो है ही नहीं, उसको प्रमाणित करने का यह कैसा बचकाना तात्विक प्रयास है? इस भ्रान्तिवाद को इस कातर का यह मायावाद को, इस विरूप, कुरूप, अरूप मिथ्या को मिटाना होगा। मानव बुद्धि का विचार-विवेक हमें अपने चिन्तन में लाना होगा। जगत और जीव के अस्तित्व के सत्य को हमें खोजना होगा। हमें जगत को समझना होगा और भव-संसार के जीवों के शाश्वत मंगल कल्याण के सनातन वैदिक वर्णाऽश्रम धर्म को देश कालाऽनुसार शुद्ध बुद्ध परिष्कृत एवं विज्ञान जन्य करना होगा। मैं मृत्यु के अन्तिम अन्त को मानकर नहीं, अनादि चिरन्तन जीवन के विविध वैभव को ही मानकर विचार करता हूं। मुझको मर कर स्वर्ग नहीं चाहिये- इस धरा पर स्वर्ग, वृन्दावन, नन्दन वन चाहिये। मैं इस धरती को ही वैकुण्ठ बनाना चाहता हूं। यह मानव तपस्या से मनुष्य की साधना से ही सम्भव होगा। क्या हम चिरन्तन मृत्यु के लिये जन्मते हैं? मैं पूछता-नहीं, नहीं पण्डितों! हम सतत शाश्वत जीवन-ऐश्वर्य के लिये प्रेम से जन्मते हैं। मानव-जाति को हमें प्रेम से जन्मना और शान्ति पूर्वक देह त्याग सिखाना है। हमें अन्तःकरण को देखने और सन्तोष पूर्वक देह त्याग की मंगलमय संस्कृति का पुनः निर्माण करना ही होगा। मैं नहीं जानता ब्रह्म को; किन्तु निर्विवाद मैं स्वयं को और इस जगत को जानता हूं- अनादि से जानता हूं इस अपूर्व पूर्व को इस अथ इति के अनादि-आदि को....।"

"धन्य!" उपस्थित पण्डितों के स्वांस-प्रस्वांस से मानो ध्वनि उठी।

मण्डन मिश्र ने पुनः कहा- "उस यती के शिष्य तथा सेवक माहिष्मति की सीमा से कुछ ही दूर हैं। उनको हमें माहिष्मति की सीमा से दूर ही रोकना है। इस व्यामोह भरे यती शंकर के शिष्य सेवक तो आ रहे हैं, परन्तु वह यती शंकर कहां है? सुना है, भट्टपाद की कुटिया में प्राणायाम का अभ्यास कर रहा है।"

सहस काकू भरा अट्टहास्य!

मण्डन मिश्र ने उमंग पूर्ण दर्प से उपस्थित पण्डितों, आचार्यों और उपाध्यायों को सस्मित देखा और तनिक उत्ताल स्वर में कहा- "पूर्व मीमांसा अपने मिथ्यावाद में घुलकर स्वयं मिथ्या हो गई और हमारा वैदिक वर्णाश्रम धर्म का कर्म-काण्ड जड़ क्रूर तथा अन्ध दृष्टि दोष एवं मूढ़ पूर्वाग्रहों का विवाद मात्र बन गया। कर्म के अनादि अपूर्व के सहज अन्तर्निहित उदय, विपाक और फलित के शाश्वत विज्ञान से हम मीमांसा के लोग दूर-दूर हटते चले गये। संसार से कातर और जगत से कातर, जीवन से भयभीत, पुरुषार्थ के प्रमादी

सनातन धर्मों को बनाये भर रखने लगे। यज्ञ-केन्द्रित और यज्ञ-याग-व्यस्थित कर्म-काण्ड ही धर्म-जिज्ञासा का एक मात्र विषय बन गया। धर्म की व्यापक और पारदर्शी बुद्धि-जन्य और बुद्धिगम्य जिज्ञासा हम में मन्दातिमन्द होती गई। कर्म जैसे देह का पंच भौतिक तंत्रीय व्यापार मात्र रह गया- मैं कहता हूं कर्म केवल पार्थिव नहीं है; कर्म भौतिक, दैविक तथा आध्यात्मिक धनीभूत संश्लिष्ट इकाई है, जो अनादि अपूर्व से प्रतिलव ऊर्जवसित है। कर्म जीवात्मा की गहन गूढ़ इच्छा की बुद्धि जन्य क्रिया है, जो प्राणी अपने सुखाऽनुभव और सन्तोष के लिये करता है- सुखार्थ क्रिया, समझे आप सब? सुख के लिये की गई बुद्धि गम्य क्रिया ही कर्म का स्वरूप है। तब यह सन्यासी कहता है कर्म अज्ञान की भ्रान्ति मात्र है। यदि कर्म अज्ञान की गति-विधि है, तो यह जगत और उसका यथार्थ विज्ञान घन जीवन स्वप्नवत् ही है- तब फिर निद्रा ही जीवात्मा का स्वयं का तमिस्र बोध है- अवश्य! मैं पूछता हूं इन वेदान्तियों से तब फिर उनकी आत्म ज्योति कहां है? सत्य तो यह है हमें उत्तर मीमांसा के समूचे आधारभूत सिद्धान्त की ही खोज करना है- हम ब्रहम के शून्य मायावाद में अब अधिक डूबे हुए नहीं रह सकते। जीवात्मा को कर्म के द्वारा ही सृष्टि सम्मत, सृष्टि जन्य तथा सृष्टिगत एवं स्थिति-प्रज्ञ किया जाना चाहिये। पण्डितमन्यो! मानव-जीवात्मा काल की असँख्य अनिवार्य अपरिहार्य पलों से सुख का दोहन करना चाहता है- जीवन सुख और उसके चिरन्तन मांगल्य की खोज है; साधना है, पुरुषार्थ!....."

पण्डित सभा में एक ध्वनि पुनः उठी- "अभिनव, महोदय! अभिनव!....."

मण्डन मिश्र ने गर्जना सी की- "अभिनव? क्या अभिनव? मैं आश्चर्य और अभिनव में विश्वास नहीं करता। क्या यह जगत, यह विश्व, यह सृष्टि-यह मनोरम भव-संसार हमारी चेतना में पूर्ण रूपेण भरा हुआ नहीं है? है; जीव जगत का प्राणी है, महाशयों! मैं तो सोचता हूं प्रत्येक जीव अपनी स्व प्रकाशित चेतना से ही अपने लोक को अपनी बुद्धि द्वारा प्रारब्ध पूर्वक उल्लास करता है। असंख्य-कोटि जीव अपने व्यष्ठि-चैतन्य से जैसे सृष्टि की शक्ति मंगल और सुख पूर्वक धारणा करते हैं, विश्व का अपने समष्ठि अन्तरात्मा में आविर्भाव कर जगत की कर्म भूमि में अथाह शक्ति, चिरन्तन सुख तथा अबाधित मांगल्य के लिये जीवन जीते हैं। व्यष्ठि तो इस सृष्टि के समष्ठिगत महा चैतन्य की अपूर्व एकाकी अनूठी भावना-तरंग है। जीवात्मा समष्ठि जन्य महा चैतन्य है; तब जीव उसकी इच्छा है- प्राणी मात्र सनातन अनादि अपूर्व अनन्त अव्यय जीवात्मा की सुख के लिये अभिव्यक्ति है। मैं कहता हूं इस रम्य रमणीय,

मोहक जगत तथा सुखों की मंगलमय कामनाओं की वाञ्छाओं से भरे जीव के अतिरिक्त कौन सा यथार्थ सत्य है? असद् से सद् आविर्भूत नहीं हो सकता, तो क्या सद् से असद् का उद्भव हो सकता है? पूछो उस शंकर यती से, उस आध्यात्मिक धूर्त से। योग की कुछ सिद्धियों से चमत्कार उत्पन्न किया जा सकता है, ज्ञान नहीं।"

किसी ने पूछा- "ज्ञान फिर क्या है, जब अज्ञान ही है।"

मण्डन मिश्र ने तनिक आश्चर्य के साथ प्रश्न-कर्ता को जैसे खचाखच भरी पण्डित-मण्डली में खोजा और तीव्र उत्ताल स्वर में कहा- "ज्ञान अथवा अज्ञान मान कर सोच विचार करने की आवश्यकता नहीं है। ज्ञान अथवा अज्ञान आदि द्वन्द्वात्मक विचार धारा में पड़ कर मानव-बुद्धि ने जगत और उसके ऐश्वर्यशाली जीव के सम ही खोये हैं। हम दुःख और उसकी निवृत्ति के उपायों को ढूंढने में ही लगे रहे। मानव नकारात्मक, कातर, कायर, पलायनवादी और निराश होता गया। मानव इस धरा पर लड़खड़ाता गया; झुकता गया; मुड़ता गया तथा **मरोड़** खाकर टूटता गया। जीवन का यह दुःख-दृष्टिकोण जगत को मिथ्या तथा जीवन को अज्ञान मानने से ही उत्पन्न हुआ है। दुःख की इस अवैज्ञानिक दृष्टि से हमने जीवन के सुख और उसकी सतत् आविराम प्राप्ति के पुरुषार्थ को नहीं देखा- हमने अन्धेरा देखा; निराशा खोजी और मुक्ति के व्यर्थ शून्य अवसाद को हमने परम सुख सन्तोष कल्पित किया। जीवन सुख से सुख द्वारा तथा सुख के लिये है। मुक्ति है तो परम सुख और परम सन्तोष के लिए है। मैं कहता हूं, लोगों! प्रेम से जन्मों, सुख पूर्वक फलो-फूलो और शान्ति के साथ देह त्यागो और अपने अगाध नित्य चैतन्य की शाश्वती समा से पुनः सुख दोहन मंगल सिंचन के लिये जन्म लो-मृत्यु नहीं है, सतत अनिवार्य, अपरिहार्य आदि और अन्त हीन जन्म है, भव है, समझो!..."

व्यापक स्वीकृति की हुमुस उठी।

मण्डन मिश्र ने मानो घोषणा की- "ज्ञान अज्ञान की धारणा जगत के शत्रुओं और जीवन-वैरियों की कल्पना मात्र है। धर्म सत्य का धारण, भरण तथा पोषण है और मानव का एक मात्र सम्बन्ध धर्म से है- धर्म पूर्वक कर्म से है। मानव अगाध इच्छा है, जगत का और स्वयं का सहज स्वयं जाग्रत तथा प्रकाशित ज्ञान है- मानव जीवात्मा ज्ञाता है; ज्ञान प्राप्त करता है; कर्म द्वारा पुरुषार्थ करता और जगत को नित्य-निरंतर अपने भोग के लिये विज्ञान द्वारा गृहण करता है। जगत है, क्या यह यथेष्ट और पूर्ण विचार नहीं है? क्योंकि जगत प्रति पल परिवर्तनशील है, अतः असार है-मिथ्या है- माया है, यह कहना क्या

देखती हुई आंखों पर पट्टी बांधना नहीं है- इन्द्रियज अनुभूति को क्षल्लुक और क्षुद्र मानने की क्या आवश्यकता है- नित्य तब क्या रूढ़-मूढ़ प्राचीन है? नहीं। नित्य प्रति क्षण नवीन सुन्दर सरस गहन और सुखमय अनुभूति है। मेरी ज्ञानेन्द्रियां अथाह हैं और अमर हैं। मेरी कर्मेन्द्रियां अनन्त हैं, अतः अजर हैं। नित्य निरन्तर यह अद्भुत चिरन्तन सृष्टि और उसके भोक्ता हम चैतन्य जीव जब अनादि हैं, तब सृष्टि के सर्वान्त अन्त की धारणा क्या असत्य कल्पना नहीं है? प्रलय कभी नहीं है; सदैव नित्य निरन्तर सृष्टि है, पण्डितों! वेदान्त का परम्परागत विचार सृष्टि, विश्व, जगत तथा भव-संसार का यथार्थ विज्ञान घन अस्तित्व नहीं मानता। परिणाम क्या हुआ है? हमारा समाज विषम तथा विकृत होता गया है; हमारी संस्कृति टूटती चली गई और उसकी महाप्राण धारा सूखती चली गई है। जीवन की विविध-सुन्दर उमंग, चित्र-विचित्र उत्साह तथा अमोघ पुरुषार्थ ही अस्त होता गया है। हम केवल शरीर और उसकी भोग-वृत्ति भर रह गये हैं- हम चार्वाक होते चले गये हैं। मैं कहता हूं मानव! अपने अथाह चैतन्य में जाग और जगत को स्वर्ग भूमि बना।"

पुनः घोष उठा- "साधु! साधु!!"

मण्डन मिश्र ने चमकती हुई आंखों से सब को घूरा और कहा- "माहिष्मती के समस्त पितृओं के लिये हम नान्दी श्राद्ध करेंगे। महर्षि जैमिनी अपनी ज्योतिर्मय सूक्ष्म देह में उपस्थित होंगे और उस यती शंकर के वेदान्त मनीषी, वह ऋषि बादरायण भी प्रकट होकर अपने पितृ श्राद्ध को प्रमाणित करेंगे। शास्त्र विहित और तपस्या की शक्ति से वैज्ञानिक यह श्राद्ध कर्म ही प्रमाणित कर देगा कि मृत्यु लोक के बाद स्वर्ग है और मृत्यु लोक के मानव का ध्येय इस लोकालय में धर्म विहित पुण्य कर्म करके स्वर्ग प्राप्त करना है। इस मृत्यु लोक में पुण्य करने पर भी स्वर्ग-परम सुख सन्तोष का धाम नहीं प्राप्त हो सकता। इस भव संसार में अन्धकार प्रकाश, सुख-दुख, उचित-अनुचित धर्म और अधर्म का जो अटल संक्रामक द्वन्द्व है, उसी से यह सिद्ध हो जाता है कि इस धरती पर मानव स्वर्ग के लिये ही सनातन वैदिक वर्णाऽश्रम धर्म द्वारा पुरुषार्थ करता है। मानव सन्तति की निरन्तरता बनाये रखना मानव संस्कृति के शील की संयोजना करना तथा मानव जीवन के सुख सन्तोष को गहरा करते रहना-यही, यही हमारी नयें मीमांसा की प्रेरणा है- स्वर्ग के लिये इस धरा पर मंगल जन्य, मंगलमय पुण्य कर्म-केवल कर्म चतुर्दिक पुरुषार्थ, स्नेहियों!"

तभी शर्मणा ने आकर पुकारा- "यती शंकर के शिष्य माहिष्मति की सीमा में एक बरगद के वृक्ष के नीचे ठहर गये हैं।"

मण्डन मिश्र ने हठात् पूछा- "अच्छा, यह तथाकथित शिष्य आ पहुंचे? उनको नगर के बाहर ही रखो। आश्चर्य उनका गुरु उनके साथ नहीं है- देखा, मैं कहता न था? यती शंकर आ ही नहीं सकता। शिष्य को आगे कर स्वयं भट्टपाद की कुटिया में छिपा बैठा है... भगौड़ा कहीं का!...."

मण्डली में ध्वनियां हुईं- "आने दो, समझ लेंगे।"

एक त्रिपुण्ड धारी ने चिल्लाकर कहा- "शंकर? यह क्या?"

एक वैष्णव ने कहा- "राधे कृष्ण और क्या?"

एक कौल ने गर्जना की- "पञ्चमकार का यह जीवन ही स्वयं में परात्पर परमेश्वरी की इच्छा है। वह युवा यती पञ्चमकार रहस्य को क्या जाने?"

एक गाणपत्य ने कहा- "वेदान्ती सन्यासी मानसिक क्लीव होते हैं- उनकी ज्ञानेन्द्रियां अन्धकार से भरी, उनकी कर्मेन्द्रियां मूढ़ तथा उनके पञ्च प्राण कातर होते हैं। उनका मन विजड़ित, बुद्धि, रिक्त, चित्त शून्य और अहं? अहं ब्रह्मास्मि होता है। आप श्रीमद् से क्या खाकर भिड़ेगा यह जीवित मृत्यु, महोदय!..."

मण्डन मिश्र ने हंस कर कहा- "विद्या वारिध में माया कूप का मण्डूक क्या तैरेगा? यती आया नहीं है- आयगा तो हम देख लेंगे, समझ लेंगे। हम उसको अपने घर में घुसने ही नहीं देंगे। श्राद्ध-पक्ष में हमारे ओक के द्वार बन्द रहते हैं- रहते हैं न? क्या आप सब यह परम्परा नहीं जानते?"

कुछेक कण्ठ एक साथ बोले- "जानते हैं। जानते क्यों नहीं? महोदयेषु!"

मण्डन मिश्र ने सब को घूरते हुए कहा- "उस यती से तब शास्त्रार्थ करने से हम भयभीत हैं क्या?"

"नहीं!" ध्वनि उठी।

मण्डन मिश्र ने सहसा गर्ज कर कहा- "यती शंकर ने आकर हमसे शास्त्रार्थ किया तो हम उसका मुण्ड उसी के कमण्डल में डाल देंगे।...."

हंसी; उत्ताल हास्य-अट्टहास्य!

मण्डन मिश्र ने अपना भाषण अपूर्व अस्मिता पूर्वक समाप्त किया "हम संसार भर के शास्त्रियों से विचार करने को प्रस्तुत हैं; किन्तु हम वेदान्त के वितण्डा के लिये शास्त्रार्थ क्यों करें? हम मीमांसक जगत, जीव और धर्म को ही जानते तथा मानते हैं-हम महर्षि जैमिनी के शिष्य हैं, विचारक हैं। हम इस धरा पर धर्म का साम्राज्य बनाते हैं और स्थापित करते हैं। हम यावत् जीवन के द्रष्टा, विचारक, मीमांसक और व्यवस्थापक हैं। हम मनु की सन्तान पृथिवी का राज्य और यावत् जीवन का ऐश्वर्य प्राप्त करने तथा भोग कर स्वर्ग के

लिये पुण्य के मंगल-मार्ग निर्मित करने के लिये हैं। हम मानव हैं, धरा के सौभाग्य के लिये। जीवन के चरम सुख के हम तपस्वी हैं! हम मानवों पर ही त्रैलोक्य के योग-क्षेम का दायित्व है, यह दायित्व धर्म द्वारा ही पूरा किया जा सकता है...."

11

आचार्य शंकर का देह स्वयं ही कांपा जैसे और याम-बद्ध-प्राण लहर में उठा। माहिष्मती, मण्डन मिश्र, उभय भारती-भट्टपाद, भव-संसार-जगत, सनातन वैदिक वर्णाऽश्रम धर्म और यह सन्यास, मोक्ष, मुक्ति? मानो दूरातिदूर अदृश्य अपार से सुदूर मन्द-मन्द गर्जन की भांति शब्द-ध्वनियों का विस्फोट शंकराचार्य के चित्ताऽकाश में होने लगा- अचिन्त्य चिन्त्य चिद में आचार्य का शुद्ध बुद्ध अहम्-मैं-सहसा अपूर्व संस्कारवत् जाग उठा और यती शंकर एक सिहरन पूर्वक अपने अनन्त अथाह चित्ताऽकाश में प्रदीप्त हो उठे। शंकर को लगा, चिद के अगाध आश्चचर्यवत् मौन हृदयाऽकाश में अकथनीय उल्लास छा गया है और वह, मैं, मानो स्वयं के ही शून्य शयन से जागने लगे हैं। मैं? अनादि शाश्वत अनन्त और इच्छा, ज्ञान और क्रिया की अपार कामना से पूर्ण मैं अपनी लीढ़ अभेद चेतना में नित्य शयन में हूं। यह ब्रह्म-चैतन्य का बीजवत् मैं सभी समष्ठियों तथा व्यष्ठियों से भरा, सभी आकृतियों इच्छाओं तथा सृजन गर्भा से परिपूर्ण मैं जीवात्मा अपने ही परम तत्त्व के नित्य व्योम में सोता ही रहता हूं। शंकर को लगा यह अनादि शाश्वत अविराम 'मैं' अपना ही स्वयमेव घन बिन्दु है- अनिर्वचनीय प्रकाश से भरा तथा अभिव्यक्त होने के अनन्त अथाह नाद से वेपथु यह मैं-वह स्वयं ब्रह्म-चिति है। शंकर को लगा, वह अपने ही हृदर-दहर में आनन्दवत् परिपूर्ण है और उस चिर-प्रसन्न शान्त अभय में स्मृति एवं विस्मृति से परे अपरिवर्तनेय चेतना है। यह चेतना यह नित्य अहं ब्रह्मास्मि चैतन्य वह-यह-सब है-यही चैतन्य है, जो रहस्यमय तमिस्र शून्य में सुषुप्त रहता है। यह ब्रह्म का आनन्द सम्मोह है; अपने आनन्द के चिद्घन में ब्रह्म अपने अहम् भाव से कीलित हो उठता है- ब्रह्म एक है; अनेक है; रूप है;

अरूप है- आकृति-निराऽकृति, काम-अकाम सब तथा सर्वोपरि परे और पार स्वयं सुप्त, स्वयं जाग्रत, स्वयं अव्यक्त, स्वयं व्यक्त अनादि आश्चर्य है; अद्भूत है। यह अणु और विराट्-यह सीमाहीन संकोच विकोच रहित भेद-अभेद रिक्त यह स्वयं-चैतन्य ही सच्चिदाऽनंद है- मैं!

"मैं! मैं!! मैं!!!" गहन गूढ़ अथाह से गम्भीर ध्वनि उठी और आचार्य शंकर हृदय दहर के चिद्घन से चित्त के रमणीय चैतन्य में प्रदीप्त हो उठे। मैं शंकर, भगवत्पाद गोविन्द का शिष्य, बाल यती शंकर, मैं! आचार्य चित्ताऽकाश को पैर कर जाड्यान्धकार के अन्धकारों से उफनते हुए भूताऽकाश में लहर उठे। तब? शंकराचार्य जैसे सोचने लगे, विचार कर उठे। तब? मैं यह मैं हूं? हां तो, शंकर! यही संज्ञान 'मैं हूं' चित्ताऽकाश की माया है; भूताऽकाश का जगत एवं उसका अविराम जन्म-मरण भव संसार है! शंकर? शून्य कहां है? सुषुप्ति की शिथिल विजड़ित पलों की संवेदनहीन मूर्च्छा क्या शून्य है? क्या ब्रह्म की जीव चेतना कभी शून्य हो सकती है? नहीं; शंकर, माया ब्रह्म चेतना का कालाऽतीत तथा कालाऽधीन अभिव्यक्ति, अभिव्यंजना-सृजन उत्पत्ति, निर्माण है। यह जगत ब्रह्म चेतना का विज्ञान और जीवात्मा ब्रह्म चैतन्य का स्वयं संज्ञान है- ज्ञान!

ज्ञान। ब्रह्म चैतन्य? शंकराचार्य अपने भूताऽकाश की संज्ञानपूर्ण तन्मात्राओं से उतर आये। गंध, रस, रूप, स्पर्श-शब्द पृथिवी, जल, अग्नि, वायु और आकाश-जगत और मैं हूं- जीव। तब माया 'न' नहीं है; नित्य अव्यक्त किन्तु सदैव अविराम अभिव्यक्त जीवन है; जगत है- ब्रह्म की यथार्थ अनेकान्त सत्ता! मैं, शाश्वत जीवात्मा? ब्रह्माऽनंद के सम्मोहन की स्वप्नदर्शी, स्वप्न-कामी, स्वप्न-जीवी सत चित् चेतना। आनंद! ब्रह्म अपने आनंद की अनुभूति में परम ऐक्य है; अभेद! तब ब्रह्म अपनी आनंद मूर्च्छना में अनेक है। भेद भरा गूढ़ गम्भीर आश्चर्य, अद्भुत अकथनीय भव-संसार। ब्रह्म! परम ब्रह्म-सत्य ज्ञान-आनंद शंकर! आचार्य शंकर जैसे सर्गाऽरम्भ की चेतना में जागृत हो गये। ब्रह्म रन्ध्र से सहज ही उतर कर अहम्वत शंकर मणिपुर स्वाधिष्ठान तथा मूलाऽधार में षड्चक्रों की गहन गूढ़ तेजोल्लसित सुषुम्ना में स्थित हो गये। शंकराचार्य अपने इस एकाकी भव के योग शक्ति सम्पन्न देह में सजीव हो उठे। शंकराचार्य ने भट्टपाद की जीर्ण-शीर्ण कुटिया के बीहड़ एकान्त को मानो अपलक देखा। तभी कुछ दूर खड़ी दो विभूतिवान आकृतियां हिलीं। एक लावण्यमयी अभिराम नारीमूर्ति ने प्रणाम किया तथा एक तेजस्वी दुर्धर्ष शौर्य मूर्ति ने प्रणाम किया; कहा- "श्रद्धेय आर्य आचार्य, मैं सुधन्वा!" नारी मूर्ति ने पुनः प्रणाम पूर्वक कहा- मैं महाराज की धर्म-पत्नी, महादेवी!"

आचार्य शंकर सहसा चुपचाप उठे और कुटिया के बाहर लपके। महाराज सुधन्वा ने पीछे से पुकार कर कहा- "हमें महाराज राज शेखर ने भेजा है...."

"राज शेखर!" शंकरचार्य तनिक खड़े रहे।

महाराज सुधन्वा ने कहा- "भट्टपाद हमारे गुरु थे; हमारे आचार्य थे। महादेवी अर्पणा के तो वह पितामह थे। यती शंकर! भट्टपाद ने स्वप्न-दर्शन देकर हमें आपश्री का परिचय दिया है। भट्टपाद का कथन है आपश्री उत्तर मीमांसा के प्रचोदक मंत्र ऋषि हैं; उपनिषदों के गीत तथा वेदों के अपौरुषेय ज्ञान की सजीव मूर्ति हैं- भारत वर्ष के सनातन वैदिक वर्णाऽऽश्रम धर्म के नवोत्थान के लिये आप जगद्गुरु हैं-"

आचार्य शंकर ने कहा- "राजन! न आप हैं और न मैं हूं। तब क्या भट्टपाद का मोक्ष नहीं हुआ?"

महाराज सुधन्वा ने कहा- "जब तक भारत भूमि अनार्य दर्शनों के अन्धकारों से मुक्त न होगी, तब तक भट्टपाद का मोक्ष कैसे होगा, आचार्य! पूज्य पाद, मानव-जाति की बुद्धि सम्मोहन मयी भ्रान्तियों से भर गई है, मानव की ज्ञानेन्द्रियां जगत के रूपों की सौन्दर्याऽऽसक्तियों से भरी है; कर्मेन्द्रियां जीर्ण जड़ रूढ़ियों से मूढ़ हो गई हैं आचार्य! भारत को पुनः स्वस्थ पुरुषार्थ पूर्ण सम शांत तथा अन्ततोगत्वा भव संसार से मुक्त करवाने वाला आश्रम जीवन तथा वर्णों का कर्म मार्ग चाहिये। कर्म हीन तथा कर्म रहित एवं कर्म रिक्त तत्व ज्ञान व्यर्थ है निरर्थक है। आचार्य, इस अनिवार्य जगत में जीव कितना भयभीत, भयार्त, दीन हीन और अथाह है। आचार्य! भव संसार से जीवों को मुक्ति का मार्ग बताने के लिये आप सम्भव हुए हैं- राज शेखर ने हमें यही कहा है।"

आचार्य शंकर ने सस्मित कहा- "राजशेखर के नाटक खो गये; मैंने पढ़े थे; स्मृति से पुनः उनको लिखवा दिये थे- तब से त्रिवांकुर मण्डल का अधीश्वर राजशेखर इस नाम-रूप के प्रति निष्ठावान है।..."

महाराज सुधन्वा ने कहा- "दक्षिण में क्रचक्र आपश्री का जन्म जात वैरी है; उत्तर में उग्र भैरव आपका शक्तिशाली विरोधी है। माहिष्मती में आपके ज्ञान-विरोधी सदल-बल सहित एकत्र हो गये हैं- माहिष्मती की ओर के सभी मार्ग आपश्री की यात्रा के लिये अवरोधों से पाट दिये गये हैं। नर्मदा के उस रमणीय तट पर बसी महानगरी माहिष्मती, आचार्य! आप जैसे युवा यती के लिये दुरूह कर दी गई है-"

आचार्य शंकर ने हंस कर कहा- "शान्त राजन्! गुरु कृपा से हम जगत के अवरोधों को दूर कर सकेंगे। हम भूमि की यात्रा तब नहीं करेंगे। हम वायु मार्ग से ही माहिष्मती के गगन में उतरेंगे...."

महादेवी अर्पणा ने अब कहा- "पूज्य पाद! महातांत्रिक क्रचक्र ने वायु मार्ग को बन्ध कर दिया तो। दक्षिण के श्रीपर्वत का वह महातांत्रिक सभी सिद्धियों का स्वयं को स्वामी कहता है- ऐसा कालिन्दी कह रही थी।"

आचार्य शंकर ने मौन ही जैसे पूछा- "कौन कालिन्दी?"

"भट्टपाद की धर्म पुत्री, मण्डन मिश्र के गुरु भाई शर्मणा की गान्धर्वी पत्नी" महाराज सुधन्वा ने स्पष्टीकरण किया।

महोदेवी अर्पणा ने मुस्करा कर कहा- "मायाविनी नारी मूर्ति, पूज्यपाद! मैं भी स्त्री हूं- मायाविनी नारी भी श्रृंगार से अभिराम; यौवनोन्माद से छकी नारी मैं थी, आचार्य! किन्तु भट्टपाद की चिता की भस्म रमा कर मैं हिमालय की एक वन-कन्या हो गयी हूं, प्रभो! भट्टपाद नहीं भूलते आचार्य पाद! भट्टपाद, मेरे पितामह मेरे अन्तःकरण के शान्त प्रकाश स्वरूप भट्टपाद नहीं बिसरते। ऐसा प्रतीत होता है, पूज्य! भट्टपाद जीवित हैं- चिरञ्जीवी हैं...."

आचार्य शंकर ने कहा- "शान्त, पुत्री। मोक्ष होने तक सभी जीवात्मा चिरंजीवी हैं...."

महादेवी अर्पणा ने सजल नयनों की सिहरती हुई झांई से युवा यती सन्यासी अतीव सौम्य और सुन्दर सुघड़ आचार्य को देखा और देखते हुए कहा- "तब फिर चिरञ्जीवी आत्मा, जीव के मोक्ष का प्रश्न ही कहां उठता है, श्रद्धेय! तब क्या मनीषी मण्डन उचित ही कहते हैं? आचार्य सन्यासी! जीवात्मा क्या वास्तव में भव-संसार से मोक्ष चाहता ही है? मैं मोक्ष-कामी जीवात्मा हूं क्या, पूज्य! यह उज्जयिनी का महा राज्य उज्जयिनी का आराध्य महाकाल तथा नर्मदा एवं सोम के सघन सुन्दर कान्तर, मुझे और क्या चाहिये? महाराज सुधन्वा मेरे इस भव के पति हैं; किन्तु राज राजेश्वर हैं। इनके करों में मैं उन्मद हो उठती हूं, आचार्य! किन्तु भट्टपाद के उन धूसरित श्रीचरणों में मैं जैसे एक रजकण बन जाती थी। आचार्य शंकर! भट्टपाद की चिता क्या समूचे यावत् जीवन की चिता नहीं है- त्रिताप की चिता, पूज्य!...."

आचार्य शंकर ने शान्ति पूर्वक राज महिषी अर्पणा को जैसे प्रथम बार देखा, कहा- "अपनी छाया को सत्य जब तक मानती रहोगी, जब तक स्वयं के गहन भ्रम में बनी रहोगी; तब तक मोक्ष नहीं है- भोग ही भोग है- जन्म ही जन्म है; मरण ही मरण है, श्रीमती! मण्डन मिश्र को कदाचित् जगत का पता है; जीव के गुण-धर्म की गवेषणा उन्होंने की है; किन्तु आत्मा को वह नहीं जानते। मण्डन मिश्र को ईश्वर का परिचय नहीं है- परमात्मा का ज्ञान नहीं है। प्रभु परमात्मा सृष्टि के परे और पार, जगत के गहन-गम्भीर तम के उपरान्त

स्वयं-स्वयमेव है, प्रकाश पूर्ण ज्ञानमय आनन्द घन, ब्रह्म! सृष्टि के ब्रह्माण्डों के लोक-लोकान्तरों के जीवात्माओं का अन्तिम ध्येय प्रभु का दर्शन है। चेतन प्राणी लोगों के ऐश्वर्यों से कब तुष्ट-सन्तुष्ट हुए हैं, राज़ी? जीवात्मा काम्य स्वप्न देखता ही रहता है; किन्तु क्या कभी परम प्रसन्न हुआ है? जीवन सृष्टि में सतत् जगत का ऐश्वर्य भोग है। प्रतिपल, प्रति प्रहर जीवात्मा परमात्मा को, स्वयं को भूल कर क्षण-स्थायी जगत के मायावी ऐश्वर्यों को भोगता ही रहता है- समझता है यही सत्य है।"

महाराज सुधन्वा ने आचार्य शंकर को साष्टांग प्रणाम किया और स्वल्प चीत्कार पूर्वक कहा- पूछा- "आचार्य, मेरा उद्धार कीजिये मैं मृत्यु लोक का राजा, राज राजेश्वर, आपश्री के चरणों का आर्त शरणागत हूं-"

आचार्य शंकर ने सस्मित कहा- "इस पृथिवी का सर्वोत्कृष्ट भोग राज्य करना है; सर्वोपरि काम्य स्त्री है- सन्तति है। तब फिर यह आर्त प्रार्थना क्यों है? महाराज, यह नाम रूप का भव आप का उद्धार कैसे करेगा? आंखों का अंधेरा दूर किया जा सकता है; आत्मा का सघन तम तो सद्गुरु ही दूर करता है।"

महाराज सुधन्वा ने दीन स्वर में कहा- "तब मुझे शिष्य बना लीजिये।"

महादेवी अर्पणा ने सहसा कहा- "महाराज, क्या सन्यास लेना चाहते हैं? राज राजेश्वर का प्रदीप्त अहं क्या धूलि धूसरित हो गया है, राजन्? क्या न्याय करने का अभिमान मिट गया है? प्रजा के अन्नदाता होने का आडम्बर लुप्त हो गया है क्या? राजा कभी सद्गुरु का शिष्य हो नहीं सकता। सारे संसार का स्वयं को स्वामी समझने वाला राजा क्या कभी सन्यास ले सकता है? राज पाट त्याग कर ही सन्यास नहीं लिया जाता। महाराज सुधन्वा, सन्यास के लिये स्त्री त्यागनी होती है और अन्तःकरण से जगत को छोड़ना होता है। राजा न देह त्याग सकता है और नहीं अन्तःकरण में देख सकता है। आचार्य, महाराज का यह श्मशान वैराग्य है।"

महाराज सुधन्वा ने सिरा धुना कर कहा- "नहीं। आचार्य मैं सत्य कहता हूं, मैं जगत से कातर और संसार से ऊब चुका हूं। महादेवी अर्पणा, तुम मेरे मन की स्थिति को अच्छी तरह जानती हो। व्यंग मत करो, राज़ी! राजा स्त्री का व्यंग सह नहीं सकता, समझीं आप!"

महादेवी अर्पणा- "मैं गुरुदेव भट्टपाद के श्री चरणों को जान गई। आचार्य, जन्म-जन्मों से अनादि और सतत् कामी नर को रिझाते हुए मैं त्रस्त हो गई हूं-थक गई हूं।"

आचार्य शंकर ने कहा- "जननी कभी त्रस्त नहीं होती, कभी नहीं थकती, श्रीमती। सृष्टि उसका स्वभाव है, स्थिति उसका धर्म है। नारी ही है नर कहां है? राज़ी!"

महाराज सुधन्वा चिल्लाये- "अर्पणा!"

महादेवी अर्पणा ने सहसा पूछा- "यती शंकर, आपश्री नारी को क्या जानते हैं- कैसे जानते हैं! सन्यासी अपने देह को भी नहीं जानता, आचार्य! फिर वह स्त्री को कैसे जानेगा?"

महाराज सुधन्वा चिल्लाए- "अर्पणा"

महादेवी अर्पणा ने कहा- "मैं एक यती से प्रश्न कर रही हूं महाराज! सन्यासी स्त्री के विषय में कैसे क्या जान सकता है?"

आचार्य शंकर ने हंसकर कहा- "सच कहा महादेवी, मैं स्त्री नारी के विषय में भी कुछ नहीं जानता किन्तु मैं अनादि शाश्वत अभिराम जननी को सृष्टि की प्रथम पल से जानता हूं। प्रत्येक कल्पाऽरम्भ में मैं, अनादि जीव, जननी की उस अगम्य रहस्यमय कुक्षी से जन्मता रहा हूं- जीव सचमुच राज़ी! नारी को जानता ही नहीं; जननी को ही जानता है। इस एकाकी भव की मेरी जननी, मां विशिष्ठा, मैं क्या उनको नहीं जानता? जानता हूं, श्रीमती! मैं अपनी जननी को जानता हूं- वही इस सृष्टि की सर्जक, स्थिति की पालक और जीवन की कामेश्वरी है- वही परात्परा सच्चिदाऽनन्द स्वरूपा परम् ब्रह्माणि है, शिवा!"

आचार्य शंकर सहसा चुप हो गये। उस शान्त देदीप्यमान मुख-मण्डल पर महादेवी अर्पणा को लगा एक दिव्य आभा मंडराने लगी है। आचार्य की खुली किन्तु अपलक आंखों में महाराज सुधन्वा को पृथिवी की मानव जाति का अगाध कल्याण सिन्धु मन्द-क्रान्त प्रतीत हुआ। आचार्य शंकर जैसे मानव जाति ही नहीं, प्राणीमात्र के मांगल्य और मोक्ष के लिये अपूर्व हित कामना से मानो रोम-रोम में सिहर रहे थे। सत्य को लेकर यह जो क्षणिक सम्भ्रम फैलाये जा रहे थे, वह निस्संदेह अन्धकार की सहज घुटन मात्र थे। अन्धेरा देखता नहीं; दिखाता नहीं-घुटता है और जीवन की आधारभूत तथा अनिवार्य उद्धृत प्रकाश किरण से छिन्न भिन्न होता रहता है; सूर्य अनिवार्यतः उदय होता है, अस्त होता है, पुनः उदय होता है। तारे स्वयं ही ब्रह्माण्ड में व्याप्त अन्धकार के अर्णव में प्रकाश के जुगनुओं की भांति चमकते रहते हैं। असंख्य नीहारिकायें ज्योति वीथियों की भांति आकाश के ज्योतिर्मय पथ बनाती ही रहती हैं। जगत के अन्धकार को दूर करते रहने के लिये स्वयं प्रकृति ने प्रकाश का द्वन्द्व

कर रखा है- अन्धकार सहज है; प्रकाश साध्य है- साधना गम्य और साधना जन्य है। पृथिवी के पार्थिव अन्धकार को प्रति रात्रि दूर करने के लिये मानव की सृजनशील उपयोगिता सिखाने का निश्चयात्मक बुद्धि ने दीपक का धीमान आविष्कार किया है- तो अग्नि मानव के वैज्ञानिक स्पर्श से उद्भूत होकर अपने आस-पास के अन्धकार को लील लेती है- गूढ़-गहन तमिस्र नीलिमा में चलते हुए विश्व में त्रिताप भरे अपने जगत-भुवन में अनादि जीवात्मा प्रकाश के स्वप्न देखता हुआ काल रात्रि में सो रहा है। यह यावत् जीवन कालरात्रि का अविराम अनिवार्य शमन तथा स्वप्न दर्शन है। स्मृति की वन्हि-ज्वालाओं में जलता हुआ यह मूढ़ सम्मोहित और आसक्त जीवन त्रितापों का बन्धन और दुःख की जकड़न नहीं है तो क्या है? इसीलिये जीवात्मा मानव, इस पृथिवी पर सदैव आत्म ज्योति का सन्देश वाहक प्रकाश का शूर और वैराग्य का सन्त रहा है- रहेगा। क्यों नहीं समझता यह अमोघ मेधावी मनीषी मण्डन मिश्र की कर्म सृष्टि की काल निशा का स्मृति-बन्धन है- क्यों नहीं समझता? चैतन्य केवल मात्र सद्वस्तु ब्रह्म चैतन्य अपने अज्ञान के सम्मोहमय अंधकारों को अपने ही अंतःकरण की प्रकाश कामना के शाश्वत आग्रह से ही पुकार कर छिन्न-भिन्न करता है। मण्डन समझो! जीवात्मा अपने अज्ञान में जाड्यान्धकार का आसक्त स्वप्न दर्शी और स्मृति बद्ध दीन भयार्त भयभीत प्राणी है; किन्तु अपने आत्म ज्ञान में जीवात्मा अपने सहज निहित प्रकाश द्वारा, अपनी आत्म वह्नि द्वारा सृष्टि के जाड्यान्धकार और जीवन की नित्य जीजिविषा के गूढ़ गहन सम्मोह के तम को जला देता है- जीवात्मा जगत में आकर भव-संसार में इसलिये भव काटता है कि एक नित्य क्षण में वह अपने ही अध्यासित इस मायावी सम्भ्रम को जानकर एक पल में अपनी आत्म ज्योति प्राप्त कर लेगा-ज्योतियों के ज्योति स्वरूप सच्चिदाऽनन्द-आनन्द घन परमात्मा में एकमेक हो जायगा- स्वयं को जगत के अज्ञान और जीव के तम से मुक्त कर लेगा- यही सत्य है, यही ब्रह्म है- यही वेदान्त का अपौरुषेय विश्वास है। मण्डन मिश्र! यही भारतीय ऋषि मुनि का अन्तिम कथन है।

महादेवी अर्पणा ने आचार्य को अपलक, उदासीन और मौन देख कर जैसे पुनः पूछा, कहा- "भट्टपाद कर्म को मोक्ष प्रणीत ही स्वीकार करते थे। जो कर्म अन्ततोगत्वा मुमुक्ष वृत्ति उत्पन्न नहीं करता उसको भट्टपाद पाप मानते थे। उदात्त पुण्यभृत भूत और मुमुक्ष कर्म को गुरुदेव मोक्ष-कर्त्ता, उसी को ईश्वर, ब्रह्म, आपश्री जो कुछ भी कहें, मान कर चलते थे। आप मौन क्यों हो गये, श्रीमद्!....."

आचार्य शंकर ने सहसा प्रदीप्त होते हुए कहा- "राज़ी! अभी आपको धर्म जिज्ञासा ही करनी चाहिये; ब्रहम जिज्ञासा नहीं। इस संसार के सभी ऋण निस्वार्थ भाव से चुकाने के पश्चात् ही, एक अन्तिम आघात से ही ब्रहम की ओर मन मुड़ने को होता है। यह जगत कितना सुन्दर है? विचित्र और विलक्षण है- इसके मोह-सम्मोह कितने राग भरे तथा घट्ट हैं। यह स्वप्न दर्शन कितना चित्ताऽकर्षक है और यह स्मृति विलाप कितना मूढ़कर है? श्रीमती, जगत से जीवात्मा छुटकारा चाहता है क्या? जीवात्मा ने ही अपने अविराम स्वप्नवत् यह जगत धारण कर रक्खा है- इस जीवात्मा को क्षण की अस्थिरता का जब भान हो जायगा, तब वह आत्मवत् होकर परम सच्चिदाऽनंद ज्योति के लिये कलपेगा-तड़पेगा। ब्रहम को जानने के लिये जगत के अज्ञान को जला देना होगा; स्वप्न के सम्मोह को भस्मीभूत करना होगा और स्मृतियों के दंशों के राग को मिटा देना होगा। राज़ी-मैं जगत को नहीं जानता, मैं जगत को मानता भर हूं- मैं जीव को नहीं, ब्रहम को ही जानता हूं। दुखी मत हो, राज़ी! यह काल रात्रि अवश्य दूर होगी-आत्म ज्योति अन्धकार के इन राग-समुद्रों को सोख लेगी। आत्म-सूर्य अज्ञानाऽन्धकार को नष्ट कर देगा- स्वयं के देह के ऊपर उठो; स्वयं के भव-संसार के तट पर खड़े हो जाओ; स्वयं के अहम् से सावधानी पूर्वक उदासीन हो जाओ, तुमको अनुभूति होगी, तुम स्वयं ब्रहम-चैतन्य हो! आत्मा ही था, आत्मा ही है और आत्मा ही बना रहेगा। मैं मण्डन मिश्र को यही समझाने के लिये जा रहा हूं। भट्टपाद मोक्ष धर्मी कर्म को ही मानते थे; किन्तु अपनी चिता की ज्वालाओं में उन्होंने जाड्यान्धकार के परे और पार त्रिताद अमृतमय दिव्य का आभास पा लिया था- कर्म के तम से वह पुनीत आचार्य ज्योति की ओर उड़ गया था। कर्म के अवश्यम्भावि नाश को भट्टपाद ने अन्त में देख लिया। भट्टपाद सृष्टि के कालों को त्याग कर अनादि के महाकाल में लीन हो गये हैं- भट्टपाद महाकाल के मौन शान्त उद्वेगहीन अनन्त में स्वयं के परमात्मा के ध्यान में है। जगत के परे और पार ब्रहम ही है; जीव के पार आत्मा ही है- महाकाल के परे परमात्मा ही है। ब्रहम!"

महाराज सुधन्वा ने कहा- "धन्य, यती शंकर! किन्तु माहिष्मती के मार्ग अवरुद्ध हैं। सभी सम्प्रदाय ऊर्ध्व होकर आपश्री से लोहा लेने के लिये पद-पद पर तत्पर हैं। मण्डन मिश्र मीमांसा जगत का ही नहीं, भारत के दर्शन जगत का धुरन्धर होकर इन सब का प्रमुख हो गया है। सन्यासियों के प्रति तीव्र घृणा तथा वेदान्त की मिथ्या के प्रति अमर्ष भरा यह मण्डन मिश्र वाङ्गमय विभूति तो है; परन्तु शास्त्रार्थ के अखाड़ों का माना हुआ कुशल संयोजक भी है- वाणी

के सार्थक विभ्रमों को वह शास्त्र का स्वरूप दे सकता है। उसने विभ्रम विवेक पुस्तक भी लिखी है- ऐसा हमने सुना है, श्रीमद्!"

आचार्य शंकर ने हंस कर कहा- "मण्डन मिश्र को हम अनादि की प्रथम आदि से जानते हैं। चिन्ता त्याग दो, राजन! आपकी सहायता की आवश्यकता होगी तब मैं आपको स्फुरणा करुंगा। महाशय राजशेखर को भी यह सन्देश दे दें। मण्डन मिश्र के सन्मुख मैं निरीह और निराऽवलम्ब ही जाऊंगा। माहिष्मती के मार्ग अवरुद्ध हैं; मैं जानता हूं। मैं पृथिवी के मार्ग से नहीं; आकाश के मार्ग से जाऊंगा। चैतन्य के लिये समस्त जगत बाधक नहीं है। ब्रह्म-चैतन्य के लिये सृष्टि अवरोधक नहीं है- मुझ आत्म ज्योति के लिये कोई भी अन्धेरा घेरने वाला नहीं है। पञ्च भूतों का यह विश्व आत्म ज्योति की गहन-गंभीर धारणा है, राजन!...."

महाराज सुधन्वा ने सिर धुनकर प्रणाम पूर्वक कहा- "किन्तु श्रीपर्वत का महा तांत्रिक क्रचक्र और उत्तरापथ का उग्र भैरव शत सहस्र तांत्रिकों के साथ आकाश और पृथिवी के मार्गों को अभिमंत्रित कर आपको थामना चाहते हैं; रोक कर आपका नाश कर देना चाहते हैं...."

आचार्य शंकर ने सहसा उठते हुए कहा- "मैं शाश्वत हूं; मेरा विनाश नहीं है, राजन! तंत्र? क्या करेंगे? मैं आत्मा का महामंत्र जानता हूं! निश्चिन्त होकर महाकाल के मन्दिर में मेरी प्रतीक्षा कीजिये, राजन! मण्डन मिश्र के साथ मैं भारत वर्ष में छाये इस अन्धकार से संघर्ष करने के लिये आऊंगा। मानव जाति के कल्याणकारी प्रकाश के लिये और अभय योग-क्षेम के लिये, असद् से सद्, तम से ज्योति और मृत से अमृत की ओर जाने के लिये मैं, यती शंकर, अनादि सन्यासी! शास्त्रार्थ का आरम्भ करता हूं- माहिष्मती से, राजन! अच्छा, जय महाकाल, जय शंकर! जय सच्चिदाऽनंद!...."

और आचार्य शंकर तीव्र गति से चलते हुए पुनः भट्टपाद की चिता के भस्मीभूत वर्तुल के पास आकर खड़े हो गये। महाराज सुधन्वा ने अनायास औचक ही कहा- "भट्टपाद चाहते थे, बौद्धों का दमन किया जाय- उनको बल पूर्वक भारत भूमि सेa बहिष्कृत कर दिया जाय, पूज्य!"

आचार्य शंकर ने महाराज सुधन्वा को एक पल के लिये देखा, घूरा; कहा- "भट्टपाद क्या चाहते थे....?"

महाराज सुधन्वा ने उत्साह पूर्वक जैसे पुनः कहा- "गुरुदेव चाहते थे, बौद्ध-संघों को छिन्न-भिन्न कर दिया जाय और जनपदों में बौद्ध भिक्षुओं का यातायात रोक दिया जाय। बौद्धों को असिधारा पर रखा जाय। भट्टपाद आर्य

क्षत्रियों को सनातन वैदिक वर्णाऽऽश्रम धर्म की रक्षा, धारण, भरण तथा पोषण के लिये बल-प्रयोग के लिये कहते थे। वेद निन्दकों और सनातन धर्म के विरोधियों वैरियों को समाप्त करना आर्य क्षत्रियों का धर्म मानते थे, भट्टपाद, श्रीमद्!"

आचार्य शंकर ने पूछा- "फिर क्या हुआ?"

महाराज सुधन्वा ने प्रणाम पूर्वक कहा- "सनातन धर्म के विरोधियों और वैरियों को असिधारा के घाट उतारना हम आर्य क्षत्रियों को नहीं रुचा, पूज्य! अवश्य, धर्म परिवर्तन के आततायी मार्गों को हमने अवरुद्ध कर दिया। हमने दक्षिणाऽऽवर्त में निस्शंक होते हुए बौद्ध भिक्षुओं के संयोजित आतप, उत्पात और आराजक प्रवृत्तियों पर रोक लगाने के लिये आर्य नरेशों की वाहिनियों का संगठन किया है। जनपदों को भय रहित और निर्भय करने के लिये हमने पण्डितों की समितियां स्थापित की हैं- हमने आश्रमों को पुनर्जाग्रत करने के लिये स्मृतियों के कथनों को समयानुसार परिष्कृत कर सम्यक् व्यवस्थायें देने के लिये ऋषि कुलों से निवेदन किया है, पूज्यपाद!...."

आचार्य शंकर ने स्वयं के अगाध में डूबते हुए कहा- "राजाज्ञा समष्टि व्यवहार के लिये व्यवस्था नहीं दे सकती, राजन्! जगत की व्यावहारिक सत्ता तथा जीव के वैश्वानर के लिये ब्रह्म निष्ठ आचार्य ही व्यवस्था दे सकता है। ब्रह्म-चैतन्य को आत्मसात् करने पर ही ज्ञाता, ज्ञान और ज्ञेय की कर्म गति- विधि का अनन्त, अव्यय और अविराम इच्छा, रहस्य तादृश्य होता है। जीव को भवेच्छा से छूटना ही है। मण्डन मिश्र कर्म-मीमांसक और विधि मनीषी है, ब्रह्म वेत्ता नहीं। अपने आत्म स्वरूप को जान लेने पर ही व्यष्ठि और समष्ठि की परस्पर सम्प्रेषित व्यावहारिक गति समझ में आती है- आत्मा को अपने व्यष्ठि अतः समष्ठि के अज्ञान से मुक्त होना ही है- आत्मा परिणामतः बंधता नहीं; आत्मा को आत्यंतिक भ्रम होता ही नहीं, राजन्! जगत और जीव का यह मायामय व्यवहार क्षणिक है; क्षण-क्षण अविराम अतः नित्य सा है। मैं मण्डन को सत्यम् ज्ञानामृतम् ब्रह्म का उपदेश करूंगा। महाराज सुधन्वा! मण्डन मिश्र जगत चिन्तन, कर्म-चिन्ता तथा रागमय भव-संसार से सदैव के लिये मुक्त होने के लिये परिपक्व हो गया है- मनीषी मण्डन मिश्र की जीवन रति के सरस व्यामोह से छूटकर परम ब्रह्म की ज्योतिषांज्योति की ओर उन्मुख होना ही है। आप और महाराज राज शेखर भारत वर्ष के आर्य क्षत्रिय, आर्य वैश्य, आर्य शूद्र तथा आर्य ब्राह्मण को अपने पारमार्थिक सत्य का अनुभव करना ही है; अपने मायामय चित्त के अज्ञान को समझना ही है और अन्ततोगत्वा अपने निरामय अव्यय आनन्द में लीन होना ही है- मानव योनि भव-संसार का मध्यस्थ बन्धन

है। मानव बुद्धि जगत को भोग भी सकती है और जगत और जीवन के अज्ञान से मुक्ति भी दिखाती है। यह जगत नाम रूप के ऐश्वर्य की लीला है- यह मानव जीवन भोग को वैराग्य पूर्वक त्याग कर मोक्ष के आनन्द को प्राप्त करने की साधना है- सन्यासाऽश्रम इसी साधना का आश्रम है। सन्यास मृत्यु के भय को जीत कर अमृत को आनन्दमय सत्य को साधने का मुमुक्ष आश्रम है, राजन्! अच्छा; अब मैं चला-पद्मपाद मेरी प्रतीक्षा कर रहा है- सभी मेरी प्रतीक्षा कर रहे हैं, राजन्! भारत की भूमि और भारत का आकाश, मानव-जाति जैसे मेरी प्रतीक्षा कर रही है- मुझे सत्य का, ज्ञान का, अमृत का सन्देश देना ही है- देना ही होगा। इसीलिये तो इस एकाकी एकान्त भव में बंधा हूं। आपका कल्याण हो, राजन्!"

महाराज सुधन्वा ने अनायास प्लुत स्वर में पूछा- "महातांत्रिक क्रचक्र, उग्र भैरव और उनकी रिद्धि-सिद्धि शिष्य मण्डलियां अपने समग्र तंत्र बल को एकत्र कर आपश्री के विरोध ही नहीं, सर्वनाश के लिये सन्नद्ध है। आचार्य, आपकी रक्षा...."

आचार्य शंकर ने मुस्करा कर कहा- "मैं स्वयं मूर्तिमान अभय हूं, राजन्! आत्म चैतन्य न जन्मता है; नहीं मरता। आत्मा नाम-रूप का, जीवन का आश्चर्य-प्रणीत उद्भास है। अज्ञान नष्ट होता है; अध्यास की भ्रान्ति समाप्त होती है- ज्ञान स्वरूप आत्मा अजर है, अमर है। जय सच्चिदाऽनंद!...."

भट्टपाद की चिता के भस्म-धूसरित वर्तुल की प्रदक्षिणा कर आचार्य शंकर पद्मासन-बद्ध बैठ गये। सस्मित शंकर ने क्षितिज को आंखों में भरा और महाराज सुधन्वा, महादेवी अर्पणा, सकपका कर खड़ी हुई सखी कालिन्दी और वरिष्ठ राज मान्य व्यक्तियों को चकित और स्तब्ध खड़े हुए देखा। कालिन्दी ने चकित विस्फारित नेत्रों से पद्मासन बद्ध देदीप्यमान शंकर-मूर्ति को अनायास पृथिवी से सहज ही ऊपर उठते देखा- एक सूक्ष्म शक्तिशाली हिल्लोल उठी और शनैः शनैः क्रमशः आचार्य का पार्थिव शरीर हल्का-पुल्का तेज-पुञ्ज होता गया। धरती की गुरुत्वाऽकर्षण शक्ति का संयम कर उसके पाश से धीरे-धीरे मुक्त होते हुए यती शंकर ने सूर्य-मण्डल के गगन में स्वयं को स्थित करना आरंभ किया। वायु की अनन्त-असीम गतियों की हिल्लोलों के सूक्ष्मतम अवकाश में अपनी देह को संचरित करते हुए आचार्य शंकर को अणिमा सिद्धि के द्वारा ज्योतिर्मय आकृति को लहर बना दिया। पंच भूतों का पार्थिव देह अपने तत्व-सूक्ष्म में मानो समाहित होता गया। पृथिवी की गुरुत्वाकर्षण शक्ति से मुक्त पंचभूती पार्थिव देह यती शंकर को निगड़ प्राणायाम द्वारा प्राणों सहित, तन्मात्राओं सहित,

अपनी दसों इन्द्रियों को समेट कर प्रकम्पित दृश्य किन्तु अदृश्य सी ज्योतिर्मय आकृति होकर सूर्य-मण्डल के गगन के पार अन्तरिक्ष में मानो सरकता गया। वायु मार्गों के परे और पार आकाश का तत्व मार्ग मानो आचार्य शंकर का स्वागत करने के लिये स्वयं ही दीप्त-प्रदीप्त होकर समक्ष खुल गया। स्तम्भित और स्तब्ध लोगों ने देखा, यतीराज शंकर योग-बल से सदेह आकाश मार्ग में स्थित होकर क्रमशः अदृश्य हो गये। भट्टपाद की चिता के भस्मि-घूसरित वतुल के पास मानो सूक्ष्म ज्योति का तार पृथिवी और आकाश के अनन्त क्षितिज को बांध कर मूक थरथराता रहा।

महाराज सुधन्वा सहसा चीत्कार कर उठे- "महाकाल! यती की रक्षा करो, प्रभो!"

महादेवी अर्पणा ने रोम-रोम में सिहर कर स्वयं से ही मानो कहा- "हे शिव-शंकर!"

कालिन्दी ने स्वयं के अन्तरात्मा को कहा- "मण्डन! मान जाओ-मान जाओ, मण्डन मिश्र!"

एक प्रतिच्छंद गूंजा- "मिश्र जी, यती शंकर आता है तो आने दीजिये। क्या कर लेगा 14-15 वर्षों का यह नव युवा? योगी है तो क्या आप तपस्या की शक्ति में कम हैं?"

मण्डन मिश्र ने विशाल पण्डित सभा के मंच पर वनराज की भांति गर्ज कर कहा- "मैं इस मुण्डी को स्वीकार ही नहीं करता- कैसे मान जाऊँ आपकी बात को? मैं मुण्डियों से शास्त्रार्थ नहीं करता- क्यों करूं? वेदान्त शास्त्र नहीं है- एक कपोल कल्पना है; बुद्धि की कल्पना! यथार्थ के रहस्यमय सत्य से हीन व्यामोह भरी धारणा मात्र! मैं कर्म को ही मानता हूं-कर्म को ही जानता हूं। ब्रह्म को नहीं, स्नेहियों!"

मण्डन मिश्र ने सहसा सकपका कर मानो सुना- "ब्रह्म! कर्म नहीं, ब्रह्म, मण्डन! मान जाओ।" नहीं-मण्डन मिश्र ने मानो स्वयं को ही प्रताड़ित करते हुए कहा- "नहीं। मैं जगत और उसके व्यवहार को मिथ्या मान कर कर्म और उसकी गति-विधि की वास्तविकता को पा नहीं सकता-मृत्यु को स्वीकार कर क्या मैं जीवन को देख सकता हूं, जी सकता हूं? नहीं। अपूर्व, संचित, प्रारब्ध और क्रियमाण यही काल स्वरूप कर्म की अगाध स्थिति है- कर्म की स्वयं-स्वयमेव गति-विधि अर्थात् विधाता, समझे आप लोग! मीमांसकों को कर्म की वैज्ञानिक सुघड़ता, व्यवहार-सौन्दर्य और फलीभूत मंगल को ही देखना और पाना है। ईश्वर? होगा; कर्त्ता स्वरूप वह उन औलूक्यों को अभिनंदनीय हो-

बना रहे। ईश्वर कर्त्ता है? किसका? कर्म का कर्त्ता है क्या ईश्वर? ईश्वर एक सर्वतंत्र स्वतंत्र सम्राट् की धारणा मात्र है। हमें मानव चाहिये; सम्राट नहीं। हमें पुरुषार्थ चाहिये- समाज चाहिये; राष्ट्र और राज्य चाहिये। यही अपौरुषेय-वेदों की अपौरूषेय आज्ञा है....।"

"अवश्य। अवश्य। समुचित, योग्यतम, भवान!" एक पण्डितवर्य ने सुंघनी सूंधते हुए कहा।

मण्डन मिश्र ने आकाश में देखा और हठात् कहा- "इस रहस्यमय अनंत आकाश से क्या असत्य उद्भूत होता है? मिथ्या? भ्रान्ति? क्या आप वर्य मेरे लिये भ्रान्ति हैं? क्या मैं आप सब बुद्धिमानों के लिये भ्रान्ति हूं? वेदों में अजर-अमर पुण्यभूत मंगल कर्म की सर्वोपरि सर्वग्राही सर्वोदयी मंगल सत्ता को ही कहा गया। वेद सनातन शाश्वत अनादि अगाध अपूर्व की विज्ञान घन गति-विधि, यम और विधि, इन्द्र, मित्र और वरुण, देवताओं तथा स्वर्गों लोक-लोकान्तरों और अनेक असंख्य जीवों की पार्थिव सूक्ष्म भव यात्राओं के कर्म काण्ड का नित्य अथाह है- अपूर्व ही सद् है; चिद् है। अपूर्व ही सृष्टि की काल रात्रि का उद्भासक है; विश्व-प्रपंच का लीला-विलास है; जगत की रंगभूमि और जीवों की भव योनियां उनकी जाति, आयु और भोग हैं। कर्म, स्नेहियों! कर्म ही स्वयंभूत स्वयं उद्भासक स्वयं शीलवान शिल्पी है- धाता और त्राता तथा विधाता हैं। कर्म ही नियामक और नियन्ता है- ब्रह्म नहीं, ब्रह्म नहीं। कर्म है। यह जगत वैदिक कर्मकाण्ड है।"

एक ध्वनि उठी- "साधु!"

मण्डन मिश्र ने आज्ञा की- "हमने तपोबल से महर्षि बादरायण और महर्षि जैमिनी का आह्वान किया है- हम माहिष्मती मण्डल के सभी पितृों- और अपने समस्त पितृओं की तुष्टि के लिये श्राद्ध कर रहे हैं। हम यह श्राद्ध पितृ-लोक की प्रसन्नता और सन्तोष के लिये कर रहे हैं। हम चाहते हैं मानव-वंश की सन्ततियों के वृक्ष शील, शक्ति तथा सौन्दर्य पूर्ण हों। हम चाहते हैं, यह धरा सन्तों, शूरों, वीरों, कर्मठों, चिन्तकों, कलाकारों और मनीषियों की चिर-प्रसन्न यशोमति जननी-जन्म भूमि हो तथा सदैव बनी रहे...।"

सभा-मण्डप जय ध्वनि से गूंजा- "मीमांसा-केसरी मण्डन मिश्र चिराऽयु हों।"

मण्डन मिश्र ने अभय मुद्रा में हस्त लाघव उठा कर कहा- "अपूर्व कर्म ही चिराऽयु है। मैं, मण्डन मिश्र? जीवात्मा-मात्र! अपनी अस्मिता में देदीप्यमान और अपने स्वयं चैतन्य में ज्ञानमय-मैं पञ्च भूतों के रहस्य को जानता हूं; मैं प्राणों के जीवनोत्सर्ग के अहर्निशि यज्ञ को जानता हूं; मैं ज्ञानेन्द्रियों और

कर्मेन्द्रियों के विलक्षण विज्ञान से परिचित हूं- मैं तन्मात्राओं के ज्योतिऽर्णुओं के अथाह आश्चर्य को स्वयं सात् किये हुए हूं- मैं सृष्टि, स्थिति और प्रलय के दिव्याऽतिदिव्य विज्ञान की स्फुरणाओं से भरपूर हूं- मैं मानव जीव निरा जन्तु नहीं हूं; प्रजा नहीं हूं- मैं बुद्धिशाली, शील सम्पन्न, गुणों के सदुद्देश्य से प्रेरित तथा जीवन-धर्मों का वेत्ता अपूर्व के अनादि में जीवन के परम सन्तोष तथा सर्वोदयी मांगल्य के लिये महाप्रलय के मूक मौन में कल्प के रूप में जागा हूं। भव से डरना क्या? घबराना क्या? मुकुरना और मुड़ना क्या? भव-भवों का यह सरस सुन्दर विचित्र रम्य संसार जीव को क्या मृत्यु के अनन्त विराम के लिये मिलता है? नहीं; मैं शून्य का अतः मृत्यु का विरोधी हूं, मैं दुःख का वैरी और शोक का वैरागी मंगलकांक्षी मानव हूं- मेरी; मानव की संस्कृति में असार की आशंका नहीं होगी; मेरी सभ्यता में मृत्यु की छाया भी नहीं होगी-”

शर्मणा ने सहसा कहा- “मृत्यु की छाया? नहीं, आदरणीय प्रिय मेरे! मृत्यु ही कहो। जीवन? कहां है? प्रतिनिमिष मृत्यु ही है, मण्डन।”

“चुप रहो, तरंगी!” मण्डन मिश्र ने गर्जना की- “तुम, शर्मणा! स्मृति और तत्त्वज्ञान के क्षल्लुक चिन्तन से स्वयं का निग्रह करो, समझे? कविता लिखो, कविता! जिसकी प्रिया ठुकरा कर चल देती है, वह मन का मूढ़ कविता ही करेगा....”

शर्मणा ने प्लुत हास्य पूर्वक कहा- “जी, यथार्थ है परन्तु वह भारती भाभी? संदेह कविता जो हैं, श्रीमन्!”

मण्डन मिश्र ने गुर्रा कर कहा- “रमणीय नारी देखने के लिये है; धर्मपत्नी गृहस्थ के धारण, भरण और पोषण के लिये है- वंश की सतत् उत्पत्ति और स्थिति के लिये है; किन्तु मैं यह कभी नहीं भूलता कि नारी चित्त का सम्मोह है; मन का राग है; बुद्धि का वेदनामय स्वैर है- नारी के पार्थिव सौन्दर्य के रंगीन कीच में पड़ गया तो कीट हो जायगा, समझा, तू शर्मणा!”

शर्मणा ने सिर धुना कर कहा- “जी! सुन लिया।”

मण्डन मिश्र ने निसास रख कर कहा- “देखा, आप लोगों ने? यह सुनते हुए बधिर है; यह बोलते हुए मूक है; यह चलते हुए पंगु है; यह करते हुए भी अकर्मी है- यह है भी और नहीं भी। यह क्षुद्र है; भारी है; हल्के है- पतित तथा पावन भी है। भंग के पियक्कड़ तरंगी शर्मणा को मैं सभी भव-योनियों की अटल विकृति मानता हूं- यह पठित मूर्ख है।”

शर्मणा ने उठ कर कहा- “सत्यम् वद, श्रीमन्! पठित तो निस्संदेह मूर्ख है; अपठित विद्याहीन है और अज्ञानी क्या है, पूज्य?”

"अज्ञानी?" मण्डन मिश्र ने जैसे स्वयं से पूछा- "इसका उत्तर प्राप्त करने को तुम पात्र नहीं हो, शर्मणा! मैं तुमसे विवाद करना नहीं चाहता। तुम मेरे सेवक शिष्य हो अतः मुझसे विवाद करने की धृष्टता मत करो, समझे।...."

"जी!" शर्मणा ने मन ही मन मरोड़ खाकर कहा।

"महर्षि जैमिनी और बादरायण अपने सिद्ध आसन पर अब आहवाहनित-आहूत-हो चुके हैं। हम श्राद्ध के लिये स्वयं को यज्ञ-अनुशासित करते हैं। हमारे भवन के द्वार बन्द हो जायेंगे। हम महर्षि जैमिनी से श्राद्ध की क्रिया का पारदर्शी तत्व जान लेंगे। हम महर्षि बादरायण को उनके तथाकथित ब्रह्म सूत्र की तथाकथित ब्रह्म-स्थापना जानना चाहेंगे। हमारा अन्तःकरण शुद्ध है; हमारी बुद्धि प्रज्ञाऽपन्न है; हमारा मन विकल होते हुए भी अपने हाथों में है; हमारा चित्त जगत में है; जीवन में है किन्तु व्याकुल है। हमारी बुद्धि कल्पों की सृष्टियों के विज्ञान से परिपूर्ण है किन्तु वह जैसे विधवा है- अपूर्व के अगाध रहस्य से कर्म की आश्चर्य चकित कर देने वाली गतिविधि के चिरंतन अविराम को देख कर हम कभी-कभी स्वयं स्तब्ध हो जाते हैं किन्तु इससे क्या? मुझे ज्ञात है मन के इस सम्मोह भरे भ्रमण में, बुद्धि की रमणीय प्रदक्षिणाओं में, चित्त के राग भरे व्यामोह में और अपने अहम् के महत्व की अपराजित गरिमा में हम लीढ़ जीवात्मा हैं- हम जगत के योग्य पात्र उपयुक्त समर्थ यान्त्रिक हैं; हम जीवन के कवि और जीवन-सौन्दर्य के चित्रकार हैं! हम यौवन की वासनाओं के क्रीड़क और अन्तःकरण की इच्छाओं के रति-जलधि हैं, हम प्राणी हैं, भव-संसारी हैं; हम सृष्टि के सांख्य के दृष्टा तथा अपूर्व के धाता, भोक्ता तथा कत्ता हैं- सावधान होकर सभा-मण्डप में स्थित हो जाओ; प्रतीक्षा करो उसकी जो अपने अहंकार में हमसे शास्त्रार्थ करना चाहता है यदि यह यती नवयुवा आया तो उसको भारती के शुकों से शास्त्रार्थ करना होगा- हमसे नहीं। हम इस मुण्डी के लिये उपलब्ध नहीं हैं। हम अब महर्षि जैमिनी और चिरञ्जीवी बादरायण के सानिध्य में जाते हैं-"

"जय हो।" गहगहती हुई ध्वनि उठी; गूंजी और वायु मण्डल में लहर उठी। मण्डन मिश्र भारती के साथ पुष्प् मालाओं से लदे सभा मण्डप से बाहर आये और अपूर्व गरिमा में उन्होंने अपने विस्मृत सुन्दर रंग-बिरंगे उद्यान को देखा और पास ही खड़ी हुई भारती की ओर मुस्करा कर देखते हुए कहा- "श्राद्ध पक्ष भर हम जगत से विस्मृत और भव-संसार से अलग रहेंगे। तुम देख लेना, प्रिये! इस बार श्राद्ध के विधि विहित स्मार्त कर्म से मैं अपूर्व के तात्विक सत्य को जान लूंगा। मैं अन्त में काल का अदृश्य मौन बन जाना नहीं चाहता; मैं मन

से टूट और चित्त से क्षुब्ध तथा बुद्धि से भ्रमित होकर अपने अहम् में निराश होना नहीं चाहता यह जीवन आशा से परिपूर्ण, उमंग से सदैव प्रचोदित, उत्साह से दीप्त और उदात्त मंगलमय कर्म पुरुषार्थ से समृद्ध एवं सम्भूत है। प्रिये! हम इस भव में सफल ही नहीं, धन्य भी होना चाहते हैं....''

भारती ने अपना कन्धा मण्डन मिश्र के बाहु से छूते हुए कहा- "यही, यही आर्यपुत्र! यही।...."

"क्या यही?" मण्डन मिश्र ने पूछा।

"जो आप इच्छो; चाहो, भजो"- भारती बोली।

"तुम?" मण्डन ने फुसफुसा कर पूछा ही।

भारती ने हास्य के रणकार में कहा- "अपने अन्तःकरण से पूछो।"

"पूछ लिया है, प्रिये!" मण्डन मिश्र ने अपने सदन के द्वार में प्रवेश करते हुए कहा- "इस अन्तःकरण में तुम्हारा सौन्दर्य भरा है; इस मन में तुम ही सम्मोह स्वरूप घहरी हुई हो; इस चित्त में मुण्डी सन्यासियों का ब्रह्म नहीं, तुम, मैं और यह जगत अपने पूर्ण ऐश्वर्य में जगमगा रहे हैं। भारती, मैं जन्मता क्यों न रहूं, जब जगत इतना सुघड़ दिव्य विचित्र रमणीय और सरस सुन्दर है? क्या यह मेरा भ्रम है, भारती!"

भारती ठिठक कर खड़ी रह गई। उसने देखा, मण्डन के मुख-मण्डल पर ब्राह्म-मुहूर्त के पूर्व का रिमझिमाता हुआ मन्द आलोकित अन्धकार छाया हुआ है। कोदण्ड सी कमनीय भ्रवें अपने ओर-छोर में मानो बिखर कर अनन्त के क्षितिजों का आधार हो रही हों। स्वयं ही कुछ चकित, कुछ हसित और कुछ विस्फारित कनीनिकायें मानो अतल अथाह कूप हो गई हों। आरक्त तनिक पृथु किन्तु शिव धनुष की भांति स्वयं ही मंडराये हुए हों मानो समस्त वांग्मय के लिये बन्द द्वार हैं। मण्डन मिश्र के मुख मण्डल में लीन तम स्वयं ही घहर कर प्रकाश के लिये स्वयं ही मचल रहा था- कोई अनुपम उन बड़री आंखों से स्वयं को और संसार को अब घूर-घूर कर देखने लगा था। भारती को लगा, मण्डन के अरुणारे सरोज-नयनों में वह अभिराम सौन्दर्य छटा की भांति भरी हुई है और जगत उन नीलम-पलकों में उलझ कर थरथरा रहा है।

मण्डन मिश्र ने अन्तरंग प्रांगण की ओर मुड़ते हुए कहा- "मैं देख रहा हूं इस जगत को; मैं पा रहा हूं जीवन को-प्रिये! मैं तुम्हारा समग्र सर्वांगीण अनुभव कर रहा हूं- परन्तु मैं क्या हूं? अगाध अपूर्व की विधि प्रणीत रहस्यम छबि। इच्छाओं का अहर्निशि अविराम उद्रेक; रूपों की आसक्तियों से भरा उद्वास-मैं क्या हूं, भारती?"

भारती ने पलकों के मूल किनार में उबक आते हुए आंसू थामते हुए कहा- "उस यती युवा सन्यासी से ही पूछ लेना-"

मण्डन मिश्र धक्के से मानो सम्भलते हुए बोले- "युवा सन्यासी यती शंकर! उससे पूछूं मैं, मण्डन मिश्र? नहीं; उभय भारती, नहीं! क्या मैं नहीं जानता, मैं क्या हूं? मैं अन्न हूं; प्राण हूं; मन हूं; बुद्धि-चित्त और अहं हूं- मैं तत्व हूं; तथ्य हूं; गति और विधि हूं, प्रिये! मैं जीव जीवात्मा हूं; क्या यह ज्ञान यथेष्ट नहीं है? मैं हूं इसके परे और पार, क्या और कौनसा ज्ञान है? प्रीति की अनुभूति के उपरान्त कौन और अनुभूति है? सुख के सिवाय और कौन कामना है? भारती, इस यावत् जीवन के सौन्दर्य को देखो-देखती रहो और आत्मसात् करती रहो। इस पूर्ण पूर्णातिपूर्ण होते हुए जीवन के शील को घूंट-घूंट पीती रहो- इस विचित्र, विलक्षण, अद्वितीय, अमोघ तथा नित्य निरन्तर जीवन-काल के नाना विधि अपहृत् चित्त करने वाले, स्वयं मुग्ध मोद भरे रूप तरंगों में, स्वयं प्रसन्न और नामों के निनादों से आकुल-व्याकुल प्रवाह को देखती रहो- तुम जगत की द्रष्टा भी हो-केवल जीवन के विषयों की भोक्ता मात्र नहीं हो। भारती, कभी-कभी मैं अनुभव करता हूं, इस शरीर के दिव्यतम वृक्ष की सघन पूर्ण पल्लवित डाल पर मैं बैठा हूं और शरीर की घटाटोप में चहचहाने वाला वह दूसरा पञ्छी मैं नहीं हूं- किन्तु वह डाल पर बैठा देखते रहने वाला पञ्छी क्या मेरा भ्रम नहीं है? विभ्रम? मैं तो देह के भव-संसार में भ्रमण करते रहने वाला जीवन का सनातन यात्रिक हूं। द्रष्टा? कौन द्रष्टा है इस जगत का मेरे सिवाय, प्रिये। मैं अनुभव करता हूं इसलिये यह जगत है; मैं भोगता हूं इसीलिये यह सतत् जीवन है। मैं देखता हूं इसीलिये रूप है; मैं स्पर्श कर अनुभव करता हूं इसीलिये तुम हो, समझी। समझ लो, भारती! यह अन्धकार मेरे ही शयन की रात्रि है..."

और मण्डन मिश्र ने अनायास ही अनन्त आकाश में देखा; कुछ सुनने का सहज प्रयास किया और भ्रू-भंग के साथ कहा- "आकाश में मानो कोई लहर-विहर रहा है। सूक्ष्म देह में महर्षि जैमिनी और महर्षि बादरायण का हम सत्वर ही भार वहन करेंगे। यह दोनों महर्षि तप लोक से इस लोकालय में मण्डन मिश्र के भव्य सदन में आहूत होकर उद्भासित होंगे- मुझे दिखेंगे; ओरों को नहीं। पूछो, क्यों? इसलिये कि जगत और जीवन को देखने के लिये चर्म चक्षु नहीं, दिव्य चक्षु चाहिये...."

"दिव्य चक्षु?" भारती स्वयं ही हुमसी, "मण्डन मेरे!"

मण्डन मिश्र ने सहसा ठहका मार कर कहा- "कौन किसका है रे? मैं तो सनातन जीवात्मा हूं- अपूर्व कर्म का गहन अपराजित कांक्षी, जीवन रति की

इच्छाओं का कवि, सृष्टि-सौन्दर्य का मनीषी और जीवन की शक्ति का उपासक तथा जीवन के सौम्य शील का व्रती, मैं ब्राह्मण मानव हूं, प्रिये मेरी!...."

भारती की सुमध्यमा कटि को अपने आजाऽनुबाहु में भर कर मण्डन मिश्र श्राद्ध कर्म के प्रांगण की ओर लहलहाते हुए चले। बोले उस यती की चिन्ता क्यों करती हो? क्या वह मुझको भी मुण्डी बना देगा? बना सकता है? जगत के चिन्तक तथा जीवन के अनादि उपासक को कौन सन्यासी बना सकता है? प्रिये! आने भी दे, उस यती को-उसके गुरुदेव महर्षि बादरायण की अगाध ज्योतिर्मय आंखों के सामने उसको कर्म की पञ्चाग्नियों में जला दूंगा। हम कुमारिल्ल भट्ट, भट्टपाद के पट्ट शिष्य हैं- वेदान्त का उद्धार नहीं हो सकता, प्रिये। उद्धार, परिष्कार-जो कहो, केवल मीमांसा का ही हो सकता है- वही हम कर रहे हैं, भारती! भारतभूमि को विषादमय वीतराग के संभ्रम से मुक्त करना ही होगा। भारत कर्म की धर्म भूमि है- हमें भारतवासियों को प्राणी कल्याण और सृष्टि मंगल की विद्या देनी होगी; शिक्षा देनी होगी। हम मानव को शाश्वत सतत् जीवन-चैतन्य की अनुभूति देंगे मृत्यु की नहीं-मृत्यु है ही नहीं, भारती!"

भारती ने अपने अनियारे नयन बन्द करते हुए कहा- "हुं।"

मण्डन मिश्र ने गर्जना की- "क्या हुं? हम कहते हैं, जीवन ही है जीवन-चेतन, अकथनीय, अनिर्वचनीय, अणु और विराट जीवन-चेतना, सुना!"

12

आकाश-मार्ग में शंकर जैसे कारणाऽतीत कारण होकर उस अथाह अवकाश में आकाश-गंगा के असीम निस्सीम तट की ओर लहर उठे। सूर्य-मण्डन के प्रकाश-लीढ़ गगन में प्रवेश करते हुए शंकर ने अपने पार्थिव देह के अणु-परमाणुओं को जैसे स्पर्श तन्मात्रा के अधीन लिंग-देह में समाहित कर लिया-अणु अपने अथाह-अव्यय शेष में मानो अदृश्य होकर एक स्पर्शीय एकाकार हो गये और आकाश के अनहदनाद में स्वयं ही गहगहने लगे। शंकर का सूक्ष्म शरीर अपने सनातन शाश्वत तत्वों के साथ सूर्य मण्डल के आग्नेय गगन से पैर आया और अन्तरिक्ष की परिधि-व्योम में झूल मूल उठा। शंकर ने अन्तरिक्ष के आर-पार हीन व्यापक में तंद्रिल मन्द मन्द ज्योतिर्मयता का शान्त मुदमय उभार ही पाया वीचि-वीचि, उर्मि-उर्मि प्राण जैसे अन्तरिक्ष के गगनों को उनके व्योमों में तैरा रहा था- लहरा-विहरा रहा था। अन्तरिक्ष के गगन ज्योतिऽर्णु के आलोक लोकों के गगन थे- आचार्य ने देखा, पंचभूत के पार्थिकत्व से रहित और जगत के रूपों के संघातों की वासनाओं से हीन अनेक संज्ञान की रहस्यमय इकाइयां अन्तरिक्ष के लोकों में मानो बस रही हैं। अन्तरिक्ष ज्योतिऽर्णुओं के शेष का शून्य नहीं था... वह प्रकाश की गति और पारदर्शी सौन्दर्य की विचित्र विधि की व्याप्ति था-निराकार किन्तु दृश्य रूपमयता का वह मानो स्वप्न लोक था। जीवात्माओं की अबाधित स्वप्न दृष्टियों का अन्तरिक्ष मानो अपूर्व विस्तार था। शंकर ने मानो देखा-पृथिवी बहुत दूर किन्तु निकट ही छूट गई है। पृथिवी? इन्द्र धनुष की मेखला पहिने हुए पृथिवी अपने गगन में सघन चमकते हुए तम की श्यामल सुन्दरी थी मानो। इसी तम लीढ़ किन्तु मूर्तिमान उर्वरा पृथिवी में मेरा पार्थिव देह आविर्भूत हुआ है- इस धरित्री पर। शंकर जैसे आश्चर्य चकित से

होकर अन्तरिक्ष में लहरते विहरते तैरते हुए ग्रहों को देखने लगे। वह सूर्य अपने ही पराक्रमांक प्रकाश में जलहल रहा है- तप्त स्वर्णिम किरणों की पुन्जीभूत धाराओं से गृहों के गगन भर रहे हैं और व्योम मानो प्राण पन्न स्वयं आधार शक्ति से उद्बुदा रहे हैं- कुनमुना रहे हैं। उस प्रशान्त आलोकित मौन में सूर्य, चन्द्र, मंगल, बुध, बृहस्पति, शुक्र, शनि परम प्रकाशवान के यह अविराम नित्य दिवस वर्ष ही हैं- अन्तरिक्ष ऐसे दिवस वर्षों का मानो तरंग-संकुलित जलधि था। शंकर ने मानो देखा ग्रहों के गगनों में रंग-बिरंगी ज्वालायें लुट-लुटा रही हैं और अपने व्योम में डूब कर मानो बुझी जा रही हैं- नव ग्रहों के चण्ड-प्रचण्ड में मानो सूक्ष्मातिसूक्ष्म, दृश्य की अदृश्य, स्पर्श की अस्पर्शीय अगोचर अभिव्यक्ति कामना ही अपनी स्वप्न-मूर्च्छना में विहर रही है- यह अन्तरिक्ष जीवात्माओं की सुषुप्ति का, तैजस संज्ञान का विस्तार नहीं तो क्या है? जगत के रूप इस अन्तरिक्ष में लीन हो जाते हैं; सृष्टि के नाम अन्तरिक्ष में अपूर्व स्वयं ही ध्वनित निरर्थक किन्तु विलक्षण बोधगम्य निनाद हो जाते हैं। भव का इन्द्रियज, इन्द्रियगम्य और इन्द्रियमन्य रूप-विन्यास, शरीर का विग्रह-स्वरूप सब, अन्तरिक्ष के निस्सीम पथों में दिव्य यात्रिक का स्वप्न होकर इस विराट के गहन अन्तरात्मा में ललकता रहता है। एक गहरा निसास मानो शंकर ने रखा और नक्षत्रों को देखा। नक्षत्र! तारे! अन्तरिक्ष का यह क्षणोद्धासित किन्तु सनातन शाश्वत स्वप्निल आविर्भाव है- यही तो शब्द-ब्रह्म का ज्योतिर्मय विग्रह है। शंकर मानो मंत्र-यान पर आरूढ़ अखिल ब्रह्माण्ड में ही विहरने लगे- पृथिवी और माहिष्मती जैसे विस्मृत स्मृति होकर इस निखिल के द्यु-आलोक में समा गये। शंकर को लगा, पार्थिव से सूक्ष्म, सूक्ष्म से सूक्ष्मतर तथा सूक्ष्मतम, यही गति है, यही अपरा-परा विधि है। आचार्य ने एक दीर्घ किन्तु व्यापक दृष्टि से ब्रह्माण्डों और उनके बीच छाये हुए अवकाश को निहार लिया- एक जगत, एक ब्रह्माण्ड की, एक कल्प की, महाकाल की, एक तरंग-निधि की मानव चिन्ता और चिन्तन करता है; किन्तु अन्तरिक्ष को थामे हुए यह अनन्त असीम निखिल द्युलोक महाकाल का ज्योतिर्मय स्वांस प्रस्वांस है। महाकाल का यह महा सर्प स्वयं के अमोघ संकल्प की शक्ति से अवकाशों में रेंगता रहता है। कल्पों की यह रात्रियां द्युलोक के ज्योति मन्थर आलोक में अवगाहन किया करती हैं- अवश्य, शंकर! अन्तरिक्ष महाप्राण और महातेज, शक्ति की विद्युत तरंग मालाओं का अगाध अर्णव है- यहीं जड़त्व पिघलता है; यहीं चेतन जीवन की गाढ़ निद्रा में सो जाता है और काल रात्रि की अमोघ सुषुप्ति में पुनः जीवन धारण करने के लिये विद्युत-तरंगों का स्पर्श करता रहता है- द्युलोक की

संजीवन धाराओं में अन्तरिक्ष की यह विद्युत-लतायें पुष्ट-तुष्ट होती रहती हैं। सूर्य-मण्डल की पार्थिव गति-विधियों से मुक्त तथा दूरस्थ यह अन्तरिक्ष मानो सृष्टि-सुन्दरी विश्व-जननी का अगाध गर्भाशय है और द्युलोक से ज्योतिर्मय वीर्य-धारा स्वयं ही ललक कर अपने ही यौवनोन्माद में अन्तरिक्ष की इस ब्रह्म-योनि में समाती रहती है। पृथिवी, अन्तरिक्ष, द्युलोक! फिर, उपरान्त-क्या शंकर! शंकर मानो स्वयं से ही व्यंग कर हंसने लगे। फिर क्या? कुछ नहीं और सब कुछ; शून्य और अशून्य; रीह तथा निरीह; शेष और अशेष-ईश्वर, सृष्टा, पालक और काल-यापक, यम-ब्रह्म का माया-मुग्ध स्वयं चैतन्य! उस अनन्य विस्मयकारी अद्भुत का रूप-रूप-अनन्त कोटि स्वरूप प्रतिबिम्ब! पृथ्वी, अन्तरिक्ष, द्युलोक-ब्रह्मलोक, विष्णुलोक तथा शिवलोक-सर्वोपरि, सर्व लोक-लोकमात्र, भव मात्र अर्थात् स्वप्न मात्र-स्मृति मात्र- इस अनूठे चित्र-विचित्र विलक्षण-लक्षण-रागी-विरागी बन्धन ग्रस्त और मुक्त उन्मुक्त ब्रह्म की स्वयं चेतना की लहरीली, मरमीली, विहरीली अभिव्यक्ति-अभिव्यंजना मात्र है। यह सब ब्रह्म के प्रतिबिम्ब हैं; ब्रह्म की छाया-माया है, शंकर! यह सब जैसे किसी गहन मौन के सीदते हुए मौन में रम रहा है- काल की यह रात्रियां अपने ही स्वप्नों को देख-देख कर स्वयं विस्मृत मानो इसी मौन में सो जाती है- क्या यह भविता हीन, रहित शून्य है? नहीं, शंकर-यह भव-भव, कल्प-कल्प, मन्वन्तर-मन्वन्तर की अनेकान्त आश्चर्यमय जीवन-ऐश्वर्य की मुग्ध लीला है- यह ब्रह्म का चिद्विलास है, शंकर! ब्रह्म का चिद्विलास! सत्य, अनादि का स्वयं अपने निहित अनेक में जागना; दीप्त होना-अवश्य, शंकर! इस आलोक मय अनन्त अथाह में यह ज्योतिर्मय ग्रह, नक्षत्र, तारे-वह सूर्य, वह चन्द्र, शंकर! एक आकृति भर ही तो है। यह रूप अन्ततोगत्वा उद्भासित और तिरोहित होती हुई आकृति मात्र है; रंगों का क्षण-क्षण उद्रेक और उभार ही तो है। कौन यों इस अणु और विराटातिविराट् को उद्भासित कर रहा है; तिरोहित कर रहा है? क्या शून्य से काल अवकाश यह ब्रह्माण्ड ज्योति के रंग-बिरंगे उद्बुद नहीं हैं? इस अन्तरिक्ष में अनादि जीजिविषा महाप्राण तथा संजीवनी वत भरी हुई है; सिहर रहा है यह अन्तरिक्ष तन्मात्राओं की मायावी जाग्रति से परन्तु क्या तन्मात्रायें स्वयं सिहर रही हैं, जाग रही हैं? क्या यह अन्तरिक्ष स्वयं ही आविर्भूत है? नहीं तो शंकर! द्युलोक और उसके परे, अन्तरिक्ष और उसके उपरान्त, लोक लोकान्तरों के व्योर्मों में अनन्त गगनों में गुञ्जायमान करता हुआ यह कौन कवि मनीषी स्वयं स्वयंभू है? आचार्य शंकर अन्तरिक्ष के अन्तिम क्षितिज के अंतिम छोर पर जैसे आ टिके। अन्तरिक्ष के अन्तिम छोर पर मानो खड़े

आचार्य शंकर द्युलोक के अनाहत् आलोक से भर गये; मंडरा गये; ओत: प्रोत हो गये- आचार्य शंकर द्युलोक में मानो प्रसर गये; डूब गये; लीन। सीमा हीन, यह निस्सीम ज्योतिर्मय! यह आलोकमय आलोकित ओर-छोर हीन विराट्। यह गहन ज्योतियों की उन्मुक्त चिर प्रसन्न स्वयं मग्न विलासिता की पारदर्शी अभिव्यञ्जना यह अन्धकारों की घनीभूत विजिया पीये हुए प्रकाश की स्वप्न दर्शिता। द्यु द्यु द्यु ज्योति ज्योतिर्मयता ज्योति का उभार, संभार, उमड़ घुमड़ तरंग-संकुलता वीचि-विलेल। यह अभिव्यक्ति की पीड़ा से भरा ज्योतिर्मय मौन यह जन्म की लालसा से अनुप्राणित ज्योतिर्मय कामना का वितान! शंकर! शंकर? शंकर?? सभी ध्वनियां और उनकी तरंगित प्रतिध्वनियां जैसे मूच्छित सर्पों की भांति दूर-दूर व्योमों के अथाहों में अदृश्य लुप्त हो गई थीं। गगनों के आकर्षित विकर्षित वर्तुल शक्ति के दिव्याऽधार घेरे बन कर अन्तरिक्ष में ही बिला गये थे- शंकर को लगा एक शाश्वत स्वयं ज्ञानमय, बोधमय, अर्थ-प्रणीत वाक्, वाणी स्वयं ही उनको पुकार रही है: "शंकर! इस माया को क्या तू नहीं जानता? जानता हूं!" आचार्य शंकर ने कहा- "तभी तो इस माया के अथाह रहस्य को देख रहा हूं; तभी तो इस अगम्य को बुद्धिगम्य करने का प्रयास कर रहा हूं। जानता हूं यह सब तुम्हारा चिद्भ्रम है; यह सब तुम्हारा भ्रू विलास है; अधर हास्य है- यह तुम्हारा दान दक्ष्य कटाक्ष है; ब्रह्म की सुमध्यमे!"

"मैं?" जैसे अनहद स्वयं कूक उठा!

"तू-तू-तू" आचार्य शंकर के वाक् ने कहा- "तू ही ब्रह्माणि! ब्रह्म स्वरूपा; चिदाऽनन्द लतिका, परात्पर परमेश्वरी!"

"और परमेश्वर?" मानो उसी कूज ने पूछा।

"परमेश्वर? जैसे आचार्य शंकर ने कहा- "ब्रह्म?"

उस पारदर्शी घनीभूत ज्योति व्याप्ति में मानो सभी ऊपर समा गया; एक पर, परात्पर प्रकाश अपने अवर्णनीय सौन्दर्य में जगमगा उठा, एक वेदमयी पूर्ण दुग्धाऽभिराम सच्चिदाऽनन्द स्वरूप मूर्ति मानो अपने गहन गम्भीर हंसौहे नयनों की दृष्टि के अतल अवकाश से उठ आई। सभी रूपों की अरूप ज्योतिर्मयता द्युलोक का श्रृंगार किये शंकर के अगाध अथाह में सस्मित तैर रही थी। शंकर ने पूछा- "तुम? ब्रह्म!" वह ज्योतियों की ज्योति, मूर्ति, मानो हंसी "हां मैं!" तुम! तुम! तुम-तू!' अर्थहीन बोधमयी ध्वनि उस अद्वितीय ज्योति वितान में गूंज उठी और शंकर को लगा, द्युलोक उस सिहरती हुई ध्वनि में लीन होकर स्वयं प्रकाशित दीप्ति में बदल गया- प्रकाश! प्रकाश! प्रकाश! स्वयं, सत्यमेव, स्वयं स्फूर्त, स्वयं जागृत प्रकाश-ज्ञानमयता, स्वयं ज्ञान! शंकर मानो

स्वयं समाधिस्थ ज्ञानार्णव होकर स्वयं में ही समाहित हो गये। ब्रह्म, ब्रह्म, ब्रह्म!! एक गूढ़-गम्भीर गहगहता हुआ अनहदनाद उस और केवल मात्र एक अथाह अनन्त मौन में गाने लगा- "यह, यह-वह, शंकर! वह, वह-मैं! ब्रह्म! शंकर!" शंकर को लगा, उस स्वयं प्रकाशित मौन आलोक में कोई बुला रहा है, पुकार रहा है- "मैं, शंकर! ब्रह्म!" ब्रह्म ही तो- शंकर ने जाग कर मानो अपने आस-पास, परे-पार इधर-उधर देखा। देखा? नहीं तो; सोचा। मैं ब्रह्म-मौन एक एकाकी अनन्त अथाह मूढ़, मौन, शून्य? शंकर का घनीभूत ज्योतिर्बिन्दु मानो सिहर उठा। थरथरा उठा। "शून्य, मैं-ब्रह्म, शून्य, नहीं?" मानो किसी ने चिल्ला कर स्वयं से ही पूछा- "अस्ति, भाति, प्रतीतिमय; किन्तु परे और पार सौन्दर्यों का सार पूर्ण वात्सल्यमय, मैं हूं शंकर! ब्रह्म? है तो- है, शंकर! मैं-देख तो! शंकर ज्योति के मन्द धूमिल से आलोक में पूर्णतः जाग उठे- "तुम जगन्मोहिनी, जगदीश्वरी? तुम-तू?" शंकर को लगा, उस घोर निगूढ़ मौन में रूप की अनन्त कोटि ज्वालायें अखण्ड पूर्ण वर्तुलों में जगमगाने लगी। कोटि-कोटि बालार्क के उस रहस्यमय आलोक-सम्भ्रम में प्रदीप्त हो उठे-आभास, भास। उस आलोकित दीप्त-प्रदीप्त भास में अरुणांगी भव्य-दिव्य रूपाकृति स्वयं ही उभरने लगी। "यह शून्य नहीं है, यह मैं हूं- मैं, आचार्य शंकर, सनातन यती! यह मैं हूं- अपने निराकार अव्यय शान्त-स्वरूप में मैं शून्य मौन हूं; गूढ़ निगूढ़, गम्भीर! मैं ही शाश्वत अस्तित्व हूं- पूर्ण परिपूर्ण आत्मा हूं, मैं ही परमात्मा हूं- ब्रह्म, शंकर! तू भव में मुझको अनुभव नहीं कर सकता; क्योंकि भव-भव रूप काल प्रवाह में मैं अनन्त कोटि स्वरूपा सगुण हूं- मैं यावत् परात्पर शक्ति हूं, शिवा! मुझे आत्मसात् कर; तुझे शिव, परम शिव मिल जायेंगे!...."

आचार्य शंकर ने देखाः उस आलोकमय व्याप्ति में सहस्र पटलों के स्वर्ण-कमल पर अभय वर मुद्रा में विश्वात्मा जगदीश्वरी, जगदम्बा बैठी हुई मुस्करा रही है। ब्रह्मा, विष्णु, महेश सभी देवताओं के साथ दिव्य स्तवन कर रहे हैं और विनीत प्रणाम में झुके हुए हैं। यावत् समग्र समस्त सौन्दर्यों की सार रूप वह ब्रह्माणि मानो कल्याण-मूर्ति है; ज्ञान-गंगा है; जगत की कवियत्रि काव्य-स्वरूपिणी आनन्दमयी है। शंकर को लगा, उस अद्वितीय कमनीय परात्पर सौन्दर्य मयी के एक पलक पर अनंत कोटि ब्रह्माण्ड टिके हुए हैं- उसके धीर-गंभीर शान्त स्वांस-प्रस्वांस में सनातन काल स्वयं समाधिस्थ होकर सिहर रहा है। उस गुणमय, गुणाश्रित सौन्दर्यमयी की प्रसन्नत स्मित से संजीवनी की किरणें प्रस्फुटित हो रही हैं। उसके कटीले दानदक्षी कटाक्षों से भरे इन्दीवर लोचनों में अनंत कोटि विश्वों के राग भरे स्वप्न मानो विलोल कर स्वयं ही

उद्भासित तथा तिरोहित हो रहे हैं- उस प्रशान्त शान्त अगाध में कोई चिर परिचित किन्तु सदैव अज्ञात प्रीति की दृष्टि स्वयं ही जाग्रत होकर अपनी कल्प-कल्पों की विविध विचित्र संततियों को देख रही है। उस शरद पूर्ण बिम्बाऽनना के सस्मित अधरों पर मानो प्रगाढ़ जीवन के चुम्बन विहंस रहे हैं। उस अरुणांगी श्रृंगार मूर्ति अभिराम सौन्दर्यवती को मानो मन्वन्तरों, कल्पों और कल्प-कल्पों के लिये यती शंकर देखने लगे, शंकर को लगा, यही सत्य शाश्वत है- यह परात्परा राज राजेश्वरी, ब्रह्माणी-शिवा, दुर्गा, यही। शंकर के हृदय-गहन से मानो समस्त वाक् चीत्कार कर उठा- "मां! जगदम्बे, जगदीश्वरी! मुझे अंधेरे मूढ़ गूढ़ भव-संसार के आपद् जलधि से उबारो-मैं भवारण्य में भीत हूं-कल्पित हूं। जगत की रहस्यमय माया से उबारो; जीवन के इस क्षणिक मोह की अग्नि से बचाओ। मैं, क्यों, मां?" उस अवर्णनीय सौन्दर्य मूर्ति ने यती शंकर को मानो जी भर कर देखा; कहा- "तू क्यों? इसलिये कि मैं चाहती हूं; तू हो; हुआ कर। यह जगत मैंने तेरी भव-भव की अनन्त यात्राओं के लिये ही रचा है। इस एक कल्याणकारी भव से ही तू इतना कातर है? तू तेरे लिये नहीं; मेरे लिये भव-संसार में है।....." शंकराचार्य को लगा, उस परात्परा का एक श्रीचरण पुखराजी कमल की भांति उनके हृदयाऽकाश में उत्फुल्ल हो उठा है। करुणा की अथाह धारा में शंकर डूब गये और एक अतीव अकथनीय आनन्द स्पर्श से सिहर उठे। उस शरद्पूर्ण बिम्बाऽनना के सघन जूड़े में स्थित चन्द्रार्ध मानो अमृत की बूंद-बूंद चूने लगा- सर्व लोक को चतुर्दिक घेर कर लहराने वाला अमृत सिन्धु मानो उन बूंदों से भरने लगा। शंकर को लगा उस अमृत सिन्धु की बूंद-बूंद लहर-लहर है। इस सुधा-सिन्धु की लहर-लहर मधुमय सागर है। घन नीलम अमृत के विग्रह समान वृक्ष-राजि से घिरा अद्वितीय द्वीप है, जिसके अगाध सरोवर के अलोल इन्दीवर में यह महात्रिपुरा उपविष्ठ है- "तुम त्रिपुरे!" शंकराचार्य ने चिहुंक कर कहा- "हां, मैं, मैं-मैं ही, शंकर!"

"मैं, मैं, मैं!" अप्रतिहत शब्द उस गहन में मानो गूंज उठा। शंकर मानो स्वयं को सर्व लोक के तट पर अनुभव कर उठे और वह भव-संसार का शाश्वत जीवात्मा शंकर दूर, दूर-सुदूर, दूराऽतिदूर घने नील अन्धकार में बिला गया।

तभी किसी स्पष्ट अचूक स्वर ने पुकारा- "शंकर! द्युलोक और सर्व लोक-मणि द्वीप के मध्य तैरते रहोगे, अथवा मेरे साथ लोकालय चलोगे? तुम्हारा भव-संस्कार अभी शेष है।" आचार्य शंकर ने मानो पूछा- "आप, कौन?" उस स्वर ने पुनः कहा- "मेरा भव नाम जैमिनी था- स्मृति नाम भी यही है। तुम क्या मुझे नहीं जानते, शंकर!" "जानता हूं; श्रद्धेय!" आचार्य शंकर ने कहा- "जानता

क्यों नहीं? आपको जाने बिना मैं महर्षि बादरायण को कैसे जानता? अथातो धर्म जिज्ञासा और परिणामतः धर्म का पालन कर पाप ही नहीं, पुण्य के राग से मुक्त होने पर ही तो अथातो ब्रह्म जिज्ञासा है। ब्रह्म का भास लोकालय में, अन्तरिक्ष और द्युलोक में नहीं, मणि द्वीप के अमृत-सिन्धु के महत् में ही हो सकता है। समाधि में मैं ब्रह्म को देखता हूं, महर्ष! किन्तु मणिद्वीप के नित्य समरस उत्सव के अनुभव के पश्चात् मैं अमृत-सिन्धु में डूब कर उस महत् के अवकाश में ब्रह्म-लीढ़ होता हूं- शिवा के द्वारा और सहित ही मैं शिव का साक्षात् करता हूं और अन्ततोगत्वा परम शिव को पेख लेता हूं।" महर्षि जैमिनी ने मानो कहा- "यह तुम्हारा अन्तिम और एकाकी भव ही बोल रहा है। लोकालय धर्म पूर्वक ही धारित है; तथा मानव भव केवल धर्म धारण तथा पालन पूर्वक ही काटा जाता है। मानव पूर्ण भोग के लिये नहीं है; सम्पूर्ण सर्वांगीण धर्म-धारण तथा पालन के लिये है। ब्रह्म की इस सात्विक गूढ़-गहन माया से निकल कर, यती! पुनः लोकालय के अन्धकार में प्रवेश करो। शंकर! पुण्य स्वर्ग में रीत जाता है; पृथिवी पर फलता नहीं। पृथिवी पर पुण्य अर्थात् धर्म, कर्त्तव्य-शील शंकर! मानव को ऊर्ध्व लोकों के लिये सद्गति देता है और स्वर्ग प्रदान करता है। पाप और पुण्य, संयोग और वियोग, अन्धकार तथा प्रकाश से आविर्भूत लोकालय में केवल धर्म ही है; धर्म ही विहित "है-धर्म?" मानो शंकर ने हठात् पूछ लिया। जैमिनी की शाश्वत अन्तरात्मा ने कहा- "वैदिक सनातन वर्णाऽश्रम धर्म, शंकर!"

शंकर को लगा, ज्योति की लहर किसी तीर के सहारे द्युलोक से अन्तरिक्ष, अन्तरिक्ष से सूर्य मण्डल और पृथिवी के अंधकार की ओर लपकी। शंकर ने मानो प्लुत वाक् में पुकारा- "जैमिनी!" जैमिनी की चिरञ्जीवी आत्मा के निहित वाक् ने कहा- "माहिष्मती मण्डन मिश्र ने मुझे पुकारा है।"

माहिष्मति? मण्डन मिश्र? अवशय, अवश्य! शंकर अपने अथाह गहन के अतल तल में जाग कर मानो बोले- "माहिष्मती। पद्मपाद क्या मेरी प्रतीक्षा नहीं कर रहा? कर रहा है- पद्मपाद!"

माहिष्मती की सीमा से कुछ दूर प्राचीन शिवालय के प्राचीन वट वृक्ष के नीचे आकाश की ओर टकटकी लगाये हुए पद्मपाद ने मानो सुना- "पद्मपाद!"

सहसा पद्मपाद चिल्लाया- "गुरुजी! आचार्य! मित्रों!"

समत्पाणि लेट रहा था; उझक कर उठा; चिल्लाया- "कहां?" चिद् विलास, अनन्त गिरि और विष्णु गुप्त आकाश को मानो आंखों से भेदने लगे। "गुरुदेव? आकाश में कहां?" पद्मपाद ने सहसा प्रणाम में हाथ जोड़े और सिर झुका कर कहा- "गुरुदेव सूर्य-मण्डल को भेद कर पुनः पृथिवी के इन्द्रधनुष में उतर

आये हैं- शीघ्र ही विश्व के पञ्चभूतों की कुण्डलिनी विश्वात्मिका को भेद कर माहिष्मती के आकाश में आविर्भूत होंगे- मुझे सन्देश प्राप्त हुआ है।"

माहिष्मती का तनिक मेघाच्छन्न गगन ढोल की भांति ढमका; पखावज की तरह गमका और अणु-परमाणु-भूत मात्र वीणा के तारों के समान तन कर बज उठे। माहिष्मती का गगन किसी अकथनीय गीत से ध्वनित हो उठा। निनाद, जो विचित्र और विलक्षण भूतों का दिव्य-भव्य विज्ञान घन प्रपञ्च साधता है, उठा। यती शंकर का शाश्वत कारण सूक्ष्म के तैजस में झटका और पंचभूत के नित्य अविराम विश्व प्रपञ्च के पार्थिव आयाम में झूमने लगा- लूमने लगा। शंकर अपने पार्थिव देह के स्वरूप में माहिष्मती के गगन में योग बल से उद्भासित आविर्भूत होने लगे। पद्मपाद ने पुकार कर कहा- "पूज्यपाद! गुरुदेव! जय हो।"

सघन वट के कुछ दूर प्राचीन शिव मन्दिर के भग्न गर्भ में आचार्य शंकर सदेह व्यक्त हुए-प्रगट हुए; मुस्कराते हुए बोले- "वत्स पद्मपाद। शिष्यों!"

पद्मपाद तथा शिष्य सेवकों ने साष्टांग प्रणाम करते हुए आचार्य के पुनीत चरण पकड़ लिये- सिर धुनाते हुए पद्मपाद ने रोते हुए कहा- "गुरुजी! गुरुदेव! आप, आप। ओह् गुरुदेव! आपके बिना मैं जी नहीं सकता। नहीं, मेरे गुरुदेव! हमारे प्राण, हमारी अन्तरात्मा, श्रद्धेय!" और पद्मपाद श्री गुरु-चरण पकड़, सिर धुना-धुना कर रोने लगा- "आचार्य! मेरे देवता, मेरे परमात्मा!"

आचार्य ने पद्मपाद की लहरीली पञ्चकेशी में अपनी स्वर्णिम अंगुलियां उरझाते हुए कहा- "हां तो। मैं आ गया न? रोता क्यों है रे?" पद्मपाद ने आचार्य चरणों को अपने खारे पुनीत आंसुओं से प्रक्षालित करते हुए कहा- "इस जगत में आपश्री के चरणों के सहारे के बिना मैं, हम, जी नहीं सकते, गुरुदेव! नहीं।"

आचार्य शंकर ने पद्मपाद को उठाते हुए और उसका सिर सूंघते हुए कहा- "प्रत्येक जीवात्मा को स्वयं ही स्वयं के लिये समष्ठिगत जीना ही होता है। गुरु चरण? ठीक है; वत्स! किन्तु अन्ततोगत्वा तो प्रभु के चरणारविन्द ही हैं।....."

चिद्विलास ने मानो चिल्ला कर पूछा- "प्रभु के चरण, पूज्य?"

आचार्य शंकर ने अपने अवाक् से, स्तब्ध से मूर्तिवत् शिष्य सेवकों को पल भर में निहारा; कहा- "सर्व लोक तक सृष्टि की व्याप्ति है; मणिद्वीप को घेर कर लहराने वाला यह दिव्य अमृत-सिन्धु श्रीमती भुवनेश्वरी के चरण-कमल पखारता रहता है। इस अमृत-निधि में मन्वन्तरों के नहीं, कल्प-कल्पों के भव निहित हैं। भव मात्र सृष्टि है; स्थिति है- स्थित्योत्तर है। सृष्टि के सृजन-गंभीर और कामना-धीर बिम्ब अनेक रूपों में डगमगा कर जैसे भुवनेश्वरी के अगाध

नयनों में रम जाते हैं- अमृत सिंधु के मणिद्वीप की वह महात्रिपुरसुन्दरी ललिता है; मीनाक्षी है, वत्स! सृष्टि अविराम नित्य है- सच, मैंने सृष्टि के इस आश्चर्य को अमृत-सिंधु के परे-पार जैसे देखा है- वह निराकार परम शान्त एक रस जीवन का अभय है, चैतन्य, पद्मपाद! ऐसा चैतन्य जो अमृत-सिन्धुओं में तरंगित होकर लहरता ही रहता है। अमृत के यह जीवन-जलधि अनन्त कोटि ब्रह्माण्डों, ब्रह्माओं, विष्णुओं तथा महेशों, देवताओं, विश्वों, जगतों तथा भव योनियों के निधि हैं। उन अमृत-सिन्धुओं की लहर-लहर जीवन के सुन्दर सरस बिम्बाऽणुओं से भरपूर है- ब्रह्म ही अपने सगुण प्रतिभास में इन कणों में झबक रहा है; जगमगा रहा है। निस्संदेह ब्रह्म स्वयं निर्गुण और निराकार परमात्मा चैतन्य है; किन्तु सृष्टि के अपने शिव संकल्प द्वारा वह परम ब्रह्म अपने ही अथाह नयनों में अपने अनेकान्त ऐश्वर्य के स्वप्न देखता रहता है....."

पद्मपाद चिहुंका- "प्रभो!..."

आचार्य अनन्त अव्यय और अगाध की अपूर्व स्मृति में मानो लीन हो गये; बोले- "सर्व लोक अपने अमृत-सिन्धु सहित स्वयं सगुण ब्रह्म हैं- अपूर्व हैं; ब्रह्म का बहु स्याम शिवत्व हैं। सर्व लोक के परे और पार का प्रश्न कहां उठता है, वत्स! अमृत सिन्धु का यह मणिद्वीप परात्पर परमेश्वरी के नयनों की दृष्टि है; ऋतंभरा की मति है, मेधा है और परात्पर अनादि अपूर्व की गतियों की प्रेरणा और विधियों का नान्य्य आधार है- सृष्टि की अविराम काल धारा भुवनेश्वरी की पलकों पर जैसे बहती है। सृष्टि का यही अद्भुत है; आश्चर्य है- क्षणिक, पद्मपाद-क्षणिक यह प्रतिबिम्बों का शाश्वत अनादि लास्य है; काल का डमरू वादन और कालिका का नर्तन है, निर्गुण निराकार ब्रह्म जो सगुण होने का अभिनय कर रहा है..."

अनन्त गिरि ने सहसा पूछ लिया- "ब्रह्म स्वयं अनेक नहीं होता तब, पूज्य?"

आचार्य शंकर ने कहा- "होता है क्या? क्या एक-एकाकी निराकार टुकड़े हो सकता है? अंशी हो सकता है- शाश्वत अभय का प्रकम्पित भय-भीतियों में व्यक्त हो सकता है? सोचो, निराकार क्या आकार में ऊग सकता है? ज्योति स्वयं ज्योति मिटकर क्षणिक प्रकाश और चलित नीलिमा में परिणित हो सकती है- ब्रह्म अब्रह्म नहीं हो सकता।"

पद्मपाद चिहुंका- "ब्रह्म अब्रह्म नहीं हो सकता, अर्थात् पूज्य?"

"अर्थात् चैतन्य जड़ नहीं हो सकता; अविनाशी नाशवान नहीं हो सकता। पूर्ण परिपूर्ण तो हो सकता है; किन्तु अपूर्ण नहीं हो सकता- शाश्वत क्षणिक

और अनादि आदि नहीं हो सकता। ब्रहम ही चैतन्य आत्मा है- स्वयं स्वयमेव परमात्मा है, वही है। ब्रहम जन्म नहीं सकता, मर नहीं सकता, पद्मपाद!...."

"तब?" पद्मपाद ने पूछ ही लिया।

"तब?" आचार्य शंकर ने हंस कर कहा- "ब्रहम माया कर सकता है; मायामय लीला कर सकता है। एक में अनेकत्व का प्रतिभास कर सकता है- वह एक एकाकी बहुरूपीया बनकर जीवन के अभिनय कर सकता है- ब्रहम सगुण निर्गुण है; साकार-निराकार है और वह वह भी है जो साकार निराकार नहीं है; केवल मात्र सद है सत्य! ब्रहम निर्गुण और सगुण होते हुए भी अपूर्व अनादि मौन है, शून्य है, पद्मपाद! ब्रहम ज्ञान है; स्वयं ज्ञान है। ज्ञाता ब्रहम है; ज्ञेय ब्रहम है। सर्व खलु इदम् ब्रहम। आकाश मार्ग में मैं द्युलोक के परे सर्व लोक तक चला गया। उस अमृत सिन्धु के परे और पार से ब्रहम-चैतन्य सर्व लोक के स्वरूप में उद्‍भासित हो रहा है- भुवनेश्वरी ललिता मीनाक्षी महात्रिपुरसुन्दरी के श्रीचरणों के अंगुष्ठ के नख में यह अनन्त कोटि ब्रहमाण्डों और असंख्यक जीवात्माओं का काल अपने रंग-रंगों में प्रतिबिम्बित है- मैं भी हूं; तुम भी हो- यह जगत और यह सृष्टि भी है। मेरे लिये यह मूक आश्चर्य है। काल और कालाऽधीन मैं जान सकता हूं; समझ सकता हूं; किन्तु कालाऽतीत कैवल्य को आत्मसात् करने के लिये मैं किसके पास जाऊंगा? क्या यह जगत, ब्रहमाण्ड, विश्व यह समस्त समूची सृष्टि ब्रहम का प्रमाण हो सकती है? क्या यह अद्भुत आश्चर्य ब्रहम का अनुमान नहीं करवाता? ब्रहम प्रमाणित नहीं किया जा सकता- ब्रहम-स्वयं सिद्ध सद वस्तु है- इस मनमोहक आश्चर्य का, माया का, कर्त्ता तथा सभी का, जड़ और चैतन्य का सूत्रधार विधाता है। मण्डन को यह जानना होगा, वत्स!"

पद्मपाद ने तनिक सिर धुना कर कहा- "मण्डन मिश्र क्या जानेंगे, पूज्य? वह तो सांझ सकार गर्जन करते रहते हैं। सभी सन्यास विरोधियों को मानो अपने विशाल उद्‍यान के सभाऽगार में एकत्र कर रखा है- आपश्री को अपने घर के पास वह आने देना नहीं चाहते। प्रयाग से माहिष्मती तक मानो संग्राम का संयोजन यह कर्म काण्डी मीमांसक कर रहे हैं।...."

आचार्य शंकर ने किञ्चित् खिन्न पद्मपाद को घूरा; निहारा। कहा- "शस्त्र के संघर्ष से भी कहीं अधिक तीव्र और गहन बुद्धि का द्वन्द्व होता है- यह शास्त्रार्थ है; वत्स! यह जगत और उसका यह जीवन-यह पूर्ण और प्रति पल पूर्णाऽभिव्यक्त आश्चर्यमय अद्भुत, एक क्षण का यथार्थ ही सही, यथार्थ है- अर्थात् संज्ञान है- अज्ञान है और निरन्तर अप्रतिहत् सहज स्वाभाविक प्रातिभासिक विज्ञान घन अभिव्यक्ति है- असत्य सद समान प्रतीत हो, यही तो

सृजन है, माया! ज्ञान स्वयं प्रकाशित है; किन्तु ज्ञान होता नहीं; बनता नहीं। ज्ञान केवल ज्ञाता है; ज्ञेय-रूप तो वह स्वयं प्रतिबिम्बित मात्र होता है। ब्रह्म ही सर्व तंत्र स्वतंत्र परम स्वाधीन, सर्व शक्ति मान स्वप्न दृष्टा और कलाकार है। ब्रह्म ही परम् पूर्ण क्षेम विज्ञान वेत्ता है; वही यावत् जीवन का कवि, मनीषी-स्वयं भू, परि भू है। मण्डन केवल कर्म को ही लेकर जगत, जीव और ईश्वर की अपनी जिज्ञासा तुष्ट करना चाहें तो वह होगी नहीं। कर्म जगत है; कर्म जीवन है-कर्म भोग है; परन्तु जड़ है; अन्धकार और मृत्यु है। कर्म जीवन का शोक है, पद्मपाद! कर्म चैतन्य के कारण, चैतन्य के मिस से, चैतन्य के वास्ते और चैतन्य के द्वारा ही कर्म स्वरूप है। कर्म जगत की सर्वांगीण गति विधि तथा संसार का अविराम धर्म-निर्वाह है।....."

पद्मपाद- "कर्म, धर्म? पूज्य मेरे!"

आचार्य शंकर- "सृष्टि का स्वभाव सृजन, विश्व का भाव स्वप्न दर्शन, जगत का स्वरूप नाम-रूप और भव संसार का धर्म कर्म-मोक्ष के लिये, वत्स! मण्डन मिश्र को यह स्वीकार करना ही होगा। निस्संदेह!....."

अपने निवास के अन्तरंग चौक में चक्कर काटते हुए मण्डन मिश्र सहसा रुके; बोले- "निस्संदेह, आप आये हैं, आपका स्वागत, महर्षे! किन्तु ब्रह्म सूत्र के रचियता महर्षि बादरायण? कहां रह गये ब्रह्म लोक से? लोकालय आने का मार्ग वह भूल गये हैं क्या?"

महर्षि जैमिनी का लिंग देह तनिक जगमगाया; एक शान्त सौम्यश्री उस दीप्त मुख मण्डल पर प्रगटी। महर्षि ने वैखरी द्वारा कहा- "बादरायण उस यती के लिये ही आहूत हुए हैं। तुम्हारे लिये नहीं, मण्डन! वेदान्त चिन्तन धर्म का चिन्तन नहीं है; वह सद वस्तु शाश्वत नित्य का परम सत्य का चिन्तन है, मनीषी! किन्तु आत्म-चिन्तन भव-संसार में अनिवार्यतः बंधे जन्तु के लिये अनिवार्य है? नहीं। प्राणियों के लिये धर्म अनिवार्य है; जगत के लिये विज्ञान सहज है; सृष्टि के लिये माया और अज्ञान माया ही है; किन्तु माया ही अनेकमुखी यथार्थ है- सत्य है।"

मण्डन मिश्र ने मानो गर्जना सी की- "यह सब अनुभव जन्य अनुभव गम्य-अनुभूत तथा अनुभूयान ही सत्य है; इस अविराम अनादि सत्य के परे कुछ भी तो नहीं है। है? तो यह है; नहीं है- तब भी वह यही है- यह जगत मैं और अन्य। धर्म नित्य है; चिरन्तन शाश्वत मंगल के उद्भव की क्रिया है; धर्म जीवन का शुद्ध-बुद्ध कर्त्तव्य है। इस जगत की प्रकृति सदाशयी और शुभैषी है तथा जीवन मंगलमय है। सुख के लिये किया जाता कर्म ही नैतिक है; धार्मिक

है। कर्म जड़ नहीं है जैसा यह मुण्डी सन्यासी कहते रहते हैं। महर्षि कपिल ने मूल प्रकृति को स्वयं चेतना शील, इच्छामयी और स्वयं शाश्वत कर्त्री माना है- यह मूल प्रकृति, यह अव्यक्त और व्यक्त क्या है? अपूर्व! कर्म-ईश्वर है, हम पूछते हैं आपसे, महर्षे।।"

महर्षि जैमिनी के वाक् ने कहा- "मैं कर्म को अतः धर्म को ही जानता हूं। अवश्य, मुझे ईश्वर की आवश्यकता उतनी नहीं लगती, जितनी जीवात्मा के लिये धर्म की प्रतीत होती है। मुझे आत्मा की चिन्ता कभी नहीं हुई, वत्स! मुझे धर्म की ही चिन्ता रही है! यह जगत और उसका जीवन धर्म द्वारा ही धारित, पोषित एवं सफल होता है।....

मण्डन मिश्र ने सहसा बीच ही में पूछा- "क्या अनादि शाश्वत नित्य जीवात्मा को मोक्ष की आवश्यकता है, हम पूछते हैं; है क्या?"

एक तेज-पुञ्ज मानवाऽकृति गगन में आविर्भूत हुई; उसने मानो प्रतिघोष पूर्वक कहा- "है, मण्डन मिश्र!"

"आप, कौन?" मण्डन ने साश्चर्य स्तब्ध होते हुए पूछा- "क्या महर्षि बादरायण?"

उस श्याम तेजस्वी आकृति ने कहा- "तुम्हारे तप बल से चेतित अतः कर्षित मैं लोकालय के गगन में पुनः आविर्भूत हुआ हूं। जीव को अन्ततः मोक्ष की ही आवश्यकता है..."

मण्डन मिश्र ने चिल्ला कर कहा- "नहीं। बादरायण, मोक्ष आपकी कपोल कल्पना मात्र है। जगत और जीव, महर्षे! अन्य सब शून्य, धारणा मात्र! असत्य!...."

महर्षि बादरायण ने गगन में प्रदीप्त होते हुए कहा- "तभी तो शंकर आ रहा है तुमको कहने; बताने। तुमको समझाने। अज्ञान ज्ञान का अभाव है; ज्ञान नहीं है, मण्डन। ज्ञान ही आत्मा है; ब्रह्म है; परमात्मा है- मोक्ष है, वत्स!"

मण्डन मिश्र ने कहा- "कृष्ण द्वैपायन! श्रीकृष्ण की गीता आपकी कृति है; श्री कृष्ण की है क्या? और यदि कुरुक्षेत्र में श्रीकृष्ण की वाणी सुन कर आपने उसको अविकल आलेखित किया है तो मैं पूछता हूं श्रीकृष्ण ने कर्म की ही प्रतिष्ठा की है- आपके ब्रह्म की नहीं। आपका ब्रह्म श्रीकृष्ण के लिये एक स्तब्ध कर आश्चर्य ही रहा है..."

महर्षि बादरायण मानो चिहुंके- "मण्डन मिश्र, जागो!"

"जाग रहा हूं", श्रद्धेय! मण्डन मिश्र ने कहा- "जो जल में डूब नहीं सकता; शस्त्रों से छिदता नहीं- जो भिदता नहीं, जो जन्मता और मरता नहीं, जिसको

अग्नि जला नहीं सकती और वायु सुखा नहीं सकती- आकाश जिसे अदृश्य नहीं कर सकता तथा शब्द जिसको चेतित नहीं कर सकता, वही तो आपका आत्मा है- ब्रहम है? महर्षे निरीह शून्य में क्यों भटक रहे हो? जगत की रंग भूमि के इस महान नाटक जीवन के तेजस तथा ओजस भरे पात्र क्यों नहीं बने रहते? व्यतीत के विषाद पूर्ण मौन में प्रेत बने रहने से लाभ? जीव बने रहिये, जीव!..."

महर्षि जैमिनी ने कहा- "जीवात्मा, वत्स!"

"अच्छा? तो लीजिये, जीवात्मा कर देता हूं।.... आत्मा? आत्मा, निरीह निर्विशेष चैतन्य! सुनते-सुनते मेरे कान पक गये हैं- यह आत्मा केवल एक पुकार मात्र है। स्वप्न की चीत्कार, महर्षे! आत्मा-परमात्मा? इस प्रलाप का न जाने अन्त कब होगा? अवश्य जीवात्मा, श्रीमद् जैमिनी! जीवात्मा! मैं और मेरा जगत! आप और यह आपका भव संसार-हम सब तथा हम सब का यह समग्र चिरन्तन, अविराम आविर्भाव और तिरोभाव; पुनः आविर्भाव! महर्षे मैं चकित हूं; थकित हूं- स्तब्ध हूं- इस जगत को देख कर मूक हो जाता हूं मैं, गुरुवर्य!...."

महर्षि बादरायण के ज्योतिष्मित लिंग देह से ध्वनि उठी- "और एक निश्चित ध्रुव क्षण में यह चकित और थकित तथा स्तब्ध जीवात्मा अपना वास्तविक ज्ञान पा ही लेगा। मण्डन मिश्र! तुमने आहूत किया! मैं उस परम शान्त अभय में तनिक जाग गया। यह मैं जीता नहीं; अभय के ज्ञान लीढ़ परम में लीन रहता है। इस जगत का लय है; विश्व का विराम है; सृष्टि का प्रलय है; किन्तु मेरा नहीं है- मैं चिरन्तन एक हूं; मण्डन मिश्र और सदैव सृष्टि के इस उन्मुक्त अखण्ड सृजन को देखता रहता हूं। मैं काल का दृष्टा, भूतों का विज्ञानी, सृष्टि का धाता, विश्व का स्वप्न-दृष्टा, जगत का सूत्रधार तथा भव-संसार का सन्यासी हूं। इस रूढ़ जड़ हिंसक कर्म को अब सच्चिदाऽनंद चैतन्य से शुद्ध करना ही होगा..."

महर्षि जैमिनी स्वयं से ही चिहुंके- "चैतन्य? हां; परन्तु क्या चैतन्य विलग है? जड़ अलग है? धर्म की चेतना ही जड़ चेतना की प्रचोदक चेतना है। धर्म, कृष्ण द्वैपायन! जीवन धर्म से सेया, सम, शुद्ध परिमार्जित; परिष्कृत तथा उत्कर्ष होता है। धर्म ही अन्न की शुद्धता, प्राणों की पवित्रता, मन की एकान्त दिशा, चित्त की गति और बुद्धि का शील है। कौन जान पाया है ईश्वर को? कौन देख सका है ब्रहम को? बुद्धि कहती है, ईश्वर कदाचित है; किन्तु चित्त किसी अथाह व्यामोह में डूबा रहता है- मेरी मति जीवन की कामना से भरपूर है। यह मन क्या जीवन की अनुभूति के लिये आकुल नहीं रहता? यह प्राण

क्या देह को नहीं चाहते? महर्षे! इस लोकालय के प्राणियों को धर्म ही चाहिये। इस भव-संसार में मानव को धर्म और मरणोपरान्त स्वर्ग चाहिये। जीवात्मा को मोक्ष मिलता होगा; किन्तु क्या जीवात्मा मोक्ष चाहता है? मैं जीव, जीवन चाहता हूं- सुख की कामना की मैं उद्भ्रान्त चेतना हूं; मुझे शान्त, सम, संयत करने वाला मार्ग चाहिये। धर्म रक्षति-रक्षतः! धर्म की वर्णाऽश्रममयी प्रतिष्ठा के लिये मण्डन मिश्र की यह साधना समीचीन है, बादरायण!"

बादरायण की ज्योति जैसे बोली- "इसका उत्तर मैं नहीं, यती शंकर, आचार्य शंकर ही देंगे।"

मण्डन मिश्र सहसा गर्जे- "नहीं। इसका उत्तर हम देंगे। कृष्ण द्वैपायन! इसका उत्तर सदैव के लिये यह मण्डन मिश्र देगा। भारती, श्राद्ध के लिये विधिवत पूजन आरंभ कर। पण्डितों और पण्डित मन्यों को हमारा सन्देश दे दोः सावधान और सन्नद्ध रह कर मंगलमय मंगलजन्य सुन्दर कर्म का जयघोष करते रहो। इस भव-संसार से जीवात्मा का छूटना नहीं है- भव संसार के बन्धन में बंधते हुए स्वर्ग को इसी लोकालय में प्राप्त करना है। जीवात्मा को, मनुज को मैं, मण्डन मिश्र! कर्म से पलायन करने की शिक्षा नहीं दे सकता। मैं संसार त्याग कर धर्म-जीवन की बात नहीं कर सकता। महर्षे! मैं शाश्वत सुन्दर मंगलमय जीवन की वार्ता करता हूं।

महर्षि जैमिनी के वाक् ने कहा- "उचित है, मण्डन मिश्र! सम्यक्!"

मण्डन मिश्र ने पुनः जैसे गर्जना की- "मण्डन मिश्र सदैव ही उचित है; सम है, सम्यक् है- यथार्थ होते हुए भी प्रतिपल विकासोन्मुख है। यह जगत जीव की सम्पदा है; जीवन है और यावत जीवन का उत्तरदायित्त्व भी है- धर्म, महर्षे! परमात्मा को अपने मूक मौन में सोता रहने दो। सन्यासियों को परमात्मा चाहिये; हम गृहस्थियों को यह विराट जगत, विविध-विचित्र जीवन और उसके सुख-सन्तोष चाहिये। यती शंकर? उस नव युवा को हम अपने प्रौढ़ भ्रू-भंग मात्र से अवाक् कर देंगे- अवश्य, यती शंकर! हम तुमको तुम्हारे तथाकथित ब्रह्म-चैतन्य में ही धकेल देंगे। शंकर-शंकराचार्य ऐसे आडम्बरियों को हम जैसे जानते हैं। महर्षि बादरायण! हमारे पितृओं को हम चेतित करना चाहते हैं। ब्राह्मणों के कुल अब पुनः धीमानों से उजागर होने चाहिये। ब्राह्मण ही जैसे अ-ब्राह्मण हो गया है। यह सब सन्ताप इसीलिये है कि ब्राह्मण ने सत्य का लक्ष्य त्याग दिया है; धर्म मार्ग से भटक कर वह जीवन के राज मार्ग पर घूमता रहता है अवश्य, महर्षि जैमिनी! धर्म; पुनः धर्म-पुनः पुनः धर्म। शाश्वत मंगल, चिरन्तन सौन्दर्य और शुद्ध जीवन का सन्तुष्ट सुख-हम स्वयं जीवन हैं; मौत से भागते

नहीं और भव-संसार से डरते नहीं। उस यती शंकर को माहिष्मती के श्मशान की ओर धकेल दो....''

भारती ने सहसा कहा- "मण्डन मिश्र! शान्त!...."

मण्डन मिश्र ने गर्ज कर कहा- "क्या मैं अशान्त हूं? भारती! अन्धी हो गई हो क्या? देखती नहीं, आकाश को चीर कर, वायु को मथ कर कोई माहिष्मती पर चढ़ आ रहा है- यती शंकर, भारती! वह शंकराचार्य!"

भारती ने सस्मित कहा- "माहिष्मती अपने धुरन्धर मनीषी मण्डन की अमोघ तपस्या एवं वीर्यवान विद्या से सुरक्षित है। मण्डन! तुम विद्या वारिधि हो; तपः पूत हो; गृहस्थ-ब्रह्मचारी हो-स्वयं विश्वस्त हो तब यों क्लान्त क्यों हो? विद्या-वीर धरती की भांति धीर-अचल तथा आकाश के समान पारदर्शी एवं असीम होता है; यती शंकर? ऐसे यती न जाने कितने हैं- होंगे? धरती का सौभाग्य जब मिटने लगता है, यतियों तथा सन्यासियों का उदय होने लगता है। मिश्र जी! मानव धरती का सौभाग्य और आकाश का आदर्श लेकर ही चलता आया है और जब अपने भुवन के घने द्वार ही बन्द हैं, तब फिर उस यती के आने की चिन्ता ही क्या है! मण्डन मिश्र के वैभवशाली भुवन के द्वार ऋषियों के लिये सदैव खुले रहे हैं- यतियों और सन्यासियों के लिये नहीं। महर्ष बादरायण! इस पृथिवी को जल से उबारने के लिये भगवान ने वराह अवतार धारण किया था, है न? तो मैं कहती हूं मिथ्या के मूक-मूढ़ तिमिर से यावत् भव-संसार को उबारना ही होगा- मनुष्य प्रेम से जन्मे; उत्कर्ष पूर्वक जीये; सन्तोष में सोये और शान्तिपूर्वक देह त्याग सके- यही तो चाहिये।...."

महर्षि बादरायण के तेजस्वी वपु के वाक् ने मानो कहा- "मनुष्य को मोक्ष चाहिये, श्रीमती!"

"नहीं!" मण्डन ने बीच ही में जैसे कहा- "मनुष्य को जगत चाहिये; जीवन चाहिये और अन्ततोगत्वा स्वर्ग चाहिये। हम मर कर नहीं, जीवित ही इस धरा पर आकाश के स्वर्ग रचना चाहते हैं- मनुष्य यावत् जीवन की प्रतिभा, ब्रह्माण्डों की बुद्धि तथा अन्तःकरण के आदर्शों का शाश्वत द्वन्द्व है-राम, श्री राम चन्द्र, महर्ष! दशरथ पुत्र, राघव, सीतापति, राजा राम! महर्षि वाल्मीकि का महामानव, महर्षि वशिष्ठ का शिष्य, दानवों का काल, मुनियों का मित्र तथा ऋषियों का सेवक रघुपति राजाराम! उत्तर मीमांसा के वैदिक वर्णाऽश्रम धर्म का धाता और विधाता यही राम होगा- बौद्धों का वह उदासीन तथागत नहीं, जिनियों का अवधूत तीर्थंकर नहीं, शाक्तों का औघड़ शिव नहीं- नहीं, महर्ष माहिष्मती की मीमांसा है; वेदान्त नहीं। उस यती युवा को कह दो- मण्डन मुण्डियों से वार्ता

नहीं करता, मण्डन सन्यासियों का मुंह नहीं देखता। कह दो उसे-उस तथाकथित आचार्य को कि मण्डन मिश्र मिथ्यावादियों का वैरी है...."

महर्षि जैमिनी ने पूर्ण रूपेण प्रगट होकर कहा- "मण्डन, शान्त। पारदर्शी बुद्धि शान्ति की पर्णकुटी में बसती है; प्रज्ञा उस मौन शून्य में रमी रहती है, जहां आकृतियां अदृश्य होकर पुनः स्मृति रूप हो जाती हैं- प्रतिभा काल की मन्थर स्वप्न दर्शिता में निवास करती है- काल ही कर्म की जीजिविषा है; जीवन कर्म की इच्छा और स्वयं ज्ञान का ज्ञान है वत्स, मीमांसा की जड़ हिंस रूढ़ियों को अपने धीर गम्भीर शान्त अन्तःकरण के हुताशन से जला दो- भट्टपाद का स्मरण करो और अब निश्चिन्त होकर भव-संसार के पितृओं का श्राद्ध आरम्भ करो- बादरायण तुम्हारे प्रति आदर भाव से आहुत हुए हैं- महर्षे प्रकट होओ, अनुग्रह करो, कृष्ण द्वैपायन!"

महर्षि बादरायण ने व्यक्त होते हुए मुस्करा दिया; कहा- "जैसी जैमिनी की इच्छा! महर्षे! सत्य का कभी अभाव नहीं होता और असत्य का कभी भाव नहीं होता। अनन्त कोटि ब्रह्माण्डों के लोकों से अखिल निखिल की भव-भांवरियों में, यावत् जीवन की समग्र चेतनाओं में मैं प्रतिज्ञा पूर्वक कहता हूं- मनुष्य से बढ़कर और कोई अन्तःकरण नहीं है। मानव अन्तरात्मा से बढ़कर और कोई आत्म भावना नहीं है- मनुष्य से बढ़कर विद्या का अन्य कोई भी विन्यास अथवा विलास नहीं है- मानव बुद्धि का प्रतिभा पयोनिधि, अनन्त अविराम स्वप्नों का धीमान द्रष्टा, जीवन सौन्दर्यों का व्यसनी, पुरुषार्थों का अपराजित लोह, समरों का शाश्वत, शूरवीर एवं अज्ञान के द्वन्द्वों का प्रकाशमय तपस्वी है- यती शंकर भी ऐसा ही मानव है, महर्षे!...."

मण्डन मिश्र ने मानो आकाश को पलकों से भेदा; कहा- "यती, सन्यासी शंकर? नहीं-नहीं महर्षियों! मेरे लिये तो सृष्टि का शूरवीर-मानव ही यथेष्ट है- श्रेष्ठ है। भारती, शंखध्वनि कर दो-देवताओं की दुन्दुभि बजने दो। हम आज लोकालय के पितृओं का श्राद्ध आरंभ कर रहे हैं- हमारे पितृ क्या मानव जाति के पितृ नहीं हैं, हैं। वैदिक-वर्णाऽश्रम धर्म के धारक तथा उदात्त पुण्य भृत कर्म काण्ड के विधाता और व्यवस्थापक जगत के मीमांसक और सृष्टि के साधक हमारे पितृ जगत के पितृ थे- हैं...."

13

श्री गणेश के आह्वाहन के साथ श्राद्ध के यज्ञीय कर्मकाण्ड का आरंभ हुआ। महर्षि जैमिनी और महर्षि बादरायण दोनों ही तेजस-पूंजीभूत सचैतन्य आकृतियां मानो मण्डन मिश्र के नयनों में स्थित थीं और यज्ञ वेदी के पास अभिमंत्रित आसनों पर जलहलित हो रही थीं। निपुर्ण वैदिक याज्ञिकों ने श्रद्धा विनीत नयनों से इन अभिमंत्रित आहूतों की ओर देखा-निहारा तथा वेदों के उद्गीथ से गगन को भर दिया। वेद मंत्र यों तो निष्ठ शूद्ध तथा बुद्ध ब्राह्मण-कण्ठों से गाया जा रहा था; किन्तु जैसे समूचा वेद-मंत्र ज्योति के बोलते हुए अक्षरों में स्वयं को ही अभिव्यक्त कर रहा था-मंत्र की मानवीय वाचा कालाऽधीन शरीर के सक्षम कण्ठों से फूट रही थी; किन्तु गीत-संगीत-भरा स्फोट मानो गगन के गगन गहगहा कर सुदूर असीम से ही बहा आ रहा था- अनहदनाद स्वयं ही उस मौन गुह्यतम मूढ़ अवकाश के अर्णव में जाग रहा था तथा अपूर्व उत्साह में स्वयं ही चहक रहा था- चिहुंक रहा था- बोल रहा था; कह रहा था- गा रहा था; लहर-विहर कर नृत्य मन्थर अनहदनाद स्वयं ही ज्योति की आकृतियों के अमिट से अक्षर बन कर स्वयं की परा द्वारा स्वयं की पश्यन्ती को सजीव कर रहा था और वैखरी की शाश्वत वाचा द्वारा ध्वनि-मण्डलों में अर्थ भर कर रहस्यमय बोध भर रहा था- ज्ञान मानो प्रलय के पश्चात् सद्य कल्प के अविराम सर्ग को सम्बोधित कर लोक-लोकान्तरों के भवों के सिद्ध अर्थ मन्त्रों द्वारा सजीव हो रहा था- ज्ञान वाणी स्वरूप अभिव्यक्त हो रहा था। चारों वेद वाणी स्वरूप धारण कर मानो शाश्वत अटल कर्म के अपूर्व वैभव में उजागर होने लगे थे। यावत् जीवन की अचल श्रद्धा अपने अथाह विश्वास के साथ वेद मंत्रों की एक-एक ध्वनि में स्नान कर रही थी। मानो मानव की उदात्त बुद्धि सृष्टि-विज्ञान की प्रतिभा के

जलधियों को पैर कर भव संसार के मार्गों का निश्चय कर रही थी। मण्डन मिश्र दर्प-दीप्त उत्साह पूर्वक ऊर्ध्व बैठे हुए वेद के इस स्वर मण्डलाऽकार उद्गीथ को सुनने लगे और बीच-बीच में स्वयं भी वेद-ध्वनि करने लगे। मण्डन मिश्र के भव्य भवन का गगन सनातन वेद-वाणी से मुखर उठा। सभा मण्डप में एक स्वर से जयकार हुमुसी-हुकी और उठी। मण्डन मिश्र की जय, ध्वनि मानो वेद गायन को थपथपा कर आकाश के अनन्त क्षितिज की ओर लपकी। पद्मासन पर उपविष्ठ मण्डन के रोम-रोम सिहर कर पुनः शान्त हो गये; और उनके बड़रे दीप्त नयन मानो अनेक सन्ध्याओं के नारंगी आलोक में डूबकर अरुण कमलों की भांति बन्द हो गये....

वेद? शाश्वत सनातन वाणी, वाचा-वाक्! परा, पश्यन्ती और वैखरी प्राण-वायु में लहरता-विहरता अगम्य किन्तु बुद्धि-गम्य अनहदनाद! अर्थ-संज्ञाओं से भरपूर, जगत-बिम्बों से पूर्ण, कामनाओं की अग्नि से तपा और जीवन के संयोगों से हर्ष-मूर्च्छित एवं वियोगों से ऊबा उन्मन यह अन्तरात्मा का नाद निनाद स्फोट-चीत्कार! मण्डन मिश्र के अरुण कमल नयनों में मानो सुदूर किन्तु मन के गुह्य में अत्यंत निकट कोई वीणा ही बज उठी। मण्डन को लगा, उनका हृदय- कमल सुवर्ण कमलों का स्वयं उत्फुल्ल उभार है, जो उन्हीं के अथाह चित्त के सघन दिव्य नारंगी पुखराजी आलोक-अर्णव में, मन्द-मन्द ज्योतियों के अपने ही अन्तरतम के जलधि में उद्भासित हो उठा है। तब क्या यही हृदय-कमल है? है तो! हां इसी अनगिन दलों के ज्योतिर्मय इन्द्र धनुषी अरविन्द पर कोई जैसे बैठा है और वीणा बजा रहा है। वीणा ही तो-मण्डन को लगा, हृदय के ज्योति जलधि में अथाह अव्यय नाद अपने गहन निनादों में झीम रहा है- झूम झीम रहा है- लहर-लहर कर विहर रहा है और अनन्त के ज्ञात अज्ञात तटों से टकरा कर जगत के रूपों को जगा रहा है; जीवन के नामों के आरोहों-अवरोहों के अनेक संगीत गा रहा है- यह, यह सरस्वती की वीणा-झंकार है, मण्डन! यह-यावत् जीवन की अनेक-अनेक सार्थक निरर्थक ध्वनियों का स्वलीन गायन है- क्यों? किसके लिये, मण्डन? मण्डन रोम-रोम में सिहर कर जैसे अनहद के मूक अतल में डूबने के लिये ललके। तभी जैसे वेद के मंत्र स्वरूप धारण कर मण्डन के पारदर्शी चित्ताऽकाश में देवताओं की भांति झबकने लगे। सृष्टि का अविराम, नित्य काल की अवधियों से घिरा और सृजन की स्वप्नशील क्षितिजों से उभरा सत्य यों अनहद की ज्ञान गम्य मात्राओं में बोध की मातृकाओं में व्यक्त होने लगा- क्या यह मानव बुद्धि का गीत है, क्या यह भव-संसार में भटकते हुए आसन्न क्लान्त जीव का गायन है? जगत से चमत्कृत और जीवन के सौन्दर्य

से स्तब्ध जीव की तृप्त-अतृप्त कामना की आह भरी चीत्कार है- यह अनन्त चिरन्तन स्फोट, यह अनहद नाद का अहर्निशि संगीत सरस्वती का वेद-संगीत है। यह सत्य का स्वयं गाया जाता गीत है; यह चेतना का स्वयं उल्लसित स्फोट है; यह स्वलीन सुख का, स्वयं-भ्रत संतोष का आह्लाद गायन है; यह अथाह चैतन्य की अनादि विह्वलता है- यह अकथनीय विरह का वेपथु है। "यह जाने क्या है, मण्डन!" न जाने किसी ने उनको कन्धे से तनिक झकझोर कर कहा- "यह सब, यह अनहद अनाहत अनन्त संगीत-उद्गीथ-क्या है?" यंत्रवत् श्राद्ध की क्रिया आरंभ करते हुए मण्डन मिश्र ने मानो उत्तर दिया- "वेद उद्गीथ है, और क्या है?" उसी स्पर्श ने पुनः उनकी ठ्योढ़ी उठा कर जैसे पूछा- "वेद? क्या, मिश्र मण्डन?" "वेद क्या?" मण्डन मिश्र ने झुंझला कर उस अज्ञात अदृश्य, उस स्पर्श को मानो कहा- "वेद ज्ञान की आदि स्वयं अभिव्यक्ति है- और क्या है? ऋषियों के पारदर्शी सात्विक हृदय में, अंतःकरण में उन्हीं के गहनतम के मंत्र प्रणीत उद्गार हैं- जीवात्मा की स्वयं समाधि की वाणी हैं, वेद! वेद ज्ञान हैं, और क्या है;? किसका ज्ञान? मण्डन मिश्र? एक प्रश्न जैसे क्षितिज के पार से उछलता हुआ आया और उनके ललाट से जा टकराया- "किसका ज्ञान, मण्डन!" "मेरा, और किसका?" मण्डन मिश्र ने सहसा चिल्ला कर आहूत और अभिमंत्रित जैमिनी की ओर घूरते हुए कहा- "ज्ञान किसका है, महर्षे?" महर्षि जैमिनी की कीलित आकृति जैसे हुमुसी; परा वाक्य ने कहा- "ज्ञान ज्ञानी का, जो जानता है उसका, मण्डन!" "तब ज्ञानी कौन है?" मण्डन के अन्तरात्मा ने सदा के लिये चमक कर पूछा- "ज्ञानी तो मैं जीवात्मा हूं- मैं जानता हूं, महर्षे!" आह्वाहनित महर्षि बादरायण के वाक् ने मानो क्षितिज के पार से कहा- "जीवात्मा जगत को, जीवन-यापन को ही तो जानता है। एकाग्र चित्त से विचार करो, मण्डन मिश्र! तुम जगत को, विश्व को, सृष्टि को-देश और काल को ही तो जानते हो। तुम स्वयं देश-काल की अखिल धारणा से भरे पूरे हो; तुम स्वयं जगत के दृष्टा तथा सृष्टि के स्वप्न वेत्ता हो- परन्तु तुम स्वयं क्या हो? तुम ज्ञानी हो; कर्त्ता हो-भोक्ता हो। तुम ही जन्मते और मरते हो- तब तुम परिवर्तन शील क्यों हो? अल्प तथा अल्पज्ञ क्यों हो? तुम बन्धन में क्यों बंधते हो? तुम जीवन के त्रितापों से दग्ध क्यों बंधते हो? तुम जन्मते और मरते क्यों हो? तुम जीवन के त्रितापों से दग्ध क्यों होते हो? तुमको सुख-दुख क्यों होता है- यह रहस्यमय देश तुम्हें गाड़ता क्यों है? यह निखिल काल तुमको अंश-अंश, शेष-शेष क्यों करता है? तुम नित्य अनुभव करते हुए भी अविराम गतिशील क्यों हो? मण्डन मिश्र तुम ज्ञानी हो तो किसके ज्ञानी हो? क्या तुम और तुम्हारा ज्ञान पृथक है?

बोलो, उत्तर दो, मण्डन मिश्र! ज्ञान की गति-विधि कर्म है; ज्ञान की अनुभूति क्या ज्ञान स्वयं नहीं है- ज्ञानी! जीवात्मा ही ज्ञानी होता- तो यह ज्ञाता, ज्ञान और ज्ञेय की भीति पूर्ण भेद भरी अनुभूति होती ही क्यों?..." मण्डन मिश्र ने स्थिर खड़ी भारती की ओर देख कर पूछा- "कौन जानता है, भारती?"

भारती ने चमक कर कहा- "कोई नहीं। देवताओं का आह्वाहन पूर्ण करो, प्रिये! श्री गणेश का आह्वाहन आरम्भ हुआ ही है। शिवा के उस पृथिवी पुत्र को हृदय से पुकारो, मण्डन! इस अनादि रहस्यमय अथाह के निगूढ़ में स्पष्ट और अचूक प्रथम देव हैं, तो वह शिव-सपूत श्री गणेश ही हैं- श्री गणेश! मंगल के धाता-विधाता विघ्नहर, शिव स्वरूप रिद्धि-सिद्धि के पति तथा कामनाओं से कीलित मानव जीवों का सदैव अभय वरदाता श्री गणेश!...."

"हूं!" मण्डन मिश्र ने कहा- "वेदों में श्री गणेश के जितने मंत्र हैं, उनसे आहूत करो श्री गणेश को, पण्डितों! हम सभी प्रमुख देवों का सानिध्य चाहते हैं। इन्द्र को निमंत्रित करो; मित्र को पुकारो तथा वरुण को आमंत्रण दो। ब्रह्मा, विष्णु और महेश को भी हमारा निवेदन करो कि वह आवें और हमारे पितृओं को आशीर्वाद दें..." "क्या आशीर्वाद! मण्डन मिश्र!" मानो किसी ने क्षितिज की अदृश्य खिड़की से झांक कर पूछा।

मण्डन मिश्र ने पूछा- "आशीर्वाद किसका, महर्षे?"

महर्षि बादरायण की शाश्वत ज्योति ने मानो कहा- "मोक्ष का, और किसका, मण्डन मिश्र?"

"मोक्ष! मुक्ति! आत्मा, परमात्मा-ब्रह्म!" मण्डन मिश्र मानो पारदर्शी विचारों की अबाधित आंधी में सहसा पड़ गये। "क्या जीवन स्वयं मुक्त नहीं है? स्वप्नवेत्ता जीवन धर्मी जीवात्मा क्या स्वयं बन्धन मुक्त नहीं है? है, है, है। मण्डन मिश्र ने श्री गणेश के गहगहते हुए मंत्रों को अन्तःकरण के सुदूर में सुनते हुए स्वयं को ही विश्वस्त किया। इस जगत और जीवन के परे और पार कुछ भी तो नहीं है- मैं हूं; मेरी धारणा तथा मेरी भावना है, मेरी-मण्डन मिश्र की। मैं हूं और मेरा कर्म है; मैं हूं और मेरी इच्छा है; मेरा भाव है- मैं हूं, मेरा जगत है, मेरा जीवन है- मरण है- मैं हूं और मेरा कर्म है- भोग है; कर्म फल है। बन्धन? मैं अपनी इच्छा से ही तो बंधता हूं-मुक्त होता है वही तो बंधता है; और वही खुलता है। फिर यह मोक्ष की ऊहापोह क्या है? चित्त-भ्रम मात्र है, और क्या? मैं स्वयं की इच्छा पूर्ति का स्वयं विज्ञान घन, दिव्याऽतिदिव्य अकथनीय अनिर्वचनीय अभिव्यञ्जन हूं- मैं अपने बन्धन का वैभव और कर्मों की विचित्र अभिव्यक्ति हूं। मैं, यती शंकर! मैं, छोकरे! सुनता है? मण्डन मिश्र,

शाश्वत जीवात्मा अपने जगत और जीवन के साथ-काल के द्वारा, मैं, अविराम नित्य सजीव मंगल-मूर्ति, मैं!"

"मैं!" मण्डन मिश्र ने स्वयं से ही प्लुत स्वर में कहा- "मैं ही था; मैं ही हूं और हूंगा, तब आदि देव श्री गणेश-अन्य देवता-देवियां?"

भारती अपने आसन पर ध्यानस्थ बैठी सुनती रही।

"तुम बोलती क्यों नहीं?" मण्डन मिश्र ने झुंझला कर कहा "जब से मैं श्राद्ध में आहूत हुआ हूं- तुम मौन हो गई हो, प्रिये! क्यों? बोलो; कहो- यदि मैं ही हूं तब फिर यह देव-देवता क्यों हैं? क्या हैं- क्या यह देव, देवाधिदेव मेरी कल्पनायें हैं? भारती, कुछ कहो भी तो-तुम बोलती हो तो मेरे अन्तःकरण का यह गूढ़ मौन मानो सजीव हो जाता है-विश्वास से पूर्ण उल्लास मेरे चित्त में छा जाता है- मेरा चित्त? तब मैं और चित्त पृथक हैं, भारती?"

भारती ने अपनी कमलिनी सी आंखें तनिक विस्फारित की और कहा- "मेरे नयनों में घुस कर सो जाओ, मण्डन!"

मण्डन मिश्र; ने सहसा ठहका मार कर कहा- "विक्षिप्त हो गई हो क्या? तुम्हारे नयनों में सो जाऊँ तो क्या मेरे नयन नहीं है?"

"उनमें तो मैं घुसी हुई हूं न!" अब भारती ने विहंस कर कहा- "यह मेरे नयन सूने हैं, मण्डन!"

"क्यों? मैं नहीं हूं उनमें?" मण्डन ने सहसा पूछा।

भारती ने स्थिर दृष्टि से मण्डन मिश्र को घूरते हुए कहा- "तुम्हीं तो थे, प्रिय मेरे, परन्तु...."

"परन्तु?" मण्डन मिश्र ने सहज ही भयभीत होते हुए पूछा- "क्या मेरा मरण हो गया? तुम इतनी चकित क्यों हो गई हो? प्रिये! अभी तो मैं जीवित हूं- जीवित रहने वाला हूं- ऐसे सहस्त्रों यतियों को उनके शून्य ब्रह्मों के साथ भारत-समुद्र में धकेलने वाला हूं। मैं भट्टपाद के कार्य को आगे बढ़ाऊंगा; पूर्ण करूंगा। सुनती हो? भट्टपाद से मेरा मतभेद था- मन भेद नहीं, प्रिये! भट्टपाद इस तिमिराऽच्छन्न भारत-भूमि का ज्योति-स्तम्भ थे, भारती! पूर्व मीमांसा के रूढ़ जड़ कर्म को उन्होंने शुद्धि प्रदान की। कर्म को उन्होंने शान्ति की दृष्टि तथा परम सुख का उल्लास दिया। कर्म को सार्थक सुखद गति दी; कर्म को गृहस्थ विधि दी, भारती!"

भारती ने ध्यानस्थ ही कहा- "भट्टपाद ने वैदिक सनातन धर्म के कर्म-काण्ड को परम्परा से चलित तो किया; किन्तु उसको संदेह के संक्रामक अर्थवाद में भी पटक दिया है- कर्म जड़, रूढ़ और हिंसक हो गया है- पुण्यभृत नहीं रहा।

इस निरे कथन से क्या होता था? जगत के मिथ्यावाद ने मानव के अन्तःकरण में घोर निराशा ही उत्पन्न की है- मनुष्य को मृत्यु के विरूद्ध अपराजित आशा चाहिये, मिश्र जी!...."

मण्डन मिश्र ने पूर्णतः जाग्रत होते हुए कहा- "भट्टपाद कर्म की स्वयं भृत पुण्यराशि में तो मानते थे; किन्तु पुण्य को भी बन्धन कारक मानते थे- यथार्थ के मिथ्यावाद से ही पुण्य काम का नहीं रहा। भट्टपाद को लोकालय का पुण्य और स्वर्ग का भोग नहीं चाहिये था। भारती, गुरुदेव मोक्ष चाहते थे- जगत के सतत् नाम-रूपों की स्वयं सुन्दर, स्वयं सरस, स्वयं संज्ञानमय गति-विधि में उनको विश्वास नहीं था- भट्टपाद जगत और भव-संसार से मुक्ति चाहते रहे। भट्टपाद जगत से दूर तथा भव-संसार के रागमय बन्धन से मुक्त सहज परम शान्त अवस्था चाहते थे-वेदान्तियों का मोक्ष नहीं, जीवन मुक्तों का अभय चाहते थे। और क्या?"

भारती कुछ हिली; पुनः बोली- "जगत तो जीवात्मा की रंगभूमि है; बांधता है तो जीवन और खोलता है तो जीवन। जीवन के गहन अथाह राग, जीवन रति के सिवाय और कौन सा चैतन्य है? कर्म-शुद्धि जीवन रति के ज्ञान से ही होगी, मण्डन मिश्र! मैं पूछती हूं वेदान्त का आत्मज्ञान जीवन रति की सरस अनुभूति के सिवाय और क्या है?"

"हुं।" मण्डन मिश्र ने कहा- "आत्मा? अवश्य ही जीवन की अगाध आश्चर्यजनक प्रीति है। प्रिये, तुम ठीक ही कहती हो, रस रहित शून्य नहीं, सरस सत्य ही जीवन भाव है। जीवन स्वप्न और उसकी स्मृति भले ही हो किन्तु अपनी एक सरस पल में यावत् जीवन ही जीवात्मा का ज्ञान है। उस यती शंकर को स्मृति का दुःख जानना होगा; स्वप्न की सरस कामना को पहिचानना होगा।"

भारती ने सहसा कहा- "तब यती शंकर से मन ही मन भयभीत क्यों हो प्रिय मेरे?"

मण्डन मिश्र अपने आसन पर हिले; जैसे एक लोहस्तम्भ धूज उठा- "मैं मन ही मन भयभीत हूं? भयार्त? उस छोकरे शंकर से- उस मुण्डी से? नहीं, भारती! तुम व्यंग क्यों करती हो? स्त्री के व्यंग से पुरुष घायल हो जाता है; परन्तु क्या मुक्त हो जाता है राग के बन्धनों से? मोह के लेपों से छूट जाता है? स्त्री! तू सदैव का राग बन्धन है-मोह का स्वप्नशील शयन है तू जगत में जीवन का अविराम भोग है- स्त्री! तू ही तो बन्धन है- मैं तुझसे भयभीत हूं- उस यती शंकर से नहीं, समझी! नहीं समझी?"

“समझ गई।” भारती ने कहा- “अब पुनः जाप आरम्भ करो।”

“जाप। अवश्य, जाप!” मण्डन मिश्र अपने आसन पर जैसे पुनः दृढ़ हुए; “अवश्य जाप द्वारा स्वयं के मन को, बुद्धि को, चित्त को-स्वयं को मैं स्थिर, शान्त, सम, स्पष्ट, निर्भ्रान्त और, और अटल करुंगा। संगमाऽश्रम में पूजा के पश्चात् जाप किया करता था- मुझको शक्ति चाहिये; जिससे अन्ततोगत्वा मेरी जय हो। गुरुदेव ने इस विचित्र मुण्डी को मेरे पीछे छोड़ दिया है; स्वयं तो बौद्धों से टल गये और मुझको इन मिथ्यावादियों की बलि का बकरा बना गये। गुरु$देव, यह आपने मुझसे अपनी अप्रसन्नता का पुरस्कार ही लिया है। मेरा गर्व गज्जन करना चाहते थे आप, भट्टपाद! तो स्वयं आकर मुझको चपतियाते-दुत्कारते-धुत्कारते किन्तु इस-इस घर से, पड़ौस से, समाज से, जाति और धर्म से भागे हुए मर्यादा रहित, पथ-भ्रष्ट यती युवक से मुझे भिड़ाना! मुझको प्रौढ़ विद्वानों के बीच इस प्रकार तुकहीन और स्थिति च्युत करना-ठीक नहीं है, गुरुदेव! आश्रम में जब-जब आपश्री यों मुझको पीड़ित करते थे- मैं तब जाप द्वारा ही स्थिति को फेर दिया करता था। मंत्र में ही तो समूची शब्द शक्ति निहित है-शब्द! इसी तन्मात्रा में पञ्चभूतों का विलय होता है और यह शब्द अनाहद अवकाश में अवकाश? शून्य क्या?....”

मण्डन मिश्र ने सहसा पूछा- “भारती, तन्मात्राओं का विलय कहां होता है? चित्त में और चित्त का? अहम् में-मुझमें, किन्तु मैं कहां हूं? आकाश में अर्थात् अवकाश, असीम पारदर्शी व्याप्ति में। अव्यक्त क्या भारती?”

भारती ने आसन से उठते हुए कहा- “अव्यक्त-व्यक्त, व्यक्त पुनः अव्यक्त, प्रिय मेरे! इस रहस्यमय सृष्टि, स्थिति और विनाश के अगोचर विज्ञान का मुझे क्या पता? मुझको तो यही ज्ञात है, मैं हूं- जी रही हूं इस जगत में, और, और तुम हो, मण्डन!”

मण्डन मिश्र ने पास आकर खड़ी हुई भारती का हाथ पकड़ कर कहा- “मैं हूं- तुम हो, जगत है- यही। और वह मुण्डी जो है। भारती, प्रिये! सृष्टि है, ठीक है। स्थिति है, समझ में आती है; किन्तु यह विनाश क्या है- क्यों? सृष्टि स्थिति विनाशानाम् शक्तिभूते सनातनी यह गुणाऽश्रयी गुणमयी सनातनी कौन है- क्या है? भारती!....”

“तुम और मैं।” भारती ने कहा।

“और जगत? मण्डन ने पूछा।

“उस सनातनी द्वारा रचित!” भारती ने पुनः कहा।

"क्यों?" मण्डन मिश्र ने अपलक पलकों से उसको पीते हुए कहा और खींच कर उसको अपने पार्श्व में बिठा लिया।

भारती अचकचा कर मण्डन के पार्श्व में बैठी; बोली- "तुम्हारे और मेरे अनवरत भोग के लिये। जीवात्मा के भव-संसार इसी जगत में ही तो हैं।"

"हुं।" मण्डन मिश्र ने हुंकार कर कहा- "तब मैं सत्य हूं! तुम, मैं और यह जगत ही हैं- वह सनातनी शक्ति? क्या है भारती?"

भारती ने कहा- "मेरे नयनों में उतर कर मेरे हृदय में देखो, प्राण मेरे! अपने प्राणों में, मन में, बुद्धि में, चित्त में खोजो- वह परात्पर चिति शक्ति ही है सब में-जड़ में, चेतन में-मुझमें, तुम में मण्डन। यह अखिल निखित उसी शिवा का शिव के साथ दाम्पत्य है- यह जीवन शिव-शिवा का शाश्वत गृहस्थ है। यह सृष्टि शिव-शिवा की प्रणय भूमि है; प्रीति का अविश्रान्त सम्मोह है। यह सुख, यह उल्लास, यह जीवन भाव-सब शिव-शिवा का समरस है...."

मण्डन ने अपने भुज पाश में भारती को सहसा कसते हुए कहा- "स्पष्ट क्यों नहीं कहती- यह सनातनी चिति, शक्ति, नर-नारी चेतना है; जीवात्म भाव है और यह सृष्टि, स्थिति, जो कुछ है, हो रहा है- होगा- होता जायगा, वह सब उसका सम्भोग है, विहार।"

भारती ने मण्डन के वक्ष-स्थल में लुकते हुए मानो कहा- "यही तो।"

"क्या यही तो?" मण्डन ने मन ही मन अरभराते हुए कहा।

"मेरे शिव, मुझ शिवा को प्राप्त करो।" भारती ने अपने गदकारे पिरोजी-गुलाबी बाहु मण्डन के कण्ठ में डालते हुए कहा- "मण्डन! काल के इस अथाह अविराम प्रवाह में मैं और तुम बहे जा रहे हैं- बह जायेंगे और पुनः किसी विजन तट पर एक दूसरे से दूर, परस्पर अज्ञात मैं तुम्हारी प्रतीक्षा करती रहूंगी- तुम नहीं। तुम उस असीम में, उस बीहड़ विजन में मेरी स्मृति मात्र होंगे। मण्डन, तुम और उस यती शंकर में अन्तर ही क्या है? वह यती शंकर वीर है, शूर है और तुम? सृष्टि के कातर, विश्व के विभ्रमित, जगत के विदूषक तथा भव-संसार के कायर नर हो- तुम, मेरे सदैव प्रिय, मेरे प्राण...."

मण्डन मिश्र ने भारती को अपने कण्ठ से चीर कर अलग करते हुए कहा- "मैं यज्ञस्थ हूं- नहीं जानती क्या?"

भारती ने अपने कान्तिवान सुन्दर-सुघड़ बाहु पुनः जकड़ते हुए कहा- "जानती हूं; परन्तु तुम यज्ञस्थ कब हुए? यज्ञस्थ हूं- क्या है तुम्हारा यह यज्ञ, कहना तो?"

मण्डन ने सहसा उसके उठे हुए दीप्त सम्मोहन भरे मुख को देखा और उसके आरक्त अधरों को निहारते हुए कहा- "श्राद्ध का यज्ञ और कौन सा यज्ञ?...."

भारती ने मण्डन की चिबुक अपने अधरों से सुलहाते हुए कहा- "बुद्धू पण्डित! वास्तविक सच्चा यज्ञ तो स्त्री है। मृत को सद्गति दिलाने के लिये जब यह सब क्रिया, श्राद्ध कर्म करना होता है तो जीवन के प्रागट्य, धारण, भरण-पोषण एवं उसके अविराम योग क्षेम के लिए यज्ञ नहीं है क्या? है...."

मण्डन मिश्र ने अपनी गोद में उभड़क लेटी हुई भारती को पुनः देखा और सिहर कर कहा- "भारती, प्रिये...."

भारती ने अपने वेपथु अधरों से मण्डन के होंठ चूमते हुए कहा- "कहो, क्या प्राण मेरे?"

मण्डन ने रोम-रोम में कांप कर कहा- "पितृओं की सद्गति के लिये मैं यज्ञस्थ हूं; किन्तु तुम्हारे स्पर्श से सिहर उठा हूं। मुझे-मुझे साहस दो, मैं रति के इस अवाक् करने वाले रस निधि को तर जाऊं। मैं तुममें डूब कर खो जाना नहीं चाहता- मैं अपने ओजस को तुममें लीन कर स्वयं शून्य हो जाना नहीं चाहता। मैं मृत्यु को तर जाना चाहता हूं- सुनती हो?"

भारती ने मण्डन के सिर को अपने उरोजों में भरने का प्रयास करते हुए कहा- "जन्म है तो मृत्यु भी है, प्राण मेरे! अपनी प्रिया को सन्तुष्ट, तृप्त करना जीवात्मा का सर्वोच्च परम धर्म है- पितृओं की सद्गति सुसन्तान उत्पन्न करने से ही होगी- सन्तानहीन पितृ की सद्गति कभी सुनी है, क्या? मुझ में समा जाओ, लीन हो जाओ- मुझमें, तुम्हारी जीवन रति में प्रवेश कर डूब जाओ-लीन होकर अपनी सन्तान के स्वरूप में पुनः प्रकट हो जाओ। प्राण मेरे!"

"भारती, प्रिये-प्राण!" मण्डन ने अरभरा कर कहा- "यज्ञस्थ को ब्रह्मचारी..."

भारती ने झुंझला कर कहा- "ब्रह्म को तब मानते हो? यही न? यही, यही। जो जीवन और उसके सरस अविराम प्रणय में नहीं मानता, वह मिथ्यावादी वेदान्ती है। मेरे नर, मैं तुम्हारी आदि नारी तुम्हारा जीवन और उसका नित्य शाश्वत प्रणय हूं- मुझे भर दो, मेरे प्राण...

"जाप? मेरा जाप? मेरा व्रत-मेरा शास्त्रोक्त कर्म!" मण्डन मिश्र ने सिर धुना कर कहा- "स्त्री, मेरा नाश मत कर। मैं तुझसे प्रेम करता हूं; परन्तु क्या तेरे इस गदकारे सुन्दर मनोहर रमणीय शरीर से ही प्रेम करता हूं- क्या तू-तू यह मनोरम देह भर है? नहीं भारती-प्रिये! तू देह भी है और देह के परे भी है- कुछ है।"

भारती ने अपनी कदली स्तम्भ सी जंघाओं को तनिक मण्डन की गोद में दबाया; पूछा- "देह के परे मैं क्या हूं? हूं? कहो तो-क्या हूं? मैं इस सौन्दर्य के पार? इस यौवन की उमड़ के परे क्या हूं- मैं इस सरस घुमड़ के अतिरिक्त?"

"शाश्वत अनादि जीवन-चेतना!" मण्डन ने जैसे हार कर कहा- "पितृ श्राद्ध का यज्ञ यों खण्डित कर दूं? नहीं, भारती! प्रिये मेरी! तुम समझती क्यों नहीं? तुमने मुझे ऐसी आंधियों के पार किया है- तुम मेरा परित्राण करती ही रहती हो-तो इस समय मुझे...."

"लुभा क्यों रही हो?" भारती ने हंसकर पूछा।

"हां।" मण्डन ने सिहरते हुए उत्तर दिया।

"मूर्ख मानव! मैं तुमको रस निधि में डुबो रही हूं!" भारती ने कहा- "जीवन का और यथार्थ क्या है? प्राण! उस शून्य निराकार असंग ब्रह्म की भीति त्याग दो। यती शंकर को पराजित करना चाहते हो तो जीवन के अथाह रस-समुद्र के अतल में मूर्च्छित पड़े रहो। भव-संसार का खारा समुद्र यों ही जीवन का रस निधि होता है- तुम अपने पितृओं की सद्गति चाहते हो? उनके लिये स्वर्ग चाहते हो-तो वह मैं तुम्हें दूंगी। मुझमें प्रवेश कर जाप करो, प्राण मेरे! तुम मेरे वीर, मैं तुम्हारी शक्ति....."

"मैं वीर? तुम शक्ति?" मण्डन मिश्र ने भारती के प्रगाढ़ आलिंगन में अर्ध-मूर्च्छित सा होते हुए स्वयं से ही मानो कहा। भारती ने लाज भरे गर्व के साथ मण्डन के कानों में कूक की- "हां; प्राण हां...." अकस्मात् ही मण्डन ने उस आलिंगन की जकड़ से छूटने की चेष्टा करते हुए भारती के उन्मद मुख-मण्डल को मानो सुदूर से देखा। बिथुरी हुई केश राशि के इतः स्ततः बादलों में वह दिव्य उन्माद से भव्य मुख चन्द्र मानो अपने रूप-सरोवर में अनिंद्य अनन्य अरविन्द की भांति खिला हुआ था- प्रफुल्लित था। मण्डन मिश्र को लगा, उनके झपते हुए नयनों के आकाश में यह चन्द्राऽनन अपनी सौलहों कलाओं की पूर्णिमा में विलस रहा है- झीमते हुए आह्लाद से मण्डन की रग-रग मानो रिमझिमा उठी। "हुं? तुम-तू!" मण्डन मिश्र ने भारती की कवरी को मसलते-खींचते हुए कहा- "तू!"

भारती बादलों की शैय्या पर पूर्ण पूर्णिमा की भांति लेट गई; स्तम्भित हास्य पूर्वक हुमुसी; बोली- "हुं? मैं-"

मण्डन ने पूर्णिमा की उस आलोक मूर्ति को लहसते हुए देखा और देखा किया। भारती के भ्रू-भंग कामदेव की कामना की भांति अलस-विलस रहे थे। टूट रहे थे; जुड़ रहे थे। उसका श्वेत गुलाबी स्कन्ध प्रदेश किसी सजीव स्मारक

की भांति मण्डन की आंखों में खुभ गया। आरक्त बिम्बाऽधर कुमारी कन्या के अछूते पवित्र रक्त के तनिक से प्रपातों की भांति मण्डन को स्वयं ही बहकर स्वयं ही स्थिर होते हुए प्रतीत हुए। उस पुखराजी नारंगी वक्ष-स्थल की उपत्यका में उरोजों के माणिक्य कुम्भ देख कर मण्डन जैसे अपने चित्त में मन्त्र मुगध हो गये। श्री स्तनों के सद्वृत्त की अदृश्य सीमा से निःसृत सहज सौन्दर्य की कान्ति तरंगें उभर-उभड़ कर त्रिवली-त्रिभंग हो गई थीं और नाभि का रमणीय गुह्य आलोक से भरा गह्वर मानो उदर-सपाट का कमनीय कूप था-मण्डन अज्ञात ही त्रिवली त्रिभंग को मध्य में चीर कर लहराती हुई रोम राजि को देखने लगे- नीलम के रेशों की बनी वह रोम राजि रूप के अनन्त क्षितिज से उठ आई, कोई उरझी हुई बेलि थी। मण्डन को लगा, भारती के नितम्ब इसी रोम राजि की बेलि के फल हैं। नितम्ब? चिनाँकुश में लिपटे, रेशमी त्वचा के गदीले मदीले नितम्ब! मण्डन जैसे थक कर उन नितम्बों का सहारा लेकर सो जाना चाहते थे। "यह, यह मेरी प्रिया, मेरी पत्नी, मेरी भारती है। यह सुन्दर सुघड़ रमणीय कमनीय नारी-देह!" मण्डन ने अपने चित्ताऽकाश के अपार से स्वयं को ही पुकार कर कहते सुना। ओह! मण्डन ने पुनः रोम-रोम में सिहर कर स्वयं से ही कहा- "तू-तू मेरी प्राण!...." भारती ने तभी अपने बाहुओं में मण्डन को जकड़ कर अपने पास लिटाते हुए कहा- "हां, मैं-तुम्हारी प्राण! चुप हो जाओ। सुनो, चुप-शान्त!"

मण्डन ने उसके पार्श्व में लेटते हुए कहा- "क्यों? चुप क्यों हो जाऊँ हैं?"

भारती ने मण्डन के सघन वक्षस्थल में अपनी पूर्ण चन्द्राऽनन भरते हुए कहा- "जब धरती आकाश से मिलती है तब क्या धरती बोलती है? आकाश बोलता है- नहीं।....."

मण्डन ने उसकी कज्जल जल कवरी बिखेरते हुए कहा- "नहीं। परन्तु हृदय धड़कता है, हां।"

भारती ने अपनी पुष्ट कदली जंघा मण्डन की कटि तक पसारते हुए कहा- "कुछ नहीं धड़कता, प्राण! जीवन की दो वह्नि ज्वालायें यों एक होकर प्राणों के समुद्र में विद्युत की भांति गिर जाती हैं- दो काया, दो प्राण समूह, दो मन, दो चित्त-समूचा नर-नारी अहम् यों एक हो जाता है तथा आह्लाद में डूब जाता है यही सृष्टि के आविर्भाव की सरस वार्ता है- यही जीवन का काव्य है, प्राण!"

मण्डन मिश्र ने उसकी अस्त-व्यस्त कवरी को झकझोरते हुए कहा- "यह केश है- केश। क्या हैं यह केश? तुम हो क्या? तुम क्या केश हो? यह मुख हो? बाहु हो? यह शिथिल सघन जंघा हो? तुम यह गर्वीले नितम्ब हो क्या?

नहीं, भारती रूप का यह मूढ़ मूक करने वाला अथाह समुद्र है- अतल है और अपने अतल में अन्धकार से भरा हुआ है- तुम और मैं अन्त में जरा हैं, जीर्ण होता हुआ शोक हैं- विस्मृति, भारती!"

भारती ने देखा, मण्डन उसके नितम्ब से उठ कर बैठ गये हैं और कक्ष की खिड़की के बाहर तारों भरे आकाश में देखने लगे हैं। भारती झुंझला उठी, पुनः वही पलायन! रस के आह्लाद सागर के तरंगित किनार पर आकर यह विड़ंजित नर यों लौट जाया करता है। पूर्णिमा को पाकर यह चन्द्रमा जैसे तम से घिर जाता है। "ओह प्रभो!" भारती के अन्तरात्मा से चीत्कार सी उठी- "ओह मैं धरा तब सिंधु पीकर भी प्यासी ही बनी रहूंगी। मण्डन सुनते हो?"

मण्डन मिश्र ने उत्तर नहीं दिया।

भारती उठ बैठी; उठी और लपक कर उठ खड़ी हुई। उसने देखा, मण्डन मिश्र अपलक नयनों से आकाश को देख रहे हैं, संज्ञाहीन से किन्तु पूर्ण संज्ञान मण्डन मिश्र जैसे अन्तरिक्ष के पार द्युलोक में स्वर्ग गंगा के तट पर उदास, मूक और मौन खड़े हैं। रोम-रोम में धूजती हुई कामना की आंधी शम गई हो और सांस जीवन के सोऽहम् गीत की गूंज हो गया है। मण्डन जैसे अर्ध जाग्रत किन्तु पूर्ण जाग्रत हैं- मानो अगम के अगम्य रहस्य को उन्होंने पलकों द्वारा विराट् के अनन्त में देख लिया है, थाम लिया है। मण्डन मिश्र अपने चित्ताऽकाश में ही खो गये थे और किसी अनन्य चेतना की सीमा में आश्चर्यचकित से खड़े होकर अवर्णनीय अनन्य को देख रहे थे। भारती ने पुकारा- "सुनते हो?"

मण्डन मिश्र ने अपने चित्ताऽकाश के अनन्त के किसी शून्य भवन में प्रतिच्छन्द सुना- "सुनते हो?" हृदय के गहन से स्वयं ही ध्वनि उठी- "आदिकाल से सुनता आ रहा हूं- तुझे! अब चुप हो जा भारती! मुझे देखने दे।"

भारती आकर मण्डन से लिपट गई; सिर धुना कर बोली- "किसे देख रहे हो- किसे? मुझे क्या?"

"नहीं।" मण्डन मिश्र ने जागते हुए कहा- "मैं पञ्चभूतों के परे प्राणों के अतल में देख रहा हूं। मैं मन की अविराम छटपटाहट को कुरेद रहा हूं। भारती, मैं बुद्धि के अनन्त कोटि नाम रूपों को निहार रहा हूं। मैं तुझे अपने चित्त के मौन में डूब जाते हुए देख रहा हूं और स्वयं को अपने ही अहम् से टकरा कर चूर-चूर होते हुए पा रहा हूं- अन्तःकरण के अनन्त के क्षितिज पर यह कैसी शांति है? प्रिये यह कैसी विरह से भरी कातर करुणा से भरी क्रान्ति है, भारती!..."

"क्रान्ति?" भारती ने सहसा पूछा।

"अवश्य क्रान्ति! सत्य की शून्य के विरुद्ध क्रान्ति!" मण्डन मिश्र ने कहा- "देखा, भारती! मेरे अन्तःकरण के गहन में जैसे जन्म-जन्मों की रात्रि का अन्त हो रहा है- भारती! मैं, जैसे अनन्त में जाग रहा हूं।"

236 | शंकर-शास्त्रार्थ (पूर्वार्द्ध)

"अवश्य क्रान्ति! सत्य की शून्य के विरुद्ध क्रान्ति!" मण्डन मिश्र ने कहा- "देखा, भारती! मेरे अन्तःकरण के गहन में जैसे जन्म-जन्मों की रात्रि का अन्त हो रहा है- भारती! मैं, जैसे अनन्त में जाग रहा हूं।"

14

आचार्य शंकर ने सहसा समाधि भंग की और उस प्राचीन मन्दिर के गर्भ के बाहर भग्नाऽवशेष मण्डप में देखा। पद्मपाद तथा शिष्य-सेवक अपने-अपने आसनों पर स्थिर, शान्त बैठे थे। पद्मपाद को लगा कोई चिर परिचित ज्योति उसको चौंधिया रही है; स्वयं ही कहते हुये वह उठा- "गुरुदेव जाग्रत हो गये हैं, बन्धुओं!" शिष्य सेवक लपक कर गर्भ मन्दिर के द्वार पर एकत्र हो गये आचार्य शंकर ने शान्त जलद गम्भीर स्वर में कहा- "मण्डन मिश्र के भवन जाने का समय हो गया है। श्राद्ध कर्म पूर्ण होने में ही है। चलें...."

"पूज्य!" पद्मपाद ने कहा, पूछा जैसे।

आचार्य शंकर ने सस्मित कहा- "इस विशाल वैभवशाली माहिष्मती के अनेक मार्ग हैं; अनेक दीर्घायें हैं। मण्डन मिश्र के भवन का पता पूछते हुए हम उनके द्वार पर पहुंच जायेंगे।"

पद्मपाद ने जैसे अब कहा- "सभी मार्ग अवरुद्ध हैं; सभी दीर्घायें बन्द हैं- हैं- हमें पृष्ठमार्ग पनघट की पगडन्डियों से ही जाना होगा। मार्गों पर आक्रमण हो सकता है, पूज्य!"

आचार्य शंकर ने पूछा- "किसका?"

"विरोधियों का श्रद्धेय!" पद्मपाद ने कहा- "हमने उग्र भैरव तथा अन्य कापालिकों, नाथों, शाक्तों एवं प्रतिश्रुत वैरियों को देखा है- हमने गुप्त चर्यण द्वारा परिस्थितियों का पता लगाया है...."

आचार्य शंकर सहसा उठ खड़े हुए बोले- "वेदान्ती भय नहीं खाता। जिसको विरोध करना है करने दो-जो वैर व्यक्त करना चाहता है, व्यक्त करने दो- हम सब को अभय देंगे। सब के प्राणी मात्र के कल्याण की कामना करते हुए

आत्म-ज्ञान की चर्चा करेंगे। विनय पूर्वक हम विरोधियों को सुनेंगे और अजय आत्मविश्वास पूर्वक परमब्रह्म का दिव्य स्तवन करेंगे-चलो, चलें।"

पद्मपाद ने सहसा उत्साह पूर्वक कहा- "वह कापालिक भी हमें दिखा है, जो नर बलि करता है.....।"

आचार्य शंकर ने कहा- "अतीत के सभी प्रेतों को एकत्र होने दो। आकाश मेघों से भर जायगा-यही न? आकाश को बिजलियां जला नहीं सकीं; मेघ भर नहीं सके। आच्छन्न नहीं कर सके। आंधियां क्या आकाश को रीता कर सकीं- आत्मा, ब्रह्म! पद्मपाद! यह जगत भय है; यह नाम भीति है, भव संसार बन्धन है किन्तु आत्मा अभय है- ज्ञान ज्योति है और ज्योति ही है- अन्धकार नहीं।"

पद्मपाद ने अचक चाकर कहा- "लठैत मार्ग में कहीं नहीं रोकें....।"

आचार्य शंकर ने हंसकर कहा- "चिन्ता त्याग दो, वत्स! हम महर्षि बादरायण के उपाध्याय, आचार्य हैं- हम ज्ञान के प्रकाश से मन का सन्देह, बुद्धि का भ्रम तथा चित्त का व्योमह दूर करेंगे- हम निरीह सन्यासी हैं, पद्मपाद!"

सन्यासी। युवा यती-सन्यासी शंकर! माहिष्मती मानो अवाक हो गई थी। आचार्य शंकर मन्दिर से निकल माहिष्मती के नगर द्वार पर आकर खड़े हो गये। मौन विजन एकान्त जैसे मार्ग पर छाया हुआ था। शंकर ने द्वार में प्रवेश किया तो पार्श्व से नगर रक्षक के एक गुल्म ने मार्ग रोकते हुए कहा- "इधर नहीं, उधर!" "किधर?" पद्मपाद ने पूछा गुल्मपति ने कहा- "उधर, इधर नहीं। मुख्य मार्ग वर्जित हैं....।"

"क्यों?" अनन्तगिरि ने पूछा।

"मीमांसा चक्रवर्ती मनीषी मण्डन मिश्र का यज्ञ समाप्ति पर है; देवताओं की शोभायात्रा आरम्भ होने ही वाली है। फिर माहिष्मती के पण्डित, विद्वान, बुधजन और गृहस्थ अपशुकन नहीं चाहते-आज के दिन।"

"आज का दिन?" विष्णुगुप्त ने पूछा।

"श्राद्धपक्ष का अन्तिम दिवस"। गुल्मपति ने कहा-

"महामना मण्डन मिश्र आज अपने ही नहीं, माहिष्मती के समस्त पितृओं की सद्गति के लिये अपना दिव्य श्राद्ध पूर्ण कर रहे हैं उसमें किसी भी सन्यासी की छाया का स्पर्श वह मतिमान नहीं चाहते अतः इधर जाना निषिद्ध है।"

समत्पाणि ने कहा- किसकी आज्ञा से यह निषेध हुआ है?

गुल्मपति ने कहा- "माहिष्मती में राजाज्ञा से भी अधिक प्रभविष्णु मण्डन मिश्र का मन्तव्य है। हम से विवाद मत करो, सेवक! हम तो इंगित तथा आज्ञा के परिचारक हैं...."

चिद्विलास ने कहा- "सन्यासी के लिये कोई भी मार्ग अवरूद्ध किया नहीं जा सकता। सन्यासी के लिये स्वर्ग, नर्क तथा मृत्यु लोक के मार्ग खुले हुए हैं, महाशय!"

गुल्मपति ने अपनी बंकट मूछों को छूकर कहा- "खुले होंगे; किन्तु माहिष्मती के राजमार्ग और नगर के मुख्य मार्ग शूरवीरों, मनीषियों, विद्वानों, धीमानों तथा पण्डितों के लिये खुले हुए हैं...

विष्णुगुप्त ने कहा- "और बौद्धों तथा जिनियों के लिए?"

गुल्मपति ने कहा- "बौद्ध? जिनि? यों तो सभी के लिए नगर के मार्ग अहर्निश खुले हैं। माहिष्मती चोरों तथा लबाड़ों एवं आतताइयों की नगरी नहीं है। इस नगर में वेदों के मंत्र पक्षियों की भांति उड़ते रहते हैं। यज्ञों के जलद-घन धूमों से माहिष्मती का आकाश भरा रहता है- विद्वानों के वार्तालापों से माहिष्मती के चौराहे तथा कोण गूंजते रहते हैं। माहिष्मती पण्डितों की नगरी है- योगियों तथा यतियों की नहीं...."

अनन्तगिरि ने सहसा पूछा- "साक्षर प्रतीत होते हो...."

"क्यों न हूं?" गुल्मपति ने कहा- मैं तो पुस्तक देखते ही उसको समझ लेता हूं। आकाश के तारों को देख मुझको कल्पनायें घेर लेती हैं। मेघों को देख मेरा मन मयूर हो जाता है। युवा यती! तुम निस्संदेह कमनीय हो; रमणीय हो किन्तु कोमल हो और वह मण्डन मिश्र प्रौढ़ कुञ्जर सा है। पण्डितों का यूथ बांधे बैठा है- महान् वाचाल है और क्या? इसीलिये मैं नहीं चाहता कि तुम उसके अखाड़े में उससे भिड़ो अतः तुमको इधर वरज कर उधर उधर-यती उधर.... मार्ग दिखा रहा हूं।"

आचार्य शंकर ने हंस कर कहा- "उधर? अच्छा; ठीक। चलो, इधर नहीं-उधर, वत्सों!"

गुल्मपति ने मुंह मोड़ कर कहा- "सन्यासी का यह भेष तुम्हारी रक्षा करेगा, यती! कर्मकाण्डियों की यह नगरी है- माहिष्मती; विद्या के वैभव से भरी पूरी और ज्ञान मद से इतराती, उत्तेजित तथा क्रुद्ध यह नगरी है। तुम, यती?...."

आचार्य शंकर- "इस देह का नाम शंकर है...."

"तात्पर्य?" गुल्मपति ने पूछा।

"नाम-रूप देह का ही होता है; यही।" आचार्य ने कहा

"तब तुम ही वह युवा यती हो, जो भट्टपाद के भेजे हुए हो? धुरन्धर मनीषी मण्डन मिश्र को हराना सहज नहीं है, सन्यासी" गुल्मपति ने कहा।

पद्मपाद ने पूछ लिया- "क्यों?"

"उन मतिमान् की धर्मपत्नी उभय भारती जो है।" गुल्मपति ने कहा- "श्रीमती सरस्वती स्वरूपा वह करुणामयी देवता है। उन्हीं ने हमें इंगित किया है युवा यती के साथ दुर्व्यवहार न हो मनीषी मण्डन तो आप लोगों की छाया भी देखना नहीं चाहते।"

आचार्य शंकर- "मण्डन छाया-माया भला क्यों देखने लगे- मण्डन मिश्र को आत्म साक्षात् करना है। हम मिश्र जी को भव-संसार के सभी मार्ग छुड़वा कर आत्मा के आनन्द लोक की ओर ले जाने के लिये ही आये हैं। मण्डन मिश्र धुरन्धर हैं; मनीषी हैं; महान उपाध्याय हैं - कर्म द्रष्टा तथा समाज-व्यवस्थापक हैं; किन्तु अन्धकार में हैं। मण्डन मिश्र को प्रकाश चाहिये...."

पद्मपाद ने पनघटों की पगडन्डी की ओर मुड़ते हुए कहा- "मण्डन मिश्र को ही नहीं, पूज्य! मानव जाति को जैसे आज और अभी प्रकाश चाहिये। अन्धकार पर रंग लपेटने के हम शताब्दियों से आदी हो गये हैं- मैंने निश्चय किया है, श्रद्धेय की आज्ञा से मैं शारीरिक भाष्य पर अपनी टीका लिखूंगा-पूज्यपाद मण्डन को प्रकाश दें; मैं स्वयं के अन्तःकरण को शारीरिक भाष्य की ज्योति से भर दूंगा। गुरुदेव! सहसा मुझे जगत दर्शन की इच्छा हो आती है; चाहता हूं तीर्थाऽटन कर आपश्री का जयघोष करूं...."

आचार्य ने आस-पास के मनोहारी वातावरण को सहज ही देखते हुए कहा- "यहां भी निर्जन है। मण्डन मिश्र को यों माहिष्मती सूनी क्यों करनी चाहिये!"

समत्पाणि ने कहा- "अपना प्रभाव प्रदर्शित करना और क्या पूज्यपाद? मण्डन सत्य का समक्ष कर सकते हैं क्या?"

आचार्य शंकर ने कहा- "जीव मात्र सत्य का साक्षात् करने से डरता है। जीव आत्मा के स्वयं सम्भ्रम का उभार मात्र है, वत्स! मण्डन मिश्र के जन्म-जन्मों के अन्धकार बिला चुके हैं। मण्डन भव-संसार की अन्तिम रात्रि में सो रहे हैं। मण्डन आत्मा के प्रकाश में जागने से डरते हैं- यही तो संसार में भय है; यही जीवन की भीति है; भ्रम को वास्तविक इसीलिये जीव मानकर चलता है।"

चिद्विलास- "आत्मा ही ऐसे सम्भ्रमित जीव स्वरूप में जन्म लेता है तब पूज्य?"

आचार्य शंकर- "नहीं; जो जन्म-मरण ग्रहण करे वह आत्मा नहीं है। जो जन्मता है वह अज्ञान है; जो जीता है वह अध्यास है- स्वप्न, स्मृति। स्मृति स्वप्न! न जीओ और मरो तथा न जन्मो-यह जगत और जीवन उस मनीषी कवि की सुन्दर सरस कल्पना है- धारणा! आत्मा कल्पना नहीं है; धारणा नहीं है; अज्ञान और अध्यास नहीं है- आत्मा न कल था और-नहीं आज है और भावि में

भी नहीं होगा। जगत है और नहीं है; जन्म है और नहीं है- जीवन है तो मरण भी है, है और नहीं है के परे और पार अमृतमय ज्योतिर्मय आनन्दमय ब्रहम है- अज्ञान के भय के परे तथा अध्यासों की भ्रान्तियों के पार ज्ञान स्वरूप आनन्दमय देश तथा काल के उपरान्त छाया हुआ है-मैं ब्रहम को देखता नहीं; उसका स्वयं स्वरूप अनुभव करता हूं। मण्डन को ब्रहय की ओर उन्मुख होना ही है- मण्डन मिश्र की मुक्ति की पल अब अधिक दूर नहीं है- केवल एक ही विघ्न शेष है....”

पद्मपाद- “कौन सा पूज्य?”

आचार्य शंकर ने सामने कुछ दूरी पर पनिहारियों के झुण्ड को निहारते हुए कहा- “उभय भारती, उसकी धर्म पत्नी! भारती मण्डन मिश्र को जगत की काल रात्रि में जगाये हुए है; सम्भ्रमों के स्वप्नों में सुलाये हुए है। भारती उसके सभी बन्धनों का बन्धन होकर उसके मन को मूढ़, बुद्धि को चलित, चित्त को कीलित तथा अहम् को उत्तेजित किये हुए है- यह भारती महान महिला प्रतीत होती है। सुना है मण्डन कार्तिकेय का अवतरण हैं और भारती सरस्वती की वीणा का अवतार है-”

पद्मपाद ने यों ही कहा- “आश्चर्य है।”

आचार्य शंकर ने सस्मित कहा- “आश्चर्य क्या नहीं है; वत्स? क्या यह मौन मगन वृक्षराजि आश्चर्य नहीं है? पाषाण के यह कलात्मक ढेर आश्चर्य नहीं हैं? यह गगन को पंख से मथने वाले पक्षी, यह चार पादों से चलने वाले पशु-यह सब तथा अवाक् कर देने वाला आश्चर्य नहीं है! हम सभी जैसे स्वयं का कुतूहल हैं; आश्चर्य है पद्मपाद! उन पनिहारिनों से पूछो मण्डन मिश्र के ओक का पता क्या है?....”

चिद्विलास ने कहा- “हम सूनी पगडन्डी पर हैं, पूज्य! मण्डन मिश्र का भवन राजप्रासाद के पास ही होना चाहिये।”

पद्मपाद- “माहिष्मति स्वयं ही जैसे राजप्रासाद है। यह विचित्र नगरी अशान्ति से भरी हुई भी शान्तिमय लगती है। यह लो, पनिहारियां पनघट पर पहुंच ही रही हैं....”

समत्पाणि ने यों ही कहा- “छोटा था, मां की कमर पर चढ़ कर पनघट पर जाया करता था, गुरुदेव! कुंए के अगाध अथाह से पानी खींच कर मां जब घड़े में भरती, मैं उस उद्बुती हुई उद्रेक को देखा करता था- पूज्य ने भी तो घड़े में नर्मदा भरी है....”

आचार्य शंकर ने कहा- “पनघट भारतीय गृहस्थ का सरस उत्स है, वत्स! गंगा की धारा, हिमालय का एकान्त और देवताओं और पूज्यों के प्रति प्रणाम

आर्य संस्कृति के जीवन-तीर्थ हैं- पूछो, उन पनिहारिनों से, मण्डन मिश्र के भवन का पता क्या है?"

पनघट से कुछ ही दूर आचार्य शंकर तनिक ठहर गये। कुछ घड़े साफ कर रही थीं; कुछ भर रही थीं; कुछ घड़ों को सम तौल सिर पर उठा कर चल देने का उपक्रम कर रही थीं। नूपुर खनक रहे थे; झनक रहे थे और केयूर हिल रहे थे। कटि-किंकिणियां मानो तिलमिला रही थीं। पद्मपाद को लगा, कोई रहस्यमय परात्पर सौन्दर्य यों आकृतियां धारणा किये हुए पनघट पर न्यौछावर हो रहा है। सिर पर बड़ा, मध्यम तथा छोटा घट स्थिर बिठा कर कटि को तनिक ऐंचा कर मानो उरोजों के सहारे तथा नितम्बों के द्वारा खड़ी होकर चलने को उद्यत पनिहारिन से पद्मपाद ने पूछा- "शिवा स्वरूपे...."

पनिहारिन ने सहसा जैसे इस ब्रह्मचारी सन्यास वेशधारी युवा को देखा और ठिठक कर बोली- "राम रे!"

पद्मपाद ने आंखें पनिहारिन के पांवों की ओर झुकाते हुए कहा- "कष्ट के लिये क्षमा चाहता हूं, श्रीमती देवी!...."

पनिहारिन ने माथे के बेड़े के भार को ग्रीवा की एक मरोड़ पर पुनः तोला और कहा- "हे राम! इस आयु में सन्यास! सखियों, देखो भी, यह-यह युवा सन्यासी! हे राम!...."

एक पनिहारिन ने अपनी घनीभूत अलकें निचौते हुए कहा- "वह तो नहीं जिसकी चर्चा नगर में आज कई दिवसों से हो रही है, बहन!"

एक और पनिहारिन ने कहा- "वही, वही। पथिक कहां से आ रहे हो?"

पद्मपाद ने कहा- "हिमालय से, देवी! यह हमारे गुरुदेव श्रीमद् शंकराचार्य हैं; भगवत् गोविन्द पाद के शिष्य-योगी, यती शंकर, श्रीमती!"

पनिहारिन टक आचार्य शंकर को देखती खड़ी रही। बड़े-घड़े पर छोटा घड़ा लसक-लरक कर स्थिर हो गया। तनिक विस्फारित, तनिक मुग्ध, तनिक अपलक देखते हुए पनिहारिन ने मानो स्वयं से कहा- "इनकी जननी कितनी कठोर हृदया होगी, जिसने इनको सन्यास लेने दिया।"

पद्मपाद ने कहा- "सात वर्ष की आयु में ही गुरुदेव ने सन्यास लिया था, श्रीमती! हमें मण्डन मिश्र के भवन जाना है। नगर रक्षकों ने हमें नगर के मार्गों से इन सूनी पगडन्डियों पर धकेल दिया है।"

एक पनिहारिन ने हंस कर कहा- "तुम जोगटे क्या जानो, सूनी पगडन्डी और पनघट को। वह मण्डन मिश्र? धुरन्धर विद्वान् है; परन्तु निरा बुद्धू है- सन्तान तो हुआ नहीं और पितृ-श्राद्ध कर रहे हैं आप! शशिकान्त के पिताश्री

कहते हैं, मिश्र जी सम से विषम, विषम से अन्यथा तथा अन्यथा से असाधारण हैं...."

अब आचार्य शंकर ने कहा- "अवश्य, मातुश्री! अवश्य। हम उन्हीं मण्डन मिश्र के भवन का पता पूछ रहे है...."

प्रौढ़ा पनिहारिन ने कहा- "मण्डन मिश्र के भवन का पता! यती, जिस भवन के द्वार पर रत्न खचित स्वर्ण-पिञ्जर में शुक और मैना टंगे हों और तुम जाओ तो पूछे- ईश्वर का प्रमाण क्या है...."

सहसा प्रथम पनिहारिन ने अपने रेशमी घाघरे की घहराते हुए सस्मित कहा- "तू नहीं कह पायेगी, मां! तू तो विवाह के गीत गाने में कुशल है और मृत्यु के अवसाद के शोक को व्यक्त करने की कला में तू मां! पारंगत है। यती, यह मेरी माता हंसने में उदार तथा रोने में सदैव कृपण रही है। मां मन्दिर का पता बता सकती है- उस पण्डितराज मण्डन मिश्र के भवन का पता अपने आप पता है। स्वर्ण पिञ्जरों में शुक और मैना अहर्निशि द्वार की दीर्घाओं में झूलते रहते हैं तथा रूपगर्विता भारती के नूपुर झनकते रहते हैं- हम जाती हैं, तो न जाने क्या-क्या पूछती हैं। जगत है अन्यथा नहीं- तुम क्या हो? मुझसे पूछा-बताओ तुम क्या हो! मैं क्या हूं; वे देखती नहीं है क्या देखती है; परन्तु विदुषी है; हमें मूर्ख प्रमाणित करना चाहती है- उन्हीं ने शुकों और मैनाओं को शिक्षित किया है, सन्यासी! अतः जिस स्वर्ण द्वार पर शुक और मेना यह पूछे; वेद वाक्य स्वतः प्रमाण है या परत प्रमाण है, फल देने वाला कर्म है अथवा ईश्वर, जगत ध्रुव है अथवा अध्रुव-वही, महामना मण्डन मिश्र का ओक है- भवन! सन्यासी? क्या यह जगत नहीं है? अध्रुव है? ईश्वर? है? वेद? क्या हैं वेद, यती!"

आचार्य शंकर ने हंस कर कहा- "मातुश्री! आभार; अब हम महामना मण्डन मिश्र के भवन शीघ्र ही पहुंच जायेंगे। करुणामयी, तुमको मेरे प्रणाम!"

पनिहारिन ने स्वयं ही स्तब्ध होते हुए कहा- "स्वतः प्रमाणम् परतः प्रमाणम्-कीराङ्गना यत्र गिरम् गिरन्ति; द्वारस्थ नीड़ान्तर संनिरुद्धा जानीहि तन्मण्डन पण्डितौकः।"

पद्मपाद- "धन्य श्रीमती! धन्य!...."

लजाते हुए पनिहारिन ने मुस्करा कर कहा- "मेरे उन्होंने यह श्लोक मुझे सिखाया है...."

पनघट पर पुनः नूपुर खनके; किंकणियां किणमी तथा केयूर हिले-हास्यों के उन्मुक्त उभार आकाश में लपके। आचार्य शंकर ने जलद गंभीर स्वर में कहा- "चिदाऽनंद रूपम् शिवोऽहम् शिवोऽहम्...."

मण्डन मिश्र ने यज्ञ में अन्तिम पूर्णाऽहुति दी और अपने अन्तःकरण के गहन में सुनाः चिदाऽनंद रूपम् शिवोऽहम्! शिवोऽहम्!" दूर-सुदूर किन्तु निकट, अत्यन्त पास-अन्तरंग के बाह्य में जैसे कोई तन्मय शीर्ण मन्द्र मुग्ध मधुर स्वर में पुकार रहा है; चिदाऽनन्द रूपम् शिवोऽहम्-शिवोऽहम्। आहुतियों के गहगहते हुए मन्त्र स्वयं ही इस असीम सी प्लुत मधुमय स्वयं मुग्ध शान्त ध्वनि में बिलाने लगे। मण्डन मिश्र को लगा, सभी सार्थक शब्द मातृका इसी एक चिदाऽनन्द धुन में डूब कर अर्थरहित शब्द धुनि हो गई। जैसे रूपयसि प्रत्येक पल इस गहन पुकार को सुनकर स्वयं ही सहम गई थी। मण्डन को लगा, उनके अन्तर पटल पर घुमड़ा हुआ अन्धकार सहसा जाग कर अचकचाने लगा है- भयभीत वह जैसे प्रकाश की किरण फूटने की आशंका से थर्रा रहा है। यज्ञवेदी, मानवों से भरा जगमगाता हुआ मण्डप आहूत अभिमंत्रित देव-सब जैसे सुदूर से गहगहती हुई स्वलीन पुकार में अदृश्य सा हो गया। मण्डन मिश्र ने सिर धुनाकर कहा- "कौन पुकार रहा है?" मण्डप में शत-सहस्त्र आंखें आश्चर्य चकित हुईं; मूक होठों पर प्रश्न उठ खड़ा हुआ- "कौन?" मण्डन मिश्र ने सभा को देखा जैसे वनराज अरण्य के अन्य पशुओं को देखता है। मण्डन को लगा, आज पण्डितों की यह मूर्तियां, वैभव का यह वितान तथा स्वयं के बुद्धि ऐश्वर्य की अगाध सी विपुलता उनको स्थिर, रक्षित तथा स्वयं विश्वस्त नहीं कर रही हैं- यज्ञ की शास्त्रोक्त, शास्त्र विहित, शास्त्र प्रणीत आहुतियों की पूर्णाऽहूति के पश्चात् वह जैसे देह में अस्थिर, मन में अस्थिर, बुद्धि में अस्थिर, चित्त में अस्थिर तथा केवल स्वयं के 'मैं' में स्तब्ध से हो गये हैं। "चिदाऽनन्द रूपम्! शिवोऽहम्-शिव हूं मैं चिदाऽनंद स्वरूप शिव मैं हूं। कौन है यह जो निर्लज्ज होकर पुकार रहा है। स्वयं को चिदाऽनन्द रूप कहकर जगत में पुकार करने वाला यह स्वात्म वञ्चक कौन है? कौन हो सकता है- कहीं, कहीं वह युवा यती शंकर तो नहीं? तब क्या अवरुद्ध मार्गों को पार कर वह इधर हमारे भवन की ओर आ रहा है?" नहीं। मण्डन मिश्र ने उपस्थित पण्डित मण्डली को घूर कर कहा- "पण्डितों! सुना? वह यती शंकर स्वयं को चिदाऽनंद स्वरूप शिव मानता है। शिव है, वह? नहीं द्वार बन्द हैं न? देखता हूं, बन्द द्वार होते हुए भी वह हमारे निकट कैसे आ सकता है? रोको, रोको उसे। हम सन्यासी की छाया को भी देखना नहीं चाहते। जगत को मिथ्या तथा जीवन को भ्रान्ति कहने वाले इन पवित्र पापियों से यह धरती दुःखी हो गई है, साथियों!"

यज्ञ की अन्तिम आहुति से संक्रान्त अग्नि-ज्वालायें तनिक जैसे कांपी। उनके मन्थर स्वर्ण लोहित प्रकाश में उपस्थित पण्डितों की छबियां जलहलीं।

आहूत जैमिनी और बादरायण के अभिमंत्रित कीलित आकृतियां जैसे अन्तरिक्ष में उठ गईं। मण्डन मिश्र ने पुकार कर कहा- "महर्षे!"

जैमिनी की अभिनिवेशित आकृति जैसे मण्डन के मानस पटल पर प्रदीप्त हुई और पुनः चित्ताऽकाश के अथाह में अदृश्य हो गई- "मण्डन!"

मण्डन मिश्र ने बादरायण के कीलित आसन की ओर घूर कर कहा- "कृष्ण द्वैपायन! शास्त्रोक्त यज्ञ-कार्य क्या सन्यासी की छाया से यतो भ्रष्ट ततो भ्रष्ट हो जायगा? महर्षे! यह कैसा ऊहापोह है- सम्भ्रम, महर्षे!"

महर्षि बादरायण का अभिनिवेश मानो मण्डन के विस्फारित नयनों में ही बिखर गया-छितर गया।

मण्डन मिश्र ने पांव पटक कर कहा- "सन्यासी के लिये हमारे द्वार बन्द हैं। हम मिथ्या वादी वेदान्तियों से वार्ताऽलाप नहीं करते। पण्डितों, आप सब यह जानते हैं- इसीलिये हमने अपने भवन के द्वार आरम्भ से बन्द रखे हैं। हमारे भवन में न्याय, वैशेषिक, सांख्य, वार्तक तथा जगत एवं जीव के विषय में उन्मुक्त चिन्तन करने वाला ही प्रवेश पा सकता है। भारती, तुम चुप क्यों हो?"

भारती ने मानो जाग कर कहा- "मैं सुन रही हूं- ऐसा लगता है, आकाश का मौन भंग होकर रहेगा। आर्य पुत्र, मनीषी क्या शून्य के भूतों से भय खाता है- मण्डन मिश्र के द्वार विश्व धृष्ट विद्वानों के लिये बन्द कब थे? मनीषी मण्डन मिश्र को संसार भर के विद्वानों तथा साधकों को सुनना ही चाहिये- मुझे विश्वास है मौन मण्डन उस संशयात्मा को सहज ही समझा देंगे, ज्ञात करवा देंगे।...."

"भारती! मैं उस मिथ्यावादी वेदान्ती को क्या समझाऊँगा?" मण्डन मिश्र ने सिर धुना कर कहा- "जो असत्य को सत्य और सत्य को असत्य मानता है...."

सहसा बन्द द्वार को भेद कर ज्योति की किरणें प्रकट होने लगीं: उन किरणों की घनीभूत छबि से ध्वनि गहगहने लगी- "चिन्दाऽनन्द रूपम् शिवोऽहम् शिवोऽहम्।"

अवाक् विस्फारित चकित मण्डन मिश्र ने बन्द द्वार को पैर कर चले आते हुए आचार्य शंकर को देखा- न देखा तथा अन्ततोगत्वा देखा। विजड़ित मण्डन मिश्र ने चीत्कार कर कहा- "कौन? तुम?"

आचार्य शंकर सदेह स्थिर होते हुए बोले- "हां, मैं आचार्य शंकर, मिश्र मण्डन!"

"मिश्र मण्डन? तुम मुण्डी!" सकपका कर अवाक् से मण्डन मिश्र ने कहा- "कुतो मुण्डी?"

महर्षि जैमिनी के आहूत आसन की ओर विनीत प्रणाम करते हुए आचार्य शंकर हंस दिये- "आकाश से और कहां से?'

मण्डन मिश्र को लगा, समक्ष का दृश्य वास्तविक है; कुछ स्थिर होते हुए उन्होंने पुनः पूछा- "कुतो मुण्डी? कहां तक?'

महर्षि बादरायण के कीलित आसन की ओर प्रणाम करते हुए आचार्य ने कहा- "गले तक मुण्डी हूं, मिश्र मण्डन!"

मण्डन मिश्र ने स्तब्ध चित्र-लिखित सी ख्यात-पण्डित-मण्डली की ओर देखा; तनिक घूरा और जैसे समर्थन प्राप्त करना चाहते हों, यों प्लुत स्वर में पूछा- "मुण्डी! हम तुमसे तेरे मार्ग के विषय में पूछ रहे हैं- आकाश मार्ग से तू आया है? तू मुण्डी कहीं का।"

आचार्य शंकर ने शान्त जलद गम्भीर स्वर में कहा- 'मिश्र मण्डन! मेरे मार्ग के विषय में पूछ रहे हैं, आपश्री? तो कहिये, मार्ग ने क्या उत्तर दिया?"

पण्डित मण्डली में दबा भीत हास्य कुछ मुक्त होकर हुमुसा। आचार्य शंकर ने जैसे झिलमिले झीने आवरण के बाहर आ गये हों, यों स्पष्ट और अचूक दृष्ट होते हुए बोले- "आपश्री ने मार्ग से ही तो पूछा है। मार्ग से ही उत्तर मांगिये, महाशय। हम जगत विषयक उत्तर सहज ही नहीं प्रदान करते, मिश्र मण्डन!"

मण्डन मिश्र ने तनिक चीत्कार पूर्वक क्रोध से कांपते हुए कहा- "मार्ग ने हमें उत्तर दिया कि तेरी माता मुण्डी है; सुना!"

आचार्य शंकर ने प्रसन्न हास्य पूर्वक कहा- "यथार्थ है, भवान्! आपश्री ने ही मार्ग से पूछा है; अतः मार्ग ने आपश्री के लिये ही उत्तर दिया है। मैंने मार्ग से पूछा कब था? मैं तो जगत से नहीं पूछता; मैं जीव से नहीं पूछता- मिश्र मण्डन! मैं आपश्री का प्रश्न आपश्री के लिये ही मानता हूं- जगत के प्रश्न जगत के लिये ही होते हैं- उत्तर भी जगत के लिये ही होते है।"

मण्डन मिश्र ने आग बबूला होते हुए कहा- "मार्ग ने मुझे कहा है कि तेरी मां मुण्डी है, सुना!"

"आपश्री की माता, क्या?" आचार्य शंकर ने हंसकर कहा- "शान्त हो जाओ, मण्डन मिश्र! जननी कभी मुण्डी हुई है क्या? क्या मीमांसक धुरन्धर विद्वान मण्डन अपनी जनेता को मुण्डी मानेंगे? स्वीकार करेंगे?"

मण्डन जैमिश्र आचार्य शंकर की ओर धंसे; भारती ने तपाक से बीच ही में रोका- "आचार्य पुत्र!"

मण्डन मिश्र ने झटके से हाथ छुड़ाते हुए कहा- "क्या तुमने सुरा पी रखी है- अवश्य, पण्डितों! इस मुण्डी सन्यासी ने सुरा पी रखी है- तभी यह उल्टी-

सीधी बातें बघार रहा है। हम कहते हैं, इसने पीत सुरा चढ़ा रखी है- पीत सुरा, सुना आप लोगों ने?"

आचार्य शंकर ने तनिक उत्ताल हास्य के साथ कहा- "सुरा श्वेत होती है, पीली नहीं, मिश्र मण्डन!"

मण्डन मिश्र ने सहसा ठहका मार कर कहा- "वाह मुण्डी! तुम तो सुरा का रंग भी जानते हो!"

आचार्य शंकर ने हंसते हुए उत्तर दिया- "मैं सुरा का रंग जानता हूं; रस नहीं। ऐसा प्रतीत होता है, आपश्री सुरा का रंग और रस दोनों को जानते हैं। जगत की मदिरा का दर्शन मैंने किया है; जगत के रस का स्वाद मैं नहीं जानता, महाशय!"

मण्डन मिश्र ने दहाड़ कर कहा- "विषैले बाणों से मारे गये हिरण का कलज्ज खाकर प्रकट हुआ है क्या? उल्टी-सीधी बहकी बातें बन्द कर मुण्डी! प्रमत्त!"

आचार्य ने उत्ताल मुखर हास्य पूर्वक कहा- यथार्थ! मिश्र मण्डन! पिता के समान ही आप श्री से उत्पन्न पुत्र कलज्जी होता है। शास्त्र ने क्या नहीं कहा- कलज्ज न भक्षयेत्?"

मण्डन मिश्र ने रोष पूर्ण घृणा से मुंह बिचकाते हुए कहा- "दुर्बुद्धे! तुम गदर्भ भी ढो नहीं सके उतना भारी कन्था ढो रहे हो- क्या शिखा-सूत्र इस कन्था से भी भारी थे, जो उनको तूने काट डाला है?"

आचार्य शंकर ने तनिक गम्भीरता पूर्वक कहा- "गृहस्थों के द्वारा दुःख पूर्वक जगत की कन्था ढोई जाती है, मण्डन मिश्र! आपके पिताजी गृहस्थ थे; अतः उनके द्वारा दुःख से ढोई जाने वाली यह कन्था मैं भी ढो रहा हूं- देह मैं हूं; जगत और भव की कन्था ढोनी ही पड़ती है, महाशय! शिखा-सूत्र? श्रुति सन्यासी को शिखा सूत्र त्यागने का उपदेश देती है। शिखा सूत्र ब्रह्मचारियों, गृहस्थों और वानप्रस्थियों के लिये है- यह अन्तःकरण का अज्ञान जनित भार है, मिश्र मण्डन! ब्रह्म-निष्ठ सभी भार उतार फैंकता है। अनेकत्व के अध्यासों से भारी जगत का यह भव भार सन्यासी को छूता तक नहीं।"

मण्डन मिश्र ने ठक् खड़ी चित्रोऽपम भारती की ओर देखा और कहा- "गृहस्थ के धारण, भरण और पोषण में असमर्थ तुम मुण्डी! धर्म पत्नी विहीन जगत के भगौड़े तथा भव संसार के कातर प्राणी! शिष्यों तथा पुस्तकों के भार को छाती पर लादे फिरते हो- यही, यही क्या तुम्हारी ब्रह्म-निष्ठा है? गृहस्थ के लिये नपुंसक तुम, मुण्डी! क्या यही योग्य ब्रह्म निष्ठा है? सुना, यह पाखण्डी

सन्यासी, जगत को नहीं जानता; भव संसार से भयभीत यह एक दयनीय मानव-जन्तु है, पण्डितों!"

भारती ने सहसा चिहुंक कर कहा- "मण्डन, आर्य!"

"चुप रह, भारती!" मण्डन मिश्र ने क्रोध से कांपते हुए कहा- "यह मुण्डी भव संसार को सह नहीं सकते- यह जगत को जान नहीं सकते। यह षंढ मूर्ख ज्ञान की बातें बघारते हुए जनपदों में भिक्षाsटन करते रहते हैं- इस धरती पर स्वस्थ्य, संयमित, शिष्ट और सुष्ठ मानव गृहस्थ ही है, प्रिये!"

आचार्य शंकर से हंसकर कहा- "गुरु सेवा आपसे नहीं हो सकी। आलस्य, महाशय मण्डन! इसलिये आपश्री गुरुकुल से अपने घर लौट आये और अब स्त्री की सेवा में लगे हुए हैं। गृहस्थ? गृहस्थ जीवन रति का कामुक स्त्री-सेवी मात्र है। यही क्या आपश्री की कर्म-निष्ठा है? काल वीतराग करता है; कर्म अन्ततोगत्वा ज्ञान देता है, मण्डन मिश्र!"

मण्डन ने गर्ज कर कहा- "स्त्री से घृणा करने वाले नपुंसक मुण्डी! क्या तू ने स्त्री के चिरन्तन गर्भ में निवास नहीं किया?, मूख! स्त्री ने ही तेरा जनन, भरण-पोषण किया है। यह भव-संसार स्त्री की ही मंगलमय कृति है। स्त्री न हो तो जन्म न हो। इस जगत का जीवन स्त्रीमय है। उस शाश्वत नारी की निन्दा करते हुए तुझे लाज नहीं आती? सचमुच, तू बड़ा कृतघ्न है। स्त्री से बचकर क्या जीया जा सकता है? स्त्री को छोड़कर एक भी विद्या प्राप्त की जा सकती है? स्त्री अनादि जननी है, सुना!"

आचार्य शंकर ने कहा- "सुन लिया। जिस स्त्री का आपने दूध पीया तथा जिसकी योनि से आप उत्पन्न हुये हैं, उसी पुण्यभृता मंगलमयी नारी को पत्नी बनाकर आप पशु के समान उससे रमण करते हो? क्या यह जीवन के प्रति निर्लज्जता नहीं है? जगत को देखकर जगत की कर्म व्यवस्था करने वाले आचार्य क्या इतना नहीं जान सकते, कि जो सर्वान्त में जननी है, उस मंगल मूर्ति नारी से पशुवत् मैथुन नहीं किया जा सकता? मंगलमय कर्म तो वत्सल कर्म है-रमणीय कर्म है क्या?"

मण्डन ने आघात खाकर कहा- "यह सृष्टि क्या मैथुनी सृष्टि नहीं है? रमणी ही सन्तानोत्पत्ति करने पर जननी कही जाती है। भवसंसार का यह अति सामान्य ज्ञान भी तुझे नहीं है, यति! जो ब्रह्मचारी गृहस्थ नहीं बनता, वह वानप्रस्थ भी नहीं हो सकता। तब तुमने यत्न पूर्वक तीनों श्रौत अग्नियों को अपने घर से दूर कर दिया है- तुमने जब सन्यास ग्रहण किया तब जीवन

की, भव-संसार की इन शाश्वत अग्नियों को बुझा दिया। तुमको इन्द्र हत्या का पातक लगना चाहिये, मुण्डी! वीर हत्या!"

आचार्य शंकर ने त्राटक पूर्वक मण्डन मिश्र को घूरा और कहा- "आपश्री आत्म हत्या करने वाले पशु गृहस्थ हैं, क्योंकि आपने परम ब्रह्म को जाना ही नहीं है- जानने का प्रयास तक नहीं किया। मानव का ही यह एकान्त अटल कर्त्तव्य है कि वह जगत को त्यागे; भव-संसार से छूटे और ब्रह्म को जाने-पहिचाने; ब्रह्म-ज्ञान प्राप्त करे। मानव को ही आत्मा को जानना है, मण्डन मिश्र!"

मण्डन मिश्र ने चिल्ला कर कहा- "हमारे द्वारपालों की आंख चुरा कर तुम चोर की भांति हमारे भवन के अन्तरंग में घुस आये हो- बोलो।"

आचार्य शंकर ने कहा- "हमें जगत का रूप नहीं अटकाता; हमें भव संसार का नाम नहीं भटकाता। हम चिदाऽनन्द स्वरूप धरती की स्मृति और आकाश का स्वप्न हैं। हम जीवन के भिक्षुक हैं- दस्यु नहीं हैं। यह तो कहिये, महाशय! भिक्षुक को बिना दिये आप चोर की भांति घर के द्वार बन्द कर अन्न क्यों खाया करते हैं? सद् गृहस्थ भिक्षुक, सन्यासी तथा ब्रह्मचारी गौ, श्वान तथा काक को पहिले अन्न दान करता है- तब फिर प्रभु को समर्पित कर अन्न ग्रहण करता है। मीमांसा मनीषी! क्या गृहस्थ के इस अनिवार्य वैदिक कर्त्तव्य को आप नहीं जानते?"

मण्डन मिश्र ने हत्प्रभ होते हुए कहा- "मैं कर्मस्थ हूं; श्राद्ध विनीत हूं। इस समय तुमसे, एक षंढ़ मूर्ख से सम्भाषण करना नहीं चाहता।"

आचार्य शंकर- "संभाष्योऽहम् कहिये, मण्डन मिश्र! मनमानी सन्धि कर विसर्ग लोप द्वारा यति भंग क्यों कर रहे हैं, आप? कहिये, कौन मूर्ख है- मैं अथवा आपश्री?"

मण्डन मिश्र ने सहसा उत्ताल हास्य के साथ कहा- "हम यति को भंग करने में ही लगे हुए हैं- यति को पराजित कर उसको इस पृथिवी से विदा देना ही हमारी प्रतिभा का उदात्त कार्य है। अतः यती! हमें यति भंग नहीं होता- और नहीं होगा।"

आचार्य शंकर ने हंसकर कहा- "यति भंग से यह तात्पर्य क्यों स्वीकार नहीं करते आप कि यति से पराभव है जिसका? यति द्वारा ही जीवन का मोह टूटता है; जगत का भ्रम यति ही बिला देता है- यदि ज्ञान का स्वयं प्रकाश है मण्डन मिश्र!"

मण्डन मिश्र ने व्यंग पूर्वक हंस कर कहा। "कहां वह तथाकथित ब्रह्म और कहां का आज का यह कलियुगी मूर्ख! क्या तुम नहीं जानते की कलियुग में सन्यास वर्जित है? जानते हो तुम यह मुण्डी! किन्तु रसीले मिष्ट भोजन की इच्छा से ही तुमने यह सन्यासियों का वेश धारण कर रखा है।"

आचार्य शंकर ने शान्त अगाध दृष्टि से मण्डन मिश्र को सिर से पांव तक देखा और कहा- "दुराचारी स्वर्ग की वार्ता करेगा क्या? कलियुग में अग्निहोत्र निभ नहीं सकता; दुराचारी को स्वर्ग मिल नहीं सकता गृहस्थ का वैदिक धर्म भी इस कलिकाल में क्या निभ सकता है? नहीं। तब क्या आपश्री ने मैथुन की इच्छा से ही यह गृहस्थ वेष धारण कर रखा है?"

मण्डन मिश्र ने धंस कर आचार्य शंकर पर प्रहार करने के लिये हाथ उठाया; भारती ने त्वरा पूर्वक तपाक से उठे हुए हाथ को थामते हुए चीत्कार पूर्वक कहा- "शान्त, थमो। आर्य पुत्र! कलयुग में वेष का ही सम्मान होता है। यती शंकर के वेश का सम्मान करो। आचार्य शंकर, गृहस्थ का वेश ही हैं। तब भी सनातन वैदिक वर्णाऽश्रम धर्म को सृष्टि का धर्म मानने वाले सन्यासी उस वेश का आदर करता है। भिक्षुक सन्यासी क्या पशु गृहस्थ के द्वार पर भिक्षाऽटन करने जाता है? नहीं, यति शंकर। नहीं। सन्यासी के लिये सभी वेश आदरणीय हैं..."

आचार्य शंकर- "और गृहस्थ के लिये, श्रीमती?"

भारती ने कहा- "गृहस्थ के लिये ब्रह्मचारी स्वागतेय है, वानप्रस्थी आदरणीय है और सन्यासी पूजनीय हैं...."

"भारती!" मण्डन मिश्र ने उत्ताल स्वर में कहा।

भारती की बड़री अंखियों में ब्राह्म मुहूर्त की ज्योति झबकी; उसने कहा- "जगत के सभी रूप क्या आदरणीय नहीं हैं, आर्य! भवसंसार के सभी नाम-वेश क्या पूजनीय नहीं हैं? हैं।"

मण्डन मिश्र ने महर्षि जैमिनी के आहूत कीलित अभिमंत्रित आसन को पुकार कर कहा- "यह स्त्री, भारती, क्या कह रही है, महर्ष! क्या इस कलिकाल में आडम्बर का सम्मान करना होगा? असत्य को सत्य की भ्रान्ति मानकर चलना होगा? कलिकाल संदेह का काल है, प्रश्न का घोर समय है- उत्तर कहां है इस मूढ आडम्बर-आवरण का? हम सत्य-निरा शुद्ध सत्य ही चाहते हैं- चाहते रहे हैं।"

महर्षि जैमिनी के आहूत आसन पर मानो एक अतीन्द्रिय आकृति जलहली; बोली- "कलिकाल निस्संदेह भ्रान्तियों का मायावी उभार है, मण्डन मिश्र! सत्य?

सत्य ही चाहते हो? तो इस युवा सन्यासी का शीलपूर्वक स्वागत करो। क्या यह देह एक वेश नहीं है? आडम्बर नहीं है..."

"नहीं।" मण्डन मिश्र ने स्वयं ही झुंझला कर स्वयं से ही कहा- "यह काल सत्य की ही अभिव्यक्ति है- यह देह वास्तविकता है; यथार्थ है- यह जगत रूपों की रंगभूमि है; नामो के सम्बोधों का चैतन्य संगीत है। भारती, कुछ कहती क्यों नहीं! क्या करूं? इस मुण्डी सन्यासी को धक्के देकर अपने निवास से निष्कासित क्यों न कर दूं- बोलो?"

भारती ने विस्फारित नयनों से अपने पति को देखा; हठात् कहा- "मनीषी किसी का विरोधी नहीं होता; विद्वान विरोधी कब हुआ है, आर्य पुत्र? विद्वान मनीषी वह है जो षंढ़ मूर्ख का भी आदर करे और वह चाहे तो उससे वार्तालाप करे। विद्या अहम्हीन बुद्धि चेतना ही तो है। मनीषी मण्डन मिश्र क्या युवा यती का अपमान कर स्वयं जगत में एक क्षण के लिये भी प्रतिष्ठित कर सकेंगे?"

मण्डन मिश्र ने शान्ति पूर्वक असंग से खड़े हुए आचार्य शंकर को तीव्र दृष्टि से घूरा- "यती, तुम सब घने अंधेरे मेघ की भांति सहसा उमड़ आये हो- अवश्य, मैं तुमको स्वप्न में भी देखना नहीं चाहता था- मैं तुमको प्रलयों तक महाप्रलय के निगूढ़ मौन अर्णव में भी मिलना नहीं चाहता था.."

आचार्य शंकर ने सस्मित पूछा- "क्यों सम्मानीय?"

मण्डन मिश्र के गहन में जैसे बिजली कड़की- "क्यों? हमारी इच्छा; हमारा संकल्प! जगत और भव-संसार विरोधियों से हमारी नहीं पटती। तुम मिथ्यावादी मायावी वेदान्ती इस भव्य-दिव्य अति सुन्दर सुघड़ सृष्टि के शत्रु हो। तुम लोग मानव योनि के वैरी हो। तुम प्रेत हो-प्रेत! सृष्टि नहीं है- विश्व नहीं है- जगत और भव जीवन नहीं है। है तो भ्रान्ति है; माया है- मिथ्या है। तुमने कभी सोचा, इस अन्धकार तथा प्रकाश के अविराम संघर्ष के मृत्यु लोक में शाश्वत जीवात्मा सदैव मूक है; हठात् और अवाक् है। तुमने सोचा कभी, जीवन सुख की कभी तृप्त नहीं होने वाली कर्म की विज्ञान घन गतिविधि है। यह लोकालय समग्र जीवन के पुरुषार्थ की धर्म भूमि है। युवा यती! यह जगत स्वप्न नहीं है; ठोस यथार्थ है, यह जीवन नित्य ही प्रदीप्त स्मृति है- सोचा कभी?"

आचार्य शंकर ने तनिक हंसकर कहा- "सोचा तो। और इसीलिये भट्टपाद की चिता की साक्षी से संकल्प कर आपश्री से वार्ता के लिये बिना बुलाये चला आया हूं।"

"भट्टपाद ने कहा था न कि मण्डन मिश्र को हराओ।" मण्डन मिश्र ने गर्ज कर कहा- "गुरुदेव हमें पराजित नहीं कर सके। भट्टपाद ने सृष्टि की काल-धारा

को देखा; पदार्थों का दर्शन किया; द्रव्यों का विश्लेषण किया एवं कर्म की गति-विधि को बन्धनीय ही माना। गुरुदेव सृष्टि के विज्ञान को पेख सके, सृष्टि के सत्य को नहीं-जीवन के मंगल सौन्दर्य का गुरुदेव को अन्तिम स्वांस तक पता नहीं चला। चला क्या, यती?"

आचार्य शंकर ने कहा- "अग्नि ज्वालाओं को अपना पञ्च भौतिक देह समर्पित कर भट्टपाद ने निस्संदेह सृष्टि के सत्य का पता पा लिया है। भव जीवन यापन का सुखद अथवा दुखद मिश्रित अनुभव है किन्तु देहाऽवसान सत्य का प्रथम स्पर्श है, मिश्र मण्डन! भट्टपाद स्वयं ही समग्र सृष्टि का सम्पूर्ण सत्य हैं- वह थे तब भी थे और आज नहीं हैं तब भी हैं...."

सहसा मण्डन मिश्र ने ठहाका मार कर महर्षि वेद व्यास के आहूत आसन से कहा- "सुना, महर्षे? यह यती क्या कह रहा है? रमणीय वाग्जाल में हमें फंसाना चाहता है? यती, हम तुम्हारे वाग्जाल में नहीं बंधेंगे- हम तर्क की रमणीयता जानते हैं; बुद्धिमता के मद को पहिचानते हैं। हम जाग्रत शाश्वत अहम् के नित्य आलोक हैं, यती शंकर! यह मुण्डी, बादरायण, सुनते हैं?"

मण्डन मिश्र को लगा, महर्षि वेद व्यास के आहूत अभिमंत्रित आसन पर अदृश्य-दृश्य दिव्याऽकृति जगमगाने लगी है। चिरञ्जीवी वेद व्यास ने मानो मण्डन मिश्र के चित्त में मानस-नयनों के सामने लिखाः "आत्म तत्व को जानने और कहने वाले सन्यासी सभी एषणाओं से उपरान्त स्थित होते हैं। सन्यास जीवन अनासक्त इच्छाहीन शुद्ध और बुद्ध जीवन का उन्मुक्त चैतन्य है- उसका प्रत्येक आश्रमस्थ जीव को सम्मान करना ही चाहिये। मण्डन मिश्र, ब्रह्मचर्याश्रम में विद्याओं का तप द्वारा संग्रह किया जाता है- उनका शिक्षण-प्रशिक्षण प्राप्त किया जाता है। ब्रह्मचर्य जीवात्मा की चैतन्य शक्तियों की संस्कृति क्षमता पाने की एकाग्र और उत्साह पूर्ण अवस्था है। तुम यह जानते हो, मण्डन! गृहस्थ कामना पूर्ति का धर्म पूर्वक पुरुषार्थ हैः उत्पत्ति, स्थिति और उसकी निरन्तर पुष्टि, यही गृहस्थाश्रम का लक्ष्य है। क्या तुम स्वयं इसका अनुभव नहीं करते?" मण्डन मिश्र ने आचार्य शंकर को अनदेखे-देखते हुए स्वयं ही सिर हिलाया- "जानता हूं, बादरायण! जानता हूं,।" मण्डन के गहन में जैसे अन्तर्ध्वनि उठी- "वानप्रस्थाऽश्रम व्यष्टि की समष्टि पूजा तथा सेवा का निस्पृह आश्रम है। गृहस्थ की आसक्त तथा आकुल स्मृतियों के शमन का आश्रम है। वानप्रस्थाऽश्रम में कर्म असंग होने लगता है। जीवन के अविराम द्वन्द्व में दोलित कुछ-कुछ अनुभूत कामनायें अपना सरस सौन्दर्य जैसे स्वयं ही त्यागने लगती हैं। स्वप्न चित्ताऽकाश में तैरते हुए डूबने लगते हैं- स्मृतियां सन्ध्या

के पंछियों की भांति अपने ही स्वप्न-नीड़ में सोने लगती हैं। वानप्रस्थ समाज की सेवा के लिये समर्पण है- निस्पृह सेवा के लिये व्यष्ठि तथा समष्ठि की आराधना है, मण्डन! वानप्रस्थ ही जीवात्मा को अविराम कर्म-प्रवाह का द्रष्टा बनाता है। जीवात्मा वानप्रस्थाऽश्रम में ही असंग और अनासक्त बनता है। गृहस्थाऽश्रम धर्म-कर्म की पुरुषार्थ-भूमि है, वानप्रस्थ धर्म के पूर्ण परिपालन की तपोभूमि है। आसक्त होने के लिये जन्म जो लेना पड़ता है, मण्डन! अनासक्त होने के लिये निस्पृह तथा असंग होना होता है- कर्म ही बांधता है; कर्म ही छोड़ता है- "मण्डन मिश्र ने शंकर को सिर से पांव तक देखा और कहा- "सुना, यती! वेद व्यास क्या आज्ञा कर रहे हैं? तुमको अतिथि विष्णु रूप मानूं! अतिथि देवो भवः। अच्छा!" मण्डन मिश्र अपने आसन पर जा बैठे; स्वयं ही बोले- "अच्छा!" आचमन कर मण्डन मिश्र ने यती शंकर को उद्बोधित करते हुए कहा- "यती अतिथि! शास्त्रज्ञ मण्डन मिश्र गृहस्थ धर्म को जानता है। कुछ भी तुम हो; हम तुम्हारा भिक्षा के लिये अपने द्वार पर स्वागत करते हैं। भिक्षा प्राप्त करो, यती! भारती, प्रिये! इस तथाकथित सन्यासी अतिथि को भिक्षा अर्पित करो।...."

आचार्य शंकर ने हंस कर कहा- "मैं अन्न की भिक्षा के लिये महाशय मण्डन मिश्र के द्वार पर उपस्थित नहीं हुआ हूं। माहिष्मती के धुरंधर मनीषी तत्व वेत्ता मण्डन मिश्र से क्या मैं केवल अन्न ही माँगूंगा? नहीं, नहीं, महोदय!"

"तब" मण्डन मिश्र ने तनिक झुंझला कर प्रश्न किया- "तुमको क्या चाहिये? तुमको धन चाहिये? ऐश्वर्य चाहिये- क्या चाहिये, यती!"....

"सत्य के लिये शास्त्रार्थ!" आचार्य शंकर ने कहा- "विद्या का जाड्यान्धकार मैं आपको बताना चाहता हूं; मिश्र जिन नयनों से आप जगत और जीवन को देख रहे हैं; पेख रहे हैं तथा काल के अविराम प्रवाह में डूबे हुए कर्म सौष्ठव का चिन्तन कर रहे हैं। मण्डन मिश्र! मैं आपको कालाऽतीत आत्म-वस्तु बताने के लिये आपके नयन उन्मीलित करना चाहता हूं।"

ठहका मार कर मण्डन मिश्र हंस उठे- "हमारे क्या कहा? नयन उन्मीलित करना चाहते हो, यती! तात्पर्य?"

"जगत को देखना बन्द करो; जीवन का धर्म चिन्तन समाप्त करो- आत्मा की ओर मुड़ो; आत्मा को देखो, मण्डन मिश्र!"

मण्डन मिश्र ने चिहुंकते हुए पुनः ठहका मारा- "सुना, भारती! प्रिये! यह अतिथि यती क्या कह रहा है? तुम्हे न देखूं और देखूं इस आकाश को? यती, आप जिसको आत्म वस्तु कहते हैं, वह है भी? शताब्दियां बीत गईं, बीत रही

हैं, आचार्य शंकर! इस पृथिवी पर प्राणी उत्पन्न होते आ रहे हैं; जीते जा रहे हैं- मरते रहे हैं और पुनः जीने के लिये जन्म धारण करते रहते हैं- क्या यही आपका आत्म तत्व है? आत्मा सक्रिय इच्छाहीन निवीर्य मस्तिष्क की मूक सूझ मात्र है। हम स्वयं को जानते हैं; जगत को जानते हैं- कर्म को मानते हैं। क्या यह यथेष्ट नहीं है? जीने से बढ़कर और क्या है, यती?"

"मृत्यु!" आचार्य शंकर ने जलद-गम्भीर स्वर में कहा।

"मृत्यु?" मण्डन मिश्र ने आघात खाते हुए कहा- "मृत्यु है- होगा; परन्तु पुनर्जन्म भी तो है। जब तक मैं शरीर धारण कर सकता हूं- कर्मानुसार देह मैं ले सकता हूं- लेता हूं तब तक मृत्यु की मुझको चिन्ता ही क्या है, यती! मैं मृत्यु के भय से जगत को नहीं देखता; मैं जीवन को भीति से नहीं देखता। जगत काल की रूपवान सुन्दर सुघड़ कृति है; जीवन विविध रसों का आस्वाद तथा जगत के ऐश्वर्यों के धर्म पूर्वक भोग का सन्तोष है- यह जीवन मेरे अहम् का उल्लास है; उमंग है- मेरी रूपवान चेतना का विलास है। तुम शास्त्रार्थ चाहते हो? मृत्यु को लेकर तुम व्यर्थ ही विवाद करना चाहत हो, यती!"

आचार्य शंकर ने कहा- "महाशय मण्डन मिश्र! जगत के अन्धकार को कब तक बिलौते रहोगे? कब तक रूपों की दग्ध आसक्ति में गड़े रहोगे? कब तक, मण्डन मिश्र! काल के फंसे और देश में अंटे रहोगे- मृत्यु ही जगत और जीवन का सार दर्शन है। काल का आदि दिखता नहीं; अन्त दिखता नहीं- जीवन की आसक्ति कभी तृप्त होती नहीं- यह रूपवान जगत प्रतिपल झबक कर अपने ही सौन्दर्य की अग्नि में जलता रहता-स्मृति महाशय मण्डन! स्मृति से मुक्त होकर अपने अथाह उपरान्त में देखो। विद्या बन्धन खोलती है; तप आसक्ति समाप्त करता है और उन्मीलित आंखों से कालाऽतीत सत्य का आभास मिलता है- अपनी सीमा त्यागो, मण्डन मिश्र! अपने असीम विराट् में प्रवेश करो।"

मण्डन मिश्र ने सिर धुनाते हुए कहा- "अच्छा? कवि प्रतीत होते हो। मेरी न सीम है और असीम है, यती!"

"इसी को लेकर तो मैं आपसे शास्त्रार्थ करने आया हूं।" आचार्य शंकर ने कहा- "मुझसे भागो मत। सन्यासी का विश्वास पूर्वक सामना करो; शास्त्रार्थ, मण्डन मिश्र!"

मण्डन मिश्र ने व्यंग पूर्वक हंसते हुए कहा- "यह ललकार है, यती!"

"नहीं; यह पुकार है, मण्डन मिश्र!" आचार्य शंकर ने शान्त जलद-गंभीर स्वर में कहा- "आप धर्म को जो दिशा देना चाहते हैं, कर्म की विधि को जिस प्रकार संशोधित करना चाहते हैं, उससे इस पृथिवी पर मानव क्रमशः धर्म रहित

होता जायगा। मानव को जीवन सौन्दर्य दिखाइये, मिश्र मण्डन! किन्तु जीवन के मोह में मत डुबाइये! मानव-जन्म वैराग्य प्राप्ति के लिये है; और अतः आत्म चिन्तन के लिये है। सभी विद्यायें अज्ञान के अन्ध कूपों के मूक जल हैं; सभी शास्त्र काल के बन्धन तथा देश के कारागार हैं। मानव को मुक्ति प्राप्त करनी ही है, मिश्र मण्डन! अविराम अनन्त दिखता है; है नहीं, महाशय!"

मण्डन मिश्र ने सहसा कहा- "शास्त्रार्थ स्वीकार है।"

पण्डितों और विद्वानों की स्तब्ध मण्डली अवाक् हो गई; भारती सिहर उठी तथा मण्डन मिश्र ने विजय गर्व से सभी को घूरा! मण्डन मिश्र ने युवा यती से शास्त्रार्थ करना स्वीकार कर लिया है- यह समाचार माहिष्मती में अघटन घटना की भांति फैल गया। कर्म काण्डियों की प्रत्येक वीथि मानो हमहमा गई। मण्डन मिश्र एक युवा सन्यासी से शास्त्रार्थ करेंगे- आश्चर्य है। सात वर्ष की आयु में दुराग्रह पूर्वक सन्यासी वेश धारण करने वाला यह बाल-सन्यासी आज नव युवक ही तो है। भगवत् गोविन्द पाद का दीक्षित शिष्य हुआ तो क्या हुआ? शास्त्र की मर्यादा को भंग कर यह शंकर यती हुआ है। प्रतिभा पयोनिधि है, तो क्या हुआ? वैदिक वर्णाश्रम धर्म की प्रत्येक परिपाटी एवं परम्परा की निर्मम हत्या करने वाला यह आकर्षक युवा एक अकथनीय वार्ता है; अनन्त चर्चा है। इसने प्रत्येक सम्प्रदाय से झगड़ा मोल लिया है; प्रत्येक पूजा, साधना और आराधना की आमन्याओं को तोड़ कर यह स्वयं को सच्चिदाऽनंद शिव कहता है। आश्चर्य है, कुमारिल्ल भट्ट बौद्धों के सामने नहीं झुके; जिनियों की ओर नहीं मुड़े। कौलों, शाक्तों, क्षपणकों, वैष्णवों, गाणपत्यों तथा न्याय वैशेषिकियों, सांख्यों तथा परम्परागत तत्ववेत्ताओं से जिस भट्टपाद ने सदैव ही जाग्रत प्रश्न किया, जिस भट्टपाद ने पदार्थों और उनके गुण-धर्मों एवं द्रव्यों को अज्ञान के अंधेरे से उबार कर ज्ञान की ज्योतियां बना दिया, उस भट्टपाद ने इस नव युवा यती को चिता पर बैठे हुए भी प्रणाम किया। आश्चर्य, महा आश्चर्य! क्या कहना चाहता है, यह युवा यती? क्या सिद्ध करना चाहता है यह युवा सन्यासी? शान्त, अगाध, सुन्दर और सुघड़ यह देहधारी क्या विद्याओं का वारिधि है? सन्यासी हो गया है तो क्या हुआ- सन्यासियों की क्या आज भारत वर्ष में कमी है? भारत के जनपदों की पगडन्डियां और मार्ग भिक्षुकों तथा सन्यासियों से भरे पड़े हैं- भारतवर्ष की प्रत्येक दिशा अन्धकार में समते हुए इन जीवित भूतों के गर्जन-तर्जनों से भरी हुई है। तब यह युवा यती माहिष्मती के आर्य ब्राह्मणत्व की समूची महिमा को ही ललकारने आया है। मनीषी मण्डन को यह यकायक क्या हो गया- जैसे कोई बिजली कड़क कर समुद्र में गिर पड़ी, यों महाशय

कर्म-दृष्टा, भव-संसार वागीश मिश्र मण्डन जैसे सहसा निरुत्तर हो गये; हार गये- इस सन्यासी के अगाध मौन को पैर कर उसके विद्याऽहम् के शिखर पर अपना चरण नहीं धर सके। यह क्या हो रहा है- होने जा रहा है? माहिष्मती ने उत्तर मीमांसा की ज्योति जलाना प्रारंभ ही किया था कि यह धृष्ट यती शास्त्रार्थ के लिये आ पहुंचा। पण्डित परमानन्द सांख्य केसरी ने सहसा उठ खड़े होकर कहा- "सन्यासी को गृहस्थ मनीषी से शास्त्रार्थ करना चाहिये क्या? सन्यासी स्वयं से ही शास्त्रार्थ करे; ब्रह्यचारी गृहस्थ और वानप्रस्थ से शास्त्रार्थ वह क्यों करेगा, महोदय मण्डन मिश्र?"

मण्डन मिश्र ने शान्त स्थिर खड़े हुए आचार्य शंकर को हाथ लम्बा कर जैसे आकाश में ही इंगित किया- "महर्षि जैमिनी और महर्षि बादरायण की आज्ञा है, हम इस अतिथि का स्वागत करें। यह यती हमसे अन्न की भिक्षा नहीं चाहता- हमसे ज्ञान की भिक्षा ही चाहता है। मण्डन मिश्र इच्छाऽनुसार भिक्षा देने के लिये जगत प्रसिद्ध है। शान्त हो जाइये, बान्धवों! यह यती अपने कल्पित गौरव के शिखर पर पहुंच गया है- हमारे वाग्-बाणों से बिंध कर यह उस शिखर से नीचे गिरेगा। हम शास्त्रार्थ-सम्राट हैं। हम पूछते हैं, शास्त्रार्थ में हमसे कोई जीता है क्या? हमने काशी को निरुत्तर किया है, पण्डित मन्यो! शान्त हो जाओ। यती! तुम विद्या के सप्त सिन्धुओं के तलों को अपने हाथों में लेना चाहते हो? तुम विद्याओं के सिद्ध कौतुकों को असिद्ध करना चाहते हो- तुम किस शास्त्र को लेकर हमसे टकराना चाहते हो, भला?"

आचार्य शंकर ने सस्मित कहा- "शास्त्र मात्र-सभी शास्त्र, मिश्र मण्डन! हम आपसे समूचे और समग्र जाड्यांऽधकार के वांग्मय तथा तिमिरान्धकार को मिटाने वाली सभी विद्याओं तथा सभी कुछ जिसे हम शास्त्र मानते आये हैं- उस पर आपसे विवाद करना चाहते हैं। मैं आपश्री को शास्त्र से सत्य की ओर ले जाना चाहता हूं...."

"शास्त्र सत्य नहीं है?" मण्डन मिश्र ने पूछा।

"जो है, हो रहा है, होता जायगा, वह सत्य है क्या?" आचार्य शंकर ने पूछते हुए कहा- "मिश्र मण्डन, मैं आपसे सत्य का बोध चाहता हूं। शास्त्र क्या सत्य का विद्या मार्ग नहीं है? है, महाशय मण्डन!"

"शास्त्रार्थ का आपका तात्पर्य सत्य की शोध है?" मण्डन मिश्र ने पूछा।

"अवश्य, मेरा शास्त्रार्थ जगत की पराजय और आत्मा की जय के लिये ही होगा।" आचार्य शंकर ने कहा- "सत्य ही की जय होती है, मिश्र जी।"

मण्डन मिश्र ने दर्पपूर्वक कहा- "अब तक तब शास्त्रार्थों में सत्य की जय नहीं होती आई है क्या यती? शास्त्रार्थ की परिपाटी भारतीय समीक्षा और प्रमाण्य निष्कर्ष की सिद्ध तथा सम्माननीय परिपाटी है किन्तु स्वप्न में कातर और स्मृति में हीन बने रहने वाले सन्यासी को तर्क के युद्ध तथा प्रमाणों के अकाट्य स्थापत्य का क्या पता? भारत के शस्त्र जितने प्रसिद्ध एवं सिद्ध नहीं हैं; उतने, उससे भी कहीं अधिक भारत के शास्त्र प्रसिद्ध हैं- भारत में शस्त्र की प्रतिष्ठा कब हुई, सन्यासी! भारत भूमि शास्त्रों की महिमा तथा प्रतिष्ठा की महियसी भूमि है- हम शस्त्र ग्रहण नहीं करेंगे; शास्त्र ही ग्रहण करेंगे, समझे!"

आचार्य शंकर ने शान्तिपूर्वक अविचलित स्वर में कहा- "बर्बर, मूर्ख और उत्तेजित ही-निगड़ स्वार्थी- ही शस्त्र द्वारा निर्णय किया करते हैं। शास्त्रार्थ द्वारा समाज की प्रतिष्ठा तथा व्यक्ति की मर्यादा स्थापित करने वाला राष्ट्र ही मानव के निर्बाध हित का साधन कर सकता है। यह भ्रम है, महाशय मण्डन मिश्र की भव संसार के द्वन्द्वों के निर्णय शस्त्र द्वारा होते हैं- शास्त्रों ने ही सफल एवं धन्य जीवन की परम्परायें स्थापित की हैं, परिपाटियों की रचना की है। शास्त्र बुद्धि का प्रमाणभूत वैभव है। इसीलिये हमने आपसे शास्त्रार्थ की भिक्षा मांगी है।"

मण्डन ने हंस कर सहज ही पूछा- "शास्त्रार्थ की भिक्षा देने से हमने मना कब किया है, यती! हम मना करें भी तो यह भारती वैसा करने नहीं देगी। क्यों, प्रिये?"

भारती ने तनिक आगे आकर आचार्य शंकर को हाथ जोड़ कर नमस्कार किया और कहा- "मनीषी मण्डन मिश्र के द्वार पर शुक और मैना शास्त्रार्थ का निमंत्रण दिया करते हैं। आचार्य शंकर! हम बुद्धि के मद में नहीं, प्रमाण में मान कर चलते हैं। आर्य मण्डन मिश्र आपके साथ शास्त्रार्थ करेंगे, अवश्य करेंगे।"

"शास्त्रार्थ की प्रतिज्ञा?" मण्डन मिश्र ने प्लुत स्वर में पूछा- "हम पठित शास्त्र को लेकर वार्तालाप नहीं करते; हम अनुभूत शास्त्र के सिद्ध फलित को लेकर ही शास्त्रार्थ करते हैं। सुने और कहे हुए शास्त्र को हम नहीं मानेंगे, यती!"

आचार्य शंकर ने सस्मित कहा- "एवऽमस्तु। मैं भी सिद्ध शास्त्र स्वीकार करता हूं। मैं सुनी हुई विद्या का बुद्धि-विलासी नहीं हूं, महाशय मण्डन। मैं अनुभूत ज्ञान की वार्ता ही करता हूं, सिद्ध विद्या को ही मैं स्वीकार कर कहता हूं- सुनता हूं।"

"सफल विद्या और सिद्ध शास्त्र। स्वीकार हैं।" मण्डन मिश्र ने कहा- "सोच लो, सन्यासी। तुम बाल सन्यासी हो; युवा साधक हो। जीवन के अनुभव से हीन तुम बुद्धि के कुमार हो, यती। सोच लो।"

आचार्य शंकर ने कहा- "मैं बुद्धि का गृहस्थ और वानप्रस्थ न सही; मैं बुद्धि का द्रष्टा हूं मिश्र मण्डन मैंने जगत को देख लिया है; ठोक बजा कर देख लिया है। मैंने काल के अन्तराल को भांप लिया है। मैंने क्षितिजों की सीमायें माप ली हैं और सीमाओं के अनन्त को जान लिया है- इस चमकीले रंगीन अन्धकार के परे और पार मैंने अमृत-ज्योति का भास पा लिया है। मैं निर्भय हूं मिश्र मण्डन!"

"और क्या हम भयभीत हैं?" मण्डन मिश्र ने गर्ज कर पूछा।

"जीव सदैव भयभीत चेतना है, महाशय मण्डन!" आचार्य शंकर ने कहा- "भव संसार की चेतना भीति भरी है; जगत का भान शून्य के स्वप्न समान है, आशंकापूर्ण वह चित्त का सम्भ्रम है, मण्डन मिश्र! आप निर्भय कब हुए?"

"मैं ब्राह्मण हूं; मनीषी हूं- शास्त्रवेत्ता हूं; मैं निर्भय नहीं हूं तो और कौन निर्भय है?" मण्डन मिश्र ने पूछा- "हम विद्या की ज्योति लिये जीवन के भीति भरे अन्धेरों में अहर्निषि गमन करते हैं।"

"विद्या की शक्ति है, मण्डन मिश्र!" आचार्य शंकर ने कहा- "ज्योति केवल आत्मा की ही है।"

मण्डन मिश्र ने तीव्र उत्ताल स्वर में कहा- "फिर वही आत्मा? अच्छा तब आत्मा ही सही-तुम्हारा ब्रह्म ही सही। शास्त्रार्थ की मर्यादा?"

आचार्य शंकर- "यदि आप शास्त्रार्थ में पराजित होते हैं, तो सन्यास लेकर मेरे शिष्य होंगे...."

मण्डन मिश्र ने बीच ही में कहा- "और तुम पराजित हो गये तो?"

"तो हम सन्यास त्याग देंगे।" आचार्य शंकर ने कहा।

"सन्यास त्याग कर क्या बनोगे?" मण्डन मिश्र ने हंसते हुए पूछा- "गृहस्थ बनोगे?"

आचार्य शंकर ने कहा- "मैं जगत के जीव का स्वरूप धारण कर जगत के अन्धकार में विचरता रहूंगा। आपसे मैं पराजित हुआ तो उसका अर्थ आत्मा की पराजय का ही होगा।"

"सन्यासी कब जीतता है?" मण्डन मिश्र ने पूछा।

आचार्य शंकर ने हंस कर कहा- "और सन्यासी हारता भी कब है? मुझको आपकी प्रतिज्ञा स्वीकार है। क्या आपको मेरी शर्त स्वीकार है?"

"निःसंदेह स्वीकार है, यती शंकर!" मण्डन मिश्र ने कहा- "हम मूर्ख नहीं हैं; विद्वान हैं, आचार्य शंकर!"

"तथास्तु।" आचार्य शंकर ने कहा- "सत्य की जय हो। प्राणी मात्र का कल्याण हो; सृष्टि का मंगल हो।"

"अवश्य, अवश्य, यती!" मण्डन मिश्र ने कहा।

15

मण्डन मिश्र के विशाल भवन के उद्यान-प्रांगण में उपस्थित विद्वानों, मनीषियों तथा कर्म-काण्डियों के चित्र-विचित्र समूहों को मण्डन मिश्र ने गर्व पूर्वक देखा और कहा- "पण्डितों, शास्त्र वेत्ताओं! हमने यती आचार्य शंकर की हमसे शास्त्रार्थ की विनती स्वीकार की है। हम आर्य ब्राह्मण हैं; मीमांसक हैं- शास्त्रवेत्ता एवं धर्म व्यवस्थापक हैं। हम शस्त्र से बच सकते हैं; शास्त्रार्थ से नहीं। राष्ट्र शक्ति से चलता है; समाज विद्या से जीता है; जाति धर्म से पुष्ट होती है। इस भव-संसार का मानव जीवन मध्यस्थ केन्द्रीय जीवन-चेतना है, जिसकी प्रतिभा क्षमता और व्यवहार पर प्राणी मात्र का हित अवलम्बित है। इस मृत्युलोक में मानव ही प्राणी मात्र के कल्याण के लिये उत्तरदायी है- उत्तरदायी रहा है और सदैव रहेगा। मानव; पण्डितों, शास्त्रवेत्ताओं! मानव-प्रतिभा द्वारा ही सौन्दर्य, रस, अन्न और भेषज बनते हैं- मानव-बुद्धि ही यावत् जीवन की क्षमता उत्पन्न करती है। इसीलिये अपौरुषेय वेदों ने इस लोकालय में कर्म के लिये उत्साहित किया है; वैज्ञानिक पुरुषार्थ के लिये मानव को प्रेरित किया गया है। जीवन-विरुद्ध और विपरीत सृष्टि का सत्य और प्राणियों का चित्त नहीं है; जीवनाऽनुसार तथा जीवनाऽनुकूल समग्र जीवन-चेतना है। अपने विविध, विचित्र, रहस्यमय आश्चर्य चकित करने वाले सम्बोधों, सम्पर्कों तथा संवेदों में यावत् जीवन स्वयं ही अपनी सृष्टि है; अपनी संभृत कला है; सरस सुन्दरता एवं समग्र मंगलमयता है- हम यह आधारभूत सत्य इस यती को समझायेंगे। हम जगत तथा जीव एवं जीवन को ही मानते हैं; इनके इधर-उधर, विपरीत, विरुद्ध, उपरान्त सत्य की स्थिति हम नहीं मानते। यही मीमांसा का कर्म सन्देश है। पूर्व मीमांसा के जर्जर गलित हिंस्र कर्म अंत्येष्ठि कर हम व्यर्थ

और निराशाजनक मिथ्यावाद का श्राद्ध करना चाहते हैं- अन्त। मानव-बुद्धि से जीवन की भ्रान्ति मात्र को मिटा देना उत्तर मीमांसा का तात्पर्य है। हम कर्म को मुक्त, स्वाधीन एवं स्वयं चेत्ता करना चाहते हैं। इस यती का वेदान्त कर्म की जड़ें ही मानव-चेतना से मिटा देता है- जन्म सत्य है; यथार्थ है; विद्या एवं विज्ञान है, बान्धवों! मृत्यु नहीं। और यदि मृत्यु नहीं, तो मोक्ष नहीं है। हम इस युवा यती को सिद्ध कर बतायेंगे, वेदान्त के ब्रह्म का कोई प्रमाण नहीं है- वेदान्त का ब्रह्म एक कथन मात्र है; कथ्य मात्र-श्रुति! यती शंकर, तुमको क्या कहना है? तुम्हारी भूमिका? तुम्हारी प्रतिज्ञा?"

आचार्य शंकर ने कहा- "शास्त्रार्थ की आपश्री की प्रतिज्ञा मैंने सुन ली; जान ली। हमारी प्रतिज्ञा ब्रह्म सत्यम् जगन्न मिथ्या सर्वम् खलु इदम् ब्रह्म- अयमात्मा ब्रह्म-अहम् ब्रह्मास्मि है; तत् तत्वमसि। ब्रह्म-चैतन्य, महाशय! यह जगत न है; नहीं था; यह भव संसार न है; और नहीं था- यह जीवात्म भाव एक अज्ञान प्रणीत अध्यास भर है। आत्मा ही सत्य है; आत्मा ही चिद् है; आत्मा ही आनन्द है- ब्रह्म, मण्डन मिश्र! अध्यक्ष की स्थापना कीजिये, महाशय!"

"अवश्य, अवश्य!" उपस्थित सभा में ध्वनि गूंजी।

मण्डन मिश्र ने पूछा- "अध्यक्ष? क्यों?"

"इसलिये कि शास्त्रार्थ शास्त्र विहित है; शास्त्र की मर्यादा में रहकर हमें अनुभूत ज्ञान द्वारा तथा सहित ही अपनी अथातो ब्रह्म जिज्ञासा कहनी है; सुननी है। शास्त्रार्थ मनोरञ्जन के लिये विचार विमर्श भर नहीं है। शास्त्रार्थ के सत्य निष्कर्ष शास्त्रार्थियों को जीवन में उतारने होते हैं- उनका पालन करना होता है। इसीलिये तो मैंने शर्त बदी है; मैं हार जाऊँ तो सन्यास त्याग दूंगा, मिश्र जी! और आप हार जायें तो सन्यास ग्रहण कर मेरा शिष्य होना होगा। हमारा यह शास्त्रार्थ भारत-भूमि के ब्राह्मणत्व को नई महिमा दे, हमारे वैदिक वर्णाsश्रम धर्म को नई गरिमा दे तथा भारतीय समाज यावत् जीवन के कल्याण तथा मानव को परम सत्य प्राप्त करने के लिये ज्ञान प्राप्त हो, ऐसी मेरी कामना है, महाशय!!"

"हूं।" मण्डन मिश्र ने सहसा उठ कर मण्डप के पास खड़े होकर कहा- "सुना, यती शंकर क्या चाहते हैं? हमें सन्यास देना चाहते हैं। भारती, मेरे जीवित रहते हुए भी तुमको यह आचार्य विधवा कहलवाना चाहते हैं- यती शंकर, मुझे ऐसा लगता है, तुम विधि विडम्बना स्वरूप ही मेरे इस भव में उपस्थित हुए हो।....."

भारती ने चिहुंक कर कहा- "मण्डन!"

मण्डन मिश्र ने चिल्ला कर कहा- "यती शंकर! शास्त्रार्थ में हम तुमको पराजित करके रहेंगे। जगत और जीवन के सिद्ध, शुद्ध-बुद्ध, नित्य, निरन्तर ज्ञान के प्रकाश में तुम्हारे ब्रह्म का अज्ञान हम मिटा कर रहेंगे। अध्यक्ष, कौन अध्यक्ष बनना चाहता है? बोलो-"

सभा मण्डन में शान्त मूढ़ता व्याप्त हो गई।

अध्यक्ष? अध्यक्ष, अध्यक्ष-अध्यक्ष! शब्द-ध्वनि मानो प्रत्येक उपस्थित पण्डित के बधिर से कानों में टकरा कर मण्डन मिश्र के तत्पर कर्ण-कुहरों में घुस गई। 'अध्यक्ष' शब्द मानव कानों से टकरा कर स्वयं ही जैसे झुंझला उठा और गगन में झीम कर व्याप्त होने लगा। इस विचित्र परम्परा रहित परिपाटी से इधर-उधर शास्त्रार्थ का दृष्टा-अध्यक्ष कौन हो? कौन हो सकता है? जय-पराजय की शर्त सामान्यतया होती, तो अपनी निष्पक्षता में अजय विश्वासी दृष्टा अध्यक्ष बनने के लिये स्वयं को प्रस्तुत कर सकता था किन्तु यह स्थिति ही अन्यथा है; विचित्र है; पूर्वाग्रह से हीन व्यापक स्थिति है। एक युवा यती, सन्यासी है, दूसरा धुरन्धर तपस्वी और व्रती गृहस्थ है। हारने पर गृहस्थ को गृहस्थ त्यागना होगा-भव संसार से मुख मोड़ कर दण्ड-कमण्डल ग्रहण करना होगा। भारती, उभय भारती जैसी आदरणीय विदुषी महिला, प्रिय धर्म-पत्नी को त्यागना होगा। यह वैभवशाली भवन, रमणीय उद्यान, यह अबाधित प्रतिष्ठा छोड़नी होगी। माहिष्मती के महिमामय गौरव को यों सन्यासियों के विजन में जाना होगा। मण्डन मिश्र ने यह शर्त स्वीकार ही क्यों की? शास्त्रार्थ में क्या विद्वान हारते और जीतते नहीं आये हैं? परन्तु क्या किसी ने गृहस्थ और भावि वानप्रस्थ त्याग कर यों स्वयं को देह मृत स्वीकार किया है? शास्त्रार्थ के प्रमाणित निष्कर्ष को मानना होता है; परन्तु क्या सन्यास लेना आवश्यक है? नहीं, नहीं, नहीं। इस असाधारण परिस्थिति में इन दो सिरफिरों के शास्त्रार्थ का निष्पक्ष सन्दर्भ कौन कर सकता है? आग्रह और दुराग्रह से रहित निष्पक्ष न्याय कौन कर सकता है? यती शंकर को जीतना ही है, तो जीते-अपने बुद्धि-बल से जीते; तर्क की अकाट्य क्षमता से विजय प्राप्त करे-अनुभूत अभिनिश्चित प्रमाणों द्वारा शास्त्र विहित उत्कर्ष प्राप्त करे; परन्तु हारने पर सन्यास? नहीं। हार जाने पर यह यती गृहस्थाऽश्रम में प्रवेश करेगा क्या? करे भी तो इस यती को क्या हानि हो सकती है! बचपन की ऊनमानसिक निराशा से ही तो यह नव युवा सन्यासी मुक्त होगा। आचार्य शंकर गृहस्थ होकर भी आचार्य ही बने रहेंगे। गृहस्थ तथा वानप्रस्थ को विश्वासपूर्वक वैराग्य-मग्न होकर त्यागना सहज है; किन्तु क्या मण्डन मिश्र जैसे रसिक शिरोमणि मनीषी को शास्त्रार्थ

के अन्त में वैराग्य हो सकता है? असंभव! यों जगत के सुन्दर सम्मोह से क्या छूटा जा सकता है? भव-संसार के मोह से, काम से, मद से, मात्सर्य से-क्रोध से और लोभ से एक वीर व्रती प्राणवान विद्वान मनीषी उपरत हो सकता है? विद्या जीवन-सौन्दर्य और शक्ति को बढ़ाती है। विनयवती विद्या जीवन की सतत् उपलब्धियों द्वारा ही सफल होती है- विद्या जीवन के दायित्वों को भर पाकर तथा परस्पर के ऋणों को उतार कर धन्य होती है परन्तु क्या विद्या भव-संसार के त्याग की ओर ले जाती है? नहीं-विद्या से जगत का वैभव प्राप्त होता है; जीवन की अनन्त कामना का धर्मभृत संतोष मिलता है। विद्या से मुक्ति मिलती है क्या? ऐसा कुछ मनीषी कहते आये हैं; किन्तु योगियों के सिवाय मुक्ति किसे चाहिये? सन्यासियों के अलावा जीवित ही मृत्यु किसे चाहिये? ब्रह्म चाहिये इनको- तो क्या ब्रह्म गृहस्थ और वानप्रस्थ में नहीं मिलती। सन्तों और भक्तों ने क्या गृहस्थ एवं वानप्रस्थ में ब्रह्म नहीं पाया? सगुण सच्चिदाऽनंद का साक्षात्कार भक्तों और सन्तों ने भव संसार में ही किया है? कौन भक्त, कौन सा संत सन्यासी बना है भला? महर्षि जैमिनी और महर्षि बादरायण क्या सन्यासी हुए? नहीं। अतः ऐसे असाधारण शास्त्रार्थ का दृष्टा अध्यक्ष कौन बनेगा भला? कोई नहीं।

शर्मणा ने सहसा उठकर कहा- "यहां उपस्थितों में से कोई भी अध्यक्ष नहीं बनेगा, यती शंकर! मण्डन मिश्र सन्यासी क्यों बनेंगे? तत्व बोध के लिये क्या सन्यास लेना अनिवार्य है? अपनी यह शर्त लौटा लो, आचार्य शंकर!"

मण्डन मिश्र ने हंस कर उत्ताल स्वर में कहा- "हमने जान बूझ कर यती शंकर की यह शर्त स्वीकार की है- हम हारें, तब तो। इन मिथ्या वादियों से हम हार नहीं सकते। मण्डन मिश्र को हराना तत्वबोध को बुझा देना है; शास्त्रों को फाड़ कर रख देना है। हम अपनी मेधा में अपराजित हैं- रहे हैं; रहेंगे। शर्मणा, चिन्ता त्याग दो।"

पण्डित तारकेश्वर उपाध्याय ने अपने आसन पर ही तनिक कांप कर रोष पूर्वक कहा- "शास्त्र ने ब्रह्म को कब स्वीकार किया है, यती! बुद्धि से अगम्य और इन्द्रिय ज्ञान से उपरान्त ब्रह्म जगत के संज्ञान से हीन और भव-संसार की चेतना से रहित एक उदासीन कल्पना मात्र है। आपके गुरुदेव भगवत् गोविन्दपाद ने क्या कहा है यती?"

आचार्य शंकर ने कहा- "गुरुदेव ने वही कहा है जो वेदान्त के आचार्य परम्परा से कहते आये हैं। प्रतिज्ञा ब्रह्म विषयक विवाद की नहीं है, प्रतिज्ञा ब्रह्म ज्ञान के लिये शास्त्रों को समझने तथा विद्याओं का मन्थन करने की है।

सृष्टि की काल धाराएं जिस तम मूढ़ अर्णव में प्रगट होती हैं, विश्व के सतत् स्वप्न जिस शून्य में जगते और सो जाते हैं, जिस जगत में भव-संसार के कोलाहल, कलरव तथा चीत्कार चकरा कर स्वयं ही जीर्ण हो जाते हैं, जहां प्रलय विराम करते और महाप्रलय प्रसर कर सो जाते हैं- उस स्वयं मूढ़ तम के परे और पार सच्चिदाऽनंद ब्रहम है- अमृतमय, ज्ञानमय-वह है, उसे देखना है; पाना है। मण्डन मिश्र को ब्रहम समझना नहीं है; ब्रहम को पाना है। मैं मण्डन मिश्र से शास्त्रार्थ शास्त्र के प्रमाणों की जय के लिये नहीं करना चाहता। मिश्र मण्डन भव-संसार के अन्तिम छोर पर आ खड़े हुये हैं और अविराम अनन्त काल के उद्विग्न भासों को देखते हुए स्वयं ही स्तब्ध हो गये हैं। यह अनादि जीवात्मा, मण्डन मिश्र, अपनी आत्मा के आलोक में जागने ही वाले हैं।"

मण्डन मिश्र ने वेदी को घूरा; तनिक सा चक्कर काट कर, खड़े रहते हुए, मुंह बिचकाते हुए कहा- "हम आत्मा के आलोक में जागने वाले हैं- हम, मण्डन मिश्र?"

आचार्य शंकर ने सिर हिला कर 'हां' कहा।

मण्डन मिश्र ने ठहका मार कर कहा- "हम स्वयं में जगे हुए हैं, यती शंकर! हमसे पृथक और क्या है? आचार्य! काल को देखते हुए हम उद्विग्न अवश्य हुए हैं; किन्तु स्तब्ध नहीं। स्तब्ध तो हम उभय भारती को देखते ही होते हैं। यती, तुम नहीं समझोगे- तुम क्या अनुभव करोगे? हमारी अनन्य प्राणप्रिय धर्मपत्नी ही हमें इस जगत में मूक बनाये हुए है। हम उसके अथाह अगाध नयनों में देखते रहते हैं- हम जैसे उसकी पलकों पर नाचते रहते हैं- सुना? भारती के सांसों में हम रमे हुए हैं- क्या यह तुम्हारा ब्रहम नहीं है? हम नहीं जानते तुम्हारा सच्चिदाऽनंद ब्रहम क्या है- किन्तु हमारा आनन्द ब्रहम तो यह रहा- भारती! उभय भारती, सरस्वती!"

शर्मणा ने पुनः कहा- "संन्यास की शर्त वापस लो, यती!"

"फिर वही प्रलाप, शर्मणा?" मण्डन मिश्र ने पुकार कर कहा- "हम कहते हैं, यह यती शंकर हारेगा। शर्मणा, क्या कभी जगत हारा है? जीवन कभी परास्त हुआ है? जीव ने क्या कभी पञ्चभूतों से पराजय स्वीकार की है? जगत के यह पदार्थ स्वयं विजयी हैं, उनके द्रव्य स्वयंमृत हैं; उनके गुण धर्म-देश और काल-स्वयं ही विश्वस्त हैं। कौन हारता है और कौन जीतता है इस जगत में? हम स्वयं ही जीतते हैं- स्वयं ही हारते हैं। आचार्य शंकर! आप ही द्रष्टा-अध्यक्ष इंगित कीजिये...."

आचार्य शंकर ने सभा के चुपचाप मुख-मण्डलों को निहारा और पण्डित तारकेश्वर उपाध्याय को भवों से इंगित करते हुए जैसे पुकारा- "पण्डित जी, आप?"

"हम, अध्यक्ष-द्रष्टा?" वयोवृद्ध किन्तु तेजस्वी पण्डित तारकेश्वर ने बैठे-बैठे ही कहा- "हम अन्न और भेषज, ज्योतिष तथा आयुर्वेद के साधक हैं, यती! हमें रोगियों को रोग-मुक्त करना तथा स्वास्थ्य का सुख देना है; हमें भेषज का अध्ययन एवं प्रत्यक्ष करना है- तुम्हारी वार्ता एक संक्रामक ऊहापोह है, यती! वृद्धाऽवस्था में मैं स्वास्थ्य और संजीवन खोजा करता हूं; ब्रह्म नहीं। तत्व ज्ञान की उत्तेजित वार्ता युवाऽवस्था में ही होनी चाहिये; जिससे इन्द्रियों के उद्दाम ताप का तनिक शमन होता है-"

सभा में सहसा हास्य की लहर फैली। पण्डित तारकेश्वर उपाध्याय ने सहसा उठ खड़े होते हुए कहा- "आप सब हंसते है? क्यों?" अपनी तनिक सी झुकी हुई कमर पर हाथ रखते हुए कहा- "शताब्दियों से मिथ्या कहते, मिथ्या सुनते तथा मिथ्या करते आ रहे हो। आप लोग हंसेंगे नहीं, तो क्या हम हंसेंगे? हम तो आप लोगों को देख-देख कर रोते हैं। दिव्य औषधियों के नामों को देवियों के नाम बता दिये। हनुमान ने सूर्य को निगल लिया? छाती पर हाथ रखकर कहिये क्या यह सत्य है? जड़मतियों, 'रवि' नामक दिव्य जड़ी को उस महावानर हनुमान ने खाया था, समझे! नहीं समझे? क्या समझेंगे आप सब? अन्न को जानो, भेषज समझो-ज्योतिष का दर्शन करो, सत्य हथेली पर नाचने लगेगा। बड़े मनीषी हो तो अध्यक्ष क्यों नहीं बनते?" सभा में तनिक और उत्ताल हास्य फैला। पण्डित परमानन्द ने कहा- "हम महाशय मण्डन के प्रस्ताव का समर्थन करते हैं। यती शंकर ही अध्यक्ष के नाम का प्रस्ताव करें।"

आचार्य शंकर ने कहा- "आपश्री क्यों नहीं?"

"मैं?" पण्डित परमानन्द तर्क वागीश ने कहा- "नहीं, जी। शास्त्रार्थ का द्रष्टा और अध्यक्ष होकर निष्पक्ष निर्णय करना आज के देशकाल में संभव नहीं है! आपको हरा दूं, तो कठिनाई! सन्यासी मुझको जीवित रहने देंगे? मण्डन मिश्र को हारा घोषित करूं तो क्या यह विद्वान् मुझे जीवित छोड़ेंगे? मण्डनमिश्र एक नाम-रूप ही नहीं हैं, यती! महाशय मण्डन समूचे कर्म-काण्ड के द्रष्टा हैं-सभी का मण्डन मिश्र की दीर्घ दृष्टि में समावेश हो जाता है। मण्डन कर्म के उद्देश्य और उसकी सिद्धि में ही मानते हैं; प्रक्रिया की रूढ़ि में नहीं। इसीलिये श्री पर्वत का क्रचक्र, वाराणसी का उग्र भैरव, पाटलीपुत्र का चण्ड भैरव, कामाक्षी की भैरवियां और यह वाममार्गी, दक्षिणमार्गी सब महाशय मण्डन को ही जिताना चाहते हैं।"

"क्यों नहीं चाहेंगे?" मण्डन मिश्र ने विजय गर्व से कहा- "कर्म को ही जीतना है, मुक्ति को नहीं- मृत्यु को नहीं। यती, अध्यक्ष इंगित कीजिये। भारती क्यों नहीं, आचार्य!"

आचार्य शंकर ने तपाक् से कहा- "तथास्तु!"

भारती ने स्तब्ध सी होते हुए कहा- "आचार्य?"

आचार्य शंकर ने सस्मित कहा- "उभय भारती! मैं तुमको जानता हूं- जान गया हूं। अनादि के आदि से तुम रसमयी विद्याऽग्नि हो। यह आसन्न भव-संसार तुम अपने लिये नहीं, अपने पुरुष के लिये ही स्नेह तथा शीलपूर्वक काट रही हो किन्तु तुम्हारा यह भव-संसार क्या यों ही घहराता रहेगा- उद्धासित होता रहेगा? प्रिय के कितने ही, कैसे ही भव हों, प्रिय से तृप्ति नहीं होती, उभय भारती! श्रीमती, एक धन्य पल आती है, जब जीवन के अथाह रस ज्ञानाग्नि में जल जाते हैं। एक दिव्य रोमाञ्चकारी क्षण आती है, जब सभी प्रिय नाम-रूप उसके दिव्यस्पर्श से तिरोहित हो जाते हैं- ज्ञान की उमंग रति है; ज्ञान का उल्लास प्रीति है; ज्ञान का ओजस् प्रेम है- ज्ञानी परमात्मा को पाते हैं; प्रेमी परमात्मा में मिल जाते हैं- स्वयं परमात्म स्वरूप् हो जाते हैं।"

भारती ने अचकचाते हुए स्तब्धता पूर्वक पूछा- "तो क्या यह आदि का अन्त है, आचार्य शंकर?"

"नहीं।" आचार्य शंकर ने हंस कर कहा- "यह अनन्त का आदि तथा आदि का अनन्त है। जीवन न आदि है और नहीं वह अन्त है। आत्मा का अनन्त उल्लास है, यह भव-संसार, चिद् विलास, श्रीमती!"

उभयभारती ने सहसा सिर धुनाया और सहज चीत्कार पूर्वक कहा- "तब नाटक का अन्त आ रहा है, यवनिका, यती?"

आचार्य शंकर ने जलद-गंभीर स्वर में कहा- "अपने अध्यास से छूट जाओ, श्रीमती! यह महाशय मण्डन मिश्र तुम्हारी धारणा हैं; प्रिय अध्यास और तुम? मण्डन मिश्र की रसवन्ती विद्या! तुम मनीषी मण्डन मिश्र की बेसुध सुधि हो- अपने अज्ञान से मुक्त हो जाओ"

"कौन कहता है?" मण्डन मिश्र ने चिल्ला कर पूछा।

"काल कहता है, मिश्र मण्डन!" आचार्य शंकर।

भारती रोम-रोम में थरथरी; बोली- "मैं काल का कथन नहीं मानती; मैं विधाता के लेख नहीं मानती। मैं जीवन के सरस शान्त धीमान बन्धन में क्यों न मानूं, आचार्य! मण्डन हैं, तो यह यथार्थ ही मेरे लिये ब्रहम है।"

"यह तुम्हारा जीवात्मा भाव है- अज्ञान!" आचार्य शंकर ने कहा- "और बन्धन क्या है? अज्ञान से ही तो विविध विचित्र अध्यासों के बन्धन उद्धवित होते हैं- पर क्या तुम बंधने के लिये बंधती हो? नहीं, श्रीमती! तुम मुक्त होने के लिये ही बंधती हो। जीवन अज्ञान के तिमिर को मिटा कर ज्ञान का प्रकाश

पाने के लिये है- जीवन मुक्त होने के लिये अपनी ही इच्छा का बन्धन है। अध्यक्ष पद स्वीकार करो, श्रीमती!"

"मैं मण्डन का अभिन्न अंग हूं; पत्नी हूं- प्रिया हूं।" भारती ने कहा- "मैं अध्यक्ष द्रष्टा? मैं तो जगत तथा जीवन में मण्डन को ही देखती हूं, आचार्य!"

"तुम मण्डन का समूचा सम्$पूर्ण धर्म हो, भारती!" आचार्य शंकर ने कहा- "तुम मण्डन मिश्र के विस्मृत आत्मा का अन्तःकरण हो; तुम मण्डन मिश्र के राग में वैराग्य हो तथा इनके विराग में उदासीन उपरति हो। तुम दो हो क्या? एक थे; दो प्रतीत होते हो- विश्वास रखो, तुमसे बढ़ कर द्रष्टा कौन होगा, मण्डन मिश्र का?"

"किन्तु आप श्री का?" भारती ने सहज अचकचा कर पूछा- "क्या यती आचार्य शंकर के शास्त्रार्थ का तारण, निष्पक्ष निर्णय मैं दे सकती हूं? नहीं, आचार्य! स्त्रियों को वेद पढ़ने की आज्ञा तक भारत का ब्राह्मण नहीं देता। हम स्त्रियां शूद्र ही मानी जाती हैं। मैं ब्राह्मणी हूं; परन्तु शूद्र, ब्राह्मणी हूं..."

आचार्य शंकर ने सहसा बीच ही में कहा- "तुम ब्रह्माणी हो, भारती! आत्म चैतन्य से हीन कर्म ने ब्राह्मण कुल को हिंसक तथा जीवन षंढ बना दिया है। ब्राह्मण ब्रह्माग्नि से हीन जल कर भस्म हो गया है, श्रीमती!"

मण्डन मिश्र अब तक एक स्तम्भ की भांति खड़ा हुआ था; तनिक हिल कर बोला- "ब्राह्मण जल कर भस्म हो गया है? ब्राह्मण ने ही भारत भूमि को ज्ञान-विज्ञान से संभृत रखा है। सभी कुल ब्राह्मण कुल से ही तो जन्मते हैं। ब्राह्मण-विरोध कर स्वयं की जड़ें क्यों काट रहे हो, यती? ब्राह्मण सदैव अग्नि है, आचार्य! बुझा हुआ ब्राह्मण एक दिन प्रज्वलित होता है- ब्राह्मण भस्म नहीं होता, कभी नहीं। सन्यासी, ब्राह्मण विपरीत हम कुछ भी सुनना नहीं चाहते।"

आचार्य शंकर ने कहा- "मैं किसी का भी विरोधी नहीं हूं; मैं किसी के भी विपरीत नहीं हूं। मैं किसी का भी द्रोही नहीं हूं। मैं भुवन बीज ब्रह्म-चैतन्य का स्फुलिंग हूं। मैं सृष्टि के अनुरूप् हूं; मैं काल के अनुसार हूं- मैं अनुकूल हूं; साऽनुकूल हूं, मिश्र मण्डन। परम्परा की श्रृंखलाओं में बंधे अध्ययन से रहित, साधना से हीन, तपस्या से च्युत ब्राह्मण ने कर्म को हिंसक हिंसा परक बना दिया है। कर्म को अशुद्ध, अबुद्ध तथा विकृत कर ब्राह्मण मानवता से हीन एक दानवता बनता गया है। यह-कर्म जीवन यापन के लिये एक गृहस्थ-व्यापार बना दिया गया और बलि रसना के आस्वाद के लिये एक रहस्यमय दान कहा गया, तभी तो शाक्य मुनि तथागत का अवतार हुआ है- तभी जिनियों ने आर्य ज्ञान का तिरस्कार किया है। ब्राह्मणों ने वेदों की आत्मा को लील कर उनको हिंस

कर्म का मंत्र-शास्त्र बना दिया; यज्ञों का तंत्र बना दिया। पण्डित मन्य- मिश्र मण्डन! तभी तो मैं आपको यह कहने आया हूं- वेद के परमेश्वर को जानो; उपनिषदों के ब्रह्म को पहिचानो। गीता के ज्ञान को हृदयंगम करो। तभी तो, मैं आपको प्रलयों की निद्रा से जगाने आया हूं।"

मण्डन मिश्र ने रोम-रोम में सिहरते हुए कहा- "आचार्य शंकर हम जगे हुए हैं। प्रत्येक मानव भव में हमने जागते हुए भव-रात्रियां काटी हैं। यह भारती जो हमें सोने नहीं देती। यती शंकर! ब्रह्म को जानने के पूर्व मैं शाश्वत नारी को, जननी को ही जानना चाहता हूं। भारती शाश्वत नारी है; मैं शाश्वत नर। मैं पुरुष को जानता नहीं क्या?"

आचार्य शंकर ने हंस कर कहा- "नर-नारी को जान लेना पुरुष को जान लेना नहीं है- पुरुष ब्रह्म-चैतन्य ही है, महाशय! श्रीमती भारती! द्रष्टाऽध्यक्ष का आसन ग्रहण कीजिये, जिससे प्रतिज्ञा बद्ध शास्त्रार्थ का मंगलमय आरंभ हो सके।"

भारती ने अचकचाते हुए कहा- "इस विडम्बना में मुझे न डालो, यती! मैं अपने पति-परमेश्वर और आप योगी सन्यासी की द्रष्टा कैसे होऊँ?"

आचार्य शंकर ने गंभीरता पूर्वक कहा- "विडम्बना ही तो-विधि विडम्बना, श्रीमती! नर के मोह को, मद को, क्रोध और लोभ को नारी सहज ही जानती है। नर के काम का अथाह मन्थन नारी ही करती है, नर के मात्सर्य का शासन अन्ततोगत्वा नारी ही करती है- माया ही माया का अनुशासन करती है, श्रीमती!"

भारती चिहुंकी- "मैं, माया?"

"अनादि शाश्वत जननी-शक्ति!" आचार्य शंकर ने मुस्कराते हुए कहा- "सभी नरों को नारी में समर्पण करना होगा; तभी द्विधा का उपरान्त हुआ जा सकता है। नारी भाव समग्र नारी-भावना का एक अभिव्यञ्जन है। नारी चेतना ही सृष्टि चेतना है; कर्म-बीज है- इच्छा, श्रीमती! अतः द्रष्टाऽध्यक्ष होकर हम दो नरों को कहते और परस्पर सुनते हुए आप देखती रहें। यह अनन्त रहस्यमय जगत आपकी पलकों में थरथरा रहा है; यह अगाध जीवन-चेतना आपके सरोज नयनों में भरी पड़ी है- ज्ञानियों को भी चेतित कर बल पूर्वक सृष्टि में धकेलने तथा भव-योनियों में कर्षित कौन करता है? भगवती, क्या आप श्रीमती यह नहीं जानती?"

भारती ने सहसा कहा- "जानती हूं यती! जानती हूं।"

"जानती हो?" मण्डन मिश्र ने गर्ज कर पूछा- "जब सब कुछ जानती हो, तो अध्यक्ष पद स्वीकार करो, उभय भारती!"

उभय भारती ने मण्डन मिश्र को सिर से पांव तक निहारा; कहा- "स्वीकार करती हूं।"

"स्वीकार किया न तब!" मण्डन मिश्र ने आघात खाते हुए कहा- "हम यह जानते थे- हम यह जानते थे।"

"क्या?" भारती ने रोम-रोम में कांप कर कहा; पूछा।

"यही कि तुम, तुम द्रष्टा बन कर हमें इस यती से जीतते हुए देखोगी- हारते हुए नहीं। है न, भारती!"

भारती ने कहा- "द्रष्टा स्वरूप मैं जगत और भव-संसार की द्रष्टा हूं, मण्डन मिश्र! देह के उपरान्त, मन से शान्त, बुद्धि से असंग, चित्त से निभ्रान्त और अपने शाश्वत अहम् में उपरत मैं यती शंकर तथा तुमको देखूंगी; देखती रहूंगी।"

"निर्णय?" मण्डन मिश्र ने पूछा।

"वाणी और वाड्ग्मय से नहीं होगा, प्रिय मेरे!" भारती ने अपूर्व अगाध स्वर में कहा-निर्णय सत्य स्वयं करेगा। मण्डन मिश्र, निर्णय तुम और यती स्वयं करोगे। बुद्धि से नहीं; प्रज्ञा से नहीं, ऋतुंभरा से ही निर्णय पर पहुंचोगे।"

"तात्पर्य?" मण्डन मिश्र ने साश्चर्य पूछा।

"तात्पर्य? कुछ नहीं, मण्डन! अर्थ? शून्य। बोध? लुप्त!" भारती ने कहा- "तुम्हारी विधि ही निर्णय करेगी, मण्डन मिश्र! मैं? एक सदाशयी निमित्त भर हूंगी। स्वीकार है तुम्हें?"

मण्डन मिश्र ने वेदी का चक्कर काटा; खड़े होकर कहा- "स्वीकार है, मायाविनी!"

"मण्डन!" भारती चिल्लाई।

"चुप हो जाओ, भारती! हम सवयं में ही डूब रहे हैं। यती! यह कैसी आकुलता है- यह जगत जैसे अपार व्याकुलता से भरा हुआ है। आओ, हमारे समक्ष उपविष्ठ हो जाओ। हम जगत के सन्देह से मुक्त होना चाहते हैं; इस विचित्र मायावी ग्रन्थि से छूटना चाहते हैं। हम विद्या की सीमाओं को लांघ कर अनन्त को हस्तगत करना चाहते हैं। आओ। सत्य की जय हो, यती!"

"सत्यमेव जयते।" आचार्य शंकर ने कहा- "तथाऽस्तु।"

मन्त्र मुग्ध सी भारती ने चकित सी होकर कहा- "आप सब मतिमानों और मनीषियों की आज्ञा शिरोधार्य है। यती शंकर अपने पक्ष-प्रतिज्ञा के आसन पर सुशोभित होओ। मनीषी मण्डन मिश्र, आप प्रतिपक्ष के आसन पर बिराजो। अब मैं द्रष्टा हूं- शास्त्रार्थ की निष्पक्ष असंग अध्यक्ष! किन्तु मैं मण्डन मिश्र की धर्मपत्नि पूर्व संस्कार वश हूं; अतः मैं अपनी समावृत पीठ कर बैठूंगी नहीं। मैं

पक्षीय और विपक्षीय के कण्ठों में अपनी पुष्प मालायें डालूंगी। श्री विद्या की उपासना के रमणीय उद्यान के दिव्य पुष्पों की ये मालायें होंगी- स्वयं दिव्य मालायें, महोदयों! मैं तो यन्त्रवत् द्रष्टा हूंगी; मैं परिपाटी की अध्यक्ष हूंगी। वास्तविक द्रष्टा तो यह पुष्प मालायें ही होंगी। जिस कण्ठ में वह दिव्य पुष्प माला मुझ्झाने लगेगी, वह मनीषी हारना आरम्भ करेगा- दिव्य पुष्पमाला जब तक नहीं मुझ्झाती, तब तक शास्त्रार्थ चालू रहेगा- तब तक शास्त्र स्वयं ही स्वयं का मानो-मन्थन करते रहेंगे।....."

"श्रीमती!" सभा मण्डप से प्लुत आकुल पुकार उठी।

भारती के सरोज नयन विस्फारित होकर मानो मुकुलित हो गये; हास्य की विद्युत-छटा विकीर्ण करते हुए भारती ने कहा- "यह शास्त्रार्थ असाधारण है, पण्डितों! यह तत्व वार्ता जगत का निर्णय करेगी; जीव की स्थिति का निष्कर्ष निकालेगी। यह वार्ता एक यती तथा दूसरे गृहस्थ मीमांसक के मध्य होने जा रही है। यह वार्ता हमारे दर्शनों के सिद्ध तथा साधनारत चिन्तन का निचौड़ निकालेगी- मुझे ज्ञात है, आचार्य शंकर और मनीषी मण्डन मिश्र का यह शास्त्रार्थ जगत और जीव के प्रति चली आती हुई क्षुब्ध और कातर शंकाओं का समाधान करेगा- हृदय-ग्रन्थि को यह अभूत पूर्व शास्त्रार्थ छेद कर रख देगा।"

मण्डन मिश्र ने अपूर्व सौन्दर्य की अभिराम की भांति शान्त आलोक से मण्डित भारती को निहारा; कहा- "प्रिये!"

भारती की सघन घन कज्जल कवरी तनिक कांपी और उसका पूर्ण शरदेन्दु मुख कुछ हत् प्रभ सा हुआ। उसके आरक्त अधर कुनमुना कर अधीर से हुए; बोले- "मैं अब उभय भारती हूं- श्री विद्या की शाश्वत उपासिका। मैं अब से शास्त्रार्थ के परिणाम तक न तो पत्नी हूं; न प्रिया; और नहीं नारी हूं- मैं सत्य के प्रति अपृहत् चित्त एक वन्हि हूं- मैं बुद्धिमति प्रज्ञा की असंग शान्त एकाग्र अनासक्त दृष्टि हूं- मैं द्रष्टा हूं, मण्डन मिश्र!"

मण्डन मिश्र ने तनिक कातर स्वर में कहा- "तब?"

"आपका भाग्य, महाशय मण्डन मिश्र!" भारती ने कहा- "यह शास्त्रार्थ विधाता का इंगित है, मिश्र जी!

अनादि के भासमान आदि से हम आप ज्योति-प्रज्ज चिरन्तन जीवात्मा अविराम काल की एक नित्य अनन्त सी पल तक पहुंच गया है। मनीषी मण्डन मिश्र! अनादि से आप इस सत्य का प्रमाण खोजने में लगे हुए हैं- आज वह समय आ गया है, जो जीवात्मा को जीवन और मृत्यु के पार सत्य-लोक में ले जायेगा!"

"सत्य का प्रमाण?" आचार्य शंकर ने कहा।

"मुझे ज्ञात नहीं है, आचार्य!" भारती ने कहा- "मैं यही जानती हूं कि जगत का प्रमाण है; जीवन का तर्क सम्मत विवेक है! ज्ञान प्रमाण्य है, यत शंकर! मैं नहीं जानती जीव का प्रमाण है अथवा नहीं- मैं यह अनुभव करती हूं कि सत्य का प्रमाण खोजना तत्व-चिन्तन है; जीव-बोध है- आत्मा? आप जानते होंगे; हम नहीं- मैं नहीं; महाशय मण्डन मिश्र नहीं!"

मण्डन मिश्र ने ठहका मार कर कहा- "हम सत्य का प्रमाण जानते हैं, उभय भारती! मण्डन मिश्र बुद्धि पूर्वक विचार करता है; तर्क प्रणीत वार्ता करता है; विवेक सम्मत निष्कर्ष निकालता है यह जगत बुद्धिहीन तर्क रहित एवं विवेक-असंग व्यापार नहीं है! यह जीवन बुद्धिमता की रमणीयता नहीं तो क्या है?"

आचार्य शंकर ने हठात् कहा- "बुद्धि की रमणीयता ही माया है, महाशय मण्डन मिश्र!"

मण्डन मिश्र ने उत्ताल हास्य के साथ कहा- "मुण्डी सन्यासी के लिये; यती के लिये- जगत के और जीवन के आचार्य के लिये नहीं, महोदय शंकर! जय शिव-शंकर! शास्त्रार्थ का आरंभ हो- पण्डितों, न्याय वैशेषिक, मीमांसा, योग और सांख्य दर्शनों तथा अविच्छिन्न, अछद्य तथा सिद्ध शास्त्रों के अकाट्य प्रमाणों की दुदुभियां बजने दो! इस बधिर भारतभूमि को हमें सुनने दो! शान्त हो जाओ! आपका यह ज्ञान-बटुक मिथ्यावादि स्वयं मूढ़ और कातर तथा कथित सन्यासी शंकर से सनातन प्रश्न पूछने जा रहा है- हमें ज्ञात है, शास्त्र के अकात्य पक्षों के सिद्ध उत्तर यती शंकर के पास नहीं है..."

भारती ने ताली बजाई; एक मृत्यु ने आकर मालाओं का पुड़का झेलाया था। भारती ने दोनों मालाओं की अपने पद्म-पाणि में झुलाते हुए कहा- "यतीशंकर? आपका प्रमाण?"

"श्रुति!" आचार्य शंकर ने कहा; तथा प्रणाम पूर्वक माला गले में धारण की।

"आपका मनीषी मण्डन मिश्र?" भारती ने माला गले में डालते हुए पूछा।

मण्डन मिश्र ने वर माला की भांति माला पहिनते हुए कहा- "वेद-शास्त्र, श्रीमती!"

"तथास्तु!" दृष्टाऽध्यक्षा उभय भारती ने कहा।

आचार्य शंकर और मनीषी मण्डन मिश्र को दृष्टाऽध्यक्षा श्रीमती उभय भारती ने अपने-अपने आसनों पर उपविष्ठ करवाते हुए कहा- "सन्नद्ध, सावधान; शान्त! शास्त्रार्थ आसन्न प्रतिष्ठित। कोई प्रश्न? आपत्ति?"

पण्डित परमानन्द तर्क वागीश ने उठ कर कहा- "आदरणीय श्रीमती! यती शंकर श्रुति-प्रमाण लेकर शास्त्रार्थ-आसन पर आरूढ़ हुए हैं। तो क्या यती वेद और शास्त्र को नहीं मानते-प्रमाण-स्वरूप?"

उभय भारती ने सस्मित कहा- "आपत्ति स्वीकृत है। यती शंकर स्पष्ट करें, कृपया!"

आचार्य शंकर ने पण्डित परमानन्द तर्क वागीश को लक्ष्य कर कहा- "श्रुति अथातो ब्रह्म जिज्ञासा के लिये हमारा प्रमाण है; वेद विपरीत और शास्त्र विरूद्ध यह प्रमाण नहीं है, श्रीमन्!"

"आचार्य का तात्पर्य?" पण्डित तारकेश्वर उपाध्याय ने प्रश्न किया।

"आचार्य शंकर ने कहा- "वैदिक ज्ञान का कोई प्रमाण नहीं है; वेद अपौरुषेय हैं। शास्त्रों के प्रमाणों का तर्क अनुशासन है। शास्त्र तर्क-सिद्ध प्रमाणों की बुद्धिगत वार्ता है। यह सनातन वार्ता जगत की वार्ता है; विश्व की कहानी है; सृष्टि का काव्य है। यह वार्ता जीव-चैतन्य और भव संसारों की बुद्धिगत समीक्षा है, महोदय। तब ब्रह्म सुना और देखा जाता है; कहा नहीं। इसीलिये श्रुति ही मेरा प्रमाण है। श्रुति-सम्मत ब्रह्म-कथ्य ही हमें स्वीकार होता आया है; स्वीकार होगा। ब्रह्म चिन्तन ऋषियों, मुनियों, योगियों और सन्यासियों की परस्पर श्रुति ही रहा है। उस ब्रह्म-देव का ब्रह्मा, वरुण और इन्द्र तथा देवता स्तवन करते हैं, दिव्य स्तवनों से। उस देवाधिदेव ज्योतिषाम् ज्योति का वेद, उपनिषद और गीता गायन करते हैं। ध्यान गम्य और ध्यान मग्न योगी, जिसे देखने के लिये कालाऽतीत समाधि में लीन रहते हैं, उस परम ब्रह्म को ऋषियों ने अपने हृदय-दहर में देखा है और अन्य ऋषियों को कहा है- प्रत्यक्ष! प्रत्यक्ष का प्रमाण यह जगत तथा जीवन है क्या? हो सकता है क्या? ब्रह्म ही सत्य है और सत्य का प्रमाण हो नहीं सकता- सत्य स्वयं प्रमाण्य है।"

पण्डित परमानन्द तर्क वागीश ने पूछा- "श्रुति शास्त्र प्रमाण से सिद्ध नहीं है क्या यती! प्रत्यक्ष प्रमाण विरूद्ध तथा तर्क विपरीत नहीं हो सकता। सत्य की समीक्षा क्या बुद्धिगम्य नहीं है?"

"है- पण्डित मन्य! है।" आचार्य शंकर ने उत्तर दिया- "ब्रह्म बुद्धि के परे होते हुए भी बुद्धि-हीन चिन्तन नहीं है। जगत से भरी हुई मानव की रमणीय बुद्धि विश्व के धारणा बिम्बों के गुण-सौन्दर्य से भरपूर है। रूपवती और नाम-गेय मानव-बुद्धि जगत के सौन्दर्य का मंथन कर अपने ही अनन्त में लीन हो जाती है। प्रज्ञा! प्रज्ञा भेद में अभेद का भान करवाती है और जीवात्मा ज्ञान के आलोक से जगमगाने लगता है। वह सत्य से भरने लग जाता है। वह परम सत्य

का अनुभव कर स्वयं ऋत से भर जाता है। ऋतम्भर जीव अज्ञान के तिमिर से छूट कर आत्मा के प्रभात में जाग जाता है। अतः हम वेद और शास्त्र के उपरान्त सत्य से भरे प्रत्यक्ष को ही अन्तिम प्रमाण मानते हैं। आत्मा की श्रुति ही परमात्मा का प्रमाण हो सकती है।"

पण्डित तारकेश्वर उपाध्याय ने उठ खड़े होकर कहा- "ऋषि मुनियों का आत्म प्रत्यक्ष? क्या है यह यती शंकर? आत्मा का अन्ततोगत्वा प्रत्यक्ष है, तो इस जगत और भव-संसार के अटल, सटीक, सचोट अनुभव का क्या है? आत्मा का प्रत्यक्ष निर्गुण निराकार निरुपम अव्यय एवं अनन्त-अनादि का अनुभव ही क्या हो सकता है? आत्मा का प्रत्यक्ष मुनियों का स्वयं चमत्कृत अवाक् मौन मात्र नहीं है क्या? ऋषियों ने मंत्रों का साक्षात्कार तो किया है- हम यह इतना तो मान सकते हैं; परन्तु जो था ही नहीं, होता ही नहीं- होगा ही नहीं उसका अनुभव क्या? प्रत्यक्ष? एक रहस्यमय अथाह शब्द मात्र है- शून्य ध्वनि मात्र, आचार्य!"

आचार्य शंकर ने सस्मित कहा- "ज्ञान और अज्ञान, ब्रहम-चिन्तन इन दो अगाध शब्दों का उद्बोधन है, पण्डित मन्य! 'ज्ञान' शब्द से मुझे ज्ञान समझ में आता नहीं; अनुभूत होता नहीं- और अज्ञान शब्द से मुझको क्या अन्ततोगत्वा जगत और भव-संसार समझ में आ जाते हैं? जीवात्मा जगत को जानता है; भव संसार का अनुभव करता है- जगत और जीवन का जो ज्ञान जीव को होता है, होता रहता है, वह ज्ञान का अनुभव नहीं है, अज्ञान का बुद्धिगत अनुभव है।"

पण्डित मध्वाऽचार्य शास्त्र धुरन्धर ने आसन पर बैठे-बैठे पुकार कर कहा- "तब विद्या अज्ञान की जानकारी भर है क्या? ज्ञान ज्ञान है, वह अज्ञान कैसे होगा, यती शंकर!"

आचार्य शंकर ने कहा- "जगत और जीवन का ज्ञान अहम् प्रणीत ज्ञान है; आत्मा के अज्ञान से उत्पन्न संज्ञान, मात्र! ज्ञान, अज्ञान, संज्ञान, संवेदन यों ही हमें तारण करना होगा। किन्तु विद्वानों! सद् स्थिति ज्ञान की ही है; अज्ञान का सत्य नहीं है। अज्ञान परम ब्रहम का अनेक होने, होते रहने और उसके लिये सृष्टि, स्थिति एवं संहार के लिये शिव-संकल्प है- दिव्य तम अन्य तम सर्वशक्ति मान, संभृत, नित्य अविराम विज्ञान है, महाशयों!"

मण्डन मिश्र ने प्लुत स्वर में कहा- "ऋषि-मुनियों का कथन क्या वेद-शास्त्र से भी अधिक प्रमाण्य हो सकता है, आचार्य!"

आचार्य शंकर ने जलद-गंभीर स्वर में कहा- "सृष्टि के अपूर्व से ब्रहम कहा गया है; सुना गया है- सिद्ध कब किया गया है, मनीषी मण्डन मिश्र! हम

सगुण को सिद्ध कर सकते हैं- जगत और जीवन सगुण ब्रह्म नहीं तो क्या है? क्या हो सकते हैं, महादेय! निर्गुण, ब्रह्म परम ब्रह्म स्वयं के सच्चिदाऽनंद का स्वयं लीढ़ स्वयं लीन एक्य, एकाऽकार प्रत्यक्ष है- आत्मा का परमात्म दर्शन, महोदय मण्डन मिश्र! हम परस्पर ब्रह्म की वार्ता करेंगे; अपने जीव-चैतन्य की साक्षी से; जगत के प्रमाणों द्वारा और सहित हम परात्पर सच्चिदाऽनंद को कहेंगे- सुनेंगे।"

उभय भारती ने मुस्कराते हुए कहा- "स्पष्टीकरण स्वीकृत है। शास्त्रार्थ का मंगलमय आरम्भ किये जाने की स्वीकृति प्रदान की जाती है- प्रारंभ कीजिये, अपनी ब्रह्म-वार्ता, आरंभ कीजिये अथा तो ब्रह्म-जिज्ञासा। महर्षि बादरायण की साक्षी और महर्षि जैमिनी के प्रमाण को समक्ष रख कर मैं दृष्टाऽध्यक्षा उभय भारती इस प्रतिश्रुत शास्त्रार्थ के मंगलाऽरंभ के लिये आज्ञा प्रदान करती हूं।

आचार्य शंकर- "धन्य श्रीमती! धन्य!"

16

मध्यस्थ के उच्चाऽसन पर पूर्णिमा की भांति जगमगाती हुई भारती अभिनव सौन्दर्य श्री की भांति विराजमान थी। पण्डितों, विद्वानों, कर्म काण्डियों तथा मनीषियों से खचाखच भरी हुई सभा शान्त, चुपचाप लहरीली विशाल सरिता की भांति छाये हुए थी! गगन मण्डल मानो किसी दिव्य आतुरता से भर गया था और महाशय मण्डन मिश्र अपने आसन पर प्रखर सूर्य की तेजस्विता की प्रतिमूर्ति के समान सुशोभित थे। युवा सन्यासी यती-आचार्य शंकर मेघों में लुण्ठित पूर्ण चन्द्रमा की भांति समस्त वायु मण्डल में विकीर्ण हो रहे थे। ऐसा लगता था, काल स्वयं क्षितिजों के गहन अनन्त के उस पार से इस दृश्य को देखने तनिक थम गया था। भारती के तीक्ष्ण किन्तु बड़रे अरविन्द-नेत्र अथाह होकर अपनी समग्र व्याकुलता से रहित प्रलय के अर्णव के पारदर्शी सुन्दर मत्स्यों की भांति अपने ही चित्ताऽकाश में तनिक लहर रहे थे। भारती देखते हुए भी मानो देख नहीं रही थी। मण्डन मिश्र ने स्वयं ही हुंकार की और हाथ उठा कर गगन-मण्डल को मथने की चेष्टा करते हुए कहा- "हम वेदों का आह्वान करते हैं; हम वेद मंत्रों को आहूत करते तथा शास्त्रों की सम्यक् प्रतिष्ठा करते हैं। हम समस्त शास्त्रों के समग्र प्रमाणों की साक्षी से कहते हैं; ब्रह्म; अतः ईश्वर अनावश्यक विवाद मात्र है। अपौरुषेय, तथाकथित अपौरुषेय वेद जगत का उद्बोधन तथा जीवन का उपदेश करते हैं। यह जगत स्वयं ही प्रकाशित, उद्भासित गतिशील एवं विधिवत् सिद्धान्ताऽश्रित यथार्थ है- काल बद्ध कर्म की गतिविधि है। जगत को ईश्वर की आवश्यकता नहीं है; मूल प्रकृति स्वयं स्वयमेव इच्छामयी, ज्ञानमयी, क्रियामयी गहन गूढ़ अव्यक्त है और यह यथार्थ, यह अभिव्यक्त उसी परात्पर मतिमान मूल प्रकृति की अभिव्यञ्जना

है। जगत स्वयं अनादि है; भव-संसार स्वयं स्वयमेव अपूर्व है। कर्म, कर्म ही जगत है; जीवन है- भव संसार है। कर्म ही कर्त्ता तथा फल दाता है। इसलिये कर्म ही प्रमाण है। कर्म जगत के लिये बांधता है- संगत करता एवं संगमित रखता है। मुक्ति? मान भी लूं तो कर्म ही बन्धन मुक्त कर सकता है। हम पूछते हैं; युवा यती! आप जगत को जानते हैं? जानते हैं तो बताइये, जगत क्या है? भव संसार क्या है?"

आचार्य शंकर जैसे जाग्रत निद्रा से जगे; मुस्करा कर बोले- "आप श्रीमान ही सूचित करें, जगत क्या है? भव-संसार क्या है? मैं तो एक मात्र सद्वस्तु ब्रह्म को ही जानता हूं- मानता हूं। स्वीकार करता हूं-सर्वम् खलु इदम् ब्रह्म! यही हमारी प्रतिज्ञा है, महोदय मिश्र मण्डन! मैंने वचन दिया है यदि मैं इस शास्त्रार्थ में हार जाऊंगा, तो यह काषायवस्त्र त्याग कर आप के समान धवल वस्त्र धारण कर गृहस्थाऽश्रम स्वीकार कर लूंगा। ब्रह्म को जानने वाले के लिये जगत को जानने की आवश्यकता है भी? भव-संसार को जान कर मैं क्या ब्रह्म को जान पाऊंगा?"

मण्डन मिश्र ने सभा को दर्प पूर्वक निहारा और तनिक ठठा कर कहा- "यती, आकाश की सीमायें चिन्हित करने की व्यर्थ चेष्टा क्यों करते हो? जिस इदम् को आप ब्रह्म मानते हैं, वह तो यथार्थ में जगत है- भव-संसार है? कहां जन्मे हो, यती? ब्रह्म में अथवा जगत में? कहां जी रहे हो, आचार्य? भव में अथवा शून्य में?"

आचार्य शंकर ने शान्त स्वर में कहा- "जन्मा जगत में हूं और भव में जी रहा हूं, पण्डित मन्य! मैंने जगत के यथार्थ को कब 'नहीं' कहा? यह यथार्थ प्रतिभासित होता ही है- होता रहेगा। आपश्री जगत को ही मानते हैं, तो मैं सादर पूछता हूं जगत क्या है?"

"जगत क्या है?" मण्डन मिश्र ने झुंझला कर और फिर ठहका मार कर कहा- "जगत क्या है? क्या प्रश्न है, यती! जगत जगत है, सनातन से, आदि से-यह जगत यह है, ऐसा ही है।"

"परन्तु है क्या यह जगत? क्या है यह जगत?" आचार्य शंकर ने दृढ़तापूर्वक पूछा।

मण्डन मिश्र ने मध्यस्थ भारती को सम्बोधित करते हुए कहा- "यह व्यर्थ प्रश्न है, श्रीमती! जगत है; यथार्थ के लिये प्रश्न क्या शास्त्र विहित है? जो है, वह है; उसके लिये न तो संशय को स्थान है और नहीं शंका को। जगत क्या

है? यह भी उसी पूर्व प्रश्न का रूपान्तर मात्र है। यह जगत जो भी कुछ है, जैसे है; वही कुछ है वैसे ही है।"

दृष्टाऽध्यक्ष भारती ने सस्मित कहा- "प्रश्न की अवहेलना समुचित उत्तर नहीं है। मिश्र जी, आचार्य शंकर ब्रह्म को ही सत्य मानते हैं; आप श्री जगत को, भव-संसार को। आचार्य को यह प्रश्न करने का सत्व है ही कि जगत सत्य है तो क्या है, कैसे है? कृपया, उत्तर प्रदान करें।"

पण्डित तारकेश्वर उपाध्याय सभा-मण्डप में अपने आसन पर ही चिल्लाये- "वितण्डा! वितण्डा का क्या प्रश्न और क्या उत्तर? यह विवाद मनुष्य को मूर्ख बनाने के लिये नहीं है क्या? किसी के बाप ने भी उत्तर दिया है कि जगत क्या है? भव-संसार क्या है?"

मण्डन मिश्र ने प्रसन्न होते हुए सहसा पूछा- "और किसी के पितामह ने भी उत्तर दिया है कि ब्रह्म क्या है?"

सभा मण्डप में हुलास भरा हास्य तनिक अट्टहास्य होकर छा गया। आर्या भारती ने अपना पद्मपाणि उठा कर पुकारा- "शान्त, सावधान! श्रोताओं को प्रश्न करने और उत्तर देने का अधिकार नहीं है। शास्त्रार्थ की मर्यादा का पालन करें। विवाद, शास्त्रार्थ, दो प्रति श्रुतों के मध्य है। एकाग्र होकर श्रवण करें।"

पण्डित तारकेश्वर उपाध्याय ने आसन पर तनिक उभड़ते हुए कहा- "सुनते-सुनते थक गये हैं, श्रीमती! ब्रह्म सत्यम् जगन्मिथ्या! शताब्दियों से सुनते आ रहे हैं; परन्तु जगत में ब्रह्म का कहीं भी पता नहीं चला। जगत मिथ्या? परन्तु बटुक को जन्म तो जगत में ही लेना पड़ता है- जन्तो, जगत, सीधी सी स्पष्ट बात है, श्रीमती!"

"अवश्य है; आप शान्त रहें- केवल सुनें।" भारती ने हंस कर कहा- "हम यहां सुनने के लिये हैं। यह दो प्रति श्रुत मतिमान परस्पर विवाद कर रहे हैं- उनको स्वाधीनता पूर्वक विवाद करने दीजिये। आपत्ति यही परस्पर कर सकते हैं- हम आप नहीं।"

"तब हम यहां क्या भाड़ झोंकने के लिये है?" पण्डित तारकेश्वर उपाध्याय खड़े हो जाते हुए बोले।

"कौन कहता है, आदरणीय? आप श्री यहां जगत और ब्रह्म की सम्यक् समीक्षा सुन कर अपना ज्ञान गहन करने के लिये हैं!" भारती ने कहा- "शान्त! सावधान!"

"भारती!" मण्डन मिश्र कह बैठे।

"शान्त!" भारती ने शासन करते हुए कहा- "यती शंकराचार्य के सम्यक् प्रश्न का धीमान उतर दीजिये, मिश्रजी!"

मण्डन मिश्र ने अपने गले में लटकती और लुलित माला के फूलों को तनिक देखा और कहा- "जगत क्या है? अनादि सनातन यथार्थ है- कल्प, यती! प्रलय के पश्चात् सर्ग महा प्रलय के बाद कल्प!"

आचार्य शंकर ने जलद गंभीर स्वर में कहा- "प्रतिपल परिवर्तित अविराम रूपान्तरित, संयोग और वियोग से संधातित यह जगत है क्या, महाशय?"

"पञ्च भूत-अणु-परमाणु....!" मण्डन मिश्र ने झुंझला कर कहा- "जगत जगत है; कैसे है? स्वयं स्वयमेव है- जो है, हो रहा है- होता जायगा, वह जगत है, सुना!"

आचार्य शंकर ने शान्त-गम्भीर स्वर में कहा- "यह जगत है; भव-संसार है- सृष्टि है; स्थिति है- संहार है यह मैं आदि के आदि से सुनता आ रहा हूं, मिश्र जी! मुझको विद्वानों ने पण्डितों और मनीषियों ने भी यही कहा है कि यह जगत जो कुछ है, जैसा है- वह है। परन्तु क्या जगत के सार-सत्य को जानने की जिज्ञासा तृप्त हुई है? क्या जगत को सर्वान्त में समग्रतः जान लिया गया है? भव-संसार की वार्ता भी यही है- प्रश्न जगत है- नहीं है; प्रश्न है- जगत क्या है? यह रहस्यमय आश्चर्य अपने अनन्त अविराम उद्वास में क्या है? यह विचित्र विलक्षण तथा विधि भव-योनियां स्वयं में और स्वयं परस्पर तथा परे एवं पार क्या है? मनीषी मण्डन मिश्र! अपनी प्रतिज्ञा का स्मरण कीजिये और मेरे विनम्र प्रश्न का प्रमाण भूत उत्तर कृपया प्रदान कीजिये।"

मण्डन मिश्र ने शान्त, मौन स्थिर भारती को देखा; तनिक मुंह बिचका कर कहा- "हमें अपनी प्रतिज्ञा का स्मरण है, यती! हमने जगत को सुतरां देख कर निश्चय किया है कि जगत अव्यक्त से अभिराम अभिव्यक्त अभिनव यथार्थ है। भव संसार? जीवात्मा की इच्छा पूर्ति के लिये योनि बन्ध है; योनि-जन्म है- मरण है। क्या यह जगत स्वयं सिद्ध प्रतीति नहीं है? है। क्या भव-संसार सतत अनुभूत संज्ञान नहीं है? है। आचार्य! अपने निराऽकार निर्गुण ब्रहम को लेकर आप अपने पूर्ववर्ती गुरुओं की भांति महर्षि बादरायण के सूत्रों की टीका करते रहे हैं- व्याख्या करते रहेंगे। किन्तु जगत सिद्ध हुआ है; सिद्ध किया गया है- भव-संसार स्वयं स्वीकृत है- अनुभूत और अधिकृत और अधिगृहीत है- ब्रहम नहीं। यदि हम आपके ब्रहम से हार जायेंगे, तो निर्विवाद हम जगत और उसके भव-संसार का त्याग कर सन्यास धारण कर लेंगे। किन्तु हम जगत के निरन्तर अविराम सद् में मानते हैं तथा विश्वास करते हैं- विश्वास करते आये हैं। जगत

कर्म की गति-विधि है। भव-संसार इच्छा पूर्ति के लिये कर्म का विज्ञान- घन पुरुषार्थ है, जीवन; आचार्य शंकर!"

आचार्य शंकर ने सहज ही पूछा- "यही तो भवान्! जगत को प्रतिपल बुद्धि द्वारा सिद्ध करना पड़ता है; इन्द्रियों द्वारा अनुभूत करना होता है; कर्म द्वारा जगत का गृहण करना होता है और पुनः विज्ञान द्वारा पुरुषार्थ कर उसका भोग करना पड़ता है- हमें यह स्थिति कब अस्वीकार्य हुई है? मैं भी कहता हूं जगत है, था, हो रहा है; भव-संसार है, था; होगा-होता रहेगा? परन्तु जो नहीं था और है तथा जो है और भूत भव्य हो जाता है- वह सत्य है क्या? सत्य इतिहास हीन तथा कालरहित सदैव निर्विघ्न तथा निर्भय वर्तमान है- यदि हम काल की परिभाषा में जगत को जानना चाहते हैं तो जगत काल का आविर्भाव और देश का प्रस्तार नहीं है क्या? तब जो उद्भवित होता है, होता रहेगा तथा रूपान्तरित होता है- होता रहेगा, उसको सत्य कैसे स्वीकार किया जाय? यथार्थ काल बाधित है; सत्य कालाऽतीत है, महोदय? नहीं है क्या?"

मण्डन मिश्र ने सव्यंग कहा- "अस्तित्व ही सृष्टि, स्थिति और संहार प्रणीत है। यह जगत इन्द्रिय गम्य वैज्ञानिक अनुभूति-पुञ्ज है; यह भव-संसार इन्द्रियज भोग और उसका सन्तोष है। जो नहीं है, वह हो सकता है क्या, यती शंकर?"

आचार्य शंकर ने सस्मित कहा- "जो नहीं है, वह हो सकता नहीं है; जो है वह 'नहीं' है, हो सकता है। जो है, वह है।"

मण्डन मिश्र- सीम, सीम। आचार्य यह रहस्यमय रूप, रूप-सीम, सीम अनन्त प्रवाहमय स्वप्न शील नित्य निरन्तर अभिव्यक्ति है; स्मृति-स्मृति का रूढ़ भोग है- भव संसार नित्य है; जगत चिरन्तन है- जीवात्मा उसका स्वर्ग कामी सनातन यात्री है। जन्मता-मरता, पुनः जन्मता-मरता रहता तथा अपने इच्छामय गहन की मनोकामना पूर्ण करने के लिये भव योनियों के भव-बन्धन बांधता और काटता रहता है- यही आप श्री का काम है क्या? जगत देश है; सृष्टि अविराम काल है; भव-संसार जीवात्मा की अनन्त जीवन यात्रा है। क्या यह जान लेना यथेष्ठ नहीं है? इस यथार्थ सत्य के परे और पार क्या है, यती शंकर?"

आचार्य शंकर- "सच्चिदाऽनंद ब्रह्म, महाशय मण्डन!"

मण्डन मिश्र ने तनिक उचक कर कहा- "जो जाना नहीं जा सकता, माना नहीं जा सकता, भोगा नहीं जा सकता- "जो जीया नहीं जा सकता, उस आपके ब्रह्म को लेकर मैं क्या करूं? चाटूं?"

आचार्य शंकर- "ब्रह्म ही कर्त्ता, धर्त्ता, भर्त्ता है। वह एक, सत् चित् निर्भय अभय तथा भीतिहीन अभय ही अभय है, मिश्र जी! जिस प्रकार शुक्ति रजत रूप् धारण करती है, उसी प्रकार ब्रह्म स्वयं प्रपञ्च रूप से भासित होता है। जो भासमान है वह चलायमान है, जो उद्भवित होता है, वह तिरोहित होता है। जगत परिवर्तनशील है, अतः भासमान है। जगत और जीव की यथार्थ और प्रातिभासिक सत्ता है; क्षणिक, मण्डन महोदय! क्षणिक अनन्त कैसे होगा? क्षण भर के लिये जो यह रूप उद्भासित होता है, एक अत्यंत न्यून कालाऽवधि के लिये जीवन जन्म धारण करता है, वह भव-यह रहस्यमय आश्चर्य 'इदम्' क्या नित्य सत्य ब्रह्म हो सकता है? ब्रह्म ही सब कुछ चाटता है, चाट जाता है। जीवात्मा जगत को क्या चाटेगा? भव-संसार को क्या सुखायगा? जीव तो जगत में भोक्ता अभियुक्त है, महाशय!"

मण्डन मिश्र ने उत्ताल स्वर में कहा- "ब्रह्म कर्त्ताधर्त्ता है, भर्त्ता है, तब यती शंकर! ब्रह्म ही कर्म-कर्त्ता हुआ। जगत के अनुशीलन से मुझे तो कर्म ही कर्म का प्रमाण प्रतीत होता है। वेद का कर्मकाण्ड वाक्योद्घाटित सम्पूर्ण कर्म कार्य को ही प्रगट करता है- ब्रह्म नहीं। कार्य मात्र शब्द-शक्ति से ही स्फोटित होता है और आचार्य! कर्म से ही मुक्ति प्राप्त होती है, यदि मुक्ति है तो! इस जगत में जीवात्मा का ध्येय स्वर्ग-प्राप्ति है; मुक्ति नहीं। सुखमय मुक्ति ही जीव का एकान्त गहन नित्य निरन्तर लक्ष्य है।"

"चार्वाकों ने भी कुछ ऐसा ही कहा है; माना है।" आचार्य शंकर ने सभा मण्डप को पलकों में भरते हुए कहा- "तब क्या जगत-जगत के लिये स्वयं लक्षित सृष्टि और स्थिति है? तब भव योनियां भव योनियों के लिये ही जन्मती और मरती हैं? तब काल क्या लक्ष्य हीन अनन्त अभिव्यक्ति है? पल के उद्वास की कोई संज्ञा नहीं है क्या? जगत का उद्देश्य क्या है, मण्डन मिश्र! कर्म? कर्म क्यों? कर्म क्या? कर्म-फल कैसे? स्वर्ग? एक प्रातिभासिक कामना-स्वप्न नहीं है क्या? मण्डन मिश्र! पल में गड़े हुए हो-पल से खिसको और दो पलों को निर्भय होकर देखो...."

"तब क्या होगा?" मण्डन मिश्र ने हंस कर पूछा।

आचार्य शंकर ने हंस कर उत्तर दिया- "ब्रह्माऽभास!"

मण्डन मिश्र ने काकुपूर्वक कहा- "आचार्य बृहस्पति को अवश्य ही आप श्री का ब्रह्म मिल गया था, यती शंकर! चार्वाक ऋषि ने आप श्री के ब्रह्म को सनातन स्वरूप दिया है, है न, यतीवर्य! लोकायतों को ब्रह्माऽभास जगत के ऐश्वर्य के निश्चिन्त भोग में ही हुआ है- कैसा, कितना सुन्दर ब्रह्म का आभास

है, गुरुवर्य? क्या यह मानव-ज्ञान के प्रथम विकास का दर्शन नहीं है? आचार्य शंकर! सर्वप्रथम चार्वाकों ने ही जगत, उसके ऐश्वर्य तथा पञ्च भूत-प्रपंच स्वरूप देह-सुख को स्वीकार किया है। इन्हीं मनस्वियों ने पृथ्वी, जल, वायु तथा तेज को प्रमेय माना है। आंख से दिखाई दे और इन्द्रियों से जो अनुभव में आये, वह सत्य, वही ब्रह्म, सन्यासी! आचार्य बृहस्पति ने सर्वप्रथम यथार्थ सत्य की खोज आरंभ की और कहा है- पृथ्वी, जल, वायु और तेज चार तत्व हैं-हैं न? इन्हीं भूतों का संगठन शरीर है- इन्द्रियां हैं। इसी संगठन से 'चैतन्य' उत्पन्न होता है। भूत प्रपञ्च से उत्पन्न चैतन्य विज्ञान चेतना का ही आविर्भाव होता है- क्या यही ब्रह्म और उसका आभास है?"

आचार्य शंकर ने सस्मित कहा- "मनीषी मण्डन! आत्मा-ब्रह्म की खोज अनादि जीवात्म वृत्ति है- सनातन, शाश्वत! काल का प्रवाह रुक सकता है; किन्तु आत्मा की खोज नहीं। जीवन सतत् आत्म दर्शन पिपासा है, महाशय! तभी यह जगत संयोगों और वियोगों का मूक-मूढ़ अभिव्यञ्जन है- तभी जीव सुख-दुःख, हर्ष और शोक-प्रसन्नता तथा विषाद की स्वयं विस्मृत चेतना है। वास्तविक ठोस आत्यंतिक जगत के सौन्दर्य का स्पर्श नहीं है; इन्द्रियों के स्वादों का स्मृति जन्य सम्मोह अन्तिम-आत्यंतिक अनुभव नहीं है। महाशय मण्डन! यह संसार, यह जगत-यह सब आत्मा के प्रति दृष्टि है; उड़ान है। काल की अनन्त पलों का यात्री जीवात्मा भव-संसार के वैभवों को भोगता हुआ भी अन्तरात्मा के गहन में आत्मा को खोजा ही करता है- जीव-चेतना आत्म चैतन्य का सतत् स्मरण है, महोदयेषु!"

मण्डन मिश्र ने कहा- "अनादि से मैं जन्म लेता चला आ रहा हूं- तो क्या आत्मा की खोज करता आ रहा हूं? नहीं, आचार्य! मैं स्वर्ग-प्राप्ति के लिये अधिक से अधिक पुण्य कर्म करना चाहता हूं। इस लोकालय में मुझे प्रत्येक भव-योनि में पाप भी करना होता है; पुण्य भी। मृत्यु-लोक में मैं भव-योनियों का कल्याण साधता हुआ पुण्यभृत कर्म करता हूं- करता रहता हूं और एक धन्य दिवस मैं सूर्य मण्डल को भेद कर अन्तरिक्ष के पार तथा परे स्वर्ग में उद्धवित होता हूं- देव स्वरूप-सरस्वती देवयन्तो हवन्ते, आचार्य! मुझ मानव के कर्म का एक मात्र लक्ष्य देवता रूप होकर अनन्त काल तक स्वर्ग में निवास करना है- यदि यही आत्मा की खोज है तो हमें कोई आपत्ति नहीं है, क्यों पण्डितों!"

"अवश्य, अवश्य, सत्युत।" ध्वनियां उठीं, लहरी, विरमीं।

"चार्वाक मत का यह चरम विकसित सांस्कृतिक रूपान्तर है, स्वर्ग की यह सुन्दर सुघड़ सरस धारणा। परन्तु स्वर्ग प्राप्ति से जीवात्मा पूर्ण रूपेण तृप्त

हो जाता है? पुण्य का भोग कर जीवात्मा को क्या मृत्यु लोक में आना नहीं पड़ता? हमारे आदरणीय और आप मीमांसकों के आचार्य जैमिनी का यह सिद्ध मत है- चार्वाक मूढ़ होकर पृथिवी के ऐश्वर्य को भोगना चाहते हैं किन्तु क्या निश्चिन्त होकर चार्वाक् पृथिवी भोग सकता है? भोगता रह सकता है? भोग कभी भी निश्चिन्त निर्भय निर्विघ्न अनुभूति नहीं है; सुख का स्वाद सुखद है और सुख का बिला जाना दुखद है। महाशय मण्डन! सुखों के सम्मोहों में जीव निश्चिंत सा निद्राधीन होकर भी आत्मा की खोज करता है; सुख की स्मृति में गड़ कर वह आत्मा को जैसे पुकारता है और दुःख में तो वह जगत क्या देह तक को त्याग कर विश्राम चाहता है; विराम चाहता है- दुःख से निवृत्त होना चाहता है। परमसुख की परमप्राप्ति तथा दुःख की अत्यंतिक निवृत्ति का तात्पर्य क्या है, मिश्र मण्डन! वही आत्मा की प्रतिपल अहर्निशि खोज।"

"यती! आप यह अच्छी तरह जानते हैं, सुख-दुःख का अनुभव भोगों के स्पर्श, संवेदनों के घात-प्रत्याघात, स्वप्न और स्मृति सब जीवात्मा के कर्मज अनुभव हैं- ब्रह्म कहां धरा है इनमें?" मण्डन मिश्र ने कहा- "चार्वाक परलोक नहीं मानते; जीव उनके मत में जल के बबूले जैसा है- उठा, उभरा और नष्ट हो गया। ऐसे जीव का परलोक क्या? लोकायत मरण को ही मोक्ष कहते हैं। आचार्य, आत्मा की खोज क्या यहीं से आरम्भ होती है?"

आचार्य शंकर ने कहा- "जगत तथा जीव के दर्शन का यहीं से प्रारम्भ होता है, प्रियवर मण्डन! लोकायतों ने स्थूल दृष्टि से आत्म तत्व को ही खोजने की मूढ़ चेष्टा की है और हार गये हैं; पराजित होकर मूक हो गये हैं। प्रतिपल का इन्द्रियज अनुभव आत्मा की सच्चिदाऽनंद अथाह अनन्त अनुभूति नहीं हो सकता। काल वश सुख अन्त में भीति उत्पन्न करता है; काल दग्ध दुःख अन्ततोगत्वा विषाद ही पैदा करता है। आत्मा की खोज का यह प्रथम अंधेरा चौराहा है, मण्डन मिश्र! जीवात्मा इसी चौराहे पर खड़ा हो मद्यप की भांति कहता रहता है; यावज्जीवेत सुखं जीवेत-ऋणं कृत्वा घृतं पिबेत्। भस्मी भूतस्य देहस्य पुनरागमनम् कुतः? आप श्री भी क्या यही कहते हैं? मानते हैं?"

"नहीं, नहीं, आचार्य नहीं!" मण्डन मिश्र ने तनिक स्तब्ध सा होकर कहा- "हम पुनर्जन्म, स्वर्ग-नर्क, आवागमन और चौरासी लक्ष्य भव योनियों के इस रहस्यमय यथार्थ को मानते हैं- किन्तु जीवात्मा अजर है, अमर है- यह भी हम स्वीकार करते हैं। हम ब्रह्म अथवा ईश्वर को नहीं, जीवात्मा को ही मानते हैं- हम जीवन के दैवत्व में मानते हैं, मोक्ष में नहीं। मोक्ष ही होता तो जीवन का यह चमत्कारी आविर्भाव होता ही क्यों, स्वामी?"

आचार्य शंकर ने शान्त स्वर में कहा- "महर्षि बृहस्पति के मताऽवलम्बी मृत्यु के बाद जीवन का अस्तित्व नहीं मानते, ईश्वर और परलोक को स्वीकार नहीं करते- स्थूल दृष्टि से देखते हैं वह इस जगत को। इन्द्रियों से जिसको देख और अनुभव नहीं कर सकते, उसके अस्तित्व को वह अप्रमाण्य मान कर अस्वीकार करते हैं। चार्वाक का किसी भी प्रमाण में विश्वास नहीं है। मिश्र जी, सत्य तो यह है- यह चार्वाक न जीव में मानते हैं; न जगत में ही इनका अमोघ विश्वास है- यह देह को ही क्षण भर के लिये स्वीकार करते हैं- तब तक वह देह को मानते हैं, जब तक देह द्वारा इन्द्रिय भोग भोगे जायं-भोगे जा सकें। इनके लिये पुष्ट मधुर रसाल भोजन, उत्तम वस्त्राऽभरण, सुगन्धित पुष्प् आदि स्वर्ग-सुखद हैं। एक क्षण के लिये ही सही, यह चार्वाक् जगत के ऐश्वर्या का निश्चिन्त निर्भय भोग भोगना चाहते हैं- यही इनका स्वर्ग है और दुःखमात्र नरक है। दुख नर्क; सुख स्वर्ग। क्या आप श्री भी यही कहते हैं? चार्वाक पूजा-पाठ, वेदादि का अध्ययन, यज्ञ-याग, दान-पुण्य, तीर्थाऽटन सदाऽचार आदि सब को लोभी व्यक्तियों का आडम्बर मात्र मानते हैं- चार्वाक कहते हैं अप्रत्यक्ष सुख इन कर्मों से प्राप्त नहीं होता; अतः प्रत्यक्ष सुख-दाता इन्द्रियां ही यथेष्ट हैं। चार्वाक निस्संदेह विलक्षण विमूढ़ हैं, मिश्र जी! जीवन सुख इनका ध्येय है- वेद वाक्य है। कृषि, पशु पालन, व्यापार, व्यवसाय, राजनीति आदि जीवन-सुख के लिये हैं; अतः यह स्वीकार्य है। आत्मा के अन्धे और अन्तःकरण के ओछे यह चार्वाक् सुखद कर्म को ही धर्म मानते हैं- क्या आप श्री भी यही मानते हैं?"

"हम मंगलमय मंगलजन्य-मंगल जन्य कर्म को ही मानते हैं यती आचार्य!" मण्डन मिश्र ने तनिक सिर धुना कर कहा- "हम सब कुछ मानते हैं- हम वेद को मानते हैं; शास्त्रों को स्वीकार कर जीते हैं। हम जगत और जीवात्मा में मानते हैं; हम स्वर्ग और नर्क में मानते हैं। यती शंकर! हम अपने परम्परागत ज्ञान के अगाध में डूबे रहते हैं। अपनी संस्कृति के शाश्वत चैतन्य मार्गों के हम व्रती यात्रिक हैं। हम वैदिक वर्णाऽश्रम धर्म के गृहस्थ हैं और वानप्रस्थ भी हो सकते हैं- हम ईश्वर और तथाकथित ब्रह्म को नहीं मानते, हम चार्वाक् नहीं हैं, आचार्य!"

आचार्य शंकर ने मुस्करा कर कहा- "मुझे यह ज्ञात है कि आप चार्वाक् नहीं हैं; केवल देहस्थ जीवात्मा नहीं हैं। मुझे ज्ञात है, आप श्री शाश्वत जीवात्म-अहम् हैं, जाग्रत, सम्मोहित सम्भ्रमित चकित् और अवाक् आप श्री जगत की अपनी तपस्वी यात्रायें समाप्त कर चुके हैं और अब आत्माऽलोक के परम धाम की ओर उन्मुख होने में ही हैं। कृपया कहिये आप श्री किसकी खोज किया

करते हैं? विद्या से किस सत्य का निश्चय कर उसका दर्शन करना चाहते हैं? तपस्याओं से आप श्री किसका दमन और किसका संयम किया करते हैं- भय से भागते क्यों हैं? भेद से त्रस्त क्यों होते हैं? जगत के वैभवों के मोह में कौन पड़ा हुआ है, मिश्र मण्डन?"

मण्डन मिश्र ने अचकचा कर कहा- "मैं नहीं, मैं नहीं यती!"

"तब कौन?" जलद-गंभीर स्वर में आचार्य शंकर ने कहा- "बताइये, कौन दुख की आत्यंतिक निवृत्ति और आत्यंतिक सुख की प्राप्ति के लिये जन्म और मरण में कौन कांक्षी है? कौन अपने परम स्वरूप के दर्शन के लिये सृष्टि की प्रथम पल से व्याकुल है-जीव की यह अविराम अहर्निशि जाग्रत और सुषुप्त खोज क्यों है? किसलिये जीवात्मा एक गूढ़ गंभीर चकित तथा त्रस्त भीति से प्रति पल मन ही मन कांपता रहता है- वह रूप के भेदों से और नामों के शम जाने वाले सम्बोधनों से उत्साहित होकर पुनः मूक हो जाता है- मनीषी मेरे! कहिये, मृत्यु से भय तथा जन्म से मोह क्यों है, किसको है? क्या देह को है? देह-शरीर, इन्द्रियां, प्राण, मन, बुद्धि, चित्त और अहम् क्या स्वयं ही अस्थिर है? चलायमान है? कौन जीवन की यह चित्र-विचित्र विलक्षण यात्रायें, जन्म कर, मर कर किया करता है? शरीर ही क्या? शरीर मात्र? शास्त्र-धुरन्धर मनीषी क्या देह-नौका को ही अन्तिम यथेष्ठ मानता है- मानेगा? आत्मा की खोज देह द्वारा देह के उपरान्त सभी अन्धकारों के परे और पार अनन्त सच्चिदाऽनंद ज्योतिषाम् ज्योति की खोज है- यही दर्शन है और इसी से शास्त्रों के शिलान्यास होते हैं, विद्याओं के उद्यान खिलते हैं; मतों की शताब्दियों का जन्म होता है। मण्डन मिश्र! जगत् के अन्धकार को, चार्वाक को इन्द्रियों की दीपावली मनाते देख कर अटको मत-सुखों की भरम के इस चौराहे को छोड़ कर आगे बढ़ो- अन्ततोगत्वा अंधेरा नहीं है, मण्डन मिश्र!"

मण्डन मिश्र स्वयं ही ठप्प हो गये; चिहुंके- "ज्योति? ज्योतिषाम् ज्योति? आचार्य, मैं स्वयं क्या ज्योति नहीं हूं? आत्मा की सतत् खोज जीवात्मा का चस्का मात्र है। क्या जीवात्मा ने ऐश्वर्य को आत्मा नहीं माना? पुत्र को आत्मा नहीं कहा? जीव ने यह कहा हैः आत्मनस्तु कामाय सर्व प्रियं भवति? 'चैतन्य विशिष्टः काय पुरुष' किसने कहा है? मानव-मनीषी ने, यती आचार्य! और उसी मतिमान ने यह भी कहा है- 'सवा एव अन्न रसमय पुरुष! आत्मा की अहर्निशि अविराम खोज करने वाले स्वयं लीन आप्त पुरुषों ने इन्द्रियों को ही आत्मा का ज्ञान माना है- 'देह प्राण प्रजा पतिं पितरं प्रेत्य ऊचुः।' क्या एकेन्द्रिय अथवा मिलिनेन्द्रिय आत्मवाद से आचार्य परिचित नहीं हैं?"

'हूं; क्यों नहीं हूं?' आचार्य शंकर ने हंस कर कहा- "विद्या व्यसनी इस जीवात्मा ने भी शास्त्रों और दर्शनों का अध्ययन एवं अनुशीलन किया है। मैं विद्या के जलनिधियों में तैरा हूं किन्तु डूबा नहीं हूं- मैं किनार पर लगता गया हूं, मिश्र जी! लोकायत हो चाहे कोई तत्व ज्ञानी अथवा दार्शनिक हो, अन्ततोगत्वा मूलतः आत्म-चैतन्य की ही खोज करता है- करता आया है। रहस्यमय विश्व और विलक्षण भव-संसार में आत्मा के सिवाय और किसकी खोज की जा सकती है? आत्मा की यह सदैव अपराजित खोज स्थूल से सूक्ष्म, सूक्ष्म से सूक्ष्मतर तथा सूक्ष्मतर से सूक्ष्मतम तक अविराम है। शरीर, इन्द्रियों, मन, प्राण, बुद्धि, चित्त, अहं सभी को तत्व-शोधकों ने प्रति पद 'आत्मा' माना है और पुनः अथाह रहस्य के अतल गह्वर पर ठिठक कर खड़े रह गये हैं। सच तो यह है आत्मा की खोज मानव-ज्ञान का निरन्तर चिरन्तन विकास है। मानव-बुद्धि ब्रह्म के अनन्त सम्भ्रम से भरी है; स्वयं विस्मृत यह पारदर्शी शक्ति इस जगत के प्रत्येक पदार्थ-अणु-अणु को अपने प्रथम भास में आत्मा ही तो मानेगी। भूतों से बढ़कर सर्वप्रथम आत्म दर्शन जीव को जगत में अन्य कहां होंगे? पृथिवी और आकाश, अग्नि और वायु, जल इस भूतों से अधिक रहस्यमय विलक्षण तथा विचित्र और क्या है? अणु से बढ़कर और क्या आश्चर्य है, इस विश्व में, मिश्र! जी! किन्तु क्या मानव भूतों पर ही रुक गया है? अणु में ही गड़ कर बुझ गया है? मानव बुद्धि अणु-अणु में चकित होकर किसकी खोज किया करती है? यह मन क्यों अनादि से रूप-रूप में भटक रहा है- किसके लिये चित्त उद्विग्न होकर प्रतीक्षा किया करता है? किसके लिये यह स्वयं लीन अहम् प्रतिपल अन्धा होकर जगत पर शासन करना चाहता है? काल के क्षण-क्षण अबाधित प्रवाह में स्वप्नवत् कौन झबका करता है?"

"मैं।" मण्डन मिश्र ने अधीर प्लुत स्वर में कहा- "यती! सम्मोहन पूर्ण शब्दों द्वारा हमें स्तम्भित मत करो- हम स्पष्ट अकाट्य तर्क के संस्कारी हैं। आपका कथन इतना ही है न, कि लोकायत भूतों तक आकर ठहर गये; तथाकथित आत्मा की खोज में भूत-परे, भूत उपरान्त न जा सके- नहीं देख सके, यही न? चार्वाकों से आगे जिनि गये हैं- जैन! किन्तु क्या वह वास्तव में अग्रसर हो सके हैं!...."

"चार्वाकों की तुलना में जैनियों ने भूत से पृथक आत्मा की सत्ता को किसी भी रूप में सही स्वीकार किया है!" आचार्य शंकर ने कहा- "यद्यपि जैनियों का आत्म-विचार भौतिक आधार से सर्वथा मुक्त सूक्ष्मतर नहीं है, तथापि आत्मा की खोज की इस अनन्त अविराम यात्रा में द्वितीय पड़ाव है। जैनियों

आत्मा अलौकिक होते हुए भी द्रव्य-गुणों मयी मध्यम परिमाणवत् परिणामी है- इसीलिये जैनों का जीव अस्तिकाय है अर्थात् शरीरगत और शरीरवत् न्यूनाऽधिक आकृति सम्पन्न है। मण्डन मिश्र, महोदय! क्या यह आत्म विचार आप को तृप्त करता है? तुष्ट करता है? क्या आप इस कथन को स्वीकार कर निःसंशय हो सकते हैं? नहीं, नहीं पण्डित मन्य! जैन भी परम सुख की आत्यंतिक प्राप्ति तथा दुःख की आत्यंतिक निवृत्ति चाहते हैं- इसके लिये कठोर तपस्या, दुरूह साधना जैन धर्म का अटल अनुशासन हो गया है। कायिक, वाचिक तथा मानसिक संज्ञानों का अनुशासन कर जैन अन्तःकरण की शुद्धि करते हैं, क्यों? अन्तःकरण के इस शुद्ध दर्पण में जैन किसे देखना चाहते हैं? काया का दमन कर, राग-द्वेष का शमन कर, भोग-मात्र का शमन कर जैन किसे प्राप्त करना चाहते हैं? आत्यंतिक सुख? कौन आत्यंतिक सुख चाहता है, काया के परे? शरीर के निश्चिन्त और निर्भय कौन होना चाहता है?"

"कौन?" मण्डन मिश्र चिहुंके- "कौन? मैं ही तो-जीव!"

"तुम क्या हो मण्डन मिश्र!" सहसा जलद गंभीर स्वर में आचार्य शंकर ने पूछा।

मण्डन मिश्र झटका खाकर मानो जाग गये; तपाक से बोले- "मैं क्या हूं, मैं? इतना आप श्रीमान नहीं जानते? मैं हूं- यह हूं। श्रीमान जिसे देख रहे हैं, जिसके साथ आप श्री शास्त्रार्थ कर रहे हैं। 'मैं क्या हूं' यह संभ्रम आपश्री को क्यों होता है, यती! मुझे तो आप श्री के लिये कोई भ्रम नहीं है। आप हैं; मुझ समान मां के उदर में पके हैं; कुक्षी से भूमि माता पर गिरे हैं; रोये हैं और अन्त में यों सन्यासी, मुण्डी हुए हैं। मैंने जन्म कर व्यर्थ सन्यास के लिये प्रयास नहीं किया, आचार्य! मैं भारत वर्ष का स्वस्थ, शुद्ध-बुद्ध गृहस्थ ब्राह्मण हूं, अनादि उल्लास से भरा उमंग से पूर्ण जगत का द्रष्टा और समाज का व्यवस्थापक ब्राह्मण मैं हूं- तब आप क्या हैं? एक जीवित शव यदि मैं कहूं तो। आप वर्णहीन वर्ण शंकर भी नहीं रहे। ओह् भूला, आप श्री तो ज्ञानी हैं- ज्ञान मूर्ति! हैं न?"

सभा में हास्य हुमुसा। उभय भारती ने हस्त लाघव उठाते हुए कहा- "शान्त! सावधान!"

आचार्य शंकर ने सभा मण्डप को मानो आंखों में भरा; कहा "जीव मात्र ज्ञान मूर्ति है, मनीषी मण्डन मिश्र! जो जानता है, जानता रहता है, वह क्या ज्ञान मूर्ति नहीं है?"

मण्डन मिश्र ने प्रगल्भ स्वर में कहा- "मैं जानता हूं- जान रहा हूं अतः मैं ज्ञान-मूर्ति हूं- स्वीकृत है, यती शंकर!"

आचार्य शंकर ने हंस कर कहा- पूछा- "यह जानने वाला 'मैं' क्या है, महाशय मण्डन मिश्र?"

मण्डन मिश्र ने क्षण भर के लिये शान्त अचल निश्चिन्त से आचार्य शंकर को घूरा- "मैं क्या हूं- मैं-मैं? यह हूं, कहा तो?"

"देह?" आचार्य शंकर ने तपाक से पूछा।

"देह? मैं? अवश्य देह; किन्तु देह के परे भी मैं हूं।" मण्डन मिश्र ने सभा से दाद पाने के हुलास में देखते हुए कहा।

"यही तो!" आचार्य शंकर ने पुचकार कर कहा- "यही तो मैं जानना चाहता हूं देह के परे आप कुछ क्या हैं?"

मण्डन मिश्र ने अपने बड़रे सरोज-नयन तनिक विस्फारित करते हुए कहा- "मैं जीव हूं; प्राणमय-शारीरिक मानसिक और इन्द्रिय जन्य शक्ति से पूर्ण जीव हूं। मैं विशुद्ध ज्ञान सम्पन्न तथा निर्विकल्प-सविकल्प दर्शनाऽनुभूति से मण्डित स्वयं चैतन्य हूं। देह के परे मैं क्या कुछ हूं- हमने कह दिया, देह के परे, शरीर के उपरान्त भी मैं हूं- सदैव मैं हूं-रहूंगा, समझे, श्रीमद्!"

आचार्य शंकर ने कहा- "आप श्री तब जैन हैं? जैन भी यही कहते हैं। जैन कहते हैं। आत्म-चैतन्य संसार-दशा में जीव है। शरीरधारी जीव, ज्ञानमय है, दार्शनिक है; किन्तु औपशमिक है। इस जीव-चैतन्य पर कर्म-गति अपना अक्षुण्ण प्रभाव करती है और यह शुद्ध चैतन्य भाव-प्राणों से पूर्ण हो जाता है। यही भाव-प्राण द्रव्य रूप होकर पुद्गल स्वरूप हो जाते हैं। जैनियों का जीव यह है, महाशय मण्डन मिश्र! क्या आप श्री केवल पुद्गल स्वरूप कुछ हैं?"

"यह वितण्डा है।" मण्डन मिश्र ने तनिक तीव्र स्वर में कहा।

"यह तर्क है, प्रमाण की कथनी, महाशय!" आचार्य शंकर ने दृढ़ता पूर्वक कहा- "क्या प्रतिक्षण परिणामी जीव स्वरूप ही आप हैं? कहिये? क्या आप सतत् काल-परिणामी चेतना हैं? भूतों के संयोग से उद्भवित तथा भूतों के वियोग से विच्छिन्न आप उत्पाद, व्यय तथा ध्रौव्य से भरे द्रव्य मात्र हैं? उत्तर दीजिये, श्रीमन्!"

मण्डन मिश्र ने मानो सभा को सम्बोधित करते हुए कहा- "जैनियों ने भी विश्व को देखा है, यती आचार्य! विश्व के प्राकृतिक और अप्राकृतिक स्वरूपों पर जैन तत्ववेत्ताओं ने तपस्या से स्नात दृष्टि डाली है; जैन ने जगत को सात मूल तत्वों में पाया है; जीव, अजीव, आस्रव, बन्ध, संवर, निर्जरा और मोक्ष! जीव और अजीव को यह मतिमान 'द्रव्य' भी कहते हैं। क्योंकि यह जैन मोक्ष में अन्ततोगत्वा मानते हैं, अतः आत्म-चैतन्य को भी स्वीकार करते हैं;

किन्तु संसार दशा के परे और पार आत्मा की स्थिति में इन निगड़ तपस्वियों को विश्वास नहीं है। जीव तत्व ही इनका आत्म तत्व है- आप वेदान्तियों की अगम्य धारणा इनके तत्व-चिन्तन में नहीं है। हम मीमांसक जीव को स्वाधीन चेता शाश्वत सत्य मानते हैं- हम जीव तत्व को पुद्गल नहीं मानते। हमारा शाश्वत जीवात्मा अनन्त ज्ञान मय, अनन्त सामर्थ्यमय तथा अनन्त दर्शन है; किन्तु वह कालाऽधीन कौतुक नहीं है- इस जगत का अनुभव करने वाला पुण्याऽकांक्षी जीवात्मा अन्ततोगत्वा अपना अनन्त ज्ञान जगत और जीवन के अनुभवों द्वारा प्राप्त करता है; किन्तु इससे उसको स्वर्ग की प्राप्ति होती है- तथाकथित मोक्ष नहीं। जैन जीव तत्व को ज्ञानी, दार्शनिक, अमूर्त, कर्त्ता आदि मानते हुए भी उसको स्थूल स्वरूप ही-शरीर रूपी ही मानते हैं- कर्म का स्वाधीन कर्त्ता हमारा शाश्वत जीवात्मा अपने ज्ञान से महाप्रलय का विराम तो प्राप्त करता है; किन्तु जगत तथा जीवन की जीजिविषा से छूटता नहीं। जीवात्मा अनादि अपार अविराम मंगलमय जीवनेच्छा है और कर्म स्वरूप अभिव्यक्त होता है, आचार्य! मैं परिणामी जीवात्मा को स्वीकार नहीं करता; मैं नित्य जीवात्म-चैतन्य को ही स्वीकार करता हूं-अनादि अपूर्व स्वरूप जीवात्मा स्वयं स्वयमेव सर्व शक्तिमान जीवन चैतन्य है और यही मैं हूं; आपश्री हैं..."

"जीवन-चैतन्य?" आचार्य शंकर ने जैसे पूछा- "संज्ञान? संवेदन-अनुभूति? क्या, महाशय? आत्म-चैतन्य क्यों नहीं कहते? मानते? आत्मा की खोज आत्म चैतन्य की खोज है। जो आत्मा नहीं है, वह अनात्मा, जड़ है; असद् है; अनित्य है। असद् और अनित्य क्षणिक यथार्थ है; उसकी व्याख्या की जा सकती है। उसको देखा, स्पर्शा और कहा जा सकता है; किन्तु क्या वह सदैव के लिये समझा जा सकता है? माना जा सकता है? जैनियों ने आत्म तत्व नहीं परोक्षतः जन्म-मरणाऽधीन जीव को ही माना है और वह भी भूतोद्भवित भूतकृत, भूत भृत! जीव-चैतन्य सर्व शक्तिमान स्वयं स्वयमेव होता, तो जीव जन्मता और मरता नहीं। जीव परिणामी होता नहीं, मनीषी मण्डन! जीजिविषा? जीवनेच्छा? क्या? भवेच्छा, कर्म, कर्म-फल-भव-संसार! वर्तुल पुनः वहीं का वहीं समाप्त सा प्रतीत होता है, मिश्रजी! जीवात्मा क्या भवेच्छा तक ही अविराम नित्य नहीं है? लोक-लोकान्तरों में कर्म-फल के परिणाम-स्वरूप यात्रा करने वाला, स्वर्ग-सुख का निगड़ कामुक, इस पृथिवी पर मंगलोऽद्भव का आकांक्षी! कामिनी का रसिक तथा काञ्चन का दास, इन्द्रिय सुखों का उद्भ्रान्त मति भ्रान्त इच्छुक, जीवात्मा क्या आत्म-चैतन्य का नित्य है? जीवात्मा आत्म-चैतन्य के अज्ञान का उद्भास मात्र है- एक की अनेक भावना का चलायमान स्वरूप मात्र! जैनियों का आत्म

आप श्री को कहां ले जायगा? काया का दमन और इन्द्रियों का शमन कर अखण्ड तपस्या द्वारा आप तीर्थंकर हो जायेंगे किन्तु क्या ब्रहम-साक्षात्कार होगा? मेरी प्रतिज्ञा है- ब्रहम सत्यम् जगन् मिथ्या! जो सत् है और नहीं भी, उस देश काल की अनन्त वार्ता विज्ञान के चमत्कारिक उद्रेक और उद्भव और अभिव्यक्ति की वार्ता है- बुद्धि का मनोविनोद मात्र; सृजन तथा उत्पादन का उपयोगी कौतुक मात्र है। क्या जीवात्मा जगत को पाकर सन्तुष्ट है, तृप्त है, शान्त है? होता है? उत्तर, कृपया!"

मण्डन मिश्र ने शान्त, अचल सी उभय भारती को तनिक घूर कर कहा- "सुना, भारती! पुनः पुनः वही प्रश्न है। क्या हम पुनः पुनः वही उत्तर दें? हम पुनरुक्ति नहीं करते।

उभय भारती ने शान्त गम्भीर स्वर में कहा- "आचार्य श्रुती पर चल रहे हैं; आपश्री दर्शन के मार्ग पर हैं। पाण्डित्य के सभी भारों और आग्रहों से रहित यह अत्यंत गंभीर वार्तालाप है, मिश्र जी! प्रश्न का उत्तर देना अनिवार्य है, उत्तर नहीं देना पराजय का एक चरण भरना है।"

"हुं! तुम-आप भी...." मण्डन मिश्र चिहुंके।

भारती ने जैसे वाक्य छीन लिया; कहा- "मण्डन मिश्र! ब्रहम को शास्त्रोक्त प्रमाणों से सिद्ध कीजिये। दर्शनों के मार्ग पर चल कर इस जगत में, भव-संसार में ब्रहम का पता बताइये। अन्यथा स्वीकार कीजिये...."

"क्या, श्रीमती?" मण्डन मिश्र ने जैसे धरती के अन्तिम छोर पर खड़े होकर पूछा।

"आचार्य की श्रुति और क्या?" भारती ने कहा- "शास्त्र के सभी प्रमाण प्रस्तुत कर अकाट्य रूप से अनादि शाश्वत जीवात्मा की असंदिग्ध स्पष्ट अचूक प्रतिष्ठा कीजिये। जगत तो आप उभय यथार्थ स्वरूप मानते ही हैं-है न आचार्य शंकर!"

आचार्य शंकर ने कहा- "मैं जगत को क्षणिक रूपवान जड़ अभिव्यक्ति मानता हूं; मैं भव-संसार को नामों का कलरव और कोलाहल मानता हूं। तनिक काल के लिये मैं जीवात्मा का उद्भव स्वीकार करता हूं-कालाऽधीन और देशज ब्रहम-धारणा है; ब्रहम सच्चिदाऽनंद आत्मा नहीं है। मिश्र जी को उत्तर देना ही है, जीव जगत से आत्यंतिक तृप्त, पूर्त, भृत, संतुष्ट एवं निश्चिन्त क्यों नहीं होता? अनन्त कोटि जन्म-मरण जीव को परम आत्यंतिक सुख क्यों नहीं दे पाते? विश्व का यह रमणीय आश्चर्य स्वप्न की श्री क्यों है? सुख की स्मृति किस उद्भ्रान्त के अन्तःकरण में जलती रहती है? जीवात्मा के अन्तःकरण में

कामनाओं के स्वप्नों का यह जगत प्रति पल उद्घासित और तिरोहित हो रहा है- कौन दृष्टा है इस प्रकाश और अन्धकार के छबिमान उद्वेलन का, श्रीमती! क्या जड़ से चैतन्य उद्भवित हो सकता है? असद् सत्य हो सकता है? सद् असद् हो सकता है? महाशय मण्डन! जैनियों की मोक्ष धारणा आत्म-दर्शन की मुक्ति नहीं है। यह नित्य अविराम जीवात्मा का नित्य विराम है। विराम प्रलय है; मृत्यु, मिश्र जी!"

"पुनः वही मृत्यु!" मण्डन मिश्र ने मानो चिल्ला कर कहा- "मैं चिरन्तन जीवन को ही देख रहा हूं; शाश्वत अगाध जीवन रति को ही पाता हूं। मैं जीवन के विपरीत, विरुद्ध समानान्तर, सम और विषम कुछ भी तो नहीं हूं- मैं मुक्त अबाधित जीवन चेतना हूं, आचार्य! मृत्यु का भय बता कर मुझ जीवन के वीर को हताश और पराजित करना चाहते हैं क्या आप? तो मैं सभी शास्त्रों के प्रमाणों की अभूतपूर्व साक्षी से कहता हूं मैं जीवन हूं- स्वयं, यती शंकर! यह जगत भ्रम है? मेरा जीवन-चैतन्य का भ्रम है। मेरा भ्रम, विभ्रम, ज्ञान-अज्ञान, आप श्री जो कुछ कहें? क्या मैं मर जाता हूं यती?"

"नहीं।" आचार्य शंकर ने कहा- "सद् कभी मरता अथवा नष्ट नहीं होता। किन्तु भ्रम भंग होता है; विभ्रम छंटता है- एक भव रूप बदलता है। भव-योनियां कर्म-संकुलों के सृष्टिगत फलितार्थ हैं, मिश्र जी! आत्मा नहीं, भव जन्मता है; भव मरता है। क्यों?, यदि जीवात्मा शाश्वत सत्य होता तो क्या कर्म उस पर प्रभाव कर सकता था? काल उसको वश कर सकता है- क्या? उसको एक गूढ़-गहन आकृति बांध सकती थी? क्या अनंत आदि-अंतर्गत हो सकता है? असीम सीमा में घिर सकता है? ज्ञान, ब्रहम, स्वयं स्वयमेव आत्यंतिक एक और चिर है, मण्डन मिश्र! क्षणिक यथार्थ ही अनादि अनन्त सत्य होता, तो अपूर्व अगाध और अमोघ कर्म संचित, प्रारब्ध और क्रियमाण स्वरूप व्यक्त हो सकता था? अपूर्व के अथाह अनादि अर्णव को जान कर, अणु, परमाणु, त्रिस्त्रेणु और ज्योतिऽर्णु-अणुशेष को प्रतीत कर क्यों मान लेते हो, इस व्यामोह से मोहित करने वाला जीवन-चैतन्य प्रगट होता है? ऐसा लगता है, जीव भूतों के प्रपञ्च, प्राणों की गति, मन की प्रक्रिया, बुद्धि के निश्चय, चित्त के सम्मोह एवं अहम् के संकल्प से उत्पन्न होता है- ऐसा तर्क कहता है किन्तु शरीर से ही चेतना उत्पन्न होती तो देहाऽवसान का प्रश्न उठता ही नहीं- देह के परे अस्तित्व का चिन्तन जीव की बुद्धि में उद्भवित होता ही नहीं। कौन देह छोड़ना नहीं चाहता? मरना कौन नहीं जानता? भूतों से उद्भवित चेतना-संज्ञान? कहिये, श्रीमन्?"

मण्डन मिश्र ने प्लुत-तीव्र स्वर में कहा- "मैं, हम, जैन नहीं हैं, हम चार्वाक् नहीं हैं- हम औलूक्य भी नहीं हैं। हम मीमांसक हैं, हमने कह दिया। जैनियों का जीव-तत्व दिव्य, मानुष, नारकीय और तिर्यक् स्वरूप धारण करता है; हमारा जीवात्मा भी चौरासी लक्ष्य योनियों में जन्म धारण कर मनुष्य योनि में भव धारण करता है। जैनियों का जीवात्मा अविनाशी है; चाहे वह कितने ही-कैसे ही रूप धारण करता रहे- रूप नष्ट होता है; जीव नहीं। क्या हम मीमांसकों का भी अन्य शब्दों में कथन नहीं है। प्रश्न जीव के रूप का है क्या? भव का है क्या? जैनी जीव को सृष्टि गत, विश्व गम्य अनादि मान कर उसके चैतन्य के उद्भव को सृष्टि-प्रपंच प्रणीत कहते हैं- भूतों से चैतन्य का आविर्भाव? क्या कहा, कहा जा सकता है? होता भी है; नहीं भी होता, आचार्य!"

आचार्य शंकर ने शान्ति से पूछा- "जैन दर्शन में जीवत्व-रूप भाव अविनाशी स्वीकार किया गया है, है न? अवश्य! अतः जैन-दृष्टि में शरीर मरता है; जीव नहीं-इसको 'सद्भाव वाद' कहा गया है। इसीलिये जैन तत्व-ज्ञान में द्रव्य अपरिणामी है; परिणामी पर्याय मात्र है। यह परिणामी पर्याय अनित्य भी है। यद्यपि ध्रौव्य स्वरूप को नित्य मानते हैं, हमारे यह जैन तत्व विद् तथापि जीव बद्ध तथा मुक्त दोनों हैं। क्या जैनियों के इस दुरूह 'अनेकान्त' को आप श्री स्वीकारते हैं? क्या आप मानते हैं, चैतन्य जीव जड़ रूप हो सकता है? क्या जड़ चैतन्य होता है?"

मण्डन मिश्र ने गर्ज कर पूछा- "चैतन्य क्या है, आचार्य?"

आचार्य शंकर ने तनिक उत्ताल स्वर में कहा- "यही तो में आप श्री को सादर पूछ रहा हूं मैं। आत्म वस्तु को चैतन्य कहता हूं- शेष मात्र जड़ है। आप कभी जड़ को चैतन्य और चैतन्य को जड़ कहते हैं। मिश्र जी, शास्त्रों ने जो कहा है वह यथार्थ सापेक्ष है; नित्य आत्यंतिक कथन नहीं है। मूलभूत सभी शास्त्रों का आधार भूत प्रश्न है- चैतन्य क्या है? क्या उसका उद्भव होता है। क्या आत्मा जन्मता है, मरता है? कहिये।"

मण्डन मिश्र- "मैं जीव को जानता हूं; आत्मा को नहीं। यदि आप अपने ब्रह्म में मानते ही हैं तो प्रमाणित कीजिये। मैं पदार्थ और उसके द्रव्य गुणों को जानता हूं और कह सकता हूं जीव-चैतन्य का इसी सृष्टि-प्रपञ्च में ही कहीं रहस्यमय आविर्भाव है। जीव चेतन आविर्भूत हुआ है, क्या यह यथार्थ नहीं है?"

"है। निस्संदेह जीव-चेतना का सृष्टि-प्रपञ्च में आविर्भाव हुआ है।" आचार्य शंकर ने कहा- "परन्तु हम सन्यासी यह भी जानते हैं, जीव-चैतन्य का मोक्ष भी होता है। यह संसार खग्रास ग्रहण की भांति है; उसका बन्ध और मोक्ष है। आत्मा

अज्ञान के ग्रहण से जीव-भाव प्राप्त करता है और यही उसका जीवात्म भाव है- मोक्ष नहीं होने तक ही वह कालाऽधीन अनादि ब्रह्म-संकल्प है- ब्रह्म नहीं।"

पण्डित तारकेश्वर उपाध्याय ने सिर धुना कर कहा- "मिश्र जी! इस यती के ब्रह्म को मान लीजिये और हम सबको इस व्यर्थ वार्ताऽलाप के श्रवण के भव-संसार से मुक्ति प्रदान कीजिये...."

भारती ने कहा- "शान्त। सावधान। शास्त्रार्थ आज यहीं विरमता है। यह भव्य-दिव्य वार्ताऽलाप कल और होगा.... कल।"

मण्डन मिश्र ने आसन से उठते हुए कहा- "कल हम आपको सिद्ध कर बतायेंगे, आत्म-चैतन्य धारणा मात्र है। वस्तुतः और वास्तविक जीव है- "जगत है।"

आचार्य शंकर ने भी उठते हुए कहा- "यही तो।"

17

भारती ने मन्दिर के प्रकोष्ठ के बाहर मध्य रात्रि के सतार आकाश को आह भर कर देखा और पुनः शिव-शिवा की मूर्ति को निहारा। मन्दिर के परिचित गर्भ में धूर्जटि शिव के वामांक में विराजी हुई वही नयन मनोरम शिवा। वही भस्माऽलेपित नागों के घन-कज्जल दमकीले आभूषणों से भूषित, आरक्त मदीले बड़रे स्थिर नयनों से देखते हुए औघड़ दानी शिव। वही महाकाली, महालक्ष्मी, महासरस्वती के दुर्गा भवानी के प्राण वल्लभ शिव, वही। भारती को लगा- शिव की सदा-प्रसन्न किन्तु असंग मुस्क्यान में कोई व्यंग छिपा है। भगवती शिवा, शिवानी, मृडानी-महेशानी स्मित पूर्वक भौहों के तनिक इंगित से कुछ कह रही है क्या? श्री क्या कहना चाहती है भारती टक शिव-शिवा के ललाम विग्रह को देखती बैठी रही। मन्दिर में एकान्त मानो जाग रहा था; चुपचापी थक कर मूर्च्छित हो गई थी। उद्यान पर छाया हुआ मूढ़ किन्तु सजग अन्धकार मानो झपकियां ले रहा था। मन्दिर के गर्भ में कल्प सो रहे थे और प्रलय कुनमुना रहे थे। अपनी अनन्त पलों को सुधिहीन करता हुआ काल धूर्जटि के सर्पों की ओर अपलक निहार रहा था- गूढ़ असंग रहस्यमय आगम मानो शिव-शिवा के नयनाऽभिराम विग्रह की पलकों पर अंगड़ाइयां ले रहा था। भारती सिहर उठी- "धूर्जटे!" अन्तराल के अनन्त अथाह में "धूर्जटे!" शब्द मानो भय से चमक कर जाग उठा और सहसा अनन्त के क्षितिज से जा टकराया; तब क्या भवितव्य सत्य होगा ही? क्या ज्योतिषी की भविष्यवाणी सत्य प्रमाणित होगी ही? क्या मनीषी मण्डन हार जायेंगे? तत्ववेत्ता कर्म-काण्ड धुरन्धर महामहोपाध्याय मण्डन मिश्र की माला सूखने लगेगी? क्या होगा, भगवन्!" एक आकुल ध्वनि भारती के रोम-रोम भेद कर फूटीः यह युवा यती शान्त है; अचल है; निःसंशय

है। शंका-आशंका हीन, भय रहित तथा भीति हीन यह युवा आचार्य सन्यासी के कमल लोचनों में मानो त्रिकाल के जगत भांवरियां भर कर उसके निर्मल अन्तःकरण में लीन हो जाते हैं। सदा प्रसन्न और चिर तुष्ट आचार्य शंकर शास्त्रार्थ का प्रमाण बद्ध इतिवृत्त कहते ही नहीं। शास्त्र को यह यती शंकर छेड़ता ही नहीं। जगत के रूपों के प्रमाण तथा नामों के विकल्पित सम्बोध, यह राग और द्वेष के संवेग, यह नानाविधि विचित्र और विलक्षण संज्ञान इस यती सन्यासी को लवलेश भी अटकाते नहीं? यह आचार्य तब अपनी गूढ़-गहन दृष्टि से जगत के परे और जीवात्माओं के अथाह के पार भी देखता है? मण्डन मिश्र तो यती की मुख मुद्रा, वाणी विन्यास, तर्क सामर्थ्य, प्रमाण, स्तुति सभी मानो घूर-घूर कर देखते हैं और यह युवा सुघड़ सुन्दर सन्यासी मण्डन को देखते हुए भी नहीं देखता; सुनते हुए भी नहीं सुनता। यह यती मानो कहते हुए भी नहीं कहता- बोलते हुए भी नहीं बोलता। मानो यह आचार्य शंकर काल का अविराम मौन है- आकाशों के अवकाशों का अथाह है। यह युवा आचार्य तर्क के इन्धन को जला देने वाली कोई गुह्य अग्नि है। भारती पुनः रोम-रोम में सिहरी। "शिवे!" भारती स्वयं से ही बोल उठी- "भवानी! दुर्गे! शिवानी! क्या होगा?"

पास ही झपकियां खाती हुई कालिन्दी चमक उठी; चिहुंकी- "कुछ भी तो नहीं।"

सुखासन पर बैठा हुआ शर्मणा हिला; बोला- "भाभी!"

भारती अरभरा कर उठी; गर्भ-मन्दिर से बाहर आते हुए बोली "मैं विधाता से लोहा लूंगी, भाई मेरे! क्या वह हार जायेंगे? मैं पूछती हूं केवल श्रुति को ही अन्तिम अकाट्य प्रमाण, ऋषि-मुनियों के कथन मात्र को ही सत्य मान कर चलने वाला यह गहन आचार्य क्या शास्त्र-धुरन्धर को हरा सकेगा? मैं पूछती हूं क्या मण्डन हारेंगे?"

शर्मणा ने भारती को गर्भ-मन्दिर के द्वार में इन्द्रधनुष का चीर पहिनी हुई देवांगना की भांति विजड़ित, चित्रित, देखा। पवित्र पुनीत कर सौन्दर्य की यह रंग-विरंगी मूर्ति, आकाश की छबियों से लोलित तथा धरती के संभारों से भरी हुई यह भारती! शर्मणा को लगा, धूर्जटि की गोद में बैठी हुई वह प्रस्तर की मूर्ति शिवा कोहबर का श्रृंगार कर यों प्रगट हो आई है और उससे भविष्य का अन्त पूछ रही है। अनायास बोला- "यह जगत कब जीता हुआ है? और यह जीवन भाभी! हारता भी कब है? शास्त्रार्थ में प्रमाण जीतता है, भाभी!"

भारती ने निसास रख कर कहा- "शंकर प्रमाणों को छूते तक नहीं; विवाद करते नहीं। वह तो उनसे उगलवा रहे हैं, शर्मणा!"

शर्मणा ने सिर धुना कर कहा- "जो जगत को स्वीकार नहीं करता, वह जगत के प्रमाणों को छूएगा कैसे भारती भाभी! मिश्र जी जगत तथा भव योनियों, भवों के कर्मों, कर्म विपाक, कर्म-फल तथा स्वर्ग को लेकर चल रहे है और शंकर आत्म ज्ञान को। सोचता हूं क्या इन्धन से अग्नि प्रमाणित होती है- हो सकती है?"

कालिन्दी ने सहसा कहा- "तुम चुप रहो। भाभी को व्यर्थ ही शंका में डाल रहे हो? अन्त में निश्चय सत्य से ही होगा- यह जगत क्या प्रमाण हीन है? नहीं।"

भारती ने दोनों को देखा; कहा- "वाणी से क्या सत्य का निश्चय हुआ है? वेद हैं; उपनिषद हैं; शास्त्र हैं; सन्तों के भजन-भाव हैं- सब हैं; परन्तु क्या जीवात्मा को कोई पकड़ पाया है; क्या जगत के एक रूप को भी कोई अतल में स्पर्श कर सका है? सभी कुछ अदृश्य हो जाता है; लीन हो जाता, विला जाता है। ओह! कितना गहन मौन है चारों ओर! हृदय की धड़कनें इस अथाह अपार मौन में भयभीत धड़कती रहती हैं, शर्मणा!"

शर्मणा उठ खड़ा हुआ; निसास रख कर बोला- "सन्यासी से क्या कभी शास्त्रार्थ करना चाहिये था? नहीं, भाभी! सन्यासी स्वयं के अस्तित्व को नहीं मानता; वह जगत और जीव, भव संसार तथा उसके यापन के शास्त्रों को क्या स्वीकार करेगा? मिश्र जी को शास्त्रार्थ स्वीकार करना ही नहीं चाहिये था और किया भी तो हारने पर सन्यास ग्रहण कर लेने की प्रतिज्ञा क्यों करनी थी, भाभी!"

भारती के अधर कुनमुनाये; तनिक कांपे। बोली- "मुझे तो यह घटना विधि-प्रणीत लगती है, शर्मणा! मण्डन के विद्या-वारिधि का ओर-छोर नहीं है और अपनी अगाध सिद्ध विद्या के अपराजित अहम् ने उनको भविष्य के शून्य की ओर धकेला है- विधि!"

"क्या आपकी माला मिश्र जी के कण्ठ में कभी सूख सकती है?" शर्मणा ने मानो सहसा पूछा- "नहीं, भाभी!...."

भारती ने जैसे असीम आकाश में एक मेघ को पकड़ लिया; यों विश्वास पूर्वक कहा- "श्री जय देगी; भवानी लाज रखेगी शिवा! यह मंगलमयी शिवा क्या अमंगल करेगी? नहीं-नहीं, भाई मेरे!"

शर्मणा ने साहस बंधाते हुए कहा- "प्रियतमा पत्नी का अमोघ सतीत्व अपने प्राण प्रिय पति का सर्वेद मंगल ही करता है- निश्चिन्त हो जाओ, भाभी! मण्डन कभी नहीं हारेंगे।"

भारती ने गंभीर स्वर में कहा- "तुम चिर जीओ, शर्मणा!"

शर्मणा ने सिर धुनाते हुए हठात् कहा- "मैं जीना नहीं चाहता। नहीं।"

भारती गर्भ द्वार से खिसक आई; बोली- "क्या कह रहे हो तुम- शर्मणा? क्यों?"

शर्मणा ने चुपचाप कुछ दूर बैठी हुई कालिन्दी को घूरते हुए कहा- "पूछो उससे। वह बैठी हुई है न, उससे पूछो भाभी! उसका पति जीवन से निराश क्यों हो गया है!"

कालिन्दी उठी; तनिक हिल कर वहीं स्थिर खड़ी हो गई, बोली- "मैं कह रही हूं तुमसे क्या कि तुम आत्म हत्या कर लो। मैंने ऐसा क्या किया है?"

शर्मणा ने सव्यंग कहा- "स्त्री कब कुछ करती है? भाभी! यह आपकी सखी मुझे देखती तक नहीं-उसके इन चमकीले नयनों में राजराजेश्वरों की छबियां भरी रहती हैं। मैं महाराजाऽधिराज राजेश्वर नहीं हूं; दीन-हीन ब्राह्मण हूं। पहिले भट्टपाद की करुणा के सहारे जीता था; अब मिश्रजी के स्नेह के आसरे पड़ा हुआ हूं- जी रहा हूं। यह नृत्य और संगीत की कला धात्री ब्राह्मण की पर्णकुटिया में कैसे बस सकती है? उसको तो राज मन्दिर के रत्न जटित प्रांगण चाहिये...."

कालिन्दी ने भवें तरेर और मुंह बिचका कर कहा- "तुम-तुम क्या हो, अब मैं जान गई हूं; पाटलीपुत्र के श्रीमन्त युवकों के चाटुकारी प्रणय को त्याग कर मैंने तुम्हारी भावुक प्रीति को स्वीकार किया। मुझे पता न था तब कि तुम नारी के शरीर के अन्धे कामुक भोगी मात्र हो। तुम नारी को दासी, चेरी, भृत्या मान कर अहर्निशि अपनी वासना पूर्ति करते रहना चाहते हो। तुम मुझे आर पार दिख गये हो; परन्तु मैं क्या तुमको दिखती हूं? मैं यौवन के उभारों से उल्लोलित शरीर मात्र हूं तुम्हारे लिये। तुम नहीं चाहते कोई मुझे सराहे और मैं किसी को सराहूं। मैं कला की उपासिका हूं, मित्र मेरे! मित्र, तुम्हारी मूर्ख भावुक दासी नहीं।"

भारती ने तनिक प्लुत स्वर में कहा- "कालिन्दी! यह क्या कह रही हो- शर्मणा तुम्हारे पति हैं...."

कालिन्दी ने गम्भीर स्वर में कहा- "अवश्य हैं; किन्तु पति क्या कोई सम्राट है, श्रीमती! पति साथी है, मित्र है- और पति क्या है? पूछिये इनसे क्या यह मुझ में विश्वास करते हैं? मुझसे आत्मा से प्रेम करते हैं? इनकी दृष्टि में मैं एक छलनामयी नारी मात्र हूं..."

शर्मणा ने सिर धुना कर कहा- "और तुम क्या हो? देखो, भारती भाभी को। पति एक सन्यासी यति से उलझ गया है। विद्या वारिधि मण्डन मिश्र आज

शून्य में बिना पंख उड़ने जा रहे हैं- तब उनकी अनन्य प्रिय पत्नी इस आधी रात को उनके चिरन्तन मंगल के लिये प्रार्थना कर रही है। अपने सौभाग्य और सतीत्व की बाजी लगा दी है इस महान पूज्य नारी ने-प्रेमल पत्नी में- कितनी शक्ति है, उसका पता तुझे अब भी नहीं चला? डाल मेरे और सुधन्वा के गले में मालायें और कह जो तुझे नहीं पा सकेगा उसकी माला सूख जायगी।..."

भारती ने चिल्ला कर कहा- "शर्मणा! चुप हो जाओ।"

कालिन्दी ने सस्मित कहा- "यह वाचाल तरंगी कामुक कौतुकी नर है, चुप नहीं होगा। ऐसे नरों के चीत्कारों से यह आकाश अनादि से भरता आ रहा है। इन स्वैरों के प्रश्नों का उत्तर ब्रह्मा भी नहीं दे सकता। तब शर्मा जी! मैं महाराज सुधन्वा की...."

"शान्त, कालिन्दी!" भारती ने कहा- "नर-नारी जब तक झगड़ते रहेंगे, यह धरती कांपती रहेगी; यह आकाश कालिमा से भरता रहेगा। जीवन की आंधियां कभी नहीं थमेंगी। नर को अपनी नारी में अगाध विश्वास करना ही होगा...."

"और नारी को अपने नर के श्री चरणों में शरणागति लेनी ही होगी; मनसा वाचा कर्मणा समर्पण, भाभी!" शर्मणा ने कहा- "सुन लिया, देवी जी।"

कालिन्दी ने शर्मणा को घूरा; कहा- "जन्मी तब से तुम राक्षसों को देखती आई हूं- सुनती आई हूं।"

शर्मणा ने चिल्ला कर कहा- "सुना, भाभी! मैं राक्षस हूं; मानव नहीं।"

मन्दिर के द्वार पर खड़े मण्डन मिश्र ने कहा- "इस पृथिवी पर मानव ही मुख्य है; राक्षस नहीं।"

भारती ने तनिक हिल कर कहा- "आप?"

"हाँ, मैं, प्रिये! मैं" मण्डन मिश्र ने कहा- "इस घने एकान्त में सो नहीं सकता। इस जाग्रति में जैसे सदैव के लिये जाग गया हूं। सुषुप्ति से दूर-सुदूर बहता जा रहा हूं- मैं जैसे विजड़ित होता जा रहा हूं। यह सघन चुपचापी, यह बीहड़ एकान्त- यह गूढ़ भयावह मौन भारती।...."

भारती ने भावना हीन स्वर में पूछा- "यती शंकर?"

"वह?" मण्डन मिश्र ने भारती को एक पल के लिये देख कर पलकें झुका लीं; कहा- "चिदाऽनंद की धुन लगा कर अब मौन हो गया है वह यती! अपलक देखता हुआ पद्मासन बद्ध बैठा है। चिदाऽनंद! उसके प्रभ विष्णु कोमल कण्ठ से निकली हुई यह चिदाऽनंद की धुन मेरे रोम -रोम को सिहरा गई, भारती! उसकी वह अपलक दृष्टि मैं देख नहीं सका।"

"किसे देख रहा है वह यती, मण्डन!" भारती ने पुनः पूछा

"न जाने किसे देख रहा है।" मण्डन मिश्र ने वेपथु स्वर में कहा- "न वह जगत को देख रहा है; नहीं स्वयं को। उसकी उस दृष्टि में आकृति मात्र नहीं है। मुझे ऐसा लगा, वह शून्य में देख रहा है-कदाचित ब्रह्म को खोज रहा है।"

भारती ने दृढ़ता पूर्वक कहा- "यहां क्यों आये, तुम, मण्डन!

मण्डन मिश्र ने आघात खाकर कहा- "तब कहां-जाता? शास्त्रार्थ बद्ध हूं तो क्या अपने घर में घूम भी नहीं सकता? अपनी पत्नी को देख भी नहीं सकता? यहां, तुम्हारे पास आने में क्या दोष है, भारती!"

भारती ने आकाश में छाये सतार अन्धकार को देखा; कहा- "मैं निष्पक्ष दृष्टा हूं- उभय भारती! मण्डन मिश्र! तुम सत्य की शोध के तीर्थ यात्री हो। संसार के एकान्त भवनों से दूर रहो। शास्त्रार्थ के लिये तपस्या का व्रत अनिवार्य है। शास्त्रार्थ तक भूल जाओ, मैं हूं- तुम्हारा गृहस्थ है! संसार है।"

मण्डन मिश्र ने भारती को घूरा; कहा- "तुम क्या निर्दय नहीं हो, भारती? एक यती सन्यासी से शास्त्र-चर्चा में उलझा हूं; इतना ही तो। तो क्या तुमको, अपने घर-संसार को भूल कर शास्त्रार्थ करूं?"

भारती ने सहसा जैसे कहा- "घर-संसार त्यागने का संकल्प कर तुमने शास्त्रार्थ का संकल्प किया है मिश्र मण्डन! हार जाऊंगा तो सन्यास ग्रहण कर लूंगा, किसने कहा था? मैंने?"

मण्डन मिश्र ने मण्डप में चरण रखते हुए कहा- "मैंने कहा था। तो क्या मैं हार जाऊंगा? तुमको मेरे सिद्ध पण्डित्य में विश्वास नहीं है क्या? इन सन्यासियों को मैं भली भांति जानता हूं। यह यती मधुर और गरिष्ठ भिक्षा से प्रसन्न हो जायगा- मैं कहता हूं।"

भारती ने तनिक आश्चर्य पूर्वक भौंहें तरेरी, कहा- "परन्तु क्या हार जायगा, यह यती?"

मण्डन मिश्र ने गर्भ-मन्दिर की ओर देखा; शिवा-शिव विग्रह तनिक घूरते हुए कहा- "सन्यास कौन लेता है, प्रिये? वह जो घर-संसार से हार जाय- निराश हो जाय। निष्क्रिय और पुरुषार्थ हीन ही अन्ततोगत्वा सन्यासी होता है। इच्छा हीन हो कर यह दण्डी मुण्डी कर्मोच्छेद करना चाहते हैं। काल ही विधाता है और विधाता अपराजित है। सन्यासी जगत का हारा और संसार का भगौड़ा समर्थ तत्त्व वेत्ताओं से क्या जीतेगा? जीत तो सदैव शास्त्र की ही हुई है- होती आई है!"

भारती ने मण्डन मिश्र को सिर से पांव तक निहारा; कहा- "हार जीत भी विधाता का लेख है, मण्डन! तब तुम जीतने के लिये ही शास्त्रार्थ कर रहे हो, है न?"

"और नहीं तो क्या?" मण्डन मिश्र ने सोत्साह कहा-" अन्यथा क्या मैं वह आत्मघाती प्रतिज्ञा करता? उस अनिश्चित असिद्ध ब्रह्म-खाड़ में गिर कर सदैव के लिये मिट जाने के लिये क्या मैं यह वैभव पूर्ण गृहस्थ और तुम सी रमणीय प्रिया त्यागने की सोचता? तुम्हारे लिये मैं ऐसे अनेकों ब्रह्मों को ठुकरा सकता हूं प्रिये!...."

भारती ने सहसा कहा- "चलो, मण्डन! मैं तुमको सभा मण्डप में छोड़ आऊँ। यती शंकर को पता होना चाहिये कि तुम आधी रात को मेरे पास लुढ़क आये हो। चलो।"

मण्डन मिश्र ने कुछ चिढ़ कर कहा- "मैं लुढ़क आया हूं- तुम्हारे पास। भारती, तुमको क्या हो जाता है? शास्त्रार्थ की मर्यादायें मैं जानता हूं। अपनी विवाहिता प्रिय पत्नी के पास आना भी शास्त्रार्थ की मर्यादा भंग करना है? नहीं-मैं नहीं मानता!"

"तुम नहीं मानते; मत मानो- परन्तु जगत जो मानता है।" भारती ने कहा- "तुम दोनो शास्त्रार्थी सभा-भवन नहीं त्यागोगे। यह परस्पर की शंका- यह अविश्वास त्याग दो मण्डन मिश्र! प्रसन्न वदन और स्थिर चित्त परस्पर बैठो- उपनिषद्! सत्य की शोध स्नेह शील से पूर्ण ज्ञान-मैत्री से ही हो सकती है। सभी आग्रहों से उपरत, सभी दुराग्रहों से दूर, सभी पूर्वाग्रहों से मुक्त होकर आत्मा की खोज करो, प्रिय मेरे!"

मण्डन मिश्र ने रंगीन ज्योति-लहर सी भारती को मन्दिर की सीढ़ियों से उतरते हुए देखा। भारती! भारती! प्रिये!! मन पुकार उठा; किन्तु मण्डन के कण्ठ से स्वर नहीं निकला। उस अंधेरे उद्यान में मन्दिर के गर्भ-दीपकों का म्लान किन्तु सजीव प्रकाश मुक्त अभियुक्त की भांति आकर तनिक छा रहा था। गर्भ-मन्दिर के दीपकों का प्रकाश जैसे अन्धकार में अपनी प्रतिमाओं को खोज रहा था। भारती ने अन्तिम सीढ़ी पर खड़े रहकर पुकारा- "मण्डन मिश्र!" मण्डन मिश्र ने देखा, विद्युतों की चमक की भांति भारती के स्थिर नयनों की दृष्टि उसको घूर रही है। मण्डन का रोम-रोम सिहर उठा- एक अज्ञात किन्तु चिर प्रतीक्षित आघात सा उसको लगा। भारती ने कौंध कर कहा- "चलो, यती शंकर के पास, मण्डन!"

मण्डन मिश्र सहसा धड़धड़ा कर सीढ़ियां उतर आया; बोला- "तुम ले जा रही हो; मुझे उस मुण्डी यती के पास! तुम!"

"हां मैं ले जा रही हूं तुमको आचार्य शंकर के पास। क्यों?" भारती ने पूछा- "शास्त्रार्थ में हार जाने पर सन्यास ग्रहण करने की जिस घड़ी तुमने प्रतिज्ञा की,

उसी घड़ी तुमने मुझको, घर-बाहर को, गृहस्थ तथा भव-संसार को बन्धक रख दिया। सोचते क्यों नहीं? क्या शास्त्र प्रमाणों की विवेक पूर्ण वार्ता से अन्त में आत्मा का ज्ञान होता है? आत्मा का ज्ञान! मण्डन! उस यती की अगाध आंखों में मैं देखती रही हूं-"

मण्डन मिश्र- "मैं भी, भारती! उस यती को जैसे पैर रहा हूं।"

भारती ने आह भर कर कहा- "अगाध हैं वह सरोज नयन; अथाह है वह निराकार दृष्टि। मण्डन, मुझे लगता है प्रमाणों के कमल अथाह गहरे जल में तैरते रहते हैं। कमल पत्र पर पड़ी ओस मुक्ता प्रतीत होती है। मैं आगमन की चिन्ता से भर गई हूं। मण्डन, यह मेरे अन्तःकरण का मौन है, जिसमें तुम डूब गये हो।"

मण्डन मिश्र ने उस सघन अन्धकार में डूबे उद्यान को देखा- दृष्टि फिरा कर जैसे उद्यान के वृक्ष-पौधों को जान लिया कि वह हैं; यथा स्थान हैं- यथा तथ्य हैं- अपने परिचित ज्ञात रंगों में वह हैं; यह रमणीय उद्भिज है; अपनी उगाई हुई; अपनी जमाई हुई, अपनी सटाई हुई। मण्डन मिश्र के भवन का यह विशाल उद्यान स्वयं में एक कृति है; विश्रुत वार्ता है। मण्डन ने सहसा पूर्ण विश्वस्त होते हुए कहा- "मैं कहीं भी डूबा हुआ नहीं हूं, श्री! और न मैं किसी किनार पर हूं। मैं तैर रहा हूं, इस अंधेरे में और कल के प्रकाश में-मैं बह रहा हूं, प्रिये!"

भारती कुछ अग्रसर थी; ठहरी; बोली- "किधर?"

मण्डन मिश्र ने खड़े होते हुए कहा- "किधर? तात्पर्य? बह रहा हूं; जन्म-जन्म में बह रहा हूं। यह भव जी रहा हूं; आने वाला भव भी जीऊंगा; यह बहना नहीं तो क्या है? भव-तरण भारती।"

भारती ने आकाश के तारों की दूर-दूर-सुदूर टिमटिमाती हुई ज्योतियों को निहारते हुए कहा- "तब किनार की ओर नहीं बह रहे हो क्या, तुम मण्डन!"

"किनारा?" मण्डन मिश्र ने अन्धकार में अदृश्य सी किन्तु धुंधली दृश्य भारती को जैसे नयनों से खोजा और कहा- "जीवन प्रवाह है; काल का अविराम अविच्छिन्न अप्रतिहत् प्रवाह! इस अगम्य रहस्यमय चेतना का अनादि प्रवाह क्या शून्य, अन्त के लिये है? यह रमणीय कमनीय जीवन क्या सुख जाने के लिये है? जीव क्या अन्ततोगत्वा मर जाने के लिये है? नहीं, प्रिये! अनादि से तुम अनेक कमनीय देहों में जन्मती आ रही हो- मैं भी। हम दोनों एक घनी भूत जीवन-ज्वाला हैं, चैतन्य! भारती, क्या अपना मोक्ष परस्पर घुल जाने में, लीन हो जाने में नहीं है? जगत का अन्त और जीवन की इतिश्री है नहीं; हो सकती नहीं। यती शंकर यथार्थ का आदि-अन्त मान कर चलता है।"

भारती अन्धकार में अतीन्द्रिय ज्योति लहर की भांति हिली- "यती शंकर क्या मानते हैं, तुम जानो; तुम क्या मानते हो, तुम मानो। मैं तटस्थ हूं; असंग हूं- दृष्टा मात्र! मण्डन, मुझे अपने सिद्धान्तों से मत बांधो; अपने विचारों से न घेरो। मैं सभी सीमायें तोड़ कर इस अनन्त आकाश में क्षितिज के पार उड़ जाना चाहती हूं- हां, मण्डन!..."

मण्डन मिश्र ने लपक कर भारती के कन्धे पकड़ लिये; तनिक झकझोर कर पूछा- "तुम मुझको इस धरती पर विजन छोड़ कर असीम में खो जाना चाहती हो? तुम? प्राण मेरी इस धरती से भी बढ़कर तुम मेरा प्राण हो; इस आकाश से भी बढ़ कर तुम मेरा विश्वास हो- नहीं हो?"

तारों को ज्योतियों से आंख मिचौली करते हुए उस अन्धकार में भारती ने अथाह आकाश में देखा और उमड़ते हुए आंसुओं को पलकों में ही थामते हुए कहा- "हूं।"

मण्डन मिश्र ने पास के निकुञ्ज में त्वरा से घुसते हुए कहा- "तब मैं विश्वस्त हूं; अडिग, भारती! सुनती हो, प्रिये! यती शंकर की अगाध आंखें मुझको डुबा नहीं सकतीं। इस गूढ़ अनन्त में मैं खो नहीं सकता- प्राण मेरी, तुम हो तो मैं अजर हूं; अमर-अपराजित हूं। आचार्य के शारीरिक भाष्य को मैं तार-तार कर दूंगा। श्रुति नहीं, शास्त्र ही प्रमाण हैं- हो सकते हैं।" निकुञ्ज की वेदी पर बैठ जाते हुए मण्डन ने पुनः साभार कहा- "जीव के लिये मृत्यु है, भारती! मोक्ष नहीं।"

भारती ने शिथिल घन-कज्जल कवरी में मस्तक धुन कर कहा- "सभी शास्त्र विधाता के लेख के समक्ष जैसे जीर्ण हो जाते हैं, प्रिय मेरे!"

मण्डन मिश्र ने कांपती हुई भारती की ज्योति वल्लरी के समान देह को पार्श्व में भरते हुए कहा- "सभी विद्यायें शास्त्रों से जन्मती हैं; शास्त्र के अकाट्य प्रमाणों में बसती हैं। विधि क्या कर सकती है शास्त्रों का, प्रिये! यह सारा जगत, यह विविध जीवन, यह भव-संसार, यह पृथिवी, अन्तरिक्ष, द्युलोक प्रलय, कल्प, सर्ग-मन्वन्तर सब कुछ जो हो रहा है; होता जा रहा है, काल, भारती! शास्त्र स्वरूप ही प्रगट है; अनुभव गम्य अनुभव जन्य है, प्रिये! शान्त हो जाओ-"

भारती ने मण्डन के पुष्ट कन्धों पर स्वयं को जैसे टिका दिया; मण्डन के समर्थ पार्श्व में सटते हुए कहा- "मण्डन, मैं भय से कांप रही हूं। आगम मण्डन! भविष्य, भवितव्य!"

मण्डन मिश्र ने अपने आजाऽनुबाहु से भारती के कटि-तट को नापते हुए कहा- "भूत वर्तमान और भविष्य हम हैं; जगत और शाश्वत हम जीव, प्राणी, भारती! भविष्य हम हैं; भवितव्य हमारे कर्म हैं, प्रिये!"

"किन्तु वियोग, मण्डन!" भारती ने सुबकते हुए पूछा।

मण्डन मिश्र ने भारती की चिबुक उठाते हुए कहा- "वियोग? किसका? अपना? नहीं। हम कभी पृथक नहीं थे; नहीं हैं और होंगे। तुम मेरे लिये मुझसे पृथक मांसल स्त्री नहीं हो, भारती! प्राण! तुम मेरी प्राण हो, आत्मा!"

आत्मा? एक ध्वनि मण्डन मिश्र के अन्तराल से उठी और जैसे भारती को झकझोर कर उसके गहन में अरभरा गई। आत्मा! भारती ने उसांस भरते हुए कहा- "तुम कहीं हार गये तो?"

मण्डन मिश्र ने भारती का आलिंगन करते हुए कहा- "तुम जो हो; तुम्हारी यह विजयन्ती माला है; मेरी सिद्ध विद्या और जीवन तपस्या है, भला! मैं हारूंगा कैसे? इन सन्यासियों से हारता वही है जो जगत में स्तब्ध तथा मूढ़ होकर जीता है। जिसको क्षुल्लक कामनायें अहर्निशि सताती रहती हैं, जो आसक्त है; गड़ा हुआ है तथा बुद्धि के भ्रमों से भ्रमित दिग्भ्रान्त व्यक्ति है, वही 'ब्रह्म' शब्द सुनकर स्तम्भित हो जाता है। तत्त्ववेत्ता भ्रमित होता नहीं; चकित होता नहीं। नहीं भारती! मीमांसा हारती नहीं। क्या भट्टपाद बौद्धों से हार गये? क्या बौद्ध ब्राह्मणों से पिट गये? एक क्षण के लिये ही सही, क्षण-क्षण के लिये ही सही, यह जगत ही सत्य है- यह जीव ही सत्-चित् है। जीव को मृत्यु मारता नहीं और शास्त्र हराता नहीं है। सभी जन्म जीव के लिये हैं- उसके इच्छित। सभी शास्त्र जीव के लिये बुद्धि के अनुभूत प्रसिद्ध विश्वस्त मार्ग हैं; सभी विद्यायें जीव की क्षमता और प्रतिभा के विकास के लिये हैं। सृष्टि के आरंभ में ब्रह्म अपने ही शून्य में समा गया और जीव का सर्व शक्तिमान आविर्भाव हुआ, भारती!"

भारती जैसे जागी; सहसा उठती हुई बोली- "अब जाओ तुम, मण्डन! ब्राह्म मुहूर्त होने ही वाला है। इस अन्धकार को बांध कर व्याप्त कोई ज्योति की मेखला है, मण्डन! इस सीमाओं को तोड़कर बिलाती हुई कोई अनन्त क्षितिज है, जहां देश और काल सुधिहीन होकर खो जाते हैं- उस अनादि अपार से मानो कोई सुर-लहरी मचलने लगती है। यह नील अन्धकार कोटि बाल-सूर्या के भास के आलोक में, इस शान्त मुह्ममान मुंह जोही में जैसे मेरा गहनातिगहन सहस्र दल कमल की भांति खिलने के लिये सिहर रहा है, आर्य!"

मण्डन मिश्र वेदी पर स्थिर हो गये; विजड़ित; चिहुंके- "आर्य?"

भारती ने कहा- "आप विद्या-वारिधि हैं; महामहोऽपाध्याय हैं; मनीषी तत्त्ववेत्ता हैं; अतः आर्य हैं। शास्त्रार्थ-सन्नद्ध जाग्रत ब्राह्मण आर्य नहीं तो क्या है? प्रियवर, मैं, नारी, आर्य हूं क्या? देखा नहीं, इस मूक अन्धकार में मैं

कमलिनी की भांति खिली हुई हूं- ब्राह्म मुहूर्त की संजीवनी का प्रथम स्पर्श होते ही मैं बिचकने नहीं, सुकुचने लगूंगी।"

मण्डन मिश्र ने धीरे-धीरे कहा- "तुम मेरे मानसरावेर की कमलिनी हो; सदैव प्रफुल्लित, प्रिये! तुम क्यों सकुचोगी? नारी कभी सकुचती नहीं, भारती!"

भारती ने कहा-पूछा- "क्यों? क्या नारी विकचती रहती है- विकसती ही रहती है- फलती-फूलती ही रहती है? और नर, मण्डन?"

मण्डन मिश्र ने वेदी से उठते हुए कहा- "नर? नारी की अकांक्षा; नर-नारी! भारती, मुझको कोई अथाह-अगाध सर्व समर्थ सर्वक्षम, प्रतिभा पयोनिधि चेतना प्रतीत होती है। शास्त्रों के तर्क नारी की पलकों पर ठहरे हुए हैं; विद्याओं के निष्कर्ष नारी की मुस्कराहट में दौला करते हैं नारी, श्री विद्या, भारती! अपनी शिवा से कहो, उस परात्पर श्री विद्या से कहो, भारती; मेरी जय हो।..."

भारती ने सिर धुना कर कहा- "कैसे कहूं, मण्डन! तुमने जगत को देखा भर है; इस भव में भोगा नहीं है। शास्त्रों को कण्ठस्थ कर लेने से, विद्याओं के मद को पी लेने से, जगत की तार्किक व्याख्यायें रट लेने से क्या होता है, मण्डन! यह चिरन्तन जीवन जीना होता है, प्रिय मेरे!"

"जी तो रहे हैं हम तुम, भारती!" मण्डन ने हठात् कहा- "उस यती को देख कर, सुन कर तुम स्वयं में औचक हो गई हो- चकित्। सुना। उस युवा यती को सुन कर तुम विभ्रमित हो रही हो क्या? तुम कह रही हो, मैंने जगत को इस भव में भोगा नहीं है? कैसे?"

भारती ने कहा- "ज मेरे, अव्यक्त प्रकृति से ही यह पूछो।"

मण्डन मिश्र ने हठात् स्वयं से कहा- "अव्यक्त प्रकृति? अरे हां! सांख्यों की मूल प्रकृति! समझा, तब तुम मूल प्रकृति हो, सत्व, रज और तमस मयी सर्वगमी निगूढ़ हो। मैं, ज? जानने वाला, यही न! तो हूं न! तुम भी तो ज हो- स्वयं को, मुझ को, जगत को नहीं जानती क्या?"

भारती ने सहसा हंस कर कहा- "स्वयं को जानती हूं; जगत को जानती हूं; इस विविध जीवन को जानती हूं। मण्डन, मैं समस्त-समग्र भव-संसार को जानती हूं; किन्तु तुमको नहीं।"

मण्डन ने लपक कर भारती के कन्धे को थाम लिया; पूछा- "तुम अनन्त कोटि ब्रह्माण्डों को जानती हो, किन्तु मुझको नहीं। मैं क्या हूं तब?"

भारती ने कहा- "स्वयं से पूछो, मण्डन! मैं तो तुममें रम गयी हूं; मेरा अपनापन है ही नहीं। मैं अनुभव करती हूं मैं तुम्हारी प्रसन्नता के लिये तुम्हारे आत्मरञ्जन के लिये इस भव-संसार में आती हूं; नाचती हूं और तुम्हारे वियोग

में डुल जाती हूं- मण्डन! यह चीत्कार मुझे चीर देगा। तुम जाओ, सभा मण्डप में उस गूढ़ गम्भीर यती शंकर के पास जाओ- आचार्य शंकर का सामना करो, पण्डित मन्य! पराजित करो उस सन्यासी को। अन्यथा उसकी भस्मीभूत उपरति तुमको आकाश के अथाह में ढकेल देगी। आचार्य शंकर से हार गये तो तुमको मैं कोटि-कोटि भव लेकर भी खोज न सकूंगी, मण्डन!"

मण्डन मिश्र ने झुंझला कर कहा- "ऐसे आचार्य हमने बहुत सुने हैं, सुना! तब तुम चाहती हो, मैं उस यती सन्यासी से अभिभूत हो जाऊँ? तुम पुनः पुनः यह क्यों कहती हो, यदि मैं आचार्य शंकर से हार गया तो-क्यों कहती हो?"

भारती ने हठात् सहसा कहा- "इसलिये कि तुम मन ही मन आचार्य से अभिभूत हो; भयभीत हो। सन्यासी के प्रति तुम्हारी उत्तप्त घृणा तुम्हारे विद्याऽहम् को उत्तेजित तो करती है; किन्तु तुम में अपनी सिद्ध विद्या और विश्रुत शास्त्रों के प्रति कहीं तनिक सी शंका है- तुम्हारा अपना आत्म-विश्वास, मण्डन?"

मण्डन ने भारती को सव्यंग देखते हुए कहा- "मैं शास्त्री हूं, तत्व वेत्ता हूं- समाज व्यवस्थापक हूं- मैं सन्यासी नहीं हूं। मुझे अपनी बुद्धि में विश्वास है; अपनी अनुभूत प्रतिभा का सामर्थ्य मुझे ज्ञात है। ब्रह्म के उस तथाकथित निराकार में जगत का यह चिरन्तन आकार भरा है, भारती! मैं हार नहीं सकता और वह सन्यासी जीत नहीं सकता। तब तुम्हारी यह दिव्य माला सूख जायगी और उस यती के कण्ठ की माला तनिक भी मुझायेगी नहीं? नहीं, भारती! तुमने मुझमें अपना विश्वास खोना आरंभ कर दिया है। मैं इतना, ऐसा अगम्य कब से होने लगा, भला?"

भारती ने कांपते हुए स्वर से कहा- "मैं तुम्हारे शास्त्र को नहीं तुम्हारी और मेरी विधि को जानती हूं। मैं कांप रही हूं, मण्डन!"

मण्डन मिश्र ने आह भर कर कहा- "कांप तो मैं भी रहा हूं प्रिये! क्या यह जगत प्रतिनिमिष कांप कर विलोड़ित नहीं हो रहा? क्या यह भव-योनियां मृत्यु की मूर्च्छा से खजती नहीं? क्या यह विश्व एक पल भी स्थिर है? सम है? शान्त है? नहीं, जीव इस क्षणिक अस्थिर अविराम जगत में भयभीत है; भयार्त है; तृष्णाऽतुर और बंधा है- बन्धन, भारती! किन्तु भव-योनियों का यह कर्म-बन्धन अन्ततोगत्वा भव-बन्धन है; जनम-मरण-पुनर्जन्म है। क्षणिक मनोरम और अभिराम यह जगत जीव के भव-बन्धन की रंगभूमि है। यह भव-क्रीड़ा सुख-दुःखमयी होते हुए भी चिरन्तन है; अजर है प्रिये! चिन्ता त्याग दो और मुझको अपनी अनन्य प्रीति का भरोसा दो। मैं सिद्ध कर दूंगा, जगत सत्यम्-

ब्रह्म मिथ्या। देख लेना उस यती के कण्ठ की माला सत्वर मुझाने लगेगी। ब्रह्म अनादि है तो अपूर्व-यह कर्म भी अनादि है; शाश्वत है; स्वयं जीवन-चेतना है, भारती!"

भारती ने कहा- "कहने से, कहते रहने से यह स्थापना नहीं होगी, मण्डन। सिद्ध करना होगा। श्रुति ब्रह्म की कहा सुनी है, जगत की नहीं; जीव की नहीं।"

मण्डन ने चिहुंक कर कहा- "भारती?"

भारती ने मण्डन का हाथ थाम कर सभा भवन की ओर अपने श्री चरण धरते हुए कहा- "हम अन्धकार में दीपक जला बैठे हुए हैं क्या, मण्डन मिश्र! अन्धकार सिद्ध नहीं किया जा सकता और प्रकाश को प्रमाण की आवश्यकता कब हुई है?"

मण्डन ने अवाक् सा होकर कहा- "प्रकाश?"

भारती ने सभा-मण्डप-भवन की ओर मण्डन को जैसे खींचा, कहा- "प्रकाश, अन्धकार नहीं। आत्मा की खोज प्रकाश की खोज है.... और नहीं तो क्या?"

"यही तो!" मण्डन मिश्र ने बिना सोचे जैसे कहा- "अवश्य, भारती! जीव जब से इस पृथिवी पर आविर्भूत हुआ है, तब से वह भविष्य के लिये आतुर रहा है; भवितव्य के लिये चिन्तित और आकांक्षित रहा है। आगमन के प्रति जीव की भयभीत प्रतीक्षा स्पष्ट है। इस सृष्टि के परे और पार जीव सदैव देखता आ रहा है- अपने से परे वह जैसे स्वयं को पाना चाहता है; जगत के पार वह स्वयं को सभी बन्धनों से मुक्त सभी भीतियों से निश्चिन्त स्थित करना चाहता है- जीव भय नहीं, जीवन का अभय चाहता है। यह अभय क्या है, भारती?"

भारती ने सभा-भवन की ओर त्वरा से डग भरते हुए कहा- "यह आचार्य शंकर से पूछो।"

मण्डन ठहर गया; बोला- "क्यों?"

"इसलिये कि इस प्रश्न के स्पष्ट अचूक उत्तर के लिये तुम ही आचार्य के सामने गये हो। तुमने यती को इसी समस्या के समाधान के लिये ललकारा है।" भारती ने कहा- "हम तुम सब जी रहे थे; सृष्टि के इस मौन में बोल रहे थे; गा रहे थे- रम रहे थे। हम तुम जन्म रहे थे; मर रहे थे- पुनः पुनः जन्म रहे थे। अनन्त कोटि ब्रह्माण्डों की सम गतियों से अनहद नाद गूंजा ही करता था। सृष्टि का यह समा कभी नहीं थमा, मण्डन! तुमने हाथ उठा कर कहा- "मैं सृष्टि के आदि का प्रचोदक और अन्त का समाहर्त्ता हूं।" तुमने कहा- "काल के अतल में काल ही है। जीवन का स्रोत जीवन ही है। यह जगत स्वयं-उद्धासित है; यह भव संसार नित्य है।" तुमने जीव को आश्वस्त कर दिया; "मर कर भी

तुम नहीं मरते- भव धारण करते रहो। शीलपूर्वक, शक्ति सहित सौन्दर्यमय मंगल जीवन जीते रहो- स्वर्ग प्राप्त करो और इस पृथ्वी को त्यागो। यही न?"

मण्डन मिश्र ने कहा- "यही, भारती! यही परन्तु युवा यती जो नहीं समझता। तुम गृहस्थ स्त्री, रमणी, कामिनी यह समझ गयी; परन्तु वह यती सन्यासी यह नहीं समझ सका। जैसे वह कुछ समझता ही नहीं- समझना चाहता ही नहीं।"

भारती खड़ी रह गई; बोली- "तुम मुझे समझोगे अथवा भोगोगे। भव-संसार भोगने के लिये है; समझने के लिये नहीं। समझने के लिये जगत है; विश्व है- सृष्टि है; उसका दिव्य गहन विज्ञान है।"

"विज्ञान!" मण्डन ने आकाश के तारों से जैसे पूछा।

"जगत, जीव, भव-संसार-जन्म-मरण, मण्डन! नहीं?" भारती ने कहा।

सभा-भवन के द्वार के पास खड़े होते हुए मण्डन मिश्र ने उत्तर दिया- "यही तो मैं निःसंशय जान लेना चाहता हूं, उभय भारती!"

18

खचाखच भरे हुए सभा-मण्डप को सम्बोधित करते हुए मण्डन मिश्र ने कहा- "तथागत गौतम बुद्ध आत्मा को लेकर मौन ही रहे। उन्होंने इस यथार्थ को अपनी संस्कृत कातरता में दुःख जन्य, दुःखमय प्रतीत किया तथा दुःख मात्र से मुक्त होने के लिये लोक कल्याणकारी जीवन-तपस्या की स्थापना की। कहा जाता है, तथागत ने आत्मा का साक्षात्कार किया किन्तु आत्म-विषयक एक भी सनातन प्रश्न का उत्तर उस मतिमान ने नहीं दिया। गौतम बुद्ध ने कदाचित् यह माना कि सर्व साधारण लोक आत्म-विषयक सूक्ष्मातिसूक्ष्म तथ्य समझ नहीं सकते- लोग सुख को जानते हैं; दुःख को समझते हैं। अतः बुद्ध ने आत्मा के विषय में मौन ही रखा। तथागत के इस शान्त-सम मौन में यथार्थ के सभी तर्क डुल गये; सभी प्रमाण डूब गये हैं। मौन इस जगत तथा जीव का क्या अन्तिम उत्तर है, यती शंकर?"

आचार्य शंकर ने प्रसन्न मुद्रा में कहा- "यह प्रश्न किसी बौद्धाऽचार्य से ही पूछा जाना चाहिये। तथागत बुद्ध के इस गूढ़ संक्रामक मौन के अतल तक जाकर बौद्ध-आचार्यों ने सत्य की अनेक अपनी धारणायें स्थापित करने का तपस्वी प्रयास किया है- किन्तु क्या आत्म चैतन्य का साक्षात् होने के बाद यह जगत्, यह जीव, यह भव-संसार-यह सृष्टि उद्धासित बनी रहती है?"

मण्डन मिश्र ने दर्प पूर्वक कहा- "सृष्टि नित्य अविराम है, यती शंकर! बौद्धों ने इस अगम्य अविराम नित्य के आत्यंतिक दुःख स्वरूप से छूटने को कहा है, आपश्री के वेदान्त के मायावी ब्रह्म की ओर इंगित नहीं किया है। आत्यंतिक दुःख से छूटने के अनुभव को ही बौद्धों ने जीवन का अभय माना है। तथागत ने मानव को प्रबुद्ध किया है। पूर्ण-जन्मों के अच्छे संस्कारों से उद्धवित 'प्रातिम

चक्षु' स्वयं ही उन्मीलित होकर प्रत्येक बुद्ध हो जाता है; परन्तु प्रत्येक बुद्ध सृष्टि की आराधना त्याग देता है? नहीं। क्या विश्व के मंगल सौन्दर्य से ऊब जाता है? नहीं 'प्रत्येक बुद्ध' बोधिसत्व होकर जगत का कल्याण साधता है- वह परम सुखाऽनुभव की धीमान शान्ति से मण्डित मंगल वर्षा का पवित्र मेघ हो जाता है, आचार्य! क्या आपकी ब्रह्म-प्राप्ति शाश्वत मानव को मंगल मेघ होने देती है? यती आचार्य! सृष्टि काल की मंगल मयी कृति है और जीव उसकी सुन्दर सरस मंगलाऽकांक्षी चेतना!"

आचार्य शंकर ने सस्मित कहा- "इस पृथिवी पर मानव जीवन का अटल परम लक्ष्य क्या है, महाशय मण्डन! मंगलमय कर्म की आपकी मीमांसा दृष्टि मुझको ज्ञात है। अवश्य, भव-संसार के अहर्निशि अथाह और असीम कर्म-विपाक का अन्तराल मंगल कामना है- जीव सुख ही चाहता है और परस्पर मंगल कर्म द्वारा अपने अर्जित सुख को वह कुछ अधिक स्थिर कर पाता है। दुःख? कुछ कर्मों का फल है- सुख जीजिविषा का स्वभाव है, मिश्र जी! जिस चैतन्य की चर्चा हम आप कर रहे हैं, वह क्या आत्म ज्ञान है?"

"और नहीं तो वह क्या है?" मण्डन मिश्र ने गर्जन पूर्वक कहा- "इन्द्रियाऽतीत ज्ञान का हमें पता नहीं है, आचार्य!"

आचार्य शंकर ने हंस कर कहा- "ऐसा मत कहो, मनीषी! विद्वान जगत को समझता है; मनीषी जीवन और जगत को जानता है। जीव की दृष्टि से जगत को क्यों देखते रहते हो? जगत को विज्ञान द्वारा देखो; समझो; और जीव को अविराम काल की अपलक दृष्टि से देखो। ज्ञान बुझता नहीं; ज्ञान प्रदीप्त होता नहीं, ज्ञान तो है, ज्ञान ही है- प्रकाश, मण्डन मिश्र! अन्धकार में दीपक जला देने से क्या प्रकाश हो जाता है? आत्म ज्योति अन्धेरों का प्रकाश नहीं है- वह ज्ञान का स्वयं प्रकाश है। जीव-चैतन्य क्या है, महाशय?"

"जीव-चैतन्य?" मण्डन मिश्र ने भवें तनिक टेढ़ी कर पूछा; कहा- "मैं जीव चैतन्य हूं; आप जीव चैतन्य हैं? यह भारती जीव-चैतन्य है? यह सब यहां उपस्थित क्या जीव-चैतन्य नहीं हैं?"

"हैं तो; परन्तु क्या?" आचार्य शंकर ने कहा- "बौद्धों ने परम सुखी शान्त मौन को जीव-चैतन्य की इति श्री माना। मीमांसक ने स्वाभाविक कर्म शील जीव-चैतन्य को स्वर्ग का अन्तिम आकांक्षी माना। स्वर्ग सुख ही जीव-चैतन्य की आपकी दृष्टि में सर्व परम उपलब्धि है- परन्तु स्वर्ग सुख क्या नित्य है? अबाधित है? निःसंशय है? जीव-चैतन्य भीति भरी भोग-चेतना मात्र है,

इन्द्रियज अनुभूतियों का अहम् प्रणीत संज्ञान मात्र! जीव आत्मा की, ब्रहम की बहुस्याम संज्ञानमयी धारणा मात्र है। जीव नहीं है; आत्मा है।"

"कहां है?" मण्डन मिश्र ने चिल्ला कर पूछा।

"आत्मा कहां नहीं है, मण्डन मिश्र?" आचार्य शंकर ने पूछा।

मण्डन मिश्र ने चारों ओर दृष्टि फिराई और कहा- "मुझको तो सर्वत्र जड़-चेतन स्वरूप सृष्टि ही दिखाई देती है; आपकी आत्मा नहीं। यह सृष्टि-प्रपंच जड़-चेतन मय है; अनादि है; सर्वत्र तथा सर्व कालिक है- नहीं है क्या?"

"है तो।" आचार्य शंकर ने सस्मित कहा- "बौद्धों के मौन अपरिचित शून्य में खो नहीं जाओ, मण्डन मिश्र! विश्राम बुद्धि को विश्राम देने वाले उस शून्य में सत्य वस्तु को देखना ही होगा। बौद्ध-विज्ञान संवृति-सत्य अर्थात् व्यावहारिक तथा अन्ततोगत्वा परमार्थ सत्य मानता है। मीमांसा केवल व्यावहारिक तथा प्रातिभासिक सत्य को स्वीकार करती आई है। मीमांसा का सत्य जड़ भी है; चैतन्य भी है- अनादि तथा अविराम नित्य है। बौद्ध आत्म वस्तु के गहन आलोक में डूब कर मौन हो गये; परन्तु आप मीमांसक मूक हो गये हो क्या? जीव-चैतन्य के अन्तराल में देखो; वही बौद्ध विज्ञान का शून्य अथाह दिखेगा। परमाणुओं को देखो- तम शेष प्राप्त होगा; पदार्थों को निहारो, भूत तथा तत्व के प्रपंच में उद्धासित संज्ञा चेतना-प्राप्त होगी। जीव में चेतना तथा भूत में प्राण एवं तत्व में विज्ञान मिलेगा-आत्मा नहीं।"

"तब, आत्म चैतन्य क्या है, आचार्य!" मण्डन मिश्र ने झूंझला कर पूछा- "बुद्धि से अगम्य और इन्द्रियाऽतीत मुझको स्वीकार नहीं है। जो नित्य अविराम अनुभव है, उसी को मैं स्वीकार करता हूं। जीव और जगत के परे सत्य क्या है? क्या हो सकता है? क्या चौरासी लक्ष्य भव-योनियों के प्राणियों के अस्तित्व में आज दिन तक किसी को शंका हुई है? मानव योनि तथा उसके अस्तित्व के महत्व को लेकर कोई निराश हुआ है? भूत और तत्व सहज स्वीकार्य हैं? इस तर्क-सम्मत अनुभूयमान एवं अनुभवगम्य यथार्थ के आदि में मैं क्या देखूं? इस प्रतिनिमिष अनुभव जन्य जगत एवं उसके चेतनाशील जीवन के पार मैं क्यों झांकू, आचार्य? जीव की इच्छा अगाध है; जीव का ज्ञान अनन्त है; जीवन का कर्म विविध, विचित्र, विलक्षण सुखद एवं मंगलमय है। बुद्धिवान मानव के इधर-उधर, उपरान्त मुझको ईश्वर क्यों मानना चाहिये? स्वप्नों द्वारा सृजन करने तथा स्मृति द्वारा अविराम अनन्त चिरन्तन जीवन जीते रहने वाले जीव-चैतन्य के परे मैं आत्मा क्यों मानूं, आचार्य?"

आचार्य शंकर ने जलद-गंभीर स्वर में कहा- "इसलिये कि आत्मा के सिवाय, समानान्तर, अतिरिक्त सत्य है ही नहीं। जीव नहीं है; जगत नहीं है- देश और काल नहीं है, सत्य नहीं है। यथार्थ सत्य है, यह कौन कहता है?"

"शास्त्र कहते हैं, यती शंकर!" मण्डन मिश्र ने गर्ज कर कहा- "शास्त्र प्रमाण के समक्ष श्रुति-प्रमाण बुद्धिमानों को कब स्वीकार्य हुए हैं? जगत को प्रमाणित करना होता है; जीवन को सिद्ध करना पड़ता है, आचार्य!"

आचार्य शंकर ने कहा- "मनीषी मण्डन! बौद्ध-दर्शन ने ही इस विज्ञानवाद को जन्म दिया है। तथागत बुद्ध के सुष्ठ उपदेश सुन कर लोग सहज ही मुग्ध हो जाते थे- परम्परागत आस्तिक सिद्धान्तों का निरन्तर खण्डन बौद्ध आचार्य करते आ रहे हैं किन्तु सर्व साधारण के इस आकर्षण का परिणाम क्या हुआ? लोक धर्म तथा जीवन का विवेक सम्मत समन्वय समाप्त होता चला गया है। तथागत ने तत्वों को अन्त में अदृश्य होते पाया और अथाह अनन्त शून्य के कगार पर खड़े होकर वह स्वयं मौन हो गये। तथागत गौतम के भव्य दिव्य व्यक्तित्व से जन सामान्य खिंचा और लक्ष-लक्ष लोग भिक्षु बनते चले गये। आप के कर्म काण्ड की अन्धी और उग्र हिंसा ने लोक मानस में गहरी जुगुप्सा उत्पन्न कर दी थी। व्यष्ठि हिंसा द्वारा हिंसा पूर्वक समष्ठिगत नहीं होता। अहिंसा, प्रेम और सत्य का शान्त शील ही व्यष्ठि को समष्ठि स्वरूप अभिव्यक्त करता है। मैं मानता हूं यह क्षण स्थायी यथार्थ जगत स्वयं में मंगलमयता की अनन्त अनादि अभिव्यक्ति है; यह जीव अपने हृदय गहन में प्रेम पिपासु है; कल्याण-कामी है। जगत को अपने कर्माऽनुसार भोगने का कामी यह जीव बुद्ध चेतना है, मैं स्वीकार करता हूं...."

"तब, आचार्य!" मण्डन मिश्र ने उत्ताल स्वर में कहा- "चेतन जीव और अनन्त जड़ जगत को यथातथ्य स्वीकार कीजिये और पराजय स्वीकार कीजिये। शास्त्र जगत और जीव के विज्ञान का तर्क सम्मत, बुद्धि गम्य तथ्याऽन्वीक्षण एवं तत्व-दर्शन है। इस अपार दिव्य गहन विज्ञान को क्या आपकी श्रुति तर सकती है? गुरुवर्य भट्टपाद ने भी श्रुति को अपौरुषेय प्रमाण मान कर बौद्धों से विवाद किया-परिणाम? भट्टपाद को भस्मीभूत होना पड़ा। ब्रह्म-सापेक्ष जगत और जीव के सनातन शाश्वत चिरन्तन अजर-अमर अस्तित्व को अस्वीकार कर ऊनमानसिक ब्रह्म-विचार का चिन्तन क्या सत और चित्त के इस रहस्यमय आश्चर्य को अन्यथा कर सकेगा? ब्रह्म सत्य और जगत मिथ्या कहने वाले आप श्री के परवर्ती वेदान्ताऽचार्य अन्त में सुधिहीन विस्मृति में खो गये; माया के विचित्र विभ्रम में डुल गये-उनके हाथ न ब्रह्म लगा और न यह जगत, यह

जीवन आचार्य! विज्ञान के अतिरिक्त ज्ञान क्या है? आचार्य। मैं ज्ञाता हूं; और जिसे जितना जानता हूं। वह ज्ञान है। यह जगत ज्ञेय है; भव-संसार और सृष्टि ज्ञान है; मैं जीवात्मा ज्ञाता हूं। इसके सिवाय और ज्ञान क्या है? जीवात्मा के अतिरिक्त और कौन सा चैतन्य है?"

आचार्य शंकर ने कहा- "ब्रह्म-चैतन्य!"

"सुना गया है, आचार्य! कहा नहीं गया; प्रमाणित नहीं किया गया।" मण्डन मिश्र ने दर्प पूर्वक कहा- "हमें, हम निरीह जीवों को ब्रह्म खाड़ में मत पटकिये। तथागत के शून्य में धकेला जाकर व्यष्ठि हत्प्रभ, निवीर्य तथा निष्क्रिय होता गया है। उसका घर-संसार उजड़ गया है; उसका गृहस्थ छिन्न-विछिन्न, यतो भ्रष्ट-ततो भ्रष्ट हो गया है। उसका वानप्रस्थ भिक्षाऽवृत्ति हो गया है, आचार्य! धर्म! धर्म द्वारा ही जगत के विज्ञानाऽनुसार जीव व्यवहार कर सकता है। मैं मानता हूं पूर्व मीमांसा का परम्परागत कर्म काण्ड हिंस्र अतः रूढ़, जड़ तथा क्रूर होता गया है। किन्तु क्या शाश्वत जीवन दब कर भी समाप्त हो गया है? इस धरा पर जीव-चेतना क्या लुप्त हो गई है? क्या कर्म की गति-विधि का अन्त आ गया है, आचार्य? तथागत बुद्ध ने करुणा से भरे मौन में हिंस्र मानव को पुनः दया-दृष्टि और अगाध सहाऽनुभूति दी है-"

आचार्य शंकर ने हंस कर कहा- "मनुष्य को त्रिताप से छूट कर मौन शान्त जीवन-यापन के लिये तथागत गौतम ने तपस्या दी है; और उस तपस्या के अनुकूल जगत को देखा है; जीवन को परखा है; परन्तु क्या द्वन्द्व शील जगत निर्द्वन्द्व हो सकता है? भय से भरा भीति युक्त जीवन अभय प्राप्त कर सकता है? क्या कर्म नितान्त हिंसा से हीन हो सकता है? सृष्टि यावत जीवन की मंगल धारणा है; विश्व कल्याण-कल्पना है; जगत सुन्दर सरस कर्म की रंग-भूमि है और भव-संसार विरागी होने के लिये पुरुषार्थ पूर्ण अविराम तपस्या है। मिश्र जी! सोचिये, अनादि से अज्ञान ने आत्मा को मोह-ग्रस्त कर रखा है। इस गूढ़ गहन अथाह अपार मोह से आत्मा को छूटना ही होगा। सच्चा दुःख अज्ञान है; वास्तविक सुख ज्ञान है, मनीषी मण्डन! क्या जगत के प्रति एक मूक संक्रामक संशय जीव की चेतना के अन्तराल में नहीं रेंगा करता? सन्देह और ग्रन्थि का आविर्भाव जीव चेतना में क्यों होता है?"

मण्डन मिश्र ने तनिक ठहर कर कहा- "सन्देह? ग्रन्थि? मुझको इस जगत के लिये सन्देह है? इस जीवन के विषय में मुझमें ग्रन्थि है? नहीं, यती शंकर! मुझको भ्रमित करने का यह आपका वाग्-जाल है। मैं हूं- इस निरन्तर अनुभूति में मुझे लव लेश भी सन्देह नहीं है। यह भव है; भव-संसार है- स्पष्ट, अचूक,

विज्ञान घन, भावना मय जीवन-शील है, आचार्य! क्या यह जगत क्षण भर के उद्वास के लिये ही है? यह अनन्त अनादि भव-संसार अन्त में डूब जाने के लिये ही है? नहीं, आचार्य! मैं जीवात्मा ही शाश्वत सत्य हूं; अगाध चित्त हूं और यह मेरा जगत है; मेरा विश्व है- अवश्य।"

आचार्य शंकर ने सस्मित कहा- "महर्षि गौतम ने चरण से इस जगत को नापा; उनके श्री चरणों में दिव्य नयन निकल आये। इस जगत में उनको परमाणुओं के अन्तराल में गहन गति दिखी, मिश्र जी! किन्तु गौतम को उस गति का स्रोत दिखा क्या? गौतम ने जगत और जीवन के अनन्त चिरन्तन काल को नापा और तौला। तर्क शास्त्र का उदय हुआ। हृदय से आसक्त तथा संसार से घबराये हुए लक्ष-लक्ष बौद्ध-भिक्षु स्तब्ध होकर चेतना के क्षितिज में लूम उठे। याज्ञिक कर्म की लोह बर्बर श्रृंखलायें गृहस्थों के हाथ-पांवों में डालने वाले काण्डी ठिठक गये- समष्टि छिन्न-भिन्न हो गई- ऊनमानसिक विषमता में व्यष्टि भरता चला गया। वेद का अन्त ज्ञान का प्रकाश नहीं होकर जीवन का घनान्धकार होता गया। इस घनान्धकार को तर्क मिटा नहीं सका। चार्वाकों की अन्तिम चिताओं की अग्नियां इस सघन तम को दूर नहीं कर सकीं। जगत को देखते हुए भी अज्ञान का अन्धकार जीव के अगाध नयनों में भरता ही गया- अन्धकार से जीव कब मुक्त हुआ है? अज्ञान की अस्थिरता, अशान्ति, भय तथा विनाश से जीव कब निश्चिन्त हुआ है? जीव को शंका है; आशंका बनी रहती है- वह पल-पल का जगत तथा क्षण-क्षण का जीवन नहीं, अजर अमर नित्य सम रस आनन्द मयता चाहता है- वह कालाऽधीन बना रहना नहीं चाहता; कालाऽतीत होकर त्रिकाल को बिसर कर स्वयं के अनहद अनाहत आनन्द में लीन हो जाना चाहता है। क्यों, मिश्र जी! यथार्थ ही सत होता तो जीव को इस यथार्थ हो जानने और समझने तथा समझ कर जीने की आवश्यकता ही अनुभव क्यों होती? जगत को लेकर विज्ञानों के उदय क्यों होते तथा यावत् जीवन को लेकर विविध शास्त्रों की रचना क्यों होती? जीवात्म भाव सहज सत्य नहीं है; संकल्पित वृत्ति मात्र है। यह जगत नित्य सत्य नहीं है। पल पल का उद्वासित यथार्थ मात्र है...."

मण्डन मिश्र ने प्लुत स्वर में कहा- "तब मुझको जिसका ज्ञान होता है, वह तथा ज्ञान असत्य है? जीवात्मा केवल एक वृत्ति है, संकल्प है; तो फिर उसको ज्ञान होता ही कैसे है, क्यों है?"

आचार्य शंकर- "ज्ञान आत्मा का स्वभाव है; अज्ञान जगत की प्रकृति तथा भव की वृत्ति है। जीव को जो ज्ञान होता है वह ज्ञेय का संज्ञान ही है- ज्ञानी

विषय का ज्ञान करता है। ज्ञान-स्वरूप आत्मा अपने अज्ञान के दिव्य-भव्य विज्ञान द्वारा ही सृष्टि का सृजन, धारण-भरण तथा पोषण एवं संहार करता है। जीव-चैतन्य ब्रह्म-चैतन्य की धारणा-संज्ञान मात्र है, मिश्र जी!"

मण्डन मिश्र ने आचार्य को घूरा; सस्मित कहा- तब ज्ञान स्वरूप आत्मा-ब्रह्म ही-ज्ञेय और ज्ञान होता है, यही न? आचार्य। शब्द-जाल से सत्य ढंक जाता है; पकड़ में आता नहीं। ज्ञाता, ज्ञेय तथा ज्ञान-इच्छा, ज्ञान और क्रिया, यती शंकर! जगत के परे और जीवन के पार जीव विचार तो करता है; परन्तु क्या कुछ अनुभव भी करता है? जीव अविराम अनादि इच्छा है; पूर्ति के लिये ज्ञान है- क्रिया है। भव-चक्र के अविराम सुख-दुःख से घबरा कर बौद्धों ने निर्विघ्न निश्चिन्त निर्वाण की शान्त धारणा की और जीव को इच्छाओं की ज्ञानमयी सतत् क्रिया से विराम, विश्राम, दिलाया-सुझाया; जैनों ने देह के सुख-दुःख मय बन्धन से मुक्ति पाकर निर्विघ्न मुक्ताऽवस्था में स्थित होने के लिये कठोर तपस्या दी। नैय्यायिकों ने सृष्टि की गति और विधि को नाप-तौल कर जगत और जीव को अविराम 'न्याय' का बोध करवाया और कहाः "न्याय पूर्वक जीने से ही विषय बन्धनों से छुटकारा है, छुटकारा-मुक्ति-निर्वाण, यही सब की चिन्ता रही है। तब भव से मुक्ति नहीं है! जगत से विराम नहीं है, आचार्य!"

आचार्य शंकर ने अजय दृढ़ता पूर्वक कहा- "जगत से विराम और भव-संसार से मुक्ति अवश्यम्भावि है, मिश्र जी! यह जगत ज्ञान प्राप्ति के लिये है; यह भव-संसार वैराग्य प्राप्ति के लिये है। सदैव के लिये जगत प्राप्त नहीं है; सदैव के लिये भवों के भोग नहीं है। इसीलिये जगत को प्राप्त करते हुए ऐसा अनुभव होता है, मानो जगत को पाया ही नहीं; भोग करते हुए ऐसा ज्ञान होता है, भोग क्षणिक है और अन्ततोगत्वा असार है- दुःखद है। कर्म, कर्म-विपाक तथा कर्म-फल का आधारभूत उद्गम, उद्भव, उद्रेक, विधि, गति तथा फल-यह सब 'कर्म' जीव को बांध कर भी स्वयं रीतता जाता है; बांध कर छोड़ता एवं अन्य संस्कार में बांधता है। क्या इसी से यह प्रमाणित नहीं होता, जीव-चेतना कर्म से उद्भवित आत्म-संज्ञान है; ज्ञान नहीं? हमें जीवात्म भाव और आत्म-चैतन्य में विवेक करना ही होगा- जो बदलता है; नाम-रूप लेता है, जो कालाऽधीन कर्म-गति विधि विहित है, वह जीवात्म भाव है, महाशय मण्डन मिश्र!"

मण्डन मिश्र ने उपस्थित विद्वद् मण्डली को मानो सम्बोधित करते हुए कहा- "आत्म-चैतन्य और जीवात्म भाव में विवेक करना होगा; ठीक है। किन्तु यह विवेक शास्त्रोक्त प्रमाणों के आधार पर ही किया जा सकता है। फिर कर्म की गति-विधि, परिवेश तथा परिप्रेक्ष्य इतना सर्वांगीण तथा सम्पूर्ण है कि

हमें जीवात्म-चेतना की स्वयं स्थित, स्वयंगत, स्वयं प्रणीत अनन्य अविराम अनुभूति का ज्ञान हो जाता है। जीवात्मा स्वयं प्रकाशित है। स्वयं स्थित है; स्वयं उद्बोधित है, अतएव जीव के परे कर्म की इति श्री तथा अपूर्व आत्म चैतन्य को स्वीकार करने की आवश्यकता ही नहीं है। आत्म-चैतन्य नहीं स्वीकार करने पर क्या जीव के भव-संसार तथा जन्म-जन्मान्तरण में कोई बाधा हो आती है? जगत के काल-क्रम में क्या कोई विघ्न उत्पन्न हो जाता है? सृष्टि रुक जाती है- विश्व तिरोहित हो जाता है? क्या? जीव ही इस जड़ जगत का ज्ञाता, ज्ञानी तथा कर्त्ता-भोक्ता है? जगत कर्म-गति है जीव भोग गति है?"

मण्डन मिश्र ने उत्ताल हास्य पूर्वक कहा- "शब्द मात्र! वाग् जाल, यती शंकर! प्रमाण सहित वार्ता कीजिये, आचार्य!"

आचार्य शंकर ने हंस कर कहा- "शब्द-ब्रह्म, भवान्!"

मण्डन मिश्र ने तनिक खीझ कर कहा- "जीवात्मा के गुण क्या हैं, क्या आप श्री नहीं जानते? ज्ञान, सुख, दुःख, इच्छा, द्वेष, प्रयत्न, धर्म, अधर्म, संस्कार, संख्या, परिमाण, पृथकत्व संयोग और वियोग, आचार्य! विभु सर्व व्यापी जीवात्मा इन्हीं के साथ तथा सहित जगत में भव भोगता है- अतः उसको केवल भोग की एक संक्रामक गति मानना अपर्याप्त है।"

आचार्य शंकर ने गंभीर स्वर में कहा- "औलूक्य जीवात्मा को ही आत्मा कहते है; आपश्री भी तो भिन्न शैली में यही कदाचित् कहते हैं। प्रमाणवादी अन्ततोगत्वा बद्धात्मा और मुक्तात्मा कह कर चुप हो जाता है। क्या आपका जीवात्मा ज्ञान स्वरूप है अथवा जड़ है? गौतम जीव को आधारभूत रूप से ज्ञान रहित मानते हैं- मन के संयोग से एक प्रकार का चैतन्य जीव में उद्भूत होता है, यही तो औलूक्य कहते हैं। ज्ञान जीवात्मा का आगन्तुक धर्म है। क्या मीमांसा भी यही कहती है? केवल कर्म करने वाली तथा सुख-दुःख उठा कर भव-भोग करती रहने वाली जड़ जीवात्मा क्या कभी मुक्त हो सकती है? यह जड़ नितान्त में पाषाणवत् पड़ी रहने वाली जीवात्मा क्या है, मिश्र जी! जिस में रस नहीं, आनन्द नहीं, जिस स्थिति में शाश्वत सच्चिदाऽनन्द अवस्था नहीं, उस षढ़त्व को प्राप्त कौन साधक करना चाहेगा? नैय्यायिकों के प्रमाण तथा प्रमेयों की आकर्षक सहज सुगम वार्ता से सन्तुष्ट होकर बुद्धि की पारदर्शी दृष्टि को अन्धा न कीजिये, महाशय मण्डन! जगत के जाड्यान्धकार के पार देखिये, महाशय! भव-संसार के गूढ़-गाढ़ मोहों के परे अनुभव कीजिये।"

मण्डन मिश्र- "जगत का ज्ञान जीवात्मा क्या नहीं करता? करता है, आचार्य! मूलभूत प्रतिज्ञा जीव की इच्छा, ज्ञान प्राप्त करने की संज्ञानता तथा

जगत में निरन्तर जन्म लेने की सुख-दुःख मयी जीजिविषा की है। मुक्ति और मुक्ताऽवस्था कातर मन, स्तब्ध बुद्धि क्लान्त चित्त तथा आहत अहं की निराशा मात्र है, आचार्य! जीव को सम्पूर्ण जगत का ज्ञान प्राप्त करना ही पड़ता है।"

आचार्य शंकर ने बीच में ही पूछा- "क्यों महाशय! क्यों?"

"क्यों?" मण्डन मिश्र ने आश्चर्यवत् भौंहे उंचाते हुए कहा- "जीव जगत का ज्ञान क्यों प्राप्त करता है? वाह, यती आचार्य? क्या प्रश्न है? जीव को जगत का ज्ञान न हो तो वह जीयेगा कैसे? अपना भव-संसार काटने और भोगने के लिये जीवात्मा को विद्या चाहिये; कला चाहिये। भोगने के लिये पुरुषार्थ द्वारा जगत प्राप्त करना नहीं होता क्या? क्रिया-कर्म बिना जीव न तो जी सकता है, न विद्या प्राप्त कर सकता है तथा पुरुषार्थ ही कर सकता है। इसीलिये हम कर्म को ही सर्वे सर्वा मानते हैं- जीवात्मा, अर्थात इच्छा और ज्ञान सम्पन्न जीजिविषा, आचार्य!"

आचार्य शंकर ने तनिक हंस कर कहा- "तब जगत को प्राप्त कर भव-संसार काटने और भोगने के लिये जीवात्मा सहज ही प्रवृत्ति शील है, यही न?"

"अवश्य, अवश्यमेव!" मण्डन मिश्र ने सोत्साह कहा।

आचार्य शंकर ने गम्भीर स्वर में कहा- "जीवात्मा को अनुभव और स्मृति स्वरूप जो ज्ञान होता है, वह यथार्थ तथा अयथार्थ ज्ञान है- औलूक्यों ने अयथार्थ ज्ञान को एक प्रकार की भ्रान्ति ही कहा है; यथार्थ ज्ञान-प्रभा को निश्चित ज्ञान माना है। परन्तु जगत का ज्ञान और स्वयं की प्रतिपल चंचल अनुभूति-स्मृति और स्वप्न-क्या आत्यंतिक निर्विकल्प ज्ञान हो जाता है? महर्षि गौतम ने जिसको 'प्रत्यक्ष' कहा है सम्मुग्ध अव्याकृत कहा है तथा जिसको बौद्ध भी स्वीकार करते हैं, क्या जगत का ज्ञान है? कर्म विषयक वार्ता ज्ञान-वार्ता के पश्चात् ही संभव हो सकती है। अतः कृपया यह बताइये, सम्मुग्ध अव्याकृत प्रत्यक्ष निर्विकल्प ज्ञान क्या है? क्या वह जगत के ज्ञान की अन्तिम आत्यंतिक सार स्मृति है? क्या वह जीव की जीजिविषा की स्वप्नशीलता का अन्त है?"

मण्डन मिश्र ने सभा को देखा; तनिक हिचक कर कहा- "निर्विकल्प ज्ञान? क्या, आचार्य? क्या उस ज्ञान से व्यवहार संभव है? नहीं। महर्षि गौतम इस प्रत्यक्ष को एक क्षण का चैतन्य कहते हैं; दूसरे क्षण यह चैतन्य सार्थक ज्ञान में परिवर्तित होता है- गौतम निर्विकल्प को ही सविकल्प ज्ञान मानते हैं। इसीलिये प्रत्यक्ष ज्ञान के लिये इन्द्रिय और अर्थ का "सन्निकर्ष" अनिवार्य है। ज्ञान-प्राप्ति की यह सूक्ष्मातिसूक्ष्म प्रक्रिया है, आचार्य! और यह इच्छाऽनुसार कर्म करने के लिये है। इच्छार्थ क्रिया; क्रिया ज्ञान मयी, आचार्य!"

आचार्य शंकर ने सहज ही पूछा- "यह इच्छा किसकी? यह ज्ञान किसका-यह ज्ञान मयी क्रिया किसकी? जीवात्मा की?"

"और किसकी?" मण्डन मिश्र ने सहज ही जैसे उत्तर दिया- "आपश्री का सत्यं ज्ञान ज्ञानऽमृतम् ब्रहम तो इच्छा हीन, क्रिया रहित निर्गुण निराकार है न! जो व्यक्त नहीं होता, वह हमारे मत से व्यक्त नहीं हो सकता।"

आचार्य शंकर- "व्यक्त का अधिष्ठान?"

"व्यक्त का अधिष्ठान? ज्ञात नहीं है क्या आचार्य? अव्यक्त!" मण्डन मिश्र ने तनिक हंस कर कहा- "आत्मा और जीवात्मा में विवेक इंगित कर आप अन्ततोगत्वा अनादि जीवात्मा को अनित्य ही बता रहे हैं। इच्छा प्रणीत ज्ञानमय क्रिया को क्षण-सान्त इंगित कर आप जगत और भव को असार कहना चाहते हैं। अव्यक्त और व्यक्त के वाणीगत विवेक का सार अव्यक्त ही है। अव्यक्त तथा व्यक्त को कारण-कार्य की अत्यंत भेदमयी प्रक्रिया बता कर न्यैयायिक हटात् हो गया है। जिनियों ने सत्यकार्य वाद कहा; औलूक्यों ने असत्कार्यवाद कहा। तब हम मीमांसकों ने जगत के धर्म तथा जीवन-भाव की ही अधिकांश चिन्ता की है। हम प्रमाणों से सम्बन्ध रखते हैं- प्रमाण आचार्य! हम प्रमाणों के द्वारा वेदार्थ का विचार करते हैं, समझे!"

आचार्य शंकर ने सस्मित कहा- "आप कर्म, पाप-पुण्य, स्वर्ग-नर्क का सप्रमाण विचार करते हैं, यही न?"

"हम लोक और परलोक में कल्याण-प्राप्ति का विचार करते हैं।" मण्डन मिश्र ने सदर्प कहा- "तत्व है, द्रव्य है-गुण-धर्म है। जगत है, जीवन है। बुद्धि के कौतुक को तुष्ठ करने के लिये भले ही जैन, बौद्ध तथा नैयायिकों ने जगत का अवलोकन-वीक्षण किया हो, किन्तु जगत में जीव की समस्या भव संसार की है; पाप और पुण्य की है, आचार्य!"

"किन्तु, महाशय मण्डन!" आचार्य शंकर ने हंस कर कहा- "इसके लिये भी सृष्टि-रहस्य को भेदना होगा; विश्व को जानना होगा; जगत को समझना एवं भव संसार का परीक्षण करना होगा, कर्म गति इस तत्व ज्ञान के बिना समझ में कैसे आयगी, मिश्र जी!"

"कर्म जीव की स्वाभाविक प्रवृत्ति है, आचार्य!" मण्डन मिश्र ने शान्त स्तब्ध सी सभा को देख कर कहा- "अच्छा-बुरा कर्म विवेक जीव की अन्तरात्मा में दिया हुआ है। अन्तःकरण, आचार्य!"

आचार्य शंकर ने कहा- "प्रमाणों के द्वारा ही तत्व-ज्ञान होता है, तत्व ज्ञान से ही मोक्ष मिलता है, मिश्र जी!"

"तब फिर, यती?" मण्डन मिश्र ने पुनः दर्प युक्त पूछा- "प्रमाण ही सब कुछ है, तब प्रमाण को स्वीकार क्यों नहीं करते?"

"श्रुति ही अन्तिम आत्यंतिक प्रमाण है, महाशय मण्डन मिश्र!" यती शंकर ने शान्त सम स्वर में कहा- "न्यैयायिकों ने जगत और भव को देख कर कूंता-सोलह पदार्थ और नव प्रमेह उनके हाथ लगे। वैशेषिकों ने सूक्ष्म दृष्टि से जगत पर विचार कर सात पदार्थ और नव द्रव्य कहे। न्याय प्रत्यक्ष, अनुमान, उपमान तथा शब्द को प्रमाण मानता है; किन्तु वैशेषिक प्रत्यक्ष एवं अनुमान को ही प्रमाण मानते हैं। न्याय इन्द्रियज प्रत्यक्ष को स्वीकार करता है; समवाय का प्रत्यक्ष! वैशेषिक अनुमान से ही इन्द्रियज ज्ञान मानते हैं। प्रमाणों की यह शास्त्रीय वार्ता विविध है; आकर्षक तथा बुद्धि के लिये रमणीय है, इसमें सन्देह नहीं। न्याय संसार को कार्य-वस्तु में मान कर कहता है, इनमें स्वभाव से ही छिद्र है। वस्तु के उत्पन्न होते ही इस छिद्र में भीतर तथा बाहर तेज प्रवेश करता है और वस्तुओं का पिठरपाक होता है। अग्नि अर्थात् तेज से ही निश्चित सा वस्तु-स्वरूप उद्भूत होता है। वैशेषिक इसी बात को तनिक हेर-फेर के साथ कहते हैं; वस्तु में गुणक उद्रेक समवायिकरण द्वारा होता है- उत्पत्ति स्थिति और लय के लिये इसी प्रकार के विविध विचित्र आकर्षक कथन कहे गये हैं- नैय्यायिकों के विरुद्ध, असिद्ध, अनेकान्तिक, प्रकरण सम तथा कालात्य यापविष्ट हेत्वाभास एवं वैशिषिकों के विरुद्ध, असिद्ध तथा संदिग्ध हेत्वाभास में संख्या का अन्तर है- कथन का सार यही है कि रूप उद्भासित होकर क्षण भर के लिये स्थित होता और पुनः अथाह-अनन्त अव्यक्त में बिला जाता है। यह जगत, यह संसार उत्पन्न होता है- उद्भासित होता है और तिरोहित हो जाता है। इस अविराम परिवर्तनशील के प्रतिभासित प्रमाण अन्ततोगत्वा उड़ जाते हैं। पदार्थों का निश्चय कर ऐसा लगता है, पदार्थ हिल्लोलित होकर डूब रहा है; पदार्थों के तत्व अथवा द्रव्य-गुण आदि सभी कुछ एक चलायमान प्रतिभासिक अनुभूति मात्र है? क्या कोई भी तत्व सम्पूर्णतः तत्व ज्ञानी के पल्ले पड़ा है, मिश्र जी?"

मण्डन मिश्र ने प्लुत स्वर में कहा- "पल्ले पड़ा है, तभी तो शास्त्र बने हैं। मीमांसा के सनातन कर्म का आविर्भाव शास्त्रों के अकाट्य प्रमाणों के आधार पर ही मानव-बुद्धि में हुआ है।"

"अवश्य!" आचार्य शंकर ने कहा- "परन्तु मानव-बुद्धि में आविर्भूत कर्म ने सच्चिदाऽनंद आत्म वस्तु का प्रत्यक्ष कराया? नहीं। पाप और पुण्य, स्वर्ग और नर्क की धारणा ही मनुष्य को दी। शास्त्र स्वर्ग तक गये हैं;

नर्कों तक पहुंचे हैं और अन्त में शास्त्रों के तथाकथित अकाट्य प्रमाण मूक हो गये हैं- सभी शास्त्र मूक होकर भी जीवन के बन्ध-मोक्ष की ओर ही इंगित करते हैं।"

"तब आप पाप पुण्य को स्वीकार नहीं करते?" मण्डन मिश्र ने पूछा।

"करता हूं। नैय्यायिक पुण्य से उत्पन्न स्वप्न को सत्य कहते हैं; पाप से उत्पन्न स्वप्न असत्य! वैशेषिकों के मत में सभी स्वप्न असत्य हैं। फिर कर्म की स्थिति के कितने भेद हैं? ज्यों-ज्यों मनुष्य ने जगत को देख कर उसके प्रमाण प्राप्त करने का यत्न किया, प्रमाण प्राप्त होकर भी स्वयं ही नष्ट होता गया। जगत का अन्तिम प्रत्यक्ष शून्य है; काल का अथाह। भव-संसार का अन्तिम आत्यंतिक संस्कार वैराग्य है। मिश्र जी!"

मण्डन मिश्र ने उत्ताल स्वर में कहा- "यती, एक कथन में स्थिर क्यों नहीं होते? अस्थिर और विकम्पित आप जगत का सत्य पाना चाहते हैं- शब्दों के वाग्-जाल में जगत को उलझा कर जगत के एक भी तत्व का दर्शन क्या आप कर सकते हैं?"

"नहीं।" आचार्य शंकर ने कहा- "जगत है ही नहीं; भव-संसार अज्ञान का अध्यास मात्र है- तब शुद्ध बुद्ध मुक्त आत्मा तत्व-दर्शन की शाब्दिक भ्रमणा में क्यों पड़े?"

"शास्त्र शाब्दिक भ्रम मात्र हैं तब?" मण्डन मिश्र ने तपाक से पूछा।

आचार्य शंकर ने सस्मित कहा- "अज्ञान असहज है; उसके भ्रम सत्य प्रतीत होते हैं। जो प्रतीत होता है, वह भ्रम है, मिश्र जी। हम भ्रम-विभ्रम के परे सत्य वस्तु की खोज कर रहे हैं...."

"सत्य वस्तु?" मण्डन मिश्र ने मानो स्वयं से ही चिल्ला कर कहा- "आचार्य? क्या सनातन से 'सत्य वस्तु' को जानने का मानव ने प्रयास नहीं किया है? चिन्तन की एक भी क्षण सत्य की जिज्ञासा तथा असार, असत्य की आशंका से रहित कब रही है? ज्ञान अज्ञान, प्रीति-यथार्थ यह सब पदार्थ को समझने की दृष्टियां-मतियां हैं। जो कहा न जा सके, समझा न जा सके, जाना नहीं जा सके, जो प्रमाणित किया नहीं जा सके- वह 'सत्य वस्तु' कैसे हो सकता है? अवश्य, एक सन्देह संक्रामक रूप से बुद्धि में निहित है- पल का अस्तित्व नहीं अपल का अनादि अस्तित्व चाहिये मनुष्य के मन को। मानव-चेतना रहस्यात्मक रीति से असीम की प्रतीक्षा करती रहती है; अनन्त का थाह लगाते रहना चाहती है किन्तु बुद्धि निश्चित धारणा पर पहुंचती है। तर्क है; विवेक है- अभिनिश्चित तात्विक निष्कर्ष है- अतः प्रमाण है, यती शंकर!"

सहसा आचार्य शंकर ने पूछा- "क्या जगत ही जगत का प्रमाण है, हो सकता है? जो प्रतिपल, प्रति निमिष अपना रूप परिवर्तित करता है, नामों के गुञ्जन जहां अन्त में अथाह विस्मृति में लीन हो जाते हैं, जिस जगत के पदार्थ केवल अपने द्रव्यों से ही अनुभूत होते हैं- जहां आदि की जड़ मिलती ही नहीं और अन्त का सदैव के लिये अन्त नहीं है, जो एक अगाध रहस्य है, आश्चर्य है, एक ऐन्द्र जाल, मिश्र मण्डन! जो प्रतीत होता और तिरोहित हो जाता है उस जगत का एक भी पदार्थ स्वयं के शाश्वत का प्रमाण कैसे हो सकता है? जो आदि-आदि, अन्त-अन्त और पुनः आदि है, उसका विवेक ही क्या हो सकता है- जो इस क्षण है और अन्य क्षण नहीं है, उसका तर्क ही क्या हो सकता है? जगत के प्रमाणों से जगत का सार समझा जा सकता है, सत्य नहीं, मनीषी!"

"तब फिर प्रमाण क्या हो सकता है?" मण्डन मिश्र ने उत्तेजना पूर्वक पूछा।

आचार्य शंकर ने जलद-गंभीर स्वर से कहा- "जो उद्भासित और तिरोहित होता है, जो क्षण-स्थायी है, जिसका आदि है, अन्त है, जिसका नाम है, रूप है, वह पदार्थ निर्मित है, सृजित है। तत्वतः जो आविर्भूत होता है, वह स्वयं अपने क्षण-स्थायी अस्तित्व का अनादित्व व्यक्त कर नहीं सकता। काल-प्रसूत और कालाऽवधियों से बना यह जगत एक अद्भुत आश्चर्य है; दिव्य-भव्य विज्ञान है- परमात्मा की कृति है। इस जगत के पदार्थ कूंते जा सकते हैं; तत्वों का बोध किया जा सकता है। द्रव्य और उनके गुण धर्मों का अवलोकन अन्वीक्षण तथा आलोचन हो सकता है- यह प्रक्रिया जगत को बुद्धि में भरने की है; बुद्धि द्वारा जगत को एक क्षण के लिये ही सही निश्चित रूप से पकड़ने की है। मण्डन मिश्र! यह जगत जीवात्मा सहज ही जानता है; केवल उपयोग तथा भोग के लिये उसको स्मृतिगत ज्ञान करना होता है- जगत का ज्ञान-आत्मा का संज्ञान है और संज्ञान ज्ञान का प्रमाण कैसे होगा? जगत जगत का प्रमाण हो भी सकता हो; किन्तु ज्ञेय ज्ञाता का प्रमाण हो नहीं सकता। फिर क्या बुद्धि का निश्चय अचूक आत्यंतिक प्रमाण है?"

"बुद्धि का निश्चय तब अकाट्य प्रमाण नहीं हो सकता? क्यों आचार्य?" मण्डन मिश्र ने तीव्रता पूर्वक कहा- "तब क्या अन्तिम आत्यंतिक प्रमाण हो सकता है? पदार्थों के अस्तित्व के प्रमाण निरन्तर प्रत्यक्ष होते रहते हैं। न्याय-दर्शन ने प्रधानतः 'प्रमाण' का ही चिन्तन किया- वैशेषिक ने 'प्रमेय' की ही अधिकांश प्रतिष्ठा की है। सभी प्रमाण पदार्थों का ज्ञान प्राप्त करने के लिये

हैं। आपश्री पूछेंगे क्यों? क्यों निःश्रेयस् की उपलब्धि के लिये न्याय की दृष्टि से ज्ञान जीवात्मा का विशेष गुण है। जीव में ज्ञान उत्पन्न होता है- मन की सहायता से इन्द्रियज ज्ञान जीव को होता है- होता रहता है। क्या यह अन्तिम प्रमाण नहीं है?"

आचार्य शंकर ने सहसा पूछा- "प्रमाणों का आधार?"

मण्डन मिश्र ने हंस कर कहा- "नहीं ज्ञाता क्या? पदार्थों के द्रव्य, गुण, कर्म, सामान्य, विशेष, समवाय तथा अभाव से ही प्रमाण का आविर्भाव होता है। प्रमाण पदार्थ पर ही निर्भर है- पदार्थ के अनुरूप, उपयुक्त, योग्य तथा अनुसार प्रमाण है।"

"प्रमाण-प्राप्ति का लाभ?" आचार्य शंकर ने पुनः पूछा।

मण्डन मिश्र ने मानो उछलते हुए कहा- "प्रमाण-प्राप्ति का लाभ? क्या प्रश्न है? प्रमाण-प्राप्ति का लाभ-प्रमाण की प्राप्ति?"

सभा-मण्डप सहसा हास्य से गूंज उठा।

द्रष्टा-अध्यक्षा-श्रीमती उभय भारती ने शान्त गंभीर स्वर में कहा- "सावधान! यह शास्त्रार्थ है; कोई वांग्मय-विनोद नहीं है। न हास्य और नहीं अट्टहास्य; समावृत शान्ति"

एक श्रोता जैसे स्वप्न से जागते हुए बोला- "यह परस्पर का वाग्जाल नहीं है तो क्या है श्रीमती? शास्त्र और दर्शनों के नाम लिये जा रहे हैं; परन्तु प्रमाण? एक भी प्रस्तुत नहीं किया जा रहा। न खण्डन और नहीं मण्डन। अवश्य, मण्डन मिश्र तो हैं।"

पुनः सभा भवन में घुटा तथा स्तम्भन को तोड़ने के लिये आकुल हास्य हमहमा।

उभय भारती ने आचार्य शंकर को उन्मुख करते हुए कहा- "श्रोताओं के भी कुछ सत्य हैं, आचार्य! इनके कथन का स्पष्टीकरण कृपया कीजिये। शास्त्रार्थ आपश्री की याचना है और मिश्र जी का वह आपको वांङ्गमय-दान है।"

आचार्य शंकर ने सस्मित कहा- "जैसी संस्तुति, महोदया! हम दर्शनों के आधार पर प्रमाण की वास्तविक तथ्यता को जांच रहे हैं। परम्पराऽगत प्रमाण और उनकी संख्या आत्म वस्तु की दृष्टि से कहां तक ठहरती है, हम यह देख रहे हैं- हम जगत के विज्ञान की वार्ता अथवा शास्त्रार्थ नहीं कर रहे, श्रीमती! हम जगत और जीव को लेकर सत्य सनातन आत्म तत्व की खोज कर रहे हैं। जगत के स्वप्नों मनोरथों तथा स्मृतियों की परीक्षा कर रहे हैं। हम आत्मा की दृष्टि से जगत को देख रहे हैं तथा नित्य शुद्ध-बुद्ध ब्रह्म-चैतन्य के स्पर्श द्वारा

जीव एवं जीवन का सार जान लेना चाहते हैं- हम जगत एवं भव-संसार की प्राप्ति के लिये नहीं आत्म ज्ञान के लिये परस्पर सन्मुख हैं।"

उभय भारती ने सहसा पूछा- "किस प्रकार, भवान्!"

आचार्य शंकर ने सस्मित कहा- "गुरु और शिष्य की भांति, श्रीमती!"